01/18/17

# Yours to Keep
Withdrawn/ABCL

FRIEDRICH NIETZSCHE

# LA VOLUNTAD
# DE PODER

Prólogo de
DOLORES CASTRILLO MIRAT

www.edaf.net

MADRID - MÉXICO - BUENOS AIRES - SAN JUAN - SANTIAGO
2014

# FRIEDRICH NIETZSCHE

# LA VOLUNTAD
# DE PODER

### Prólogo de
### DOLORES CASTRILLO MIRAT

**EDAF**

MADRID - MÉXICO - BUENOS AIRES - SAN JUAN - SANTIAGO - MIAMI

Director de la colección: MELQUÍADES PRIETO

Diseño de cubierta: GERARDO DOMÍNGUEZ

© De la traduccion: Aníbal Froufe
© 2000. De esta edición, Editorial EDAF, S. L. U.

Editorial EDAF, S. L. U.
Jorge Juan, 68. 28009 Madrid
http://www.edaf.net
edaf@edaf.net

Ediciones Algaba, S.A. de C.V.
Calle 21, Poniente 3323, Colonia Belisario Domínguez
Puebla 72180, México
edafmexicoclien@yahoo.com.mx

Edaf del Plata, S. A.
Chile, 2222
1227 - Buenos Aires, Argentina
edafdelplata@edaf.net

Edaf Antillas, Inc
Local 30, A-2
Zona portuaria Puerto Nuevo
San Juan, PR-00920
edafantillas@edaf.net

Edaf Chile, S.A.
Coyancura, 2270, oficina 914, Providencia
Santiago - Chile
edafchile@edaf.net

*23.ª edición, junio 2014*

Depósito legal: M-7.962-2008
ISBN: 978-84-7166-654-3

PRINTED IN SPAIN                    IMPRESO EN ESPAÑA

Impreso por Ulzama

# Índice

# Prólogo

POR ALGUNOS TESTIMONIOS recogidos en la correspondencia de Nietzsche, sabemos que ya hacia 1884 había concebido el proyecto de reunir el conjunto de sus impresiones
filosóficas en una gran obra en prosa.

Según escribe a Overbeck (7 de abril de 1884), se halla
resueltamente decidido a consagrar los cinco próximos años
de su vida a la elaboración de su filosofía, para la cual cuenta
con *Zaratustra* a modo de «peristilo». Baste, pues, esta referencia para deshacer el equívoco frecuente, según el cual
*La voluntad de poder* habría sido escrita por Nietzsche para
divulgar en prosa inteligible su enigmático *Zaratustra*. «En
realidad —afirma Heidegger—, la obra capital proyectada,
*La voluntad de poder,* es tan poética como conceptual lo es el
*Zaratustra.* La relación de una a otra obra es la del peristilo
al edificio principal»[1].

Aunque resulta necesario suavizar un contraste tan violento, es preciso reconocer que *La voluntad de poder* constituye la exposición más elaborada, detallada y completa de
la filosofía de Nietzsche. Los sucesivos proyectos, esbozos
y reordenaciones que confeccionó para esta obra, y los co-
mentarios con que alude a ella en sus cartas, testimonian la
importancia que el propio Nietzsche le atribuía. No obstante

---

[1] M. Heidegger, *Nietzsche,* V. I, pág. 20. (Trad. francesa por P. Klossowski, Ed. Gallimard, 1971.)

la obra quedó inacabada y la publicación, un año después de su muerte (1901), solo fue posible a base de recomponer fragmentos y elaboraciones discontinuas, tomando como base los planos trazados por el propio Nietzsche, en especial el de 1887. Tarea que debemos agradecer a su hermana Elisabeth, aun cuando esta manejara los papeles de su hermano sin el debido escrúpulo y malentendiendo a veces su pensamiento.

Todos los grandes temas de la filosofía de Nietzsche, el nihilismo, la crítica de la metafísica, la religión y la moral, la doctrina del Eterno Retorno y la Transmutación de los Valores, se dan cita en esta gran obra, cuyo nudo argumental lo constituye precisamente el estudio de la Voluntad de Poder, a la que dedica el libro III. Su título, «Fundamentos de una nueva valoración», apunta en un doble sentido. En primer lugar nos proporciona una aproximación al concepto de Voluntad de Poder: es el principio a partir del cual se determinan los valores. En segundo lugar sugiere la necesidad de una nueva valoración, ya que... un fantasma recorre Europa: el nihilismo.

Con el anuncio de su llegada se abre la primera parte de esta obra. El nihilismo significa que los valores supremos pierden su validez, que todo aquello que en el cristianismo, en la moral y en la filosofía se encontraba establecido con el carácter de leyes intangibles o de verdades absolutas, pierde su virtud imperativa. «El nihilismo es entonces la consciencia de un largo despilfarro de fuerzas, la tortura del "en vano", la inseguridad, la falta de oportunidad para rehacerse de alguna manera, de tranquilizarse todavía con cualquier cosa; la vergüenza de sí mismo, como si uno se hubiera mentido a sí mismo demasiado tiempo» (libro I, § 12 A).

La gran noticia se propaga: Dios ha muerto, y con él todo el reino de los valores suprasensibles, de las normas y de los fines que hasta ahora habían regido la existencia humana. Ya no es posible continuar engañándose con el espejismo de la trascendencia. La idea de otro mundo superior al nuestro, donde reinan desde siempre y para siempre el Bien, la Verdad y la Justicia, se nos revela como la falsa proyección de nuestros deseos en un más allá inexistente. No hay nada que ver detrás del telón: ese mundo ajeno al cambio, a la muerte, al dolor y a la mentira no es otra cosa que la pura nada, un ideal vacío, una mentira piadosa que hemos confeccionado invirtiendo los caracteres de nuestro mundo real que estimamos indigno de ser vivido por sí mismo. Y «ahora que se hace claro el mezquino origen de estos valores, nos parece que el universo se desvaloriza, "pierde su sentido"...» (libro I, § 7). Nos encontramos así con dos formas de negación de la vida aparentemente opuestas, pero rigurosamente complementarias: el nihilismo pesimista y el «optimismo» metafísico del Idealismo. La primera es tan solo la consecuencia lógica de la segunda (libro I, § 1), que contiene ya, en sí misma, el germen del nihilismo, pues el fundamento de sus valores no es otra cosa que la pura nada, el *nihil*. Constituye así un nihilismo inconsciente que ignora su propia mentira como tal mentira. Cuando esta mentira se desvela a la conciencia, irrumpe el nihilismo propiamente dicho. Pero, en definitiva, la historia de la humanidad desde Platón y el cristianismo hasta... ¿cuándo?, es siempre la historia de un «tedium vitae» cada vez más pronunciado. Primero despreciábamos la vida como imperfecta, desde la altura de los valores superiores; ahora desvalorizamos esos valores del mundo superior, pero con ello nuestro mundo, el que vivimos, de ninguna forma ha ganado en valor (libro I, § 8). Al contrario, decepcionados por la inexistencia de ese mundo ideal, sobre cuya naturaleza nos gustaría engañarnos, nuestra vida, desprovista ya de todo sentido y de toda finalidad, rueda cada vez más lejos hacia su propia nada.

Sin embargo, esto solo constituye para Nietzsche un estado de transición (libro I, § 7). Su perspicacia filosófica le impide caer, al modo de los promotores del existencialismo, en un dogmatismo del absurdo. Ya que lo que se esconde tras el sentimiento del absurdo es todavía un resentimiento inconfesado contra el ser, en tanto que este no se pliega a nuestros cánones morales. La vida nos parece desprovista de sentido porque todavía seguimos pensando que debería tener *un* sentido (libro I, § 16, 37). Nietzsche nos advierte constantemente contra los peligros que entraña la ficción de la finalidad: «¡Procuremos no hacer a nuestras "deseabilidades" jueces del ser!» (libro III, § 703). Pero el asesino de Dios, el hombre superior, es demasiado débil para afrontar las consecuencias de su propio crimen y pronto se dispone a adorar nuevos becerros de oro.

Una herida atraviesa los siglos: el deseo, la codicia de la más absoluta quietud. Todo cuanto existe se ve desgarrado por la incompletud y la carencia. Devenir es sinónimo de imperfección e insatisfacción. Ningún instante se justifica a sí mismo. Cada cosa, empujada por la insaciable apetencia del tiempo, deviene otra, pues en sí no es sino absurdo y caos, pequeño fragmento sin sentido que debe expiar su culpa rindiendo tributo ante la Absoluta completud, dispensadora de sentido para todo cuanto sufre, desgarrado por la herida de su finita determinación. Poco importa que Dios haya muerto, pues el hombre levanta ahora otros altares —la Razón, la Historia, el Progreso, etc.— que le permiten despreciar el devenir, como realidad actual, e hipotecarlo al advenimiento de un reino moral absoluto. Mientras el Ideal conserve su lugar, bajo forma religiosa o laica, el nihilismo continuará ensombreciendo la existencia. Por eso Nietzsche, a diferencia de sus predecesores (Hegel, Feuerbach), desconfía de la muerte de Dios. Cualquier teleología, cualquier finalismo, por dialéctico que sea, culpabiliza el devenir en cuanto tal, ya que este necesita ser justificado mediante la tendencia a un «fin» que es a la vez «meta ideal» y «término» del desarrollo temporal. Sin embargo, la exigencia de veracidad, engendrada por el propio ideal moral, acabará por volverse contra él, reconociendo su absoluta falta de fundamento. Entonces sobreviene el gran cansancio, el del nihilista pasivo, que recorre el mundo con una mirada desencantada sin encontrar ningún ideal, ninguna meta que le parezca digna de movilizar sus energías. Querría la muerte, pero está demasiado cansado para morir, prefiere extinguirse pasivamente, apagarse serenamente...

Todas las formas de nihilismo que acabamos de ver son la expresión de *una* de las cualidades de nuestra Voluntad de Poder: su cualidad negativa. Para Nietzsche, la Voluntad de Poder no constituye una propiedad de los seres, sino la esencia misma de todo cuanto es, es decir, de todo cuanto vive. El ser no es otra cosa que Voluntad de Poder, una cambiante constelación de fuerzas que pugnan entre sí para asegurarse la dominación. Cada centro de fuerza posee su perspectiva particular, desde la cual interpreta y valora el mundo, de acuerdo con sus peculiares intereses vitales. En este sentido, todo ser (no solo el hombre) es esencialmente una voluntad dominadora y creadora, un poder de fabulación que adereza y falsifica la realidad al interpretarla desde el ángulo exclusivo de sus conveniencias vitales (véase libro III, § 488, 498, 608, 629, 636). Nietzsche se abre así a una nueva concepción del ser y de la verdad: «La verdad es el error, sin el cual no puede vivir ningún ser viviente de determinada especie» (libro III, § 488). A través de ella fulmina los valores de la metafísica occidental, conduce el nihilismo hasta su máxima radicalidad y opera, precisamente por ello, esa transmutación de valores que constituye, como confirma el subtítulo de la obra, el deseo más profundo de su pensamiento.

Un detenido análisis (libro III) pasa revista a las principales «verdades» sobre las que se ha venido apoyando hasta ahora nuestra dogmática teoría del conocimiento. La idea de sustancia, la creencia ciega en el yo, en la causalidad, en el finalismo, no son otra cosa que groseros errores de perspectiva, mentiras «interesadas» que se han olvidado que lo son. Todas estas categorías del pensamiento tienden, en definitiva, a estabilizar y uniformar el devenir creando la falsa apariencia de cosas estables (sujetos, objetos, sustancias) y de «casos idénticos» (especies, formas, leyes, fines). Componen así una imagen aliñada del mundo, simplificándolo, ordenándolo y haciéndolo comprensible para nosotros (libro III, § 503-516). Sin esta facultad simplificadora y falsificadora, en la que se expresa nuestra Voluntad de Poder, el mundo nos resultaría invivible. Nada más lejos de la intención de Nietzsche que criticar estas verdades por el hecho de su falsedad; al contrario, si las desenmascara como errores, es para conducir el nihilismo a ese grado de extrema radicalidad, en que el hombre, lejos de sufrir por la desilusión ante el Ideal, reinstaura los derechos de la ilusión, como error al servicio de la vida. Lo que Nietzsche crítica no son las falsas pretensiones de la verdad, sino la Verdad en sí y como Ideal. La forma extrema del nihilismo seria la opinión de que toda creencia, todo tener-por-verdadero, son necesariamente falsos porque no existe en absoluto un mundo verdadero. Por tanto, una apariencia de perspectiva cuyo origen reside en nosotros (en cuanto que necesitamos constantemente un mundo más estrecho, más limitado, más simplificado). La medida de nuestra fuerza es hasta qué punto podemos acomodarnos a la apariencia, a la necesidad de la mentira, sin perecer.

En esa medida, «el nihilismo podría ser una forma divina de pensar como negación de todo mundo verdadero, de todo ser» (libro I, § 15).

Pero negar la verdad, el ser, lo permanente, ¿no es acaso negar ese Ideal en cuya existencia nos amparábamos primero para despreciar la vida, y desde cuya ausencia la declarábamos más tarde absurda y sin sentido? He aquí cómo el nihilismo, llevado hasta su último extremo, acaba por negarse a sí mismo: la negación ya no niega la vida sino los valores que niegan la vida (Dios, la Verdad, el Ideal).

Frente al nihilista pasivo que aspira a extinguirse serenamente, mirando desencantado cómo se desvanecen ante sus ojos los más preciados valores, el nihilista activo, que conoce demasiado bien el valor de esos valores, ha dejado de apreciarlos y los destruye violentamente. Es el «hombre que quiere perecer» (lo contrario de «el último hombre», el gran despreciador que se hunde en su propio ocaso, pues es ya flecha del anhelo hacia la otra orilla. (*Así habló Zaratustra.* Véase Prólogo, 4.)

Este es el punto decisivo de la «filosofía dionisíaca»: el instante supremo en que la negación se niega a sí misma como poder autónomo y se transmuta en afirmación de la vida. Lo negativo no desaparece, sino que se convierte en un poder al servicio de la afirmación, esa cara oculta, hasta ahora, de nuestra Voluntad de Poder, que constituye no obstante su esencia más propia. De la afirmación derivarán los nuevos valores desconocidos hasta ahora. Lo que Nietzsche llama transmutación no es, pues, un cambio de valores, sino un cambio en el elemento del que deriva el valor de los valores [2]. De ahí que no baste con matar a Dios para acabar con el nihilismo; los ideales, los valores pueden cambiar, pero el nihilismo permanece, pues todos ellos brotan de la cualidad negativa de nuestra Voluntad de Poder.

Ahora bien, decir que la esencia de la Voluntad de Poder es afirmación podría llevarnos a un malentendido. Cabría pensar: renunciar al Ideal para afirmar la vida, ¿no es acaso consentir en lo real tal como es, asumir la realidad tal cual; en una palabra, resignarse? Ninguna «acusación» de estoicismo puede ser formulada contra Nietzsche una vez que aclaremos el sentido que la afirmación cobra en su filosofía. En primer lugar, la superación del nihilismo no implica abolir lo negativo, sino transmutarlo en una manera de ser de la afirmación como tal. El hombre dionisíaco no es el hombre que dice sí a todo, el animal de carga que no sabe decir no y acarrea el peso de los valores establecidos [3], sino el hombre belicoso que destruye y niega, porque afirma la vida en su eterno devenir transfigurador. Quien quiere expulsar de sí

---

[2] Sobre este aspecto, véase Gilles Deleuze: *Nietzsche et la philosophie*, P.U.F, 1962 (traducción al castellano por Carmen Artal, Editorial Anagrama, 1971).

[3] Gilles Deleuze, *op. cit.*, págs. 207-213.

todo lo negativo es precisamente el hombre bueno de la moral, el hombre del Ideal, que asume los valores establecidos y aspira a un mundo Verdadero, Bueno, Bello, a un mundo que no se contradiga, que no cambie. Pero estos valores son valores falsamente afirmativos que brotan de una Voluntad negativa y traducen un instinto de venganza contra los fuertes, los alegres, los que gozan del riesgo de la vida. La moral como Voluntad de Poder es la manera en que los agotados, los cansados de vivir, vengándose, se sienten señores (libro II, § 386 y 396). Así pues, la verdadera afirmación, la del hombre dionisíaco, no puede prescindir de la negación, porque afirmar no es llevar, soportar, asumir, sino crear [4].

En realidad, el hombre verdaderamente resignado, el que no transforma el mundo, ni crea valores nuevos, es el idealista. «La idea de que el mundo que debería ser, existe verdaderamente, es una creencia de los improductivos, que no anhelan crear un mundo tal y como debería ser. Consideran que existe ya, buscan los medios para llegar a él. "Voluntad de verdad": impotencia de la voluntad creadora» (libro III, § 577 A).

De aquí puede deducirse un nuevo sentido de la afirmación en Nietzsche: no lo verdadero, ni lo real, sino la interpretación creadora. El mundo no es algo dado de una vez por todas, sino una realidad a descubrir, a interpretar, a valorar, a falsificar, a crear.

«¡Todo es falso! ¡Todo es lícito!» (libro III, § 594). Con esta sentencia, Nietzsche no pretende exhortarnos a la realización de horribles crímenes, ni a justificarlos en nombre de un tibio relativismo. La razón última del inmoralismo nietzscheano es quebrantar ese antagonismo rígido de la tradición metafísica entre la verdad y el error, que se apoya a su vez en una determinada comprensión del Ser. En la filosofía de Nietzsche el error y la ilusión no son ya condenados como meras apariencias carentes de realidad, simples avatares de la nada, sino que adquieren una dignidad ontológica. Son los

---

[4] *Ibídem*

guardianes de la vida y se integran por ello en la estructura más íntima del Ser.

Pero es que el Ser ha sufrido una mutación decisiva: ya no es la perfección inmutable y serena, idéntica consigo misma, esa realidad acabada, simple y transparente que la razón humana puede penetrar hasta sus últimos entresijos. El Ser es ahora Voluntad de Poder: «Un mar de fuerzas normales que se agitan en sí mismas, que se transforman eternamente, que discurren eternamente; un mundo que cuenta con innumerables años de retorno, un flujo perpetuo de sus formas...» (libro IV, § 1060). El Ser es entonces, en tanto que Voluntad de Poder, un perpetuo devenir, una pluralidad siempre cambiante que ofrece infinitas posibilidades de ser descifrada. «Cualquier interpretación equivale a un engrandecimiento o a una decadencia» (libro III, § 592).

La estructura pluralista del ser como devenir determina, pues, un conocimiento necesariamente perspectivo. Las verdades absolutas de la metafísica y de la ciencia no son otra cosa que interpretaciones, perspectivas unilateralmente establecidas, pretendiendo ellas solas dar la medida, a expensas de lo que se muestra en las demás. Son en consecuencia ficciones perniciosas, que, olvidándose que lo son, taponan el resto de las interpretaciones.

Ahora bien, estas interpretaciones son la manera en que se manifiesta cada ser como Voluntad de Poder. Así pues, nuestro conocimiento del Ser es también Voluntad de Poder. «¿Y sabéis, en definitiva, qué es para mí el mundo?... Este mundo es la Voluntad de Poder y nada más. Y también vosotros mismos sois esa Voluntad de Poder y nada más» (Libro IV, § 1060).

El despliegue de fuerzas de la Voluntad de Poder puede leerse, por tanto, en un triple aspecto: como concepción del mundo, como conflicto de las pasiones en la subjetividad y como conflicto de fuerzas en el resto de los organismos vivientes. Todos ellos ejemplifican la ontología nietzscheana de la Voluntad de Poder.

Desde el plano psíquico, la expresión Voluntad de Poder ha llevado a graves malentendidos. La Voluntad de Poder no es una facultad del alma humana: no es que el hombre posea voluntad, capacidad o poder para realizar tal o tal cosa, sino que el hombre es Voluntad de Poder.

Desde este punto de vista, Voluntad de Poder no significa, entonces, que el hombre quiera el poder. El poder no es algo así como una meta que se propusiera alcanzar la voluntad; porque la voluntad, en Nietzsche, no es deseo, ni carencia, sino virtud creadora y donadora. La voluntad no aspira, no codicia, no busca el poder. Al contrario, el poder, en la voluntad, da. La Voluntad de Poder es un elemento móvil, variable, plástico, que interpreta, modela, confiere sentido y da valor a las cosas. La Voluntad de Poder es esencialmente artista.

Pero la creación no hay que entenderla como una mera producción de objetos u obras. La verdadera creación, donde se expresa su más alta cualidad artística, es la voluntad de transfigurarse uno mismo, de sobrepasarse eternamente. La Voluntad de Poder no es, pues, querer el poder, sino querer ir más allá de uno mismo. Es en esta disposición, en esta decisión en la cual el querer nos arrastra más allá de nosotros mismos, donde reside el hecho de dominar, de tener poder, es decir, de estar abierto en y al querer que nos empuja a sobrepasamos. En el querer nos sabemos en tanto que más allá de nosotros mismos. Por esto Nietzsche habla de un estado consciente de la diferencia. Sentirse mas fuerte, o en otros términos: el goce supone siempre una comparación (pero no necesariamente con otros, sino consigo mismo, en un estado de crecimiento, y sin que se sepa precisamente hasta qué punto se compara) (libro IV, § 912). «La voluntad de un "más" se encuentra en la naturaleza del goce: la voluntad de que el poder aumente, de que la diferencia entre en la conciencia» (libro III, § 688). Voluntad de Poder es, pues, querer ser más.

Ahora bien, no debemos malentender la cuestión interpretando esta voluntad de sobrepasarse como el esfuerzo do-

loroso de una vida cuya lucha sería premiada, al fin, con la
posesión de los valores establecidos: dinero, poder, etc. Esta
es la idea del poder que se hace el esclavo, impotente para
crear sus propios valores. Alcanzar los valores establecidos
no es crear por encima de uno mismo, no es dominar, en su
verdadero sentido, sino someterse a imperativos ajenos. Para
Nietzsche, el amo de la dialéctica es también un esclavo. La
casta de los señores de la que él nos habla nada tiene que ver
con una casta detentadora del poder económico o político:
«El poder de la clase media se conserva por el comercio, sobre todo por el comercio del dinero... Pero su propio instinto
es fatalmente conservador y "mediocre"... Saber ser poderosos en todas partes en donde hay poder; pero el disfrute de
su poder sigue siempre una sola dirección. La palabra más
digna para designar lo mediocre es, como se sabe, la palabra
"liberal"» (libro IV, § 859).

En este juego de metamorfosis constante en que se halla
inmerso nuestro ser como Voluntad de Poder no hay, pues,
un fin, una meta que se persiga, para descansar en ella, una
vez alcanzada, tras el largo combate, sino una pluralidad de
fines que jerarquizan conforme a nuestro dinamismo pulsio-
nal, eternamente creador, eternamente destructor, eternamente
transfigurador.

De ahí que la afirmación suprema de nuestra Voluntad de
Poder pase necesariamente por la adhesión incondicional a
ese círculo de la existencia «que debe tornar eternamente
como un devenir que no conoce ni la saciedad, ni el disgusto, ni el cansancio» (libro IV, § 1060).

Así pues, la doctrina del Eterno Retorno, lejos de contradecirse con la teoría de la Voluntad de Poder, como algunos
autores han pretendido [5], es inseparable de ella. Podría decirse que constituye su metáfora.

---

[5] Baeumler: *Nietzsche, el filósofo y el político*, 1931. K. Jaspers: *Nietzsche. Introducción a su filosofía*, 1931.

En oposición a toda teología, Nietzsche pretende rescatar la inocencia del devenir, esto es, liberarlo de toda meta, de todo fin que lo hipoteque a un estado terminal. Cuando afirma: «El hecho de que se imprima al devenir la condición del ser, supone la más alta voluntad de poder» (libro III, § 609), no quiere aludir con ello ni a la congelación del instante *hic et nunc,* ni menos aún al estado de equilibrio que pondría fin al discurrir del tiempo. La eternidad formulada por el Eterno Retorno no es, pues, la atemporalidad, sino la infinitud del tiempo mismo. La eternidad no designa en Nietzsche lo que trasciende al tiempo, sino que designa el ser mismo del tiempo, como lo único permanente y subsistente: «Todo vuelve y retorna eternamente...» (libro IV, § 1051). En el Eterno Retorno se afirma el ser como devenir, en su eterno retornar; ya que si lo único subsistente es la infinitud del tiempo mismo, ningún fin como tal podrá ser alcanzado jamás. En efecto, apenas alcanzada la cota perseguida, esto es, el máximo de sentido, ese estado de equilibrio es roto, para volver a recomenzar y garantizar así la eternidad del devenir: «Si el mundo tuviese un fin, este fin se habría ya logrado. Si hubiese algún estado final no previsto, también debería de haberse realizado. Si el mundo fuese, en general, capaz de persistir y de cristalizar, de "ser"; si en todo su devenir tuviese solo por un momento esta capacidad de "ser", hace mucho tiempo que hubiera terminado todo devenir, y, por consiguiente, todo pensamiento, todo "espíritu". El hecho de que el espíritu sea devenir demuestra que el mundo carece de meta, de estado final, y que es incapaz de ser». «En un tiempo infinito, toda posible combinación debe ser también realizada una vez; aún más, debe ser realizada infinito número de veces... El mundo es un círculo que ya se ha repetido una infinidad de veces y que seguirá repitiendo *in infinitum* su juego» (libro IV , § 1055, 1059).

¿Qué relación guarda este proceso con la Voluntad de Poder? El querer no es otra cosa, según hemos visto, que el querer ser más. La Voluntad de Poder no sabría querer otra cosa que el aumento incesante de su propio poder: «El querer devenir más fuerte a partir de cualquier punto de fuerza, es la única realidad: no conservación de sí mismo, sino voluntad de apropiarse, de adueñarse, de ser más, de hacerse más fuerte» (libro III, § 682). La Voluntad de Poder es siempre ruptura de equilibrio; la energía sobrepasa constantemente la meta que se asigna, de tal modo que alcanzado el punto culminante no sabría sino bascular en el sentido opuesto, si es que quiere conservarse como tal energía. En definitiva, sus fines aparentes no son sino variaciones de su fin propio: permanecer siempre como energía. La ruptura constante del equilibrio, donde la significación apenas alcanzada se revela como insignificancia, es, pues, inherente a la esencia de la Voluntad de Poder. ¿No reside aquí precisamente para Nietzsche el secreto del Eterno Retorno?: «Este mundo mío dionisíaco que se crea siempre a sí mismo, que se destruye eternamente a sí mismo; este enigmático mundo de la doble voluptuosidad; este mi «más allá del bien y del mal» sin fin, a menos que no se descubra un fin en la felicidad del círculo; [...] ¿queréis un nombre para ese mundo?... ¡Este nombre es el de Voluntad de Poder, y nada más!...

Otro aspecto del Eterno Retorno (que ha puesto de manifiesto Pierre Klossowski) [6] muestra su indisoluble unidad con la teoría de la Voluntad de Poder. La Voluntad de Poder, en tanto que voluntad de sobrepasarse, implica la incesante transfiguración de nuestro propio ser. En la transfiguración dejo de ser el que soy para pasar a ser otro, y solo así soy el que verdaderamente soy, pues mi propia esencia consiste en la constante disolución de mi ser, como ser acabado. La transfiguración nos abre así a la incesante metamorfosis, donde toda identidad se disuelve en una múltiple alteridad. Ahora bien: el círculo del Eterno Retorno implica necesariamente la realización sucesiva de todas las identidades posi-

---

[6] Pierre Klossowski: *Nietzsche et le cerclevicieux*, Ed. Mercure de France, 1969.

bles. Afirmar un solo instante de mi existencia actual, supone decir un sí a todos los instantes que lo han hecho posible y, en consecuencia, a la infinita serie de mis otras posibles identidades que ahora desconozco: «Suponiendo que dijéramos que sí en un determinado momento, nos encontramos con que habremos dicho no solo sí a nosotros mismos, sino a toda la existencia. Porque nada existe por sí mismo, ni en nosotros ni en las cosas, y aunque solo una vez haya vibrado y resonado nuestra alma, como una cuerda en función de la felicidad, sería necesaria toda la eternidad para reconstruir las condiciones de este único acontecimiento, y toda la eternidad habría sido aprobada, justificada y afirmada en este único momento en que decimos "sí"» (libro IV, § 1025).

Veamos, con palabras de Pierre Klossowski, esta connotación disolvente de la identidad personal que es inherente al Eterno Retorno: «En el instante en que me es revelado el Eterno Retorno dejo de ser yo mismo y soy susceptible de volverme innumerables otros, sabiendo que voy a olvidar esta revelación una vez fuera de la memoria de mí mismo... Para que esta Revelación tenga un sentido será preciso que pierda conciencia de mí mismo y que el movimiento me devuelva el instante en que me fue revelada la necesidad de recorrer toda la serie de mis posibilidades».

Una última aclaración antes de finalizar: la afirmación absoluta de la existencia que implica la doctrina del Eterno Retorno debe ser distinguida tanto del optimismo moral y teológico de estilo leibniziano, como del fatalismo pasivo tradicional. Nietzsche encuentra despreciable la tesis leibniziana del «mejor de los mundos posibles»: «En verdad, yo no amo tampoco a aquellos que declaran que todas las cosas son buenas y este mundo el mejor de los mundos. A estos los llamo yo los omnicontentos... Pero masticar y digerir todo..., ¡esa es cosa propia de cerdos!» [7].

---

[7] *Así habló Zaratustra*, III, «Del espíritu de la pesadez».

La afirmación nietzscheana revela un pesimismo trágico y no una ciega confianza en la armonía universal. Se comprende también por qué condena la actitud pasiva del estoico. El estoico no afirma activamente el Ser, sino que se resigna a la realidad con la condición de proceder a una previa anestesia general que le prevenga contra cualquier sufrimiento. El hombre trágico, por el contrario, «no anhela el placer, ni esquiva el desplacer... Placer y desplacer son simples consecuencias, simples fenómenos concomitantes; lo que el hombre quiere, lo que quiere la más pequeña parte de cualquier organismo vivo, es un aumento de poder. En el esfuerzo en pos de tal aumento se busca tanto el placer como el desplacer; el hombre, a partir de aquella voluntad, busca una resistencia, tiene necesidad de algo que se le oponga..., pero no por hambre, como pudiera creerse, sino por Voluntad de Poder» (libro IV, § 695).

Vemos, pues, que la afirmación del Eterno Retorno, que diviniza toda la existencia, hasta en sus aspectos más dolorosos, nada tiene que ver con una aceptación servil de lo real. Afirmar el ser en su eterno retornar no es postrarse ante la necesidad y adorarla por impotencia para cambiarla, sino instalarse belicosamente en la existencia proclamando a la vez su eterna inocencia, sin buscar subterfugios ultramundanos para escapar a ella. El Eterno Retorno no incita a la abolición de la Voluntad, a la suspensión del querer que Schopenhauer entendía como la única posibilidad de liberación, sino que eleva al hombre a su más alta responsabilidad trágica.

DOLORES CASTRILLO MIRAT

# Cronología

1844. 15 de octubre. Nacimiento de Nietzsche en Röcken.

1849. Muerte de su padre que era un pastor protestante.

1858-1864. Estudios secundarios en la Escuela de Pforta donde recibe una sólida formación humanística. Influencia decisiva de Steinhart, el gran traductor de Platón. Comienza a leer a Schopenhauer. Estudiante de Teología y Filología clásica en la Universidad de Bonn.

1865. Estudios de Filología clásica con Ritschl en Leipzig. Publica sus primeros trabajos filológicos: «La rivalidad de Homero y Hesíodo», «Los catálogos antiguos de las obras de Aristóteles», entre otros.

1866. Lee la *Historia del materialismo*, de F. A. Lange, de la que extrajo un gran interés por Demócrito. Durante esta época se embebe de la filosofía schopenhaueriana.

1867. Conoce a E. Rohde, con el que entabla una profunda amistad.

1868. Conoce a Richard Wagner y dice de él en una carta: «Me gusta en Wagner lo que me gusta en Schopenhauer: el aire ético, el aroma fáustico, la cruz, la muerte y el túmulo, etc.». Lee el *Kant* de K. Fischer. De esta obra y de la de Lange extrae sus posiciones crítico-epistemológicas, según las cuales la vida no se puede concebir completamente por el entendimiento.

1869.   Es nombrado catedrático extraordinario de Lengua
        y Literatura Griega en la Universidad de Basilea.
        Lección inaugural sobre «Homero y la filología clá-
        sica». Es colega de Bachofen, el estudioso del ma-
        triarcado, y de Burckhardt, al que admiró profun-
        damente a lo largo de su vida. Da clases en la
        Universidad sobre la lírica griega y las *Coéforas* de
        Esquilo y lee en el Instituto el *Fedón* de Platón y un
        canto de la *Ilíada* de Homero.

1870.   Participa en la guerra franco-alemana como enfer-
        mero voluntario. Llega a Basilea el que será el gran
        amigo de Nietzsche, el teólogo F. Overbeck.

1871.   Intenta conseguir una cátedra de Filosofía sin resul-
        tado. Publica *El nacimiento de la tragedia en el
        espíritu de la música* que recibe fuertes críticas de
        los filólogos académicos, especialmente de Wila-
        mowitz, del que lo defiende su amigo Rohde.

1872.   Cinco conferencias «Sobre el porvenir de nuestros
        centros de enseñanza».

1873-1876.   Durante estos años enseñó filosofía antigua
        fundamentándola filológicamente: explica los filó-
        sofos presocráticos, la retórica antigua, el *Edipo rey*
        de Sófocles. Las cuatro *Consideraciones intempes-
        tivas* («David Friedrich Strauss», «Sobre el prove-
        cho y el inconveniente de la historia para la vida»,
        «Schopenhauer como educador», «Richard Wagner
        en Bayreuth»).

1878.   Ruptura definitiva con Wagner. *Humano, demasiado
        humano*, 1.ª parte.

1879-1880.   *El viajero y su sombra* (2.ª parte de *Humano,
        demasiado humano*). Abandona su cátedra de Basi-
        lea y toda labor docente, iniciando sus años de «filó-
        sofo errante». Su salud empeora de manera alar-
        mante. A partir de ahora se retira a lugares apartados
        donde, en la soledad, se fraguarán sus más grandes
        obras.

1880.   Principio de su estancia en Italia. Prepara los ma-
        nuscritos de *Aurora*. Con el compositor Peter Gast
        en Venecia.

1881.   Estancia en Sils-Maria. La montaña y el mar como
        estímulos paisajísticos. Descubre la obra de Spinoza.
        Se publica *Aurora*.

1882.   Conoce a Lou A. Salomé, que rechazará por dos ve-
        ces su oferta de matrimonio. El misterioso viaje con
        Lou a la isla del Monte Sacro en el lago de Orta. *La
        gaya ciencia*.

1883-1884.   Muerte de Wagner. Condena del antisemitismo.
        *Así habló Zaratustra*. ¿Poema sinfónico? ¿Libro sa-
        grado, filosófico, poético? Las dos claves: el super-
        hombre y el eterno retorno.

1885-1886.   El «preludio de una filosofía del futuro»: *Más
        allá del bien y del mal*.

1887.   *La genealogía de la moral*: bueno/malo, crítica de
        la culpa y de los ideales ascéticos. Correspondencia
        con Strindberg. Comienza a leer a Dostoievski, uno
        de los teóricos del nihilismo y un fino psicólogo de
        las profundidades del alma. Primeros esbozos de *La
        voluntad de poderío*.

1888.   G. Brandes da cursos con gran éxito sobre la obra de
        Nietzsche en Copenhague. Los grandes escritos po-
        lémicos: *El caso de Wagner* y *Nietzsche contra
        Wagner: crítica del romanticismo y del arte como
        salvación. Ditirambos de Dionisos* (poemas). *El
        crepúsculo de los ídolos. El Anticristo*: una crítica
        del cristianismo. *Ecce Homo* (autobiografía). Últi-
        mos escritos inéditos, cuya arbitraria ordenación por
        su hermana dio lugar al libro *La voluntad de poder*.

1889.   Enero: la crisis de Turín. Escribe las «cartas de la lo-
        cura», firmadas por «Anticristo», «Dionisos» o «El
        Crucificado». Es internado en una clínica de Basilea
        con el diagnóstico de «reblandecimiento cerebral»:
        ¿parálisis progresiva debido a la sífilis?

1890-1897.    Permanece con su madre en Naumburgo. Fundación por la hermana de un «Archivo Nietzsche». Lento hundimiento en la apatía total.

1897-1900.    En Weimar con su hermana.

1900.    25 de agosto. Fallece en Weimar, a la hora del mediodía. Las honras fúnebres se celebraron el 27 de agosto y el entierro el 28 de agosto en la tumba familiar de Röcken.

# LA VOLUNTAD
# DE PODER

(Ensayo de una transmutación
de todos los valores)

# PREFACIO

## 1

LAS GRANDES COSAS exigen que no las mencionemos o que nos refiramos a ellas con grandeza: con grandeza quiere decir cínicamente y con inocencia.

## 2

Lo que cuento es la historia de los dos próximos siglos. Describe lo que sucederá, lo que no podrá suceder de otra manera: *la llegada del nihilismo*. Esta historia ya puede contarse ahora, porque la necesidad misma está aquí en acción. Este futuro habla ya en cien signos; este destino se anuncia por doquier; para esta música del porvenir ya están aguzadas todas las orejas. Toda nuestra cultura europea se agita ya desde hace tiempo, con una tensión torturadora, bajo una angustia que aumenta de década en década, como si se encaminara a una catástrofe; intranquila, violenta, atropellada, semejante a un torrente que quiere llegar cuanto antes a su fin, que ya no reflexiona, que teme reflexionar.

## 3

El que aquí toma ahora la palabra no ha hecho, por el contrario, hasta el presente, más que reflexionar; como filósofo y anacoreta, por instinto, que encuentra mejor ventaja viviendo apartado, al margen, en la paciencia, en la demora y el rezago, como un espíritu investigador y atrevido, que ya se ha extraviado más de una vez en todos los laberintos del futuro, como un pájaro espectral y profético que *mira hacia atrás* cuando cuenta lo que vendrá, primer nihilista perfecto de Europa, pero que ya ha superado el nihilismo que moraba en su alma, viviéndolo hasta el fin, dejándolo tras de sí, debajo de sí, fuera de sí.

## 4

Porque no hay que engañarse sobre el sentido del título con el cual este evangelio del futuro será nombrado: *«La voluntad del poder»*. Ensayo de una transmutación de todos los valores. Con esta fórmula se expresa un contramovimiento en relación tanto con el principio como con la tarea: un movimiento que, en cualquier clase de futuro, destruirá ese nihilismo perfecto, pero que lo presupone lógica y psicológicamente y que no puede venir absolutamente sino de él y por él. Pues ¿por qué es ya necesario el surgimiento del nihilismo? Porque al llegar hasta sus últimas consecuencias, los mismos valores que hemos tenido hasta ahora son los que lo hacen necesario; porque el nihilismo es la resultante lógica de nuestros grandes valores y de nuestro ideal; porque debemos experimentar en nosotros el nihilismo para llegar a comprender cuál era el verdadero valor de estos «valores»... Alguna vez necesitaremos valores nuevos...

# LIBRO PRIMERO

# EL NIHILISMO EUROPEO

## ACERCA DEL PLAN

1. El nihilismo está ante la puerta: ¿de dónde nos llega este, el más inquietante de todos los huéspedes? Punto de partida: es un error señalar como causas del nihilismo las «crisis sociales», la «degeneración fisiológica», incluso la corrupción. Se trata de la época más honrada y compasiva. La miseria, la miseria espiritual, corporal e intelectual, no tienen en sí toda la capacidad necesaria para producir el nihilismo (o sea, el rechazo radical del valor, el sentido, el deseo). Estas necesidades siguen permitiendo interpretaciones diferentes. Sin embargo, en una interpretación muy determinada, la cristiano-moral, se asienta el nihilismo.

2. La decadencia del cristianismo, en su moral (que es inmovible) que se vuelve contra el Dios cristiano (el sentido de la verdad altamente desarrollado por el cristianismo, se transforma en asco ante la falsedad y la mentira de toda interpretación cristiana del mundo y de la historia. La reacción del «Dios es la verdad» en la creencia fanática «todo es falso». Budismo del *hecho*...).

3. Lo decisivo es el escepticismo ante la moral, la decadencia de la interpretación moral del mundo, que ya no

tiene *sanción* alguna, después de haber intentado huir hacia un más allá, acaba en nihilismo. «Nada tiene sentido» (la inconsistencia de una interpretación del mundo, que ha sido dedicada a la fuerza monstruosa, despierta en nosotros la desconfianza de que todas las interpretaciones del mundo puedan ser falsas.) Rasgos budistas, nostalgia de la nada. (El budismo indio no tiene tras de sí un desarrollo del fundamento moral, por eso, para él solamente hay en el nihilismo una moral no superada: el ser como castigo y el ser como error, combinados, y, por consiguiente, el error también como castigo: una apreciación moral de los valores.) Los intentos filosóficos de superar el «Dios moral» (Hegel, panteísmo). Superación de los ideales populares: el sabio, el santo, el poeta. Antagonismo de «verdadero», «bello» y «bueno».

4.   Contra la «falta de sentido», por una parte; contra la apreciación de los juicios morales, por otra: ¿hasta qué punto toda la ciencia y la filosofía han estado hasta ahora bajo la influencia de los juicios morales? ¿Y si no se tienen en cuenta la hostilidad de la ciencia? ¿Y el anticientifismo? Crítica del espinosismo. Los juicios de valor cristianos reaparecen por doquier en los sistemas socialistas y positivistas. Falta una *crítica de la moral cristiana*.

5.   Las consecuencias nihilistas de las ciencias naturales en la actualidad (al mismo tiempo que sus tentativas de escabullirse en un más allá). De su actividad se desprende, finalmente, una autodestrucción, un volverse contra sí, un anticientifismo. Desde Copérnico ha rodado el hombre desde el centro hacia la periferia.

6.   Las consecuencias nihilistas de la forma de pensar política y económica, en que todos los «principios» llegan, poco a poco, a caer en la interpretación teatral: el aliento de la mediocridad, de la mezquindad, de la falta de sinceridad, etcétera. El nacionalismo. El anarquismo, etcétera. Castigos. Faltan la situación y el hombre redentores, el justificador.

7. Las consecuencias nihilistas de la historia y del «historiador práctico», es decir, el romántico. Situación del arte: absoluta falta de originalidad de su posición en el mundo moderno. Su entenebrecimiento. Supuesto olimpismo de Goethe.

8. El arte y la preparación del nihilismo: Romanticismo (final de los «Nibelungos», de Wagner).

## I. NIHILISMO

### 1

Nihilismo como consecuencia de la forma en que se han interpretado hasta ahora los valores de la existencia.

### 2

¿Qué significa el nihilismo?: *Que los valores supremos pierden validez*. Falta la meta; falta la respuesta al «por qué».

### 3

El *nihilismo radical* es el convencimiento de la insostenibilidad de la existencia, cuando se trata de los valores más altos que se reconocen, añadiendo a esto la comprensión de que no tenemos el menor derecho a plantear un más allá o un en-sí de las cosas que sea «divino», que sea moral viva.

Esta comprensión es una consecuencia de la «veracidad» altamente desarrollada, y por ello, incluso, una consecuencia de la creencia en la moral.

## 4

¿Qué ventajas ofrecía la hipótesis cristiana de la moral?

1) Concedía al hombre un valor absoluto, por oposición a su pequeñez y a su contingencia en la corriente del devenir y el desaparecer.

2) Servía a los abogados de Dios, en tanto que dejaba al mundo, a pesar de la miseria y el mal, el carácter de perfección —incluida aquella famosa «Libertad»—, el mal se mostraba lleno de *sentido*.

3) Aplicaba al hombre un *saber* acerca de los valores absolutos y le proporcionaba incluso, de esta forma, un conocimiento adecuado de lo más importante.

4) Impedía que el hombre se despreciara como hombre, que tomara partido contra la vida, que desesperara del Conocimiento: era un *medio de subsistencia*.

En suma: la moral era el gran *antídoto* contra el *nihilismo* práctico y teórico.

## 5

Pero entre las fuerzas que sustentó la moral estaba la *veracidad*: esta se vuelve finalmente contra la moral, descubre su *teología*, su consideración *interesada;* y ahora la comprensión de esa mentira, encarnada hace tiempo y de la cual no esperamos poder desembarazarnos, actúa precisamente como estimulante. Ahora constatamos en nosotros mismos, enraizadas a través de la larga interpretación moral, necesidades que nos parecen como exigencias de lo no verdadero; por otra parte, son estas necesidades a las cuales parece estar unido un valor, las que hacen que soportemos la vida. Este antagonismo —no estimar lo que reconocemos y no poder estimar ya aquello sobre cuya naturaleza nos gustaría engañarnos— trae como resultado un proceso de desintegración.

## 6

Esta es la *antinomia*.
En tanto creamos en la moral, *condenamos* la existencia.

## 7

Los valores superiores, a cuyo servicio debía vivir el hombre, especialmente cuando disponían de él de manera dura y costosa, estos valores *sociales* se constituyeron con el fin de *fortalecerlo,* como si fueran mandamientos de Dios, como «realidad», como «verdadero» mundo, como esperanza y mundo futuro, se construyeron sobre los hombres; ahora que se hace claro el mezquino origen de estos valores, nos parece que el universo se desvaloriza, «pierde su sentido»; pero este es solamente un *estado de transición.*

## 8

Consecuencia *nihilista* (la creencia en la falta de valor), como resultado de la apreciación moral: hemos perdido el gusto por lo egoísta (aun después de comprender la imposibilidad de lo no egoísta); hemos perdido el gusto de lo necesario (aun después de comprender la imposibilidad de un *liberum arbitrium* y de una «libertad inteligible»). Vemos que no alcanzamos la esfera en que hemos situado nuestros valores, con lo cual la otra esfera, en la que vivimos, de ninguna forma ha ganado en valor: por el contrario, estamos cansados, porque hemos perdido el impulso principal. «¡Todo ha sido inútil hasta ahora!»

## 9

El pesimismo como preforma del nihilismo.

10

A. El pesimismo como fortaleza —¿en qué?— en la energía de su lógica, como anarquismo y nihilismo, como analítica.

B. El pesimismo como declive —¿en qué?—, como suavizamiento, como sentimentalización cosmopolita, como *tout comprendre* e historicismo.

*La tensión crítica;* los extremos se ponen de manifiesto y adquieren preponderancia.

11

*La lógica del pesimismo hasta el último nihilismo; ¿qué es lo que impulsa aquí?* Concepto de la *falta de valor,* de la *falta de sentido:* hasta qué punto los valores morales están dentro de todos los demás altos valores.

Resultado: los juicios morales de valor son condenaciones, negaciones: la moral es la renuncia a la voluntad de existir.

12

DESMORONAMIENTO DE LOS VALORES
COSMOLÓGICOS

A

El *nihilismo,* como *estado psicológico,* surgirá primeramente, cuando hayamos buscado un «sentido» a cualquier suceso que no lo tenga, de manera que el que busca acaba perdiendo el ánimo. El nihilismo es entonces la consciencia de un largo despilfarro de fuerzas, la tortura del «en vano», la inseguridad, la falta de oportunidad para rehacerse de al-

guna manera, de tranquilizarse todavía con cualquier cosa;
la vergüenza de sí mismo, como si uno se hubiera mentido a
sí mismo demasiado tiempo... Ese sentido podría haber sido:
el *cumplimiento* de un código moral, lo más alto posible, en
todos los acontecimientos, el orden moral del mundo; o el
incremento del amor y la armonía en las relaciones entre los
seres; o la aproximación a un estado general de felicidad;
o incluso, la disolución en un estado de nada universal:
una meta sigue siendo un sentido. Lo común en todas estas
concepciones es que debe alcanzarse algo o través del proceso mismo: y, entonces, se comprende que por este *devenir*
nada se cumple, nada se alcanzará... Por tanto, la desilusión
sobre una supuesta finalidad del devenir es la causa del nihilismo: sea con relación a un fin completamente determinado, sea generalizando la consideración de la insuficiencia
de todas las hipótesis del fin sustentadas hasta ahora, que
se refieren al «desarrollo como un todo» (el hombre que no
es un colaborador, y mucho menos el punto central del devenir).

Surge, en segundo lugar, el nihilismo como estado psicológico, cuando se ha aplicado una totalidad, una sistematización, incluso una organización en todo suceder y bajo todo
suceder, de manera que en una representación total de una
forma suprema de dominio y gobierno se deleite el alma se-
dienta de admiración y gloria (si se trata del alma de un lógico, bastarán aquella consecuencia absoluta y una dialéctica de lo real para conciliarlo todo...). Una forma de unidad,
cualquier forma de «monismo»; y, como consecuencia de
esta fe del hombre en un sentimiento profundo de conexión
y dependencia de un «todo» infinitamente superior a él, un
*modus* de la divinidad... «El bien de la totalidad requiere la
entrega del individuo»... ¡Pero hay que darse cuenta de que
no existe tal totalidad! En el fondo, el hombre ha perdido la
creencia en su valor, cuando a través de él no actúa un todo
infinitamente precioso: es decir, ha concebido un todo semejante para poder creer en su propio valor.

El nihilismo, como estado psicológico, tiene, además, una tercera y última forma. Dadas estas dos consideraciones: que no se llega a nada con el devenir, y que bajo todos los devenires no gobierna ninguna gran unidad en la que el individuo pueda sumergirse por completo, como en un elemento del más alto valor, queda entonces como subterfugio condenar todo el mundo del devenir como engaño e inventar un mundo situado más allá de este y considerarlo como un mundo verdadero. Pero tan pronto como el hombre llega a darse cuenta de que la construcción de tal mundo se debe tan solo a necesidades psicológicas y no tiene, por tanto, derecho a la existencia, surge la última forma del nihilismo, una forma que comporta en sí misma no creer en un mundo metafísico, y que se prohíbe, igualmente, la creencia en un verdadero mundo. Desde este punto de vista, se admite la realidad del devenir como única realidad y se rechaza cualquier clase de camino torcido que conduzca al más allá y a las falsas divinidades; pero no se soporta ese mundo, aunque no se le quiera negar...

¿Qué es lo que ha sucedido, en suma? Se había alcanzado el sentimiento de la falta de valor cuando se comprendió que ni con el concepto «fin», ni con el concepto «unidad», ni con el concepto «verdad» se podía interpretar el carácter general de la existencia. Con ello, no se alcanza ni se obtiene nada; falta la unidad que engrana en la multiplicidad del acontecer; el carácter de la existencia no es «verdadero», es falso..., ya no se tiene absolutamente ningún fundamento para hacerse creer a sí mismo en la existencia de un mundo verdadero... En resumen: las categorías «fin», «unidad», «ser, con las cuales hemos atribuido un valor al mundo, son desechadas de nuevo por nosotros, ahora el mundo aparece como falto de valor...

B

Admitiendo que hemos reconocido hasta qué punto el mundo ya no puede ser interpretado con estas tres categorías, y que, después de este examen, el mundo empieza a no tener valor para nosotros, debemos preguntarnos de dónde nace nuestra creencia en ellas. ¡Tratemos de averiguar si es posible negarlas! Cuando hayamos desvalorizado estas tres categorías, la demostración de su inaplicabilidad en todo no es razón suficiente para desvalorizar el universo.

Resultado: la creencia en las categorías de la razón es la causa del nihilismo; hemos medido el valor del mundo por categorías que se refieren a un mundo puramente ficticio.

Conclusión: todos los valores con los cuales hemos tratado hasta ahora de hacernos apreciable el mundo, primeramente, y con los cuales, después, incluso lo hemos desvalorizado al haberse mostrado estos inaplicables; todos estos valores, reconsiderados psicológicamente, son los resultados de determinadas perceptivas de utilidad, establecidas para conservar e incrementar la imagen de dominio humano, pero proyectadas falsamente en la esencia de las cosas. La ingenuidad hiperbólica del hombre sigue siendo, pues, considerarse a sí mismo como el sentido y la medida del valor de las cosas.

### 13

El nihilismo representa un estado patológico intermedio (lo patológico es la monstruosa generalización, la conclusión sin ningún sentido), sea porque las fuerzas productivas no son todavía bastante fuertes, sea porque la decadencia vacila aún y no ha descubierto todavía sus medios auxiliares.

Supuesto de esta hipótesis: que no hay ninguna verdad, que no hay ninguna cualidad absoluta de las cosas, ninguna «cosa en sí». Esto es nihilismo, y, verdaderamente, nihilismo extremo. Sitúa el valor de las cosas precisamente en el hecho de que ninguna realidad corresponde ni correspondió a estos valores, sino que son solo un síntoma de fuerza por parte del que atribuye el valor, una simplificación para fines vitales.

## 14

Los valores y sus variaciones están en relación al desarrollo de poder del que aplica el valor.

La medida de la no creencia, de la supuesta «libertad del espíritu» como expresión del aumento de poder.

«Nihilismo» como ideal del supremo poder del espíritu, de la vida más exuberante, en parte destructivo, en parte irónico.

## 15

¿Qué es una creencia? ¿Cómo se origina? Cualquier creencia es un tener-por-verdadero.

La forma extrema del nihilismo sería la opinión de que toda creencia, todo tener-por-verdadero, son necesariamente falsos porque no existe en absoluto un mundo verdadero. Por tanto, una apariencia de perspectiva cuyo origen reside en nosotros (en cuanto que necesitamos constantemente un mundo más estrecho, más limitado, más simplificado).

La medida de nuestra fuerza es hasta qué punto podemos acomodarnos a la apariencia, a la necesidad de la mentira, sin perecer.

En esa medida, el nihilismo podría ser una forma divina de pensar como negación de todo mundo verdadero, de todo ser.

## 16

Si nos sentimos «desengañados», no lo somos en relación con la vida, sino porque hemos abierto los ojos a las «concupiscencias» de toda clase. Miramos con cierta rabia burlona lo que llamamos «ideal». Nos despreciamos solo por no poder mantener sometida, en todo momento, esa absurda excitación que se llama «idealismo». Este mal hábito es más fuerte que la rabia del desengañado.

## 17

¿Hasta qué punto el nihilismo de Schopenhauer sigue siendo la consecuencia del mismo ideal creado por el teísmo cristiano? El grado de certidumbre con relación al grado más alto del deseo, a los valores superiores, a la suma perfección, era tan grande, que los filósofos partían del *a priori* como de una certeza absoluta: «Dios» en la cumbre, como verdad dada. «Llegar a ser igual a Dios», «ser absorbido por Dios». Estos fueron durante siglos los objetivos del deseo más ingenuo y convincente (pero algo que convence no se convierte en verdadero por eso: es únicamente más convincente. Nota para los asnos).

Se ha olvidado conceder este planteamiento del ideal a la realidad personal; se llegó al ateísmo. ¿Pero se ha renunciado al ideal? En el fondo, los últimos metafísicos siguen buscando en él la «realidad» verdadera, la «cosa en sí», en relación con la cual todo lo demás solo es apariencia. Su dogma es que nuestro mundo de apariencias no es visiblemente la expresión de aquel ideal, por lo que no puede ser «verdadero», y de ninguna forma puede conducir a ese mundo metafísico que ellos ven como causa. Lo incondicionado, en cuanto representa esa perfección superior, no puede ser el fundamento de todo lo condicionado. Schopenhauer, que deseaba que fuese de otra forma, tuvo que pensar en esa razón metafísica como antítesis del ideal, como «voluntad mala y ciega»; de suerte que pudo ser entonces «lo aparente», lo que se manifiesta en el mundo de las apariencias. Pero, incluso con esto, no renunció al ideal absoluto, y, claro: metió la pata...

(A Kant le pareció necesaria la hipótesis de la «libertad inteligible» para aliviar al *ens perfectum* de la responsabilidad del ser-así-y así de este mundo; en resumen, para explicar el mal y la maldad: lógica escandalosa en un filósofo...)


## 18

El signo más general de los tiempos modernos: el hombre, a sus propios ojos, ha perdido, increíblemente, dignidad. Durante mucho tiempo fue el centro y el héroe trágico de la existencia; entonces se esforzó, al menos, en demostrarse emparentado con las partes más decisivas y valiosas de la existencia: como hacen todos los metafísicos que quieren establecer la dignidad del hombre con la creencia de que los valores morales son valores cardinales. El que abandona a Dios, con tanta más firmeza se aferra a la creencia en la moral.


## 19

Cualquier valoración moral (como, por ejemplo, la budista) acaba en el nihilismo: ¡esperamos esto para Europa! Se cree salir del paso con un moralismo sin fondo religioso: pero para ello es forzoso el camino hacia el nihilismo. En la religión es necesario considerarnos como creadores de valores morales.


## 20

La pregunta del nihilismo «¿para qué?» parte de los hábitos mantenidos hasta ahora, según los cuales el fin parecía establecido, dado, exigido desde fuera, es decir, por alguna *autoridad sobrehumana*. Al dejar de creer en esta, se buscó, sin embargo, según la antigua costumbre, otra autoridad que supiera hablar de forma absoluta y pudiera ordenar fines y tareas. La autoridad de la *conciencia* aparece ahora en primera línea, como indemnización a cambio de una autoridad personal (cuanto más se emancipa la conciencia, más imperativa se hace la moral). O la autoridad de la *razón*. O el *instinto social* (el rebaño). O la *historia,* con su espíritu inmanente que tiene su fin en sí, y a la que puede uno *abandonarse.* Se querría eludir, para anular totalmente a la voluntad, al deseo de un fin, al riesgo, a sí mismo; querríamos librarnos de la responsabilidad (se aceptaría el fatalismo). En fin: la *felicidad* y, con cierta tartufería, la felicidad de la mayor parte.

Se dice uno a sí mismo:

1) Un fin determinado no es necesario en absoluto.
2) No es posible prever el fin.

Precisamente ahora que la voluntad sería necesaria en toda su potencia, es lo más *débil,* lo más *pusilánime.* Absoluta desconfianza contra la fuerza organizadora de la voluntad en conjunto.

### 21

*El nihilista perfecto.*—El ojo del nihilista idealiza dentro de lo feo, es infiel a sus recuerdos, los deja abatirse, deshojarse; no los protege contra las lívidas decoloraciones que vierte la debilidad sobre lo lejano y lo pasado. Y lo que no ejercita contra sí no lo ejercita tampoco contra el pasado completo de los hombres: lo deja abatirse igualmente.

### 22

El nihilismo *tiene doble sentido:*

A) El nihilismo como signo del creciente poder del espíritu: nihilismo activo.

B) El nihilismo como decadencia y retroceso del poder del espíritu: nihilismo pasivo.

## 23

*El nihilismo como estado normal.* Puede ser un signo de fuerza; la intensidad del espíritu puede haber aumentado de tal modo que las metas que tenía hasta ahora («convicciones», artículos de fe) resulten inadecuadas (pues una creencia expresa, en general, el apremio de las condiciones vitales; un sometimiento al influjo de las relaciones bajo las cuales un ser prospera, crece, gana poder...); por otra parte, el signo de una potencia insuficiente para establecerse a sí mismo de forma productiva, de nuevo, una meta, un porqué, una creencia.

Alcanza su máximo de fuerza relativa como potencia violenta de destrucción: como *nihilismo activo.*

Su antítesis sería el nihilismo fatigado, que ya no ataca: su forma más conocida es el budismo, como nihilismo pasivo, como signo de debilidad; la potencia del espíritu puede estar cansada, *agotada,* de forma que las metas y valores que tenía hasta ahora resulten inadecuados, faltos de crédito; de forma que la síntesis de valores y metas (base sobre la que descansa toda cultura fuerte) se disuelve y los valores aislados se hagan le guerra —*disgregación*—, que todo lo que refresca, cura, tranquiliza, aturde, pase a primer plano bajo diferentes disfraces: religiosos, morales, políticos, estéticos, etcétera.

## 24

El nihilismo no es solo una reflexión sobre el «¡en vano!», no es solo la creencia de que todo merece morir: se pone la mano encima, se aniquila... Esto resulta, si se quiere, ilógico; pero el nihilista no cree en la necesidad de ser lógico... Es este el estado de los espíritus y voluntades más fuertes —y para ellos no es posible detenerse en el no «del juicio»—: el no de la acción está dado por su naturaleza. El convertir algo en nada por el juicio secunda el convertir algo en nada por la mano.

## 25

*Sobre la génesis del nihilista.*—Solo tardíamente se tiene el coraje de admitir aquello que sabemos con certeza. El que yo, hasta ahora, haya sido fundamentalmente nihilista, hace muy poco tiempo que me lo he confesado a mí mismo: la energía, el radicalismo con que seguía adelante como nihilista me ocultaron esta verdad esencial. Cuando se va hacia un fin, parece imposible que «la falta de fin en sí» sea una creencia esencial.

## 26

*El pesimismo de las naturalezas vigorosas.*—El «para qué» después de una lucha terrible, incluso aun después de la victoria. Que es algo cien veces más importante que preguntarnos si nos encontramos bien o mal —instinto fundamental de todas las naturalezas fuertes— y, en consecuencia, si los demás se encuentran bien o mal. En resumen, que tenemos una meta y que por ella no vacilamos en hacer *víctimas humanas,* arrostrar todos los peligros, tomar sobre nosotros mismos todo lo malo, todo lo peor: la *gran pasión.*

## II. CAUSAS REMOTAS DEL NIHILISMO

### 27

*Causas del nihilismo:* 1) *Falta la especie superior,* es decir, aquella cuya fertilidad y poder inagotables mantienen la creencia en el hombre. (Piénsese en lo que se debe a

Napoleón: casi todas las esperanzas más altas de este siglo.)

2) La *especie inferior* («rebaño», «masa», «sociedad») olvida la modestia y exagera sus necesidades de valores *cósmicos* y *metafísicos*. Por este proceso se *vulgariza* la existencia entera: hasta tal punto que domina la masa, tiraniza a los hombres de excepción, de manera que pierden la fe en sí mismos y se convierten en nihilistas.

Todas las tentativas de crear tipos superiores fracasaron («romanticismo», el artista, el filósofo, contra la tentativa de Carlyle de concederles los más altos valores morales).

La *resistencia* contra los tipos superiores como resultado.

*Ocaso e inseguridad de todos los tipos superiores.* La lucha contra el genio («poesía popular», etcétera). Compasión por los humildes y por los que sufren como *medida* de la *altura del alma*.

Falta el *filósofo* que descifre la acción, no solo el que la poetiza.


## 28


El nihilismo *incompleto,* sus forma: vivimos en medio de él.

Los intentos de escapar al nihilismo sin transmutar los valores aplicados hasta ahora: producen el efecto contrario, agudizan el problema.


## 29


*Las clases de autoaturdimiento.*—En lo más interno: ¿no encontrar una salida? Vacío. Intentos de liberarse en la embriaguez: la embriaguez como música, la embriaguez como crueldad en el placer trágico de la caída de los más nobles, la embriaguez como entusiasmo ciego por hombres o épocas aisladas (como odio, etcétera). Intento de trabajar sin sentido, como instrumento de la ciencia: abrir los ojos a los distintos pequeños placeres, por ejemplo, con reconocimiento (modestia contra sí mismo); generalizar esta modestia contra sí mismo basta convertirla en *pathos;* la mística, el goce voluptuoso del vacío eterno, el arte «por el arte» («le fait»); el «puro conocer» como narcótico del asco de sí mismo; cualquier trabajo estable, cualquier pequeño fanatismo estúpido; la confusión de todos los medios, la enfermedad por falta de moderación en general (la disipación mata el placer).

1) Debilitación de la voluntad como resultado.
2) Contraste de sentimientos entre un orgullo extremo y la humillación de pequeñas debilidades.

## 30

Llega ya la época en que tendremos que pagar el haber sido cristianos durante dos milenios: perdemos la fuerza de gravedad que nos permitía vivir, hace ya tiempo que no sabemos de dónde venimos y adónde vamos. Nos precipitamos, de repente, en las valoraciones opuestas con el grado de energía que ha despertado, incluso en el hombre, una supervaloración extrema del hombre.

Hoy todo es completamente falso; todo son «palabras», anarquía, debilidad o exaltación.

*a)* Se busca una especie de solución terrena, pero en el mismo sentido que el *triunfo definitivo* de la verdad, del amor, de la justicia (el socialismo: «igualdad de la persona»).

*b)* Se intenta igualmente mantener el ideal moral (con preponderancia de lo altruista, de la abnegación, de la negación de la voluntad).

*c)* Se intenta incluso conservar el «más allá» aunque sea solo como incógnita antilógica, pero se lo interpreta de manera que se pueda extraer de él, al estilo antiguo, una especie de consuelo metafísico.

*d)* Se intenta leer en el suceder una dirección divina de estilo antiguo, una ordenación de las cosas basada en premios y castigos que nos educa y nos lleva hacia la perfección.

*e)* Se cree, ahora como antes, en el Bien y en el Mal: de manera que se considera el triunfo del bien y la destrucción del mal como tarea (esto es muy inglés: caso típico, ese pelirrojo de John Stuart Mill).

*f)* El desprecio de la «naturalidad», el ansia del *ego:* intento de comprender, como consecuencia de una despersonalización y como *dèsintèressement,* incluso la espiritualidad y el arte más altos.

*g)* Se permite a la Iglesia que siga entrometiéndose en todas las vivencias esenciales, en todos los puntos culminantes de la vida individual, para que los consagre y les de un sentido más alto: seguimos teniendo el «estado cristiano», la «boda cristiana».

31

Ha habido épocas más pensadoras y más profundas que la nuestra; épocas como, por ejemplo, aquella en que apareció el Buda, en que el pueblo mismo, después de largas luchas de sectas durante siglos, se encontró al final tan profundamente perdido en los laberintos de las opiniones filosóficas como temporalmente los pueblos europeos en las sutilezas de los dogmas religiosos. No nos dejemos nosotros seducir por la «literatura» y la prensa que nos inducen a tener una gran opinión del «espíritu» de nuestro tiempo: los millones de espiritistas y una cristiandad con ejercicios gimnásticos de esa espantosa fealdad que caracteriza a las invenciones inglesas ofrecen una mejor perspectiva.

El pesimismo europeo está todavía en sus comienzos. Un testimonio contra sí mismo: aún no tiene aquella monstruosa y nostálgica fijeza de mirada en que se refleja la nada, como la tuvo una vez en la India: todavía hay en él mucho «hecho» y no «devenido», demasiado pesimismo de sabios y poetas; quiero decir, que buena parte de él es pensado o inventado, es «creado», pero de ningún modo «causa».


32


*Crítica del pesimismo hasta el presente.*—Rechazo del punto de vista endemonológico como última reducción a la pregunta: ¿qué sentido tiene esto? Reducción del oscurecimiento.

*Nuestro pesimismo:* el mundo no es, de ningún modo, el valor que creemos; nuestra fe misma ha hecho aumentar de tal forma nuestra tendencia al conocimiento, que hoy tenemos que decir esto. En primer lugar, el mundo aparece así como de menos valor, y así lo experimentaremos: solo en este sentido somos pesimistas, es decir: con la voluntad de reconocer sin trabas esta transvaloración y no engañarnos o cubrirnos los ojos con la antigua forma de pensar.

Justamente en esta dirección encontramos el *pathos* que nos fuerza a buscar nuevos valores. En suma: el mundo pudiera tener más valor del que nosotros creíamos; debemos analizar la ingenuidad de nuestros ideales ya que quizá, en conciencia, para darle la interpretación más alta, no hemos dado ni tan siquiera una vez a nuestra existencia humana un moderado valor.

¿Qué ha sido divinizado? Los instintos de valor en la comunidad (lo que posibilita su subsistencia).

¿Qué ha sido calumniado? Lo que separaba a los hombres superiores de los inferiores, el impulso creador de abismos.

## 33

Causas del surgimiento del pesimismo:

1)   Porque las tendencias más fuertes y esperanzadoras de la vida han sido calumniadas hasta ahora, de manera que la vida tiene una maldición sobre sí.

2)   Porque la creciente valentía y rectitud y la atrevida desconfianza del hombre comprenden la indisolubilidad de estos instintos con respecto a la vida y, por lo tanto, se vuelven contra la vida.

3)   Porque solo los mediocres, los que no sienten ese conflicto en absoluto, prosperan; la clase superior fracasa y, como ejemplo de la degeneración, se crea enemigos; porque, por otra parte, nos indigna el que se presente lo mediocre como finalidad y sentido (y también porque ya nadie puede responder a un ¿*para qué*?).

4)   Por que el empequeñecimiento, la capacidad de sufrir, la inquietud, la prisa, la confusión crecen sin cesar; porque la actualización de todo este impulso, la llamada «civilización» es cada ve más fácil, y el individuo enfrentado a esta maquinaria monstruosa se *desalienta* y se *somete*.


## 34

El pesimismo moderno es una expresión de la inutilidad del mundo moderno, no del mundo y de la existencia en general.


## 35

La «preponderancia del dolor sobre el placer» o lo contrario (el hedonismo): estas dos doctrinas son ya indicios que apuntan al nihilismo...

Porque, en ambos casos, no se establece aquí ningún otro sentido último, sino la apariencia del placer o el desplacer. Pero así habla una clase de hombres que ya no se atreve a establecer una voluntad, una intención, un sentido; para cualquier clase de hombres más sana, el valor de la vida no se mide con el módulo de estas cosas accesorias. Y si una preponderancia del dolor sería posible, lo serían también, *a pesar de todo*, una voluntad más fuerte, un decir-sí a la vida, una necesidad de esa preponderancia.

«La vida no merece la pena»; «resignación»; «¿de qué sirven las lágrimas?»; esta es una forma de pensar débil y sentimental. «Un monstre gai vant mieux qu'un sentimental ennuyeux».

36

El filósofo nihilista está convencido de que todo acontecer no tiene sentido, de que todo sucede en vano, y también de que no debería existir nada sin sentido ni en vano. Pero ¿por qué este no debería? ¿De dónde se toma este «sentido», esta medida? El nihilista quiere decir, en el fondo, que la consideración de una tal existencia vacía e inútil no es satisfactoria para un filósofo, le produce tristeza y desesperación. Una consideración así contradice nuestra más sutil sensibilidad como filósofos. Nos hace llegar a esta absurda valoración: el carácter de la existencia debería *satisfacer al filósofo* para que esta pueda mantenerse con pleno derecho...

Partiendo de aquí, es fácil comprender que el placer y el desplacer solo pueden tener el sentido de medios dentro del suceder; quedaría por preguntar si, de alguna manera, es posible ver el «sentido», la «finalidad», si la cuestión de la falta de sentido, o la contraria, no serán insolubles para nosotros.

37

*Evolución del pesimismo al nihilismo.—Desnaturaliza-*
*ción de los valores. Escolástica de los valores.* Los valores,
perdidos, idealizados, en lugar de dominar y dirigir la acción, se vuelven contra ella, condenándola.

Contradicciones introducidas en lugar de los grados y categorías naturales. Odio a la jerarquía. Las contradicciones
corresponden a una época populachera, porque son fáciles
de comprender.

El mundo rechazado en presencia de un mundo construido artificialmente, «verdadero, válido». Finalmente, se
descubre con qué materia se edificó el «mundo verdadero»,
y ya solo queda el reprobado, cargando en la cuenta de este,
esta suprema desilusión.

Y con esto ha llegado el nihilismo: se han conservado los
valores que sirven para juzgar, ¡y nada más!

Esto da lugar al nacimiento del problema de la fuerza y la
debilidad:

1) Los débiles se rompen aquí en pedazos.
2) Los fuertes destruyen lo que no se rompe.
3) Los más fuertes superan los valores que sirven para
juzgar.

*Todo esto en conjunto crea la edad trágica.*

III. EL MOVIMIENTO NIHILISTA COMO EXPRESIÓN
DE LA DECADENCIA

38

Recientemente se han llevado a cabo muchos abusos con
el empleo de una palabra fortuita e inadecuada en todos los
sentidos, se habla en todas partes de «pesimismo», se intenta
a toda costa solucionar la cuestión de si tiene razón el pesi-

mismo o el optimismo. No se ha comprendido lo que está al alcance de la mano: que el pesimismo no es un problema, sino un síntoma; que la palabra «pesimismo» debería sustituirse por la de «nihilismo»; que la cuestión de si no ser es mejor que ser, es ya, por sí misma, una enfermedad, un signo de declive, una idiosincrasia.

El movimiento nihilista es solo la expresión de una decadencia fisiológica.

## 39

*Debe comprenderse:* que todas las clases de decaimiento y de dolencia han ayudado, constantemente, al enjuiciamiento de valores totales; que, en el resultado de esta valoración de conjunto, la decadencia ha llegado a ser preponderante, ha llegado, incluso, a dominar; que no solo tenemos que luchar contra todas las miserias actuales, consecuencia de la degeneración, sino que toda decadencia producida hasta ahora ha quedado retardada, es decir, todavía viva. Una tal aberración general de la humanidad, de sus instintos fundamentales, una tal decadencia general de los enjuiciamientos de valores forma la interrogante *par excellence,* el verdadero acertijo que el animal «hombre» propone al filósofo.

## 40

*El concepto «décadence».*—La descomposición, la defección, los residuos, no son algo condenable en sí mismo, son solamente una consecuencia necesaria de la vida, del crecimiento vital. La aparición de la decadencia es tan esencialmente necesaria como cualquier surgimiento y avance de la vida, y no se tiene en la mano el medio de hacerla desaparecer. Por el contrario, la razón exige que respetemos sus derechos.

Es ignominioso que todos los socialistas sistemáticos crean que podrían darse circunstancias, combinaciones sociales bajo las cuales el vicio, la enfermedad, el crimen, la prostitución, la miseria, dejen de crecer... Esto significa condenar la vida...

Una sociedad no es libre de permanecer siempre joven. Incluso en sus más florecientes momentos de esplendor tiene que dejar sus inmundicias, sus detritus. Cuanto con más energía y audacia vaya adelante, más rica será en fracasos, en deformidades, y más cercana estará de la caída... La vejez no puede eliminarse con instituciones. Ni la enfermedad. Ni el vicio.

41

*Fundamentos sobre la naturaleza de la decadencia:* lo que hasta ahora hemos considerado como sus causas son solamente sus consecuencias.

Con esto se modifica totalmente la perspectiva del problema moral.

Toda la lucha moral contra el vicio, contra el lujo y el crimen, incluso contra la enfermedad misma, peca de ingenuidad, parece superflua: no hay posible «enmienda» (contra el *arrepentimiento*).

La decadencia misma no es algo contra lo que pudiera lucharse: es absolutamente necesaria y propia de todas las épocas, de todos los pueblos. Lo que se debe combatir con todas las fuerzas es la posible contaminación de las partes sanas del organismo.

¿Actuamos así? Hacemos todo lo *contrario*. Precisamente en este sentido se orientan los esfuerzos de la *humanidad*.

¿En qué modo se encuentran relacionados con este problema biológico fundamental todos aquellos valores que hasta ahora han venido considerándose como superiores? La filosofía, la religión, la moral, el arte, etcétera.

(La cura: por ejemplo, el militarismo, a partir de Napoleón, que vio a la civilización como su «enemiga natural».)

## 42

Lo que se tuvo hasta el presente como causas de la degeneración son sus consecuencias.

Asimismo, aquello que ha venido considerándose como cura de la degeneración, son simples paliativos contra ciertos efectos de ella: los «curados» no son más que un tipo de los degenerados.

Consecuencias de la decadencia: el vicio: la viciosidad; la enfermedad: la diátesis epidémica; el crimen: la criminalidad; el cebilato: la esterilidad; el histerismo: la abulia; el alcoholismo: el pesimismo; el anarquismo; el libertinaje (también el espiritual). Los calumniadores, los subversivos, los escépticos, los destructores...

## 43

Sobre el concepto «décadence».

1) La duda está motivada por la decadencia, igualmente que el libertinaje del espíritu.

2) La corrupción de las costumbres está motivada también por la decadencia (debilidad de la volición, necesidad de estimulantes muy fuertes).

3) Los métodos curativos, sicológicos y morales, no alteran la marcha de la decadencia, no la contienen, son fisiológicamente nulos.

Hay que considerar la gran nulidad de estas «reacciones» pretenciosas; no son más que formas de narcotización utilizadas contra ciertas consecuencias fatales; no logran eliminar totalmente el elemento morboso de la decadencia; no pasan, a menudo, de ser intentos heroicos del hombre para anular la decadencia, para eliminar un mínimo de su nocividad.

4) El nihilismo no es un motivo, sino únicamente la lógica de la decadencia.

5) El «bueno» y el «malo» son tan solo dos tipos de la decadencia: se mantienen unidos ante todos los fenómenos fundamentales.

6) La cuestión social es solo un resultado de la decadencia.

7) Las enfermedades, sobre todo las nerviosas y cerebrales, son signos de que falta la fuerza defensiva de la naturaleza fuerte; sucede igualmente incluso con la irritabilidad, de forma que el placer y el desplacer se convierten en problemas de primera magnitud.

44

Tipos más comunes de la decadencia:

1) Creyendo encontrar remedios se eligen los que aceleran el agotamiento: entre ellos está el cristianismo (por citar el caso más generalizado del instinto de apoyarse en falso); entre ellos está el «progreso».

2) Se pierde la fuerza de resistencia contra las excitaciones —estamos condicionados por la casualidad— se aumentan y exageran las experiencias hasta lo monstruoso... una «despersonalización» una disgregación de la voluntad; a esto corresponde toda una clase de moral: la moral altruista, la que lleva a todas horas «la piedad» en los labios; en ella lo esencial es la debilidad de la personalidad, de manera que vibra al unísono y tiembla constantemente como una cuerda musical sobreexcitada... una irritabilidad extrema...

3) Se confunde la causa con el efecto; no se entiende la decadencia en su sentido fisiológico, y se ve en sus consecuencias últimas la causa real de la dolencia; a esto corresponde toda la moral religiosa

4) Se anhela un estado en el que ya no se sufra. Se considera a la vida como el motivo de todos los males; se aprecian los estados inconscientes e insensibles (el sueño, los desvanecimientos) como incomparablemente más valiosos que los conscientes; de aquí una *metodología*.

45

*Sobre la higiene de los «débiles».*—Todo lo que se hace sumido en la debilidad fracasa. Moral: no hacer nada. Pero lo peor es que precisamente el poder de renunciar a la acción, de no reaccionar, es el más afectado bajo el influjo de la debilidad: no se reacciona nunca más rápidamente y ciegamente que cuando no debería reaccionarse en absoluto...

El vigor de una naturaleza se muestra en el contener y retrasar la reacción; una cierta αδιαφοφια le es tan característica como a la debilidad la esclavitud del movimiento contrario, la repentinidad, la irrefrenabilidad de la «acción». La voluntad es débil y el remedio para evitar hacer tonterías sería tener una voluntad lo suficientemente fuerte para no hacer nada... *contradictio*... Una especie de autodestrucción, el instinto de conservación es comprometido... El débil se daña a sí mismo... Este es el tipo de la decadencia...

Realmente encontramos una monstruosa reflexión sobre prácticas para provocar la impasibilidad. El instinto va hasta aquí por el buen camino, en el sentido de que no hacer nada es más útil que hacer algo...

Todas las prácticas de las órdenes religiosas, de los filósofos solitarios, de los faquires, se basan en la perfecta valoración de que una determinada clase de hombre es tanto más útil a sí misma cuanto más se impide actuar.

## 46

*Debilidad de la voluntad:* esta es una comparación que puede inducir a equivocaciones. Pues no hay voluntad en absoluto y, por lo tanto, no hay voluntades fuertes ni débiles. La multiplicidad y la disgregación de los instintos, la falta de sistema entre ellos, tiene como consecuencia «la voluntad débil»; la coordinación de estos instintos bajo la preponderancia de uno solo tiene como resultado la «voluntad fuerte»; en el primer caso, se trata de la oscilación y la falta de discernimiento; en el segundo, la precisión y la claridad de rumbo.

## 47

Lo que se hereda no es la enfermedad, sino la predisposición a la enfermedad: la impotencia para resistir el peligro de penetraciones nocivas, la destrozada capacidad de resistencia, etcétera; expresado desde el punto de vista moral: la resignación y la cobardía ante el enemigo.

Me he preguntado si no se pueden comparar todos estos valores superiores de la filosofía, de la moral y la religión, tal como se han desarrollado hasta ahora, con los valores del débil, del lunático y el neurasténico, ya que representan, de forma más atenuada, *los mismos males...*

El valor de todos los estados morbosos consiste en que muestran, bajo una lente de aumento, ciertas situaciones normales difíciles de percibir precisamente por su normalidad.

Salud y enfermedad no son esencialmente diferentes, como creían los antiguos médicos, como creen todavía ciertos practicones. No se deben hacer de ellas distintos principios o entidades que luchan entre sí por el organismo vivo y lo convierten en su campo de batalla. Esto son cosas estúpidas y sin sentido que no sirven para nada. En realidad, hay entre estas dos formas de existencia solo diferencias de grado: la exageración, la desproporción, la falta de armonía de los fenómenos normales constituyen el estado enfermizo (Claude Bernard).

De la misma forma que «el mal» puede ser considerado como exageración, como discordancia y desproporción, puede «el bien» ser una dieta protectora contra los peligros de la exageración, la discordancia y la desproporción.

La *debilidad hereditaria* como *sentimiento dominante:* causa de los valores superiores.

Se quiere la debilidad: ¿por qué?... La mayor parte de las veces, porque se es necesariamente débil.

La *debilitación* como *tarea:* la debilitación de los apetitos, de las sensaciones de placer y desplacer, de la voluntad de poder, del sentimiento del orgullo, del tener-y-querer-tener-más; la debilitación como humillación; la debilitación como creencia; la debilitación como repugnancia y vergüenza de todo lo natural, como negación de la vida, como enfermedad y debilidad habituales...; la debilitación como renuncia a la venganza, a la resistencia, a la enemistad y a la cólera.

El error en el tratamiento: no se quiere combatir la debilidad con un sistema fortificante, sino con una especie de justificación y moralización, es decir, con una interpretación...

La confusión de dos estados completamente diferentes: por ejemplo, el descanso de la fuerza, que esencialmente consiste en renunciar a la reacción (el tipo de dioses a los que nada conmueve), y el reposo del agotamiento, el éxtasis llevado hasta la anestesia. Todos los procedimientos filosófico-ascéticos se dirigen al segundo, pero se refieren en realidad al primero... pues confieren a esta situación alcanzada los predicados que harían pensar que se había logrado un estado divino.

## 48

*La equivocación más peligrosa.*—Hay un concepto que, aparentemente, no da lugar a ninguna confusión, a ninguna ambigüedad: es el agotamiento. El agotamiento puede ser adquirido o puede ser hereditario, pero, en cualquier caso, cambia el aspecto de las cosas, el valor de las cosas...

A diferencia de aquel, que, por la plenitud que representa y siente, se desprende involuntariamente de algo —algo que en todo caso le sobra— y lo aporta a las cosas para hacerlas más plenas, más llenas de poder, más ricas de futuro; a diferencia de aquel, el agotado empequeñece y estropea todo lo que ve, empobrece el valor: es nocivo...

Sobre esto no parece posible el error; a pesar de toda la historia, presenta el hecho espantoso de que los agotados sean siempre confundidos con los que están más plenos, y los más plenos con los más nocivos.

El vitalmente pobre, el débil, empobrece más la vida; el vitalmente rico, el fuerte, la enriquece. El primero es un parásito; el segundo aporta algo a ella... ¿Cómo es posible confundir al uno con el otro?

Cuando el agotado apareció con el gesto de la actividad y la energía más altas (cuando la degeneración exigía un exceso de descarga espiritual o nerviosa), entonces se le confundió con el rico. Produjo miedo... El culto del loco es siempre también el culto del vitalmente rico, del poderoso. El fanático, el poseído, el fanático religioso, todos los excéntricos han sido considerados como tipos superiores del poder: como *divinos*.

Esta clase de fuerza que despertaba miedo, pasaba ante todo por divina; aquí tenía su punto de partida la autoridad, partiendo de aquí se interpretaba, se oía, se buscaba la sabiduría... Desde aquí se desarrollaba casi siempre una voluntad de «divinización», es decir, de degeneración típica del espíritu, del cuerpo y los nervios: un intento de encontrar el camino hacia esta clase superior de existencia. Estar enfermo, volverse loco, provocar los síntomas de perturbación, esto significaba hacerse más fuerte, más sobrehumano, más temible, más sabio. Creíase con ello hacerse tan rico de poder que se podía donar parte de él. En dondequiera que se veneraba se buscaba a alguien que pudiera dar algo.

Aquí conducía a error la experiencia de la *embriaguez*. Esta aumenta al más alto grado el sentimiento de poder; en consecuencia, el poder era juzgado ingenuamente. En el más alto grado del poder debía estar el más *ebrio*, el extático. (Hay dos puntos de partida de la embriaguez: la plenitud vital desmedida y un estado de nutrición morbosa del cerebro.)

### 49

*Agotamiento adquirido,* no hereditario: 1) Alimentación insuficiente, a menudo por ignorancia de cómo debemos nutrirnos, por ejemplo, en los sabios. 2) La *precocidad* erótica: una maldición, sobre todo en la juventud francesa, sobre todo la de París, que sale ya del liceo corrompida y sucia para entrar en el mundo y ya no es capaz de liberarse de las cadenas de unas inclinaciones despreciables; juventud irónica y desdeñosa consigo misma, galeotes que poseen todos los refinamientos (por lo demás, en los casos más frecuentes, es esto un síntoma de la decadencia de raza y familia, como toda hiperirritabilidad; y, en la misma forma, del contagio del medio: también el dejarse determinar por el ambiente es signo de decadencia). 3) El alcoholismo, no el instinto, sino el hábito; la imitación estúpida, el cobarde o fatuo acomodarse a un régimen dominante: ¡qué cosa tan bienhechora es un judío entre alemanes! Ved qué embrutecimiento, qué cabeza vacía, qué azul el ojo; la falta de *esprit* en la cara, en la palabra, en la compostura; la forma perezosa de estirarse, la necesidad alemana de reposo, que no viene de un exceso de trabajo, sino de una asquerosa excitación y sobreexcitación producida por los alcoholes.

## 50

*Teoría del agotamiento.*—El vicio, los enfermos de espíritu (especialmente los artistas...), los criminales, los anarquistas, no pertenecen a las clases oprimidas, sino que son el desecho de todas las clases de sociedad conocidas hasta ahora...

Con el análisis de que todos nuestros estratos sociales han sido permeabilizados por estos elementos, hemos comprendido que la sociedad moderna no es una «sociedad», no es un «cuerpo», sino un conglomerado enfermo de chandalas, una sociedad que ya no tiene fuerzas para la excreción.

Hasta qué punto, a través de la vida en común durante siglos, la enfermedad se ha hecho más profunda:

La virtud moderna  
La espiritualidad moderna } como formas de enfermedad  
Nuestra ciencia

## 51

*El estado de la corrupción.*—Comprender la interconexión de todas las formas de corrupción, y, entre ellas, no olvidar la corrupción cristiana (Pascal como tipo), ni la corrupción socialista-comunista (una consecuencia de la cristiana) —la más alta concepción de la sociedad en los socialistas es, desde el punto de vista de las ciencias físicas y naturales, la más baja en la jerarquía de las sociedades—; ni la corrupción del «más allá»: como si fuera del mundo real, el del devenir, hubiera otro, el del estar siendo.

Aquí no puede haber ningún *armisticio:* aquí hay que eliminar, destruir, hacer la guerra; hay que desenmascarar aún en todas partes la medida cristiano-nihilista de valores y combatirla bajo todos los disfraces en que se esconde..., por ejemplo, en la *sociología* actual, en la *música* actual, en el *pesimismo* actual (formas todas del ideal cristiano de valores).

O lo uno o lo otro es verdadero: verdadero, es decir, que eleva el tipo humano...

El sacerdote, el pastor de almas, como formas rechazables de la existencia. Toda la educación fue hasta ahora inútil, inconsistente, sin orientación ni punto de apoyo, llena de contradicciones en cuanto a los valores.

## 52

No es inmoral la Naturaleza cuando no tiene compasión por los degenerados: por el contrario, el crecimiento de los males fisiológicos y morales es la *consecuencia de una moral enfermiza y antinatural*.

¿De qué depende que la humanidad esté corrompida en el aspecto moral y fisiológico? El cuerpo perece cuando un órgano está *alterado*. No se puede volver a llevar el derecho del altruismo a la fisiología, de la misma forma que no se puede referir el derecho de ser ayudado a la igualdad de la suerte: todo esto son premios para los degenerados y para los que ya nacieron malparados.

No hay solidaridad en una sociedad en la que existen elementos estériles, improductivos y destructores, que, además, tendrán descendientes más degenerados que ellos mismos.

## 53

Hay un efecto profundo y completamente inconsciente de la decadencia misma sobre los ideales de la ciencia: toda nuestra sociología es una prueba de esta afirmación. Hay que reprocharle, sin embargo, que su única experiencia se basa en los elementos declinantes de la sociedad y que inevitablemente toma sus propios instintos de declive como norma del juicio sociológico.

La vida que declina en la Europa actual formula en ellos sus ideales colectivos; todos ellos se parecen, hasta confundirse, a los ideales de viejas razas que aún sobreviven...

Del mismo modo, el instinto de rebaño —un poder que hoy se ha hecho soberano— es algo fundamentalmente diferente del instinto de una sociedad aristocrática: depende del valor de las unidades el significado de la suma... Toda nuestra sociología no conoce ningún otro instinto que el del rebaño, es decir, el de la *suma de los ceros*, en que cualquier cero tiene los «mismos derechos» en un lugar donde es una virtud ser un cero...

La valoración con la que se juzgan hoy las diferentes formas de la sociedad es exactamente igual a aquella que concede un valor más alto a la paz que a la guerra; pero este juicio es antibiológico, es, incluso, un aborto de la decadencia de la vida... La vida es una consecuencia de la guerra, la sociedad misma es un medio para la guerra... El señor Herbert Spencer es un decadente como biólogo; lo es tan bien como moralista (¡ve algo digno de admirar en el triunfo del altruismo!).


## 54


He tenido la suerte de volver a encontrar, después de milenios enteros de extravío y equivocaciones, el camino que lleva a un *sí* y a un *no*.

Enseño el *no* contra todo lo que debilita, contra todo lo que agota.

Enseño el *sí* hacia todo lo que fortalece, acumula fuerzas, justifica el sentimiento de la fuerza.

Hasta ahora no se enseñaron ni lo uno ni lo otro: se ha enseñado la virtud, el altruismo, la compasión, se ha enseñado incluso la negación de la vida. Todos estos son valores característicos de los agotados.

Un largo reflexionar sobre la fisiología del agotamiento me forzó a la siguiente pregunta: ¿hasta qué punto los juicios de los agotados se han introducido en el mundo de los valores?

El resultado fue de lo más asombroso, incluso para mí, que ya me había encontrado familiarizado con algunos mundos bastante extraños: encontré que todos los juicios de valor superiores, a todos los que han llegado a enseñorearse sobre la humanidad, al menos sobre la humanidad domesticada, se podían rastrear hasta descubrir que eran juicios de agotados.

Tras los nombres más sagrados deduje las tendencias más destructoras; se ha llamado Dios a todo lo que debilita, a todo lo que predica la debilidad, a todo lo que infecta de debilidad...; descubrí que el «hombre bueno» era una auto-afirmación de la decadencia.

Aquella virtud; de la cual todavía ha dicho Schopenhauer que es la superior, la única, el fundamento de todas las virtudes, justamente la *piedad,* la reconocí yo como más peligrosa que cualquier vicio; dificultar esencialmente la selección de la especie y el limpiarla de excrementos, esto se ha conocido hasta ahora como la virtud por excelencia... Hay que honrar a la fatalidad; la fatalidad que dice al débil: «¡perece!»...

Se ha llamado Dios a lo que combatía a la fatalidad; a lo que empobrecía y corrompía a la humanidad... No se debe usar el nombre de Dios en vano...

La raza está corrompida, no por sus vicios, sino por su ignorancia; está corrompida porque no ha entendido el agotamiento como tal agotamiento: los errores fisiológicos son causa de todo mal...

La virtud es nuestro gran error.

Problema: ¿cómo llegaron a hacer los agotados las leyes de los valores? Dicho de otra forma: ¿cómo llegaron al poder los que son los últimos?... ¿Cómo llegó el instinto del animal hombre a estar cabeza abajo?...

## IV.  LA CRISIS: EL NIHILISMO Y LA IDEA
## DEL RETORNO

### 55

Las posiciones extremas no se resuelven con posiciones moderadas, sino con otras igualmente extremas pero contrarias. Y así sucede con la creencia en la inmoralidad absoluta de la naturaleza, con la inutilidad y la falta de sentido de la emancipación psicológicamente necesaria, cuando ya no se puede mantener la creencia en Dios y en un orden moral esencial. El nihilismo aparece aquí no porque la desgana por la existencia sea más grande que antes, sino porque nos hemos hecho desconfiados hacia un «sentido» del mal, e incluso de la existencia. Pereció una interpretación: puesto que, mientras la interpretación servía, pareció como si no hubiera ningún sentido en la existencia, como si todo fuera en vano.

\* \* \*

El que este «en vano» sea el carácter de nuestro nihilismo actual queda por demostrar. La desconfianza contra nuestras apreciaciones de valores anteriores asciende hasta la siguiente pregunta: ¿no serán todos los valores medios de seducción con los cuales la comedia se alarga para que no llegue nunca el desenlace? La duración con un «en vano» sin sentido y sin finalidad es la idea más paralizadora, sobre todo cuando se comprende que lo engañan a uno y, sin embargo, no está en las fuerzas de uno el poder evitar.

\* \* \*

Consideramos estos pensamientos en su forma más terrible: la existencia tal como es, sin sentido y sin finalidad, pero inevitablemente retornando sobre sí, sin llegar a un final en la nada: «El eterno retorno».

¡Esta es la forma extrema del nihilismo!: ¡la nada («el absurdo») eterna!

Forma europea del budismo: la energía del saber y de la fuerza obliga a una creencia semejante. Es la más científica de todas las hipótesis posibles. Negamos las metas finales: si la existencia tuviera un fin, este tendría ya que haber sido alcanzado.

\* \* \*

Entonces se comprende que lo que se persigue aquí es una antítesis del panteísmo: puesto que la creencia de que todo es perfecto, divino, eterno nos fuerza a admitir el «eterno retorno». Una pregunta: ¿se ha impugnado también la moral, este decir «sí» panteísta a todas las cosas? En el fondo lo que se ha superado es sólo el Dios moral. ¿Tiene sentido creer en un Dios «más allá del bien y del mal»? ¿Sería panteísmo pensar en este sentido? ¿Suprimiremos la idea de finalidad del proceso y, a pesar de todo, confirmaremos el proceso? Esto sucedería si dentro de ese proceso, en todo momento, se alcanzase un fin, y ese fin fuera siempre el mismo.

Spinoza alcanzó una tal posición afirmativa en cuanto que cada momento tiene una necesidad lógica; y él triunfó, por medio de su instinto fundamentalmente lógico, sobre una tal condición del mundo.

\* \* \*

Pero su caso es solo un caso aislado. Cualquier rasgo fundamental del carácter que palpite en el fondo de cualquier hecho, que se exprese en cualquier acontecer, cuando sea experimentado por un individuo como su rasgo característico fundamental, debería impulsar a ese individuo a aprobar triunfalmente cada instante de la existencia universal. Implicaría, incluso, que se percibiese con placer para uno mismo este rasgo fundamental del carácter, que se consideraría bueno y valioso.

Pero la moral ha protegido, contra la desesperación y el salto a la nada en tales hombres y estratos, a la vida que había sido violentada y oprimida por los hombres, puesto que la impotencia contra los hombres, no la impotencia contra la naturaleza, testifica la amargura más desesperada contra la existencia. La moral ha tratado como enemigos a los autoritarios, a los que ejercitaban la violencia, a los «Señores» contra los que debe ser protegido, es decir, alentado, fortalecido, el hombre común. Por consiguiente, la moral ha enseñado a odiar y despreciar en lo mas profundo lo que es el rasgo característico fundamental de los dominadores: *su voluntad de poder*. Negar, destruir y eliminar esta moral sería considerar el instinto más odiado con un sentimiento y valorización contrarios. Si el que sufre, el oprimido, perdiera la fe en su derecho a poder despreciar la voluntad de poder, entraría de lleno en la fase de la desesperación total. Se daría este caso cuando este rasgo fuera esencial para la vida, cuando la consecuencia fuera que incluso en aquella voluntad de moral esta «voluntad de poder» estuviera sola, encubierta, que también aquel odio y desprecio fueran una voluntad de poder. El oprimido se daría entonces cuenta de que estaba al mismo nivel que el opresor y no tenía ningún privilegio ni ningún rango superior sobre este.

*.   *   *

¡Muy al contrario!, no hay nada en la vida que tenga valor excepto el grado de poder, a condición, por supuesto, de que la vida misma sea voluntad de poder. La moral protegía a los malparados contra el nihilismo, al tiempo que concedía a cada uno un valor infinito, un valor metafísico, y lo emplazaba en un orden que no estaba de acuerdo con el poder y el rango del mundo: enseñaba la entrega, la humildad, etc. Admitiendo que la creencia en esta moral se destruya, los malparados ya no hallarían en ella su consuelo y perecerían.

\* \* \*

Este perecimiento se presenta como la ruina de sí mismo, como la elección instintiva de lo que forzosamente destruye. Los síntomas de esta autodestrucción de los malparados es la autovivisección, el envenenamiento, la embriaguez, el romanticismo ante todo la fuerza instintiva que nos lleva a realizar actos por los cuales hacemos poderosos a nuestros enemigos mortales (que se erigen, como quien dice, en sus propios verdugos), la voluntad de destrucción como voluntad de un más profundo instinto, el instinto de autodestrucción, la voluntad de la nada.

\* \* \*

El nihilismo, como síntoma de ello, indica que los desheredados ya no tienen ningún consuelo, que destruyen para ser destruidos: que, privados de la moral, ya no tienen ninguna razón para «entregarse», que están afincados en el terreno del principio opuesto y también quieren poder por su parte forzando a los poderosos a ser sus verdugos. Esta es la forma europea del budismo, el no-activo, después de que toda existencia ha perdido su «sentido».

\* \* \*

La «miseria» no ha crecido: ¡al contrario!: «Dios, moral, sumisión» eran medicinas contra grados terriblemente profundos de desventura; el nihilismo activo aparece en condiciones relativamente mucho más favorables. Ya el hecho mismo de que la moral sea concebida como superada, establece un grado relativo de cultura espiritual; y esta, a su vez, un bienestar relativo. Un cierto cansancio espiritual, llevado por la larga lucha de opiniones filosóficas hasta el más desesperado escepticismo contra la filosofía, caracteriza igualmente la situación, nada inferior, de estos nihilistas, piénsese en la situación en que apareció el Buda. La doctrina del «eterno retorno» tendría presupuestos sabios (como los tendría la doctrina del Buda, por ejemplo: el concepto de la casualidad, etc.).

\* \* \*

¿Qué significa entonces «desheredado»? Consideremos la cuestión sobre todo fisiológicamente, ya no políticamente. La clase más insana del hombre de Europa (en todos los estratos) es la base de este nihilismo; ella concebirá la creencia en el «eterno retorno» como una maldición que cuando hiere hace que no se retroceda ante ningún acto; querrá no extinguir pasivamente, sino extinguir todo lo que hasta ese punto está falto de sentido y finalidad: a pesar que se trata solo de un espasmo, de una rabia ciega ante la idea de que todo estaba allí desde la eternidad, incluso este momento de nihilismo y de ansia de destrucción. El valor de una crisis tal reside en que purifica, en que fuerza la agrupación de elementos semejantes y los hace descomponerse mutuamente; en que asigna a los hombres de formas de pensar opuestas tareas comunes, trayendo a la luz también, de entre ellos, a los débiles, a los inseguros, y provocando así el impulso hacia una jerarquía de las fuerzas desde el punto de vista de la salud: reconociendo por su condición a los que ordenan y a los que obedecen. Naturalmente, fuera de todas las normas sociales existentes.

\* \* \*

¿Quiénes se mostrarán aquí como los más fuertes? Los más moderados, los que no tenían necesidad de dogmas extremos, los que no solo aceptaban una buena parte de la casualidad, del absurdo, sino que la amaban; los que pueden pensar en el hombre con una significativa aminoración de su valor, sin por eso empequeñecerse ni debilitarse: los más ricos en salud, los que se han acostumbrado a las mayores desgracias y por ello ya no temen a la desgracia, hombres que están seguros de su poder y que representan con un orgullo consciente la fuerza que el hombre ha adquirido.

*   *   *

¿Qué pensaría un hombre así del «eterno retorno»?

56

## V.  PERIODOS DEL NIHILISMO EUROPEO

El *periodo de oscuridad,* de toda clase de tentativas para conservar lo viejo y no dejar escapar lo nuevo.

El *periodo de claridad;* se comprende que viejo y nuevo son contradicciones fundamentales: los valores antiguos nacieron de la vida en declive, los nuevos, de la vida ascendente; se comprende que todos los antiguos ideales son opuestos a la vida (nacidos de la decadencia y determinantes de la decadencia, aunque estén adornados con el magnífico traje dominguero de la moral). Comprendemos lo antiguo y estamos muy lejos de ser suficientemente fuertes para lo nuevo.

El *periodo de las tres grandes pasiones:* el desprecio, la compasión, la destrucción.

El *periodo de la catástrofe:* la aparición de una doctrina que criba a los hombres... que empuja a los débiles, e igualmente a los fuertes, a tomar resoluciones.

## VI. PARA LA HISTORIA DEL NIHILISMO EUROPEO

### a) LA CONFUSIÓN MODERNA

#### 57

Amigos míos: nuestra juventud fue muy difícil: hemos sufrido de la juventud como de una enfermedad grave. Esto es debido a la época en la cual fuimos lanzados, época de una profunda decadencia y confusión interior, que se oponía con todas sus debilidades e incluso con sus mejores fuerzas al espíritu de la juventud. La confusión y también la incertidumbre son propias de esta época: nada se mantenía firme y digno de crédito: se vivía para mañana puesto que el pasado mañana era incierto. Todo era resbaladizo y peligroso en nuestro camino, y por ello se ha hecho tan delgado el hielo que nos mantiene todavía; sentimos entonces todos el inhospitalario aliento de la escarcha: por donde nosotros caminamos todavía ¡pronto no podrá caminar ya nadie!

#### 58

Si esta no es una época de declive y debilitación de las fuerzas vitales lo es, por lo menos, de tentativas insensatas y arbitrarias; y es probable que de un exceso de experimentos fracasados surja una impresión general de decadencia, y quizá la cosa misma; la decadencia.

#### 59

## VII. PARA LA HISTORIA DEL OSCURANTISMO MODERNO

Los nómadas del Estado (empleados, etc.): sin «patria». La decadencia de la familia.

El «hombre bueno» como síntoma del agotamiento.

La justicia como voluntad de poder (disciplina).

Lujuria y neurosis.

Música negra, ¿en dónde está la música regenadora?

El anarquista.

Desprecio del individuo, asco.

Profunda diferenciación: ¿lo creador es el hambre o la saciedad? La primera crea los ideales del romanticismo.

Falta de naturalidad nórdica.

La necesidad del alcohol: los trabajadores, «miseria».

El nihilismo filosófico.


## 60

El lento avance y ascenso de las capas medias e inferiores (incluida aquí la clase baja, de cuerpo y espíritu), que ya antes de la Revolución Francesa estaba claramente preludiada y que, aun sin la Revolución, hubiera encontrado igualmente su camino hacia delante —la preponderancia, en suma, del rebaño sobre todos los pastores y mansos—, trae consigo:

1) El entenebrecimiento del espíritu (la coexistencia de una apariencia estoica y frívola de felicidad, propia de culturas selectas, decrece; se descubren muchos sufrimientos que anteriormente se ocultaban y soportaban).

2) La hipocresía moral (una forma de querer distinguirse por la ética, pero mediante las virtudes del rebaño: compasión, cuidados, moderación, virtudes que no son reconocidas ni consideradas dignas fuera de las posibilidades del rebaño).

3) Un verdadero cúmulo de condolencias y satisfacciones compartidas (el bienestar común, en grandes agrupamientos. Como lo tienen todos los animales que se organizan en rebaños: sentido de la comunidad», «patria», todo aquello en lo que no se tiene en cuenta al individuo).

61

Nuestra época con sus afanes por suprimir y evitar las penurias eventuales y librarse de las posibilidades desagradables es una época de pobres. ¡Nuestros «ricos» son los pobres! ¡El verdadero fin de toda riqueza se ha olvidado!

62

*Crítica del hombre moderno.*—El hombre bueno meramente corrompido y seducido por malas instituciones (tiranos y sacerdotes); la razón como autoridad; la historia como superación de errores; el futuro como progreso; el Estado cristiano («el Dios de los ejércitos»); la actividad sexual cristianizada (o el matrimonio); el imperio de la «justicia» (el culto de la «humanidad»); la «libertad».

La actitud romántica del hombre moderno: el hombre noble (Byron, Victor Hugo, George Sand); la noble indignación; la santificación por la pasión (como verdadera «naturaleza»); el tomar partido por los oprimidos y desheredados: lema de los historiadores y novelistas; los estoicos del deber; el «desinterés» como arte y conocimiento; el «altruismo» como fórmula engañosa del egoísmo (utilitarismo), el egoísmo más sentimental.

Todo esto es el siglo XVIII. Por el contrario, lo que no se ha heredado de él, la *insouciance,* la despreocupación, la elegancia, la claridad espiritual. El *tempo* del espíritu se ha transformado; el goce en la sutileza y la claridad intelectuales ha cedido al placer por los colores, por la armonía, por la masa, por la realidad, etcétera. Sensualismo en lo espiritual. En resumen, es el siglo XVIII de Rousseau.

## 63

En conjunto, nuestra humanidad actual ha alcanzado una cantidad monstruosa de humanitarismo. El que esto en general no sea percibido es en sí mismo una demostración de ello: nos hemos vuelto tan sensibles a las pequeñas miserias que hemos pasado por alto lo inicuamente alcanzado.

Aquí hay que descontar el que haya mucha decadencia y que, visto con tales ojos, nuestro mundo debe tener un aspecto malo y miserable. Pero estos ojos han visto lo mismo en todas las épocas:

1) Una cierta sobreexcitación, incluso de la sensibilidad moral.

2) La cantidad de amargura y oscurecimiento que el pesimismo lleva consigo en el enjuiciamiento: ambos puntos han hecho que predomine la representación contraria: de que algo va mal en nuestra moralidad.

La efectividad del crédito, de todo el comercio mundial, de los medios de comunicación: esto expresa una confianza monstruosamente dulce en los hombres... Esto contribuye también a:

3) La independización de la ciencia de los puntos de vista morales y religiosos: un muy buen indicio, pero que la mayor parte de las veces se ha entendido erróneamente.

Yo intento a mi manera una justificación de la historia.

## 64

*El segundo budismo.*—Catástrofe nihilista, que llega a su fin con la cultura india. Signos precursores: el predominio de la compasión. La gran fatiga espiritual. La reducción de los problemas a cuestiones de placer y desplacer. La gloria militar, que provoca un contragolpe. Así como la delimitación nacional con fronteras provoca un contramovimiento, la mas cordial «fraternidad». La imposibilidad de la religión en poder seguir operando con dogmas y fábulas.

## 65

Lo que hoy es combatido más profundamente es el instinto y la voluntad de la tradición: todas las instituciones que deben su origen a este instinto van contra el gusto del espíritu moderno. En el fondo, no se piensa ni se hace nada que no tenga como fin el desarraigar este sentido de lo tradicional. Se toma la tradición como fatalidad; se la estudia, se la reconoce (como «herencia»), pero no se la desea. La tensión de una voluntad durante mucho tiempo, la elección de situaciones y valores que hacen que se pueda disponer de siglos del futuro: todo esto, precisamente, es en gran medida antimoderno. De lo cual se deduce que los principios desorganizadores son los que caracterizan a nuestra época.

## 66

«Sed sencillos»: una exigencia para nosotros, complicados e incompresibles examinadores, que es simplemente una tontería. Sed naturales: ¿pero cómo, cuando se es precisamente innatural?...

## 67

Los medios añejos de obtener seres homogéneos y perdurables a través de largas generaciones: propiedad intransferible de la tierra, veneración de los antepasados (origen de la creencia en dioses y héroes como patriarcas).

Hoy en cambio, la división de la propiedad responde a la tendencia más opuesta posible: el periódico (en lugar de las oraciones diarias), el tren, el telégrafo. Centralización de una cantidad monstruosa de intereses diferentes en un alma: que para ello debe ser fuerte y capaz de cambio.

## 68

*Por qué todo se convierte en comedia.*—Al hombre moderno le falta: el sustento seguro (consecuencia de una larga forma de actividad idéntica de una clase de hombre); la incapacidad de hacer algo perfecto es solo consecuencia de esto: no se puede alcanzar en solitario lo que debería dar la escuela.

Lo que crea una moral, un código; el profundo instinto de darse cuenta que solo el automatismo hace posible la perfección en la vida y en el trabajo.

Pero ahora hemos alcanzado el polo opuesto, sí, hemos querido alcanzarlo —la más extrema conciencia, la autopenetración, del hombre y de la historia—, con lo cual estamos prácticamente lo más alejados posible de la perfección en el ser, el hacer y el querer: nuestras ansias, nuestra voluntad misma de conocimiento, son síntomas de una enorme decadencia. Ambicionamos lo contrario de lo que quieren las razas fuertes, las naturalezas fuertes: el comprender es un fin. Que sea la ciencia posible en este sentido, tal como se lleva hoy a la práctica, es la prueba de que todos los instintos elementales de protección y de defensa de la vida ya no funcionan. Ya no acopiamos: despilfarramos los capitales de la experiencia, de la misma forma en que llevamos a cabo el conocimiento.

## 69

Rasgos nihilistas:

*a)* En las ciencias físicas y naturales («falta de sentido»); causalismo, mecanicismo, la «legitimidad», un entreacto, un desecho.

*b)*  Lo mismo en la política: le falta a uno la fe en su derecho, la inocencia; reina el engaño, el oportunismo.

*c)*  Lo mismo en la economía popular: la supresión de la esclavitud: falta de un estrato redentor, de un justificador, surgimiento del anarquismo. ¿«Educación»?

*d)*  Lo mismo en la historia: el fatalismo, el darwinismo; los últimos intentos de conciliar la razón de la divinidad, fracasados. Sentimentalismo ante el pasado; ¡no se soporta ninguna biografía! (El fenomenalismo también aquí: el carácter como máscara; no hay hechos ciertos.)

*e)*  Lo mismo en el arte: el romanticismo y su reacción (resistencia contra los ideales y mentiras románticas). El último, moralmente, como un sentido de mayor verdad, pero pesimista. Los «artistas» puros (a los que les es indiferente el contenido). Psicología de padre confesor y psicología puritana, dos formas del romanticismo psicológico: pero también su oposición, el intento de situarse de una forma puramente artística en relación con los «hombres», tampoco aquí ha prevalecido la audaz valorización inversa.


70


Contra la doctrina del influjo del medio y de las causas exteriores: la fuerza interior es infinitamente superior; mucho de lo que parece influjo exterior es solo su adaptación interior. Exactamente los mismos medios pueden ser interpretados y utilizados de forma contraria: no hay realidades objetivas. El genio no se explica por tales condicionamientos de origen.


71


La *«modernidad»* bajo el símil de la nutrición y la digestión.

La sensibilidad es indeciblemente más irritable (bajo el disfraz de la moral: el incremento de la compasión); la abundancia de impresiones dispares es más grande que nunca: el cosmopolitismo de las comidas, de las literaturas, de los periódicos, de las formas, de los gustos, incluso de los paisajes. El *tempo* de esta afluencia es un *prestissimo;* las impresiones se borran; se guarda uno, instintivamente, de absorber algo, de impresionarse profundamente, de «digerir» algo; de ello resulta un debilitamiento de la facultad digestiva. Se produce una cierta adaptación a esta sobreabundancia de impresiones: el hombre olvida el actuar; solo reacciona a las excitaciones exteriores. Gasta sus fuerzas, en parte en la apropiación, en parte en la defensa, en parte en el enfrentamiento. Profundo debilitamiento de la espontaneidad: el historiador, el crítico, el analista, el intérprete, el observador, el coleccionista, el lector, todos son talentos reactivos, ¡todos ciencia! Adecuación artificial de su naturaleza al «espejo», interesados, pero solo epidémicamente interesados; una frialdad sistemática, un equilibrio, una temperatura inferior, mantenida justamente bajo la delgada superficie en la que hay calor, movimiento, «tempestad», oleaje.

Oposición entre la movilidad extrema y una cierta pesadez y cansancio profundos.


### 72

¿Dónde encaja nuestro mundo moderno: en el agotamiento o en el surgimiento? Su multiplicidad e inquietud, condicionadas por la forma más alta del ser consciente.


### 73

Trabajo excesivo, curiosidad y compasión: nuestros vicios modernos.

74

Sobre las características de la «modernidad». Desarrollo excesivo de los modelos intermedios; encogimiento de los tipos; ruptura con las tradiciones, con las escuelas; la preponderancia de los instintos (fisiológicamente preparada: dar a lo inconsciente más valor) tras la debilitación de la fuerza de voluntad, del querer el fin y los medios.

75

Un artesano hábil o un sabio parecen bien cuando están orgullosos de su arte y miran a la vida satisfechos y contentos. Por el contrario, nada es más lamentable de contemplar que cuando un zapatero o maestro de escuela, con cara de sufrimiento, da a entender que en realidad él ha nacido para algo mejor. ¡Nada hay mejor que el bien!, y esto significa: tener una habilidad cualquiera y crear con ella *virtú* en el sentido italiano del Renacimiento. Hoy día, en la época en que el Estado tiene un vientre asombrosamente gordo, hay en todos los campos y ramos, además de los verdaderos trabajadores, «representantes»: por ejemplo, además de los sabios y literatos, además de los estratos populares que sufren, hay estúpidos y ostentosos inútiles, que «presentan» aquel sufrimiento para no hablar de los políticos profesionales que viven admirablemente y «representan» con fuertes pulmones ante el Parlamento a las clases menesterosas. Nuestra vida moderna es desmesuradamente cara por la cantidad de intermediarios; en una antigua ciudad, por el contrario, y, como residuo, todavía en algunas ciudades de España e Italia, se representaba uno a sí mismo y no necesitaba uno para nada de estos modernos representantes e intermediarios. ¡Vaya un paso adelante!

## 76

El predominio de los comerciantes e intermediarios también en lo espiritual: el literato, el «representante», el historiador (como amalgamador de lo pasado y lo presente), el exótico y cosmopolita, los intermediarios entre las ciencias naturales y la filosofía, los semiteólogos.

## 77

Los que me han producido más asco hasta ahora son los parásitos del espíritu. Se los encuentra ya en nuestra insana Europa por todas partes y, además, con la mejor conciencia del mundo. Quizá un poco turbados con un cierto *air pessimiste*, pero, en lo principal, voraces, sucios, tiznados, entrometidos, pegajosos, ladrones, sacatrapos —e inocentes como todos los pequeños pecadores y microbios—. Viven del ingenio que otros reparten a manos llenas: saben que el entregarse despreocupadamente, el vivir al día, el dilapidar, forman parte, incluso, del ser del genio. Porque el genio es mal administrador y no se fija en cómo todos viven y se alimentan de él.

## 78

### VIII.   EL HISTRIONISMO

El abigarramiento del hombre moderno y su estímulo. Esencialmente escondite y saciedad.

El literato.

El político (en el «torbellino nacional»).

El histrionismo en las artes:

Falta de honradez en la educación y en la instrucción (Fromentin); los románticos (falta de filosofía y ciencia y exceso de literatura); los novelistas (Walter Scott, pero también la monstruosidad de los Nibelungos, con la música más nerviosa); los poetas líricos.

El «cientificismo».

Virtuosos (los judíos).

Los ideales populares, como superados, pero no aún ante el pueblo: el santo, el sabio, el profeta.


## 79

La falta de disciplina del espíritu *moderno* bajo toda clase de ropajes moralistas. Los lemas son: la tolerancia (léase la «incapacidad para el sí o el no»); la amplitud de simpatía (= un tercio de indiferencia, un tercio de curiosidad, un tercio de irritación enfermiza); la «objetividad» (= falta de personalidad, falta de voluntad, incapacidad de «amor»); la «libertad» contra la regla (romanticismo); la «verdad» contra la falsedad y la mentira (naturalismo); el «cientificismo» (el «document humain»: o sea, el folletín germano y la adición, en lugar de la composición); la «pasión» en lugar del desorden y la desmesura; la «profundidad» en lugar del caos y de la confusión de los símbolos.


## 80

*Sobre la crítica de las grandes palabras.*—Estoy lleno de ira y maldad contra lo que se denomina «ideal»: en esto reside mi pesimismo, en haber reconocido cómo los «sentimientos elevados» son fuentes de enfermedades, es decir, provocan el empequeñecimiento y decaimiento de los valores del hombre.

Se engaña uno cada vez que espera «progreso» de un ideal; el triunfo del ideal ha sido siempre hasta ahora un movimiento retrógrado.

Cristianismo, evolución, supresión de la esclavitud, igualdad de derechos, filantropía, pacifismo, justicia, verdad: todas estas grandes palabras solo tienen valor en la lucha, como estandarte, no como realidades, sino palabras pomposas para lograr algo completamente diferente (sí, ¡y aun contrario!).

### 81

Es conocida la clase de hombres que se han enamorado de la máxima *tout comprende c'est tout pardonner*. Son los débiles, son, ante todo, los desengañados: ¡si en todo hay algo que perdonar también hay algo que despreciar! Es la filosofía del desengaño, la que se envuelve aquí, dulzarronamente y en forma tan humana, en la compasión.

Son los románticos los que perdieron la fe: actualmente quieren, por lo menos, contemplar cómo todo fluye y se consume. Lo llaman: *l'art pour l'art*, «objetividad», etc.

### 82

*Síntomas principales del pesimismo:* Los *diners chez Magny;* el pesimismo ruso (Tolstoi, Dostoyevski); el pesimismo estético, *l'art pour l'art*, la *«description»* (el pesimismo romántico y antirromántico); el pesimismo de la teoría del conocimiento (Schopenhauer; el fenomenalismo); el pesimismo anarquista; la «religión de la compasión»; el premovimiento budista; el pesimismo de la cultura (exotismo, cosmopolitismo); el pesimismo moral: yo mismo.

### 83

«Sin la fe cristiana, dice Pascal, llegaríais a ser vosotros mismos, como la naturaleza y la historia, un *monstre et un chaos*». Hemos cumplido plenamente esta profecía: después de que el endeble y optimista siglo XVIII hubo embellecido y racionalizado en exceso al hombre.

Schopenhauer y Pascal. En un sentido esencial, Schopenhauer es el primero que reanudó el movimiento de Pascal: *un monstre et un chaos;* en consecuencia, algo que hay que negar... ¡la historia, la naturaleza, el hombre mismo!

«Nuestra incapacidad para conocer la verdad es consecuencia de nuestra corrupción, de nuestra descomposición moral». Así dice Pascal. Y Schopenhauer, en el fondo, dice lo mismo. «Cuanto más profunda sea la corrupción de la razón, mucho más necesaria es la doctrina de la gracia» o, dicho con palabras de Schopenhauer, la negación.

## 84

Schopenhauer como continuador aventajado (estado anterior a la Revolución): compasión, sensualismo, arte, debilidad de la voluntad, catolicismo de los anhelos espirituales: esto es el buen siglo XVIII, en el fondo.

El error fundamental de la voluntad en Schopenhauer es típico (como si el apetito, el instinto, el deseo, fueran lo esencial en la voluntad): disminución del valor de la voluntad hasta el desconocimiento. De la misma forma, el odio contra el querer; intento de querer ver en el ya-no-querer, en el «ser sujeto sin finalidad ni intencionalidad» (en el «sujeto puro, libre de voluntad»), algo superior, incluso lo supremo en sí, la entidad. Gran síntoma del cansancio o de la debilidad de la voluntad: pues esto es realmente lo que el apetito trata, como amo y señor, indicándole el camino y la medida...

## 85

Se ha hecho la tentativa indigna de ver en Wagner y Schopenhauer tipos de enajenación mental: se habría llegado a un análisis incomparablemente más esencial de haber precisado científicamente el tipo de decadencia que ambas representan.

Henrik Ibsen se me ha hecho muy claro. Con todo su sólido idealismo y su «voluntad de verdad» no ha logrado liberarse del ilusionismo moral que dice «libertad» y no quiere reconocer lo que es la libertad: el segundo paso de la metamorfosis de la «voluntad de poder» por parte de aquellos a los que les falta. En el primero se pide justicia por parte de los que tienen el poder. En el segundo se dice «libertad», es decir, se quieren «liberar» de los que tienen el poder. En el tercero se dice «igualdad de derechos», es decir, se quiere, en tanto no se haya logrado el equilibrio, impedir a los competidores crecer en poder.

## 87

Decadencia del protestantismo: conceptuado teórica e históricamente como insuficiencia. Preponderancia real del catolicismo; el sentido del protestantismo está tan apagado, que los más fuertes movimientos antiprotestantes ya no se toman como tales (por ejemplo, el «Parsifal» de Wagner). Toda la más alta espiritualidad en Francia es católica de instinto; Bismarck ha comprendido que ya no hay protestantismo.

## 88

El protestantismo, aquella forma espiritualmente impura y aburrida de la decadencia, en la que el cristianismo ha sabido conservarse hasta ahora en el Norte mediocre: como algo incompleto y complejo, válido para el conocimiento, en cuanto que reúna, en una misma cabeza, experiencias de orden y origen diferentes

## 89

¿Qué ha hecho el espíritu alemán con el cristianismo? Y que yo siga aferrado al protestantismo: ¡cuánta cerveza hay en la cristiandad protestante! ¿Puede uno todavía imaginarse una forma de la fe cristiana más débil, espiritualmente más perezosa, más paralizadora que la de un protestante alemán medio...? ¡Eso es lo que yo llamo un cristianismo tímido! ¡Eso es lo que llamo una homeopatía del cristianismo! Se me recuerda que hoy también hay un protestantismo arrogante: el de los predicadores de corte y lo' especuladores antisemitas; pero nadie ha supuesto todavía que algún «espíritu» se «cierna» sobre estas aguas... Se trata, simplemente, de una forma más indecente del cristianismo, y, sobre todo, no más razonable...

## 90

*Progreso.*—¡Y no nos sigamos engañando! El tiempo corre hacia delante. Nos gustaría creer que todo lo que él contiene, de la misma forma, corre igualmente hacia delante, que la evolución es una evolución progresiva... Esta es la apariencia que seduce hasta a los más lúcidos. Pero el siglo XIX no significa ningún progreso con respecto del XVI: y el espíritu alemán de 1888 es un paso atrás con respecto al espíritu alemán de 1788... La «humanidad» no avanza, ni siquiera existe. El aspecto general es el de un enorme taller de experimentos en que se consigue algo muy de tarde en tarde, y son indecibles los fracasos; donde todo orden, toda lógica, toda relación y cohexión faltan. ¿Cómo podemos no reconocer la aparición del cristianismo como un movimiento de decadencia...; que la Reforma alemana fue un recrudecimiento de la barbarie cristiana, que la Revolución destruyó el instinto que tendía a la gran organización de la sociedad...? El hombre no constituye progreso con respecto al animal: el niño mimado de la cultura es un aborto en comparación con los árabes y los corsos: el chino es un tipo logrado, es decir, más resistente que el europeo...

### b) LOS ÚLTIMOS SIGLOS

### 91

El entenebrecimiento, los tintes pesimistas, llegan como una consecuencia necesaria de la Ilustración. Hacia 1770 ya se notaba una disminución de la alegría; las mujeres pensaban, con ese instinto femenino que siempre toma partido por la virtud, que la inmoralidad tenía la culpa. Galiani dio en el blanco: citaba los versos de Voltaire:

*Un monstre gai vaut mieux*
*Qu'un sentimental ennuyeux.*

Si yo ahora pensara que Voltaire, e incluso Galiani —que era algo mucho más profundo que Voltaire—, se habían adelantado a la Ilustración algo así como un par de siglos: ¡qué lejos habría ido yo mismo en ese entenebrecimiento! Esto es bien cierto, y yo tomo en consideración, a veces, una especie de lamentación ante la estrechez alemana y cristiana y la falta de consecuencia del pesimismo de Schopenhauer, e incluso del de Leopardi, y busco sus principales formas (Asia). Pero para soportar este pesimismo extremo (como se manifiesta aquí y allá en mi *Nacimiento de la tragedia*), para vivir solo «sin Dios ni moral», necesitaba encontrar algo que hiciera pareja. Quizá lo que mejor sé es por qué el hombre es el único animal que ríe: es el único que sufre tanto que tuvo que inventar la risa. El animal más desgraciado y más melancólico es, exactamente, el más alegre.

## 92

En relación con la cultura alemana siempre he experimentado el sentimiento de la decadencia. Esto me ha hecho, a menudo, injusto contra el fenómeno total de la cultura europea, que yo reconocía como de una clase decadente. Los alemanes llegan siempre tarde, siempre traen algo oculto en lo profundo, por ejemplo:

Dependencia del extranjero: por ejemplo, Kant: Rousseau, los sensualistas, Hume, Swedenborg.

Schopenhauer: indios y románticos, Voltaire.

Wagner: culto francés a lo terrorífico y a la gran ópera, París y la huida a los estados primigenios (boda entre hermanos).

Ley de los rezagados (la provincia, según París, Alemania, según Francia). Cómo descubrieron los alemanes lo griego (cuanto más fuertemente se desarrolla un instinto tanto más atractivo se hace lanzarse de lleno en su contrario).

La música es resonancia.

## 93

*Renacimiento y Reforma.*—¿Qué demuestra el Renacimiento? Que el reino del «individuo» solo puede ser corto. La disipación es demasiado grande; falta incluso la posibilidad de acumular, de capitalizar, y el agotamiento sigue nuestras huellas. Son épocas de dispendio de todo, en que se malgasta incluso la fuerza con la que se amasa, se capitaliza y se amontona riqueza sobre riqueza... Incluso los enemigos de tales movimientos se ven obligados a un insensato malgaste de fuerzas; ellos también se agotan pronto, se desgastan, se vacían.

En la Reforma tenemos una réplica confusa y populachera del Renacimiento italiano, una tendencia nacida de impulsos similares, con la diferencia de que tuvieron que asumir un disfraz de religiosidad en el Norte, que seguía siendo retrasado y vulgar: allí, el concepto de vida superior no se había separado todavía del de vida religiosa.

También con la Reforma el individuo tiende a la libertad; «cada uno es su propio sacerdote» no es más que una fórmula de libertinaje. En realidad, bastaba una sola palabra —«libertad evangélica»— y todos los instintos que tenían motivo para permanecer ocultos salieron de estampida como perros salvajes; los apetitos más brutales alcanzaron de repente el valor de manifestarse. Todo parecía justificado... Se guardaban muy bien de comprender a qué libertad se estaban refiriendo en el fondo, se cerraban los ojos ante uno mismo... Pero el que se cerraran los ojos y se humedecieran los labios con discursos exaltados, no impedía que las manos se abalanzaran hacia donde hubiera algo que coger, que el vientre se convirtiera en el dios del «evangelio libre», que todos los apetitos de venganza y envidia se satisficieran con una furia insaciable...

Esto duró algún tiempo; luego llegó el agotamiento de la misma forma que había llegado en el Sur de Europa; y también aquí fue una forma vulgar de agotamiento, un *ruere in servitium* general... Entonces llegó el siglo indecente de Alemania...

94

*La caballerosidad* como posición lograda de poder: su desaparición progresiva (y en parte su paso a un ámbito más amplio, el burgués). En La Rochefoucauld hay una conciencia de los verdaderos impulsos de la nobleza del ánimo y una condenación oscuramente cristiana de estos impulsos.

*Continuación del cristianismo a través de la revolución francesa.*—El corruptor es Rousseau: él vuelve a desencadenar a la mujer, que a partir de entonces es representada, cada vez con más interés, como sufriendo. Luego, los esclavos y

*mistress* Beecher-Stowe. Después, los pobres y los trabajadores. Más tarde, los viciosos y los enfermos: todo esto se
presenta en primer término (¡incluso al genio no saben repre-
sentarlo desde hace quinientos años sino como el gran doliente!). Luego viene la huida a la voluptuosidad (Baudelaire
y Schopenhauer); el convencimiento más profundo de que el
ansia de señorío es el vicio más grande; la seguridad completa de que moral y *desinteressement* son conceptos idénticos; de que la «felicidad de *todos*» es un fin digno de esfuerzo (es decir, el reino celestial de Cristo). Estamos en el
mejor camino: el reino celestial de los pobres de espíritu ha
comenzado. Pasos intermedios: el *bourgeois* (consecuencia
del nuevo rico) y el trabajador (consecuencia de la máquina).

Compárese la cultura griega con la francesa en la época
de Luis XIV. Fue decidida en uno mismo. Una clase de ociosos que se hacen la vida difícil y ejercen la violencia sobre
sí mismos. El poder de la forma, la voluntad de formarse. La
«felicidad» admitida como fin. Una gran fuerza y energía
tras la naturaleza de la forma. El placer en la perspectiva de
una vida tan fácil en apariencia. Ante los franceses, los griegos parecen como niños.


95

IX.  LOS TRES SIGLOS

Su diferente sensibilidad se expresa así perfectamente en
esta forma:

*Aristocratismo:* Descartes, dominio de la razón, testimonio de la soberanía de la voluntad.

*Feminismo:* Rousseau, dominio del sentimiento, testimonio de la soberanía de los sentidos, engañoso.

*Animalismo:* Schopenhauer, dominio de los apetitos, testimonio de la soberanía del animalismo, más cierto, pero
más tenebroso.

El siglo XVII es aristocrático, ordenador, orgulloso frente a lo animal, riguroso frente al corazón, «ungemütlich», incluso sin cualidades afectivas, «in-alemán», contrario a lo burlesco y a lo natural, generalizador y soberano frente al pasado: puesto que cree en sí mismo. En el fondo tiene mucho de animal de rapiña, mucho de costumbres ascéticas para seguir siendo el amo: el siglo de la voluntad fuerte y también de las pasiones intensas.

El siglo XVIII está dominado por la mujer, es exaltado, rico de espíritu, superficial, pero con un espíritu al servicio de los anhelos, del corazón, libertino en el disfrute de lo espiritual, minador de todas las autoridades; embriagado, sobrio, claro, humano, falso para sí mismo, muy canallesco en el fondo, social...

El siglo XIX es más animal, más terreno, más feo, más realista, más populachero, y, por eso, «mejor», más «honrado», más sometido a la realidad de toda clase, más verdadero; pero débil de voluntad, pero triste y oscuramente exigente, pero fatalista. Ni temeroso ni considerado con la «razón», ni con el «corazón»; profundamente convencido de la supremacía de los instintos (Schopenhauer dice «voluntad»; pero nada es más característico de su filosofía que la falta de voluntad verdadera). Incluso la moral se reduce a un instinto («compasión»).

Augusto Comte es una continuación del siglo XVIII (dominio del *cœur* sobre la *tête,* sensualismo en la teoría del conocimiento, exaltación altruista).

El que la ciencia haya llegado a ser soberana hasta este punto demuestra cómo el siglo XIX se ha liberado del dominio del ideal. Una cierta «carencia de necesidades» en el deseo posibilita nuestra fuerza y curiosidad científicas: esta es nuestra forma de virtud.

El romanticismo es una consecuencia del siglo XVIII, una especie de tendencia acumulada hacia su exaltación en gran estilo (en realidad, una buena muestra de farsa y autoengaño: se quiere representar la fuerte naturaleza, la gran pasión).

El siglo XIX busca, instintivamente, teorías con las cuales sentir justificado su sometimiento fatal a los hechos. Ya el éxito de Hegel contra el «sentimentalismo» y el idealismo romántico residía en lo fatalista de su forma de pensar, en su creencia en una razón suprema al lado del vencedor, en su justificación del verdadero «Estado» (en lugar de la «humanidad», etcétera). Según Schopenhauer, somos algo estúpidos y, en el mejor de los casos, incluso, algo que se elimina a sí mismo. Éxito del determinismo, de la derivación genealógica de las obligaciones, consideradas anteriormente como absolutamente válidas, la doctrina del medio y la adaptación, la reducción de la voluntad a movimientos reflejos, la negación de la voluntad, como «causa eficiente»: finalmente, un verdadero rebautismo: se ve tan poca voluntad que la palabra queda libre para designar algo diferente. Otras teorías: la doctrina de la objetividad, de la contemplación «abúlica» como único camino hacia la verdad; también, además, la belleza (también la creencia en el «genio» para tener un derecho al sometimiento); el mecanismo, la rigidez calculable del proceso mecánico; el supuesto «naturalismo», la eliminación del sujeto que elige, juzga, interpreta, erigida en principio.

Kant, con su «razón práctica», con su fanatismo moral, pertenece enteramente al siglo XVIII; todavía está, por completo, fuera del movimiento histórico; sin ninguna clase de comprensión para las realidades de su tiempo, por ejemplo, la Revolución; no influido por la filosofía griega; fantaseador del concepto del deber; sensualista con una oculta inclinación hacia los vicios dogmáticos.

El *movimiento de vuelta a Kant* en nuestro siglo es una regresión al siglo XVIII; se busca de nuevo un derecho a los antiguos ideales, a la antigua exaltación; por ello, es necesaria una teoría del conocimiento que «fije límites», es decir, que permita establecer a voluntad un más allá de la razón...

El pensamiento de Hegel no está muy alejado del de Goethe (escúchese lo que dice Goethe sobre Spinoza: una voluntad de divinación del universo y de la vida para en-

contrar en su contemplación y fundamentos descanso y felicidad): Hegel busca la razón en todas partes: ante la razón
puede uno someterse y conformarse. En Goethe hay una especie de fatalismo casi alegre y confiado, un fatalismo que
no se rebela, que no se debilita, que quiere hacer de sí mismo
una totalidad en la creencia de que todo se resuelve en la totalidad, todo se justifica y aparece como bueno.

### 96

Periodo de la *Ilustración:* luego periodo del sentimentalismo. Hasta qué punto pertenece Schopenhauer al «sentimentalismo» (Hegel, a la espiritualidad).

### 97

El siglo XVII sufre del hombre como una suma de contradicciones («l'amas de contradictions», lo que somos); quiere
descubrir, organizar y compendiar al hombre, mientras el siglo XVIII intenta olvidar lo que se sabe de la naturaleza del
hombre para adaptarlo a su utopía. «Superficial, tierno, humano», se apasiona por «el hombre».

El siglo XVIII quiere borrar las huellas del individuo para
que la obra parezca lo más semejante posible a la vida. El siglo XVIII quiere interesarse por el autor a través de la obra.
El siglo XII busca el arte en el arte, un pedazo de cultura; el
siglo XVIII busca en el arte propaganda para reformas de naturaleza social y política.

La «utopía», el «hombre ideal», la divinización de la Naturaleza, la vanidad del ponerse-a-sí-mismo-en-escena, la
subordinación a la propaganda de fines sociales, el charlata-
nismo: todo esto lo hemos heredado del siglo XVIII.

El estilo del siglo XVII: *propre, exact et libre.*

El individuo fuerte, que se basta a sí mismo, o en un esfuerzo fervoroso ante Dios —y esa moderna impertinencia,

esa solicitud de autores—, eso son contradicciones. «Conducirse»: compárese esto con los sabios de Port-Royal.

Alfieri tenía un tacto para el gran estilo.

El odio a lo burlesco (falto de dignidad), la falta de sentido de la Naturaleza, pertenecen al siglo XVII.

### 98

*Contra Rousseau.*—Por desgracia, el hombre ya no es suficientemente malo; los enemigos de Rousseau, que dicen:
«el hombre es un animal dañino», desgraciadamente no tienen razón. La maldición del hombre no es la corrupción sino
el enternecimiento y el moralismo equivocados. En la esfera
que combatió con más energía Rousseau se encontraba la
clase de hombre relativamente más fuerte y mejor nacida
(la que todavía tenía intactos los grandes afectos: la voluntad de poder, la voluntad de placer, la voluntad y la capacidad
de mandar). Se debe comparar al hombre del siglo XVIII con
el hombre del Renacimiento (y también el del siglo XVII en
Francia), para comprender de qué se trata:

Rousseau es un síntoma del autodesprecio y de la vanidad
exagerad —signos ambos de que falta la voluntad de poder—,
moraliza y busca la causa de su miserable estado, como resen-
tido, en las clases dominantes.

### 99

*Voltaire-Rousseau.*—El estado de la Naturaleza es horrible, el hombre es un animal rapaz, nuestra civilización es un
triunfo inaudito sobre esa naturaleza de animal rapaz: «estas
eran las conclusiones de Voltaire». Él experimentó la dulzura, el refinamiento, los goces espirituales del estado civilizado; despreciaba la limitación aun bajo la forma de virtud;
la falta de delicadeza, aun entre los ascetas y los monjes.

La maldad moral del hombre parecía preocupar a Rousseau; la mayor parte de las veces se pueden excitar los instintos de los oprimidos, que se encuentran, generalmente, bajo la presión del *vetitium* y de la desgracia, con las palabras «injusto», «cruel»: de manera que su conciencia les aconseje contra los impulsos revolucionarios. Estos emancipadores buscan ante todo una cosa: dar a su partido los grandes acentos y aptitudes de la naturaleza superior.

### 100

*Rousseau:* la regla basada en el sentimiento; la Naturaleza como fuente de justicia; la idea de que el hombre se perfecciona en la medida en que se acerca a la Naturaleza (según Voltaire, en la medida en que se aleja de la Naturaleza). Las mismas épocas son para uno épocas de progreso de la humanidad y para el otro de empeoramiento, de injusticia y desigualdad.

Voltaire, comprendiendo todavía la *umanitá* en el sentido renacentista, así como la *virtú* (como «cultura superior»), lucha por la causa de las *«honnêtes gens»* y *«de la bonne compagnie»*, por la causa del gusto, de la ciencia, de las artes, por la causa del progreso mismo y de la civilización.

La lucha se encendió hacia 1760: por una parte, el ciudadano de Ginebra; por otra, le *seigneur de Ferney*. Solo a partir de entonces se transforma Voltaire en el hombre de su siglo, el filósofo, el representante de la tolerancia y de la incredulidad (hasta entonces había sido solo un *bel esprit*). La envidia y el odio por el éxito de Rousseau le hicieron avanzar «hacia las alturas».

*Pour «la canaille» un dieu rémunérateur et vengeur* (Voltaire).

Crítica de ambos puntos de vista en relación con el *valor de la civilización. La invención social* es lo más bello que hay para Voltaire: no hay fin más elevado que su mantenimiento y perfeccionamiento: la honradez consiste precisamente en observar los usos sociales; la virtud es una obediencia a ciertos «prejuicios» necesarios en pro de la conservación de la sociedad. Ser misionero de la cultura, aristócrata, representante de las capas victoriosas y dominantes y de sus valores. Pero Rousseau siguió siendo un plebeyo, también como *homme de lettres;* esto era algo inaudito; su desprecio desvergonzado de todo lo que no fuera él mismo.

Lo enfermizo de Rousseau fue lo más admirado e imitado. (En este sentido está emparentado con él Lord Byron, que también se eleva a actitudes artificiosas de iluminado, a una cólera rencorosa; signos de la «maldad»; más tarde, gracias a Venecia, recobró el equilibrio, comprendió lo que más alivia y más bien hace... *l'insouciance.*)

Rousseau está orgulloso de lo que es, a pesar de su origen, pero se pone fuera de sí cuando se lo recuerdan...

En Rousseau hay, no cabe duda alguna, perturbaciones cerebrales; en Voltaire, una salud, una facilidad mental poco comunes. El rencor del enfermo; sus periodos de demencia, son también los de su desprecio a los hombres y los de su desconfianza.

La defensa de la *Providencia,* hecha por Rousseau (contra el pesimismo de Voltaire): él necesitaba a Dios para poder lanzar su maldición contra la sociedad y la civilización; todo debía ser bueno en sí porque Dios lo había creado; solo el hombre ha corrompido al hombre. El «hombre bueno», como hombre natural, era una pura fantasía; pero con el dogma de la paternidad de Dios, algo verosímil y con fundamento.

Romanticismo a lo Rousseau: la pasión («el derecho soberano de la pasión»); la «naturalidad»; la fascinación de la locura (la locura juzgada como grandeza); la insensata vanidad de los débiles; el rencor del populacho erigido en juez («en política, desde hace cien años, se ha tomado al loco por jefe»).

101

Kant: hace posible para los alemanes el escepticismo de los ingleses por la teoría del conocimiento:

1) Interesando en ésta las necesidades morales y religiosas de los alemanes; así como, por la misma razón, los nuevos académicos utilizaron el escepticismo como preparación para el platonismo (*vide* Agustin); así como Pascal utilizó el escepticismo moral para excitar la necesidad de la fe («para justificarla»).

2) Al añadirle escolásticamente florituras y rizos para hacerlo aceptable al gusto sistemático por la forma de los alemanes (puesto que Locke y Hume eran en sí demasiado fáciles, demasiado claros, es decir, juzgados según el instinto alemán de los valores «demasiado superficiales»).

Kant: un mediocre psicólogo y mediano conocedor de los hombres, con fallos enormes en relación con los grandes valores históricos (la Revolución Francesa); fanático moral a lo Rousseau, con una corriente subterránea de valores cristianos; completamente dogmático, pero soportando con gran fastidio esta inclinación, hasta llegar a desear tiranizarla, pero cansado también muy pronto del escepticismo; todavía sin haber sentido el aroma del gusto cosmopolita y de la belleza antigua... Un retardador, un intermediario nada original (como lo era Leibniz, intermediario y transición entre el mecanismo y el espiritualismo, como lo era Goethe entre el gusto del siglo XVIII y el «sentido histórico» —que es esencialmente un sentido del exotismo—; como lo era la música alemana entre la música francesa y la italiana; como Carlomagno entre el Imperio romano y el nacionalismo: un retardador *par excellance*.

## 102

Hasta qué punto los siglos cristianos con su pesimismo son más fuertes que el siglo XVIII, correspondiente a la época trágica de los griegos.

El siglo XIX contra el siglo XVIII. En qué es heredero: en que es una reacción contra el mismo (sin «espíritu», sin gusto); en que existe un progreso sobre el mismo: más sombrío, más realista, más fuerte).

## 103

¿Qué significa el que nosotros sintamos la *Campagna* romana? ¿Y las altas sierras?

Châteaubriand, en una carta de 1803, a M. de Fontanes, da la primera impresión de la *Campagna* romana.

El presidente de Brosses dice de la *Campagna* romana: «Il fallait que Romulus fut ivre, quand il songea à batir une ville dans un terrain aussi laid».

Tampoco a Delacroix le gustaba Roma; le daba miedo. Le encantaba Venecia como a Shakespeare, como a Byron, como a George Sand. La aversión contra Roma aparece también en Teófilo Gautier y en Ricardo Wagner.

Lamartine tiene debilidad por Sorrento y el Posilipo...

A Victor Hugo le entusiasmaba España: «parce que aucune autre nation ná moins emprunté à lantiquité, parce qu'elle n'a subi aucune influence classique».

## 104

Las dos grandes tentativas que se han hecho para superar al siglo XVIII:

*Napoleón*, al despertar de nuevo al hombre y al soldado para la gran lucha por el poder; al concebir a Europa como una unidad política.

*Goethe,* al imaginar una cultura europea que recogiese la herencia de todo lo conseguido por la humanidad.

La cultura alemana de este siglo despierta la desconfianza: en la música falta ese elemento completo que libera y que liga: Goethe.

## 105

La preponderancia de la música en los románticos de 1830 y 1840. Ingres, un músico apasionado (veneración por Glück, Haydn, Beethoven, Mozart), decía a sus discípulos en Roma: «Si je pouvais vous rendre tous musiciens, vous y gagneriez comme peintres»; de la misma forma, Horace Vernet con una pasión especial por el *Don Juan* (como Mendelssohn atestigua en 1831); lo mismo Stendhal, que dice de sí mismo: «Combien de lieus nc ferais-je pas à pied, et à combien de jours de prison nc me soumetterais je pas pour entendre *Don Juan* ou le *Matrimonio segreto;* et je ne sais pour quelle autre chose je ferais cet effort». Entonces tenía cincuenta años.

Las formas prestadas, por ejemplo, Brahms como típico epígono; de la misma forma el protestantismo culto de Mendelssohn (se copia un «alma» anterior...).

Las sustituciones morales y poéticas en Wagner, un arte como expediente provisional para deficiencias del otro.

El «sentido histórico», la inspiración en poesías, leyendas.

Aquella típica metamorfosis, de la cual G. Flaubert es el ejemplo típico entre los franceses y Ricardo Wagner entre los alemanes; cómo la fe romántica en el amor y en el porvenir se transforma en la tendencia a la nada; 1830 se transforma en 1850.

## 106

¿Por qué culmina la música alemana en la época del romanticismo alemán?

¿Por qué falta Goethe en la música alemana? ¡En cambio en Beethoven cuánto hay de Shiller, más exactamente, cuánto hay de «Thekla»!

Schumann lleva en sí mismo a Eichendorff, Uhland, Heine, Hoffmann, Tieck. Ricardo Wagner lleva en sí a Freischütz, Hoffmann, Grimm, las leyendas románticas, el catolicismo místico del instinto, el simbolismo, el «librepensamiento de la pasión» (intención de Rousseau). El *Holandés errante* huele a Francia, donde lo tenebroso de 1830 era el tipo del seductor.

*Culto de la música,* del romanticismo revolucionario de la forma. Wagner resume el romanticismo, el alemán y el francés.

## 107

Ricardo Wagner sigue siendo estimado meramente en cuanto a su valor para Alemania y para la cultura alemana, sigue siendo un gran signo de interrogación, quizá una desgracia, en todo caso, una fatalidad alemana: pero ¿qué importa? ¿No es algo más que simplemente un acontecimiento alemán? Casi me parece que con ningún país tiene menos que ver que con Alemania; nada estaba aquí preparado para él, su tipo total es algo extraño para los alemanes; es chocante, incomprendido e incomprensible aquí. Pero la gente se guarda mucho de admitirlo. Para ello somos demasiado bienintencionados, demasiado cuadrados, demasiado alemanes. «Credo quia absurdus est»: así lo quiere y así lo querría también en este caso el espíritu alemán. Y así cree en este caso todo lo que Wagner quiso que se creyera de sí mismo. En psicología, al espíritu alemán le ha faltado en todas las épocas sutileza y adivinación. Hoy, que se encuentra bajo la alta presión del patriotismo y de la autoadmiración, se hace, a ojos vistas, más espeso y más basto: ¿cómo podría encontrarse a la altura del problema de Wagner?

## 108

Los alemanes no son todavía nada, pero llegaron a ser algo: es decir, no tienen aún cultura ninguna; ¡por tanto, pueden tener alguna cultura todavía! Esta es una frase: se dé de cabezazos cotra ello quien tenga que dárselos. Todavía no son nada; es decir, son muchas cosas. Han de llegar a ser algo: es decir, alguna vez dejarán de ser muchas cosas. Esto último es en el fondo solo un deseo, apenas todavía una esperanza; afortunadamente un deseo del que se puede vivir, un asunto de la voluntad, del trabajo, de la disciplina, de la crianza, tanto como un asunto de la falta de voluntad, del anhelo, de la molestia, de la necesidad e, incluso, de la amargura; en resumen, nosotros los alemanes queremos algo de nosotros mismos, algo que todavía no se quería de nosotros: ¡queremos algo más!

El que a este «alemán como todavía no es» le esté reservado algo mejor que la actual «instrucción alemana»; que todos los que «devienen» deben sentirse molestos cuando se les ofrece una satisfacción en este aspecto, un audaz «echarse-a-descansar» o un «echarse-incienso-a-sí-mismo»: esta es mi segunda afirmación, que aún no he visto contradicha.

### c) SIGNOS DEL FORTALECIMIENTO

## 109

Fundamento: hay algo de declive en todo lo que se refiere al hombre moderno: pero muy cerca de la enfermedad hay signos de una fuerza aún no probada y de una potencia del alma. Las mismas causas que han producido el empequeñecimiento del hombre llevan a los más fuertes y más excepcionales a las cumbres de la grandeza.

110

*Visión de conjunto:* «El carácter ambiguo de nuestro mundo moderno». Justamente los mismos síntomas podrían indicar tanta decadencia como fuerza. Y los signos de la fuerza, de la emancipación alcanzada sobre la base de una transmitida apreciación del sentimiento (que aún subsiste), podrían ser mal interpretados como síntomas de debilidad. En resumen, el sentimiento, en cuanto sentimiento de valor, no está a la altura de los tiempos.

Generalizando: el sentimiento de valor sigue estando retrasado, expresa condicionamientos de conservación y de crecimiento de una época muy anterior; se opone a nuevas condiciones de existencia en las que él no tuvo su origen y que, necesariamente, comprende mal; dificulta, despierta la desconfianza contra lo nuevo...

111

*El problema del siglo XIX.*—¿Van unidos su aspecto débil y su aspecto fuerte? ¿Está todo cortado del mismo tronco? ¿Está condicionada la diferencia de sus ideales y sus contradicciones por un fin superior: como algo más elevado? Pues podría ser la predestinación a la grandeza el desarrollarse en esta medida en una tensión más violenta. El descontento, el nihilismo, podrían ser un buen síntoma.

112

*Visión de conjunto.*—En realidad, cualquier gran crecimiento trae consigo un monstruoso fraccionamiento y una corrupción: el sufrimiento, los síntomas de la decadencia, pertenecen a las épocas de enormes avances; todo movimiento de la humanidad, fecundo y poderoso, creó al mismo tiempo un movimiento nihilista. En algunas circunstancias, sería el signo de un crecimiento incisivo y de la mayor importancia para la transición a nuevas condiciones de existencia, el que surgiera al mundo la forma extrema del pesimismo, el verdadero nihilismo. Esto es bien perceptible.

### 113

### A

Partir de una dignificación completamente cordial de nuestra humanidad actual: no dejarse engañar por las apariencias, esta humanidad es menos «efectiva», pero ofrece otras garantías muy diferentes de duración; su tiempo es más lento, pero su compás es mucho más rico. La salud mejora, se reconocen las verdaderas condiciones del cuerpo fuerte y se las crea poco a poco; se ironiza sobre el «ascetismo». El temor ante los extremos, una cierta confianza en el «camino recto», ningún apasionamiento; un habituamiento temporal a los valores más estrechos (como patria, como «ciencia», etcétera).

Pero el cuadro completo seguirá siendo ambiguo: podría tratarse de un movimiento ascendente de la vida tanto como de un movimiento descendente.

### B

*La fe en el «progreso».*—En las esferas inferiores de la inteligencia aparece el progreso como vida ascendente: pero se trata de un engaño.

En las esferas superiores de la inteligencia el progreso aparece como vida descendente.

Descripción de los síntomas.

Unidad del punto de vista: inseguridad en relación con las medidas de valor.

Temor ante un «en vano» general.
Nihilismo.


## 114

En realidad, ya no necesitamos tanto un contraveneno contra el primer nihilismo: la vida ya no es tan incierta, tan eventual, tan absurda en nuestra Europa. Una potencialidad tan monstruosa del valor del hombre, del valor del mal, etcétera, ya no es tan necesaria; soportamos una significativa reducción de estos valores, podemos admitir mucho absurdo y mucha contingencia: el poder alcanzado por el hombre permite ahora una reducción de los medios de disciplina, entre los cuales la interpretación moral era el más fuerte. «Dios» es una hipótesis demasiado extrema.


## 115

Si, de alguna forma, nuestra deshumanización significa un verdadero progreso real, es porque ya no necesitamos una oposición excesiva; y hasta ninguna clase de oposición...

Debemos amar a los sentidos, ya que los hemos espiritualizado en todas las medidas y los hemos hecho artísticos.

Tenemos derecho a todas aquellas cosas que hasta ahora han sido las más difamadas.


## 116

*La inversión de la Jerarquía.*—Los monederos falsos de la piedad, los sacerdotes, se convierten entre nosotros en tchandalas: sustituyen al charlatán, al curandero, al monedero falso, al mago; los consideramos corruptores de la voluntad, grandes calumniadores que quieren vengarse de la vida, los rebeldes entre los desheredados. Hemos hecho de la casta de los criados, los Sudras, nuestra clase media, nuestro *«pueblo»*, *la clase que tiene las decisiones políticas en sus manos.*

Por el contrario, el chandala antiguo está arriba: entre ellos los blasfemos, los inmoralistas, los excluidos de todas las clases, los artistas, los judíos, los juglares (en el fondo todas las clases más difamadas de la sociedad).

Nos hemos elevado a honrosos pensamientos, más aún, determinamos el honor en el mundo, la «distinción»... Hoy todos somos portavoces de la vida. Nosotros, los inmoralistas, somos hoy la fuerza más poderosa: los otros grandes poderes nos necesitan..., construimos el mundo a nuestra imagen.

Hemos aplicado el concepto «chandala» a los sacerdotes, preceptores del más allá y de la con ellos mal crecida sociedad cristiana, incluyendo lo que tiene el mismo origen: los pesimistas, los nihilistas, los románticos de la compasión, los criminales, los viciosos, toda la esfera en la cual se tiene la idea de «Dios» como salvador...

Estamos orgullosos de no tener ya que ser mentirosos, calumniadores, sospechosos de la vida...


### 117

Progreso del siglo XIX sobre el XVII (en el fondo nosotros, los buenos europeos, hacemos una guerra contra el siglo XVII):

1)   «Vuelta a la Naturaleza», entendida cada vez más decididamente en un sentido contrario a como la entendió Rousseau; ¡fuera el idilio y la ópera!

2)   Entendida en un sentido cada vez más decididamente antiidealista objetivo, impávido, laborioso, mesurado, desconfiado contra los cambios repentinos, *antirrevolucionarios*.

3)   En un sentido que antepone, cada vez más decididamente, la cuestión de la salud de cuerpo a la del «alma»;

comprendiendo a la última como un estado resultante de la primera o, por lo menos, a la salud del cuerpo como condición previa de la salud del alma.

### 118

Si algo se ha conseguido ha sido una conducta más inofensiva hacia los sentidos, una posición más alegre, más benévola, más a lo Goethe, para con la sensibilidad; al mismo tiempo, un sentimiento más altanero respecto al conocimiento: de manera que la «necesidad genuina» encuentra poco crédito.

### 119

*Nosotros los «objetivos».*—No es la «compasión» lo que nos abre las puertas de las más lejanas y más extrañas formas de ser y de cultura, sino nuestra accesibilidad y desenvoltura que, precisamente, no son «con-dolencia», sino, por el contrario, se complacen en mil cosas de las que antes se dolían (o se indignaban, o se inquietaban, o bien las observaban hostil y fríamente). El sufrimiento, en todos sus matices, es interesante ahora para nosotros: con ello no somos, realmente, los más compasivos, incluso cuando la contemplación del dolor nos conmueva completamente y nos lleve a las lágrimas; no por ello nos hemos hecho más caritativos.

En este voluntario querer contemplar toda clase de miseria y desgracia nos hemos hecho más fuertes y más vigorosos de como se era en el siglo XVIII; es una demostración de que ha aumentado nuestra fuerza (nos hemos acercado a los siglos XVII y XVI). Pero es un profundo error considerar nuestro «romanticismo» como demostración de nuestra «alma embellecida». Queremos sensaciones fuertes, como las quieren todas las épocas y clases sociales más burdas. (Esto hay

que mantenerlo separado claramente de las necesidades de
los neurópatas y de los decadentes: para los cuales hay una
necesidad de sal y pimienta, incluso de crueldad).

Todos buscamos una situación en que no tenga nada que
decir la moral burguesa y mucho menos la sacerdotal (ante
cualquier libro en que advirtamos un cierto olor a párroco o
a teólogo sentimos una impresión de lamentable *niaiserie* y
pobreza). La «buena sociedad» es aquella a la que, en el
fondo, no le importa nada más que lo que está prohibido y
proporciona mala fama en la sociedad burguesa: y esto ocurre
asimismo con los libros, con la música, con la política o con
la apreciación de la mujer.


### 120

*La desnaturalización del hombre en el siglo* XIX.—(El siglo XVIII es el siglo de la elegancia, de la finura y de los *sen-
timents généreux*). Nada de «vuelta a la naturaleza, puesto
que todavía no se había dado nunca una humanidad natural.
La escolástica, con sus valores innaturales y antinaturales, es
la regla, es el principio; a la Naturaleza llega el hombre después de largas luchas, pero no «vuelve»... Naturaleza, quiere
decir, atreverse a ser inmoral, como lo es la Naturaleza.

Nosotros somos más burdos, más directos, más irónicos
contra los sentimientos generosos, aun cuando sucumbamos
a ellos.

Más natural es nuestra primera sociedad, la de los ricos,
la de los ociosos: nos cazamos mutuamente, el amor sexual
es una especie de deporte en el cual el matrimonio supone
un impedimento y un estímulo; se divierte uno y se vive para
el placer; se aprecian las ventajas del cuerpo en primer lugar,
se es curioso y audaz.

Más natural es nuestra posición frente al conocimiento;
practicamos el libertinaje del espíritu con toda inocencia,
odiamos las costumbres patéticas y hieráticas, nos gusta más

lo más prohibido, apenas nos interesaría el conocimiento si el camino para alcanzarlo resultase demasiado aburrido.

Más natural es nuestra posición ante la moral. Los principios han llegado a ser ridículos; ya nadie se permite hablar sin ironía de su «deber». Pero se aprecia una disposición desprendida, bienintencionada (se ve la moral en el instinto y se desdeña el resto. Además de esto, un mar de conceptos sobre puntos de honor).

Más natural es nuestra posición *in policitis:* vemos los problemas del poder, del *quantum* del poder contra otro *quantum.* No creemos en un derecho que, de imponerse, no esté asentado en el poder: experimentamos todos los derechos como conquistas.

Es más natural nuestra apreciación de los grandes hombres y cosas: consideramos la pasión como un privilegio, no encontramos nada grande que no incluya un gran crimen; concebimos toda grandeza como un-colocarse-fuera en relación con la moral.

Más natural es nuestra pasión con respecto a la Naturaleza: ya no nos gusta por su «inocencia», por su «razón», por su belleza»; la hemos «endemoniado» y «embrutecido». Pero, en lugar de despreciarla por ello, desde entonces nos sentimos más emparentados con ella, más confiados. Ella no aspira a la virtud: por eso la tomamos en consideración.

Más natural es nuestra posición frente al arte: no pedimos de él bellas mentiras, etcétera; reina un positivismo brutal, que constaba sin llegar a excitarse.

En resumen: hay signos de que el europeo del siglo XIX se avergüenza ya menos de sus instintos; para ello ha dado un gran paso: reconocer totalmente su absoluta naturalidad, es decir, su inmoralidad, sin amargura; por el contrario, demostrando su total fortaleza para soportar este punto de vista.

Esto suena a ciertos oídos como si la corrupción hubiera progresado: pero lo cierto es que el hombre no se ha acercado a la «Naturaleza» en el sentido en que hablaba Rousseau, sino que ha dado un paso adelante en la civilización que rechaza. Nos hemos fortalecido: nos hemos acercado más, de nuevo, al siglo XVII, sobre todo al gusto de su última etapa (Dancourt, Lesage, Regnard).

### 121

*Cultura contra civilización.*—Los puntos culminantes de la cultura y de la civilización están separados uno del otro: no debemos dejarnos inducir a error sobre los profundos antagonismos de la cultura y la civilización. Los grandes momentos de la cultura fueron siempre, moralmente hablando, épocas de corrupción; y, a la inversa, fueron las épocas de la domesticación voluntaria y obligada del hombre («civilización»), épocas de intolerancia para las naturalezas más espirituales y más osadas. La civilización quiere algo diferente a lo que quiere la cultura: quizá algo contrario...

### 122

Contra lo que prevengo: no confundir el instinto de la decadencia con el de la humanidad; no confundir los medios disolventes de la civilización, y que necesariamente conducen a la decadencia, con los de la cultura; no confundir el libertinaje, el principio del «laisser aller», con la voluntad de poder (ella es su principio opuesto).

### 123

El problema sin resolver que yo planteo de nuevo: el problema de la civilización, la lucha entre Rousseau y Voltaire hacia 1670. El hombre se hace más profundo, más desconfiado, más «inmoral», más fuerte, más confiado-en-sí-mismo y, en la misma medida, más «natural»: esto es «progreso».

Con ello se separan, por una especie de división del trabajo, las clases resentidas y las mansas y domesticadas: de forma que el hecho total ya no salta tan fácilmente a la vista... Pertenece a la fortaleza, al autodominio y a la fascinación de los fuertes, el que estas clases más vigorosas tengan la habilidad de hacer sentir su degradamiento como algo superior. A todo progreso corresponde una modificación de los elementos fortalecidos en lo «bueno».

### 124

Que se devuelva al hombre el valor de sus instintos naturales.

Que se impida su propia subestimación (no del hombre como individuo sino del hombre como Naturaleza).

Que se extraigan de las cosas las contradicciones, después de comprender que somos nosotros los que las hemos introducido en ellas.

Que se suprima completamente la idiosincrasia social de la existencia (culpa, castigo, justicia, honradez, libertad, amor, etcétera).

Progreso hacia la «naturalidad»: en todos los problemas políticos, también en las relaciones de los partidos, incluso en los partidos mercantiles o de obreros y patronos, se trata de cuestiones de poder: «qué se puede» y, solo después, «qué se debe».

### 125

El socialismo (como la tiranía, llevada a sus últimas consecuencias, de los más insignificantes y estúpidos, es decir, de los superficiales, envidiosos y comediantes en un setenta y cinco por ciento) es, en realidad, consecuencia de las «ideas modernas» y de su anarquismo latente: pero en la tibia atmósfera de un bienestar democrático está aletargada la facultad de concluir o de llegar a una conclusión. Factible de seguir, pero que no se sigue ya. Por ello, en su conjunto, el socialismo es una cosa desesperada y amarga: y nada es más divertido de observar, que la contradicción entre las caras venenosas y desesperadas que ponen hoy los socialistas —¡y de qué clase de piadosos y ridículos sentimientos da testimonio su estilo!— y la inofensiva felicidad de cordero de sus esperanzas y anhelos. Con todo, por ese lado, se puede llegar hoy en muchos lugares de Europa a luchas ocasionales y agresiones: en el próximo siglo esto va a hacer «mucho ruido» aquí y allá, y la Comuna de París, que también en Alemania tiene sus defensores y partidarios, quizá haya sido tan solo una débil indigestión comparada con lo que se avecina. A pesar de todo, siempre había demasiados «poseedores» para que el socialismo pueda significar algo más que un signo de enfermedad: y estos «poseedores» son algo así como *un hombre, una creencia,* «hay que tener algo para ser algo». Pero este es el más antiguo y el más sano de todos los instintos, y yo añadiría: «hay que querer tener más de lo que se tiene para llegar a ser más». Así suena, en efecto, la doctrina que, a través de la vida, se predica a todo lo que vive: la moral de la evolución. Tener y querer tener más, crecimiento, en una palabra, esto es la vida misma. En la doctrina del socialismo se oculta apenas «una voluntad de negación de la vida»: tienen que ser hombres o razas fracasados los que elaboren una doctrina tal. De hecho, me gustaría que algunos grandes ensayos llegaran a demostrar que, en una sociedad socialista, la vida se niega a sí misma, se corta las raíces a sí misma. La tierra es bastante grande y los hombres todavía lo bastante fecundos para que a mí no me parezca deseable una tal enseñanza práctica y *demostratio ad absurdum,* incluso aun cuando diese resultado se pagaría con una cantidad monstruosa de vidas humanas. Sin embargo, ya como topo inquieto, bajo el suelo de una sociedad que va a marchas forzadas hacia la estupidez, el socialismo puede llegar a ser algo útil y regenerador: retrasa la «paz en la tierra», y toda la bonachonería del rebaño democrático obliga a los europeos a desplegar astucia y precaución, a no renunciar por completo a las virtudes viriles y guerreras y a conservar un resto de espíritu, de claridad, de sequedad y frialdad de ánimo, protege a Europa, a veces, del *marasmus femeninus* que la amenaza.

### 126

Los mejores frenos y remedios de la modernidad:

1) El servicio general militar, con guerras reales, donde se acabe la diversión.

2) La limitación nacional (simplificadora, concentradora).

3) La alimentación mejorada (carne).

4) La progresiva limpieza y sanidad de las viviendas.

5) El predominio de la fisiología sobre la teología, la moral, la economía y la política.

6) La rigidez militar, la exigencia y tratamiento de sus «obligaciones» (basta ya de alabanzas)...

### 127

Me congratulo del desarollo militar de Europa y también de su estado anárquico interior: el tiempo de la tranquilidad y las sentencias chinas que Galiani profetizaba para este siglo ha pasado. La habilidad viril personal, la aptitud del cuerpo vuelve a tener un valor, las valoraciones son cada vez más físicas, la alimentación más carnívora. De nuevo será posible que haya hombres hermosos. La macilenta gazmoñería (con mandarines en cabeza, como soñaba Comte) ha pasado. En cada uno de nosotros se afianza el bárbaro, el animal salvaje. Justamente por eso disminuirá el pres-

tigio de los filósofos: ¡Kant será alguna vez un espanta-
pájaros!

## 128

Todavía no he encontrado ningún motivo para el desaliento. El que haya conservado y cultivado una *voluntad
fuerte,* al mismo tiempo que un espíritu amplio, tiene muchas más posibilidades que nunca. Porque la domesticación
del hombre en esta Europa democrática ha llegado a ser muy
grande; los hombres que aprenden con facilidad, que se someten con facilidad, son la regla: el rebaño, incluso a veces
muy inteligente, está preparado. El que sabe ordenar encuentra siempre a los que han de obedecer: pienso, por ejemplo, en Napoleón y Bismarck. La competencia con fuerzas y
voluntades no inteligentes, que constituye el mayor impedimento, es escasa. ¡Quién no sería capaz de derribar a esos
señores «objetivos», de voluntades débiles. como Ranke o
Renan!

## 129

La ilustración espiritual es un medio infalible para hacer
a los hombres más inseguros, más débiles de voluntad, más
desvalidos; en resumen, transforma a los hombres en rebaño:
por eso, hasta ahora, todos los grandes gobernantes (Confucio
en China, el Imperio Romano, Napoleón, el Papado cuando
aspiraba al poder y no solo al mundo), dondequiera que los
instintos de dominación culminaban, se sirvieron también de la
ilustración espiritual, o por lo menos la administraban (como
los Papas del Renacimiento). La equivocación de la masa en
este aspecto, por ejemplo, en cualquier democracia, es extraordinariamente valiosa: ¡se entiende como progreso al empequeñecimiento y domesticación del hombre!

130

La mayor equidad y suavización del hombre como estado de *debilidad* (el Nuevo Testamento y la primitiva comunidad cristiana, como *bêtise* completa que se muestra en los ingleses Darwin y Wallace). Vuestra *equidad,* vuestra naturaleza superior os lleva al sufragio universal, etcétera; vuestro «humanitarismo» a la indulgencia ante el crimen y la estupidez. A la larga, haréis que venza la estupidez y la irreflexión: comodidad y estupidez: centro.

Exteriormente: época de guerras terribles, revoluciones, explosiones. Interiormente: debilitación creciente del hombre, los acontecimientos como excitantes. Lo parisiense como el extremo europeo.

Consecuencias: 1) Los bárbaros (al principio, naturalmente, bajo la forma de esa anterior cultura). 2) Los individuos soberanos (donde las fuerzas de la barbarie y el desenfreno en todo lo existente se cruzan). Época de la gran estupidez, brutalidad e indigencia de las masas y del individuo superior.

131

Una cantidad innumerable de individualidades de la clase superior perecen ahora: pero el que se salva es fuerte como el diablo, semejante a lo que sucedía en la época del Renacimiento.

132

Siendo tan *buenos europeos* como somos: ¿qué nos distingue a nosotros de los hombres de la patria? En primer lugar, somos ateos e inmoralistas, pero, a renglón seguido, apoyamos las religiones y las morales producidas por el instinto gregario: con ellas se prepara una clase de hombre que alguna vez caerá en nuestras manos, que tiene que desear caer en nuestras manos.

Más allá del Bien y del Mal, pero exigimos la absoluta sacralización de la moral del rebaño.

Nos reservamos muchas clases de filosofía que nos son necesarias para la enseñanza: en determinadas circunstancias, la filosofía pesimista como martillo; quizá no podamos prescindir de un budismo europeo.

Favorecemos probablemente el desarrollo y madurez de la esencia democrática; ella contribuye a la debilitación de la voluntad: en el «socialismo» vemos una espina que protege contra la comodidad.

Posición ante los pueblos. Nuestras preferencias: dedicamos nuestra atención a los resultados del cruce.

A solas, acomodado, fuerte: ironía contra la «prensa» y su ilustración. Preocupación de que los científicos no se hagan literatos. Despreciamos cualquier clase de ilustración que se confía a la lectura de los «refritos» periodísticos.

Adoptamos nuestras actitudes al azar (como Goethe, Stendhal), nuestras experiencias vitales, como primer término, y las subrayamos, para ocultar nuestro verdadero fondo. Nosotros mismos nos guardamos de implicar en ello nuestro corazón. Nos sirven de protección, como la que necesita y toma el caminante; nos guardamos muy bien de aclimatarnos.

Tenemos una *disciplina voluntatis* ante nuestros semejantes. Empleamos todas las fuerzas en el desarrollo de la fuerza de voluntad, arte que nos permite enmascararnos, arte de comprender más allá de los afectos (también de pensar en forma «supraeuropea» de vez en cuando).

Preparación para esto: el legislador del futuro, llegar a ser los dueños de la tierra, por lo menos nuestros hijos.

Consideración fundamental sobre el matrimonio.

133

*El siglo xx.*—Galiani dijo una vez: «La prévoyance est la cause des guerres actuelles de l'Europe. Si l'on voulait se donner la peine de n'erien prévoir, tout le monde serait tranquille, et je ne crois pas qu'on serait plus malheureux parce qu'on ne ferait pas la guerre». Como yo no comparto los puntos de vista pacíficos de mi difunto amigo Galiani, me da miedo predecir algo sobre este punto y conjurar quizá con ello las causas de la guerra.

Una enorme disposición de ánimo hacia el terremoto más horrible: con nuevos problemas.

134

Es la época del gran mediodía, de la más espantosa claridad: una clase de pesimismo, mi gran punto de partida.

I.   Contradición fundamental entre la civilización y el ensalzamiento del hombre.

II.   La estimación moral de los valores como una historia de la mentira y del arte de la calumnia al servicio de la voluntad de poder (de la voluntad de rebaño, que se rebela contra los hombres más fuertes).

III.   Las condiciones de cualquier elevación de la cultura (la posibilitación de una elección a costa de una multitud) son las condiciones de todo crecimiento.

IV.   La multitud de sentidos del mundo como problema de la fuerza que mira todas las cosas bajo la perspectiva de su crecimiento. Los juicios de valor moral-cristianos, como rebelión de los esclavos y mendacidad de los mismos (contra los valores aristocráticos del mundo antiguo).

# LIBRO SEGUNDO

# CRÍTICA DE LOS SUPREMOS VALORES HISTÓRICOS

## I

### CRÍTICA DE LA RELIGIÓN

Quiero reivindicar, como propiedad y producto del hombre, toda la belleza y sublimidad que ha proyectado sobre las cosas reales e imaginadas, haciendo así la más bella apología de este. El hombre como poeta, como pensador, como Dios, como Amor, como Poder: ¡oh, suprema y regia liberalidad con que ha donado a las cosas para empobrecerse él y para sentirse miserable! Este ha sido hasta ahora su mayor altruismo: saber admirar y adorar, ocultándose que era él mismo quien había creado lo que admiraba.

### 1. SOBRE EL NACIMIENTO DE LAS RELIGIONES

#### 135

*Del origen de la religión.*—De la misma forma que el hombre inculto cree hoy que la ira es la causa de su enfurecimiento; el espíritu la causa de que él piense; el alma la causa de que él sienta; de la misma forma, en suma, con que hoy se aplican, irreflexivamente, un sinfín de entidades psicológicas que deben ser causas, así ha explicado el hombre, a niveles todavía más ingenuos, estas mismas apariencias con la ayuda de entidades sociológicas personales. Los estados de alma que le parecían extraños, arrebatadores, agobiantes, los consideraba como obsesiones y encantos provocados por el poder atribuido a una persona. (Así aplica el cristiano, que es hoy la clase de hombre más ingenua y retrógrada, la esperanza, la tranquilidad, el sentimiento de «redención» a un Dios de inspiración psicológica: para él, como tipo esencialmente sufriente e intranquilo que es, los sentimientos de felicidad, de resignación y de tranquilidad, le parecen algo extraño, algo que requiere una explicación.) Para las razas de gran vitalidad, inteligentes y fuertes, es el epiléptico quien más despierta el convencimiento de que un poder extraño se proyecta en él; pero también cualquier esclavitud análoga, por ejemplo, la del iluminado, la del poeta, la del gran criminal, las pasiones como el amor y la venganza, sirve para promover la invención de poderes sobrehumanos. Se concreta un estado en una persona y se supone que, cuando este estado aparece en nosotros, es el efecto de aquella persona. Dicho de otra forma: en la formación psicológica de Dios, un estado es personificado como causa para que llegue a ser el efecto de algo.

He aquí la lógica psicológica: el sentimiento del poder, cuando de forma repentina y subyugadora se apodera del hombre —y este es el caso de todos los grandes afectos—, provoca en él una duda sobre su persona: no se atreve a pensar en sí mismo como causa de este sentimiento asombroso, y, por ello, establece para estos casos una personalidad más fuerte, una divinidad.

En resumen, el origen de la religión reside en los sentimientos extremos de poder que, por lo extraños, desconciertan al hombre; y de la misma forma que el enfermo, al sentir que un miembro es demasiado pesado y extraño, llega a la conclusión de que hay otra persona acostada sobre él, así, el ingenuo *como religiosus* se divide en varias personas. La religión es un caso de «altération de la personnalité». Una especie de sentimiento de miedo y temor ante sí mismo... Pero, también, un alto sentimiento de felicidad y superioridad extraordinarias... Entre los enfermos, basta la sensación de salud para llegar a creer en Dios, en la proximidad de Dios.

### 136

*Psicología rudimentaria del hombre religioso.*—Todas las transformaciones son efectos; todos los efectos son efectos de la voluntad (el concepto «naturaleza», «ley natural», falta); todos los efectos tienen un autor. Psicología rudimentaria: solo es causa cuando se sabe que se ha querido algo.

Consecuencia: los estados de poder dan al hombre la impresión de no ser la causa, de no ser responsable de ellos; suceden sin haber sido deseados; en consecuencia, no somos los autores; la voluntad no es libre (es decir, la consciencia de una transformación operada en nosotros sin que nosotros la hayamos querido), necesita de una voluntad ajena.

Consecuencia: el hombre no ha osado atribuirse todos sus momentos más fuertes y asombrosos, los ha concebido como «pasivos», como «sufridos», como violentaciones —la religión es el surgimiento de una duda sobre la unidad de la persona, una alteración de la personalidad—: en cuanto todo lo grande y fuerte del hombre se concebía como sobrehumano, como extraño a él, el hombre se empequeñecía, colocaba ambos aspectos en dos esferas superadas, una lastimosa y débil y otra fuerte y asombrosa: a la primera la llamó «hombre», y a la segunda «Dios». Y siempre ha seguido haciendo esto; en el periodo de la idiosincrasia moral ha considerado sus estados morales más elevados y sublimes no como «queridos», no como «obra» de su persona. También el Cristo separó y diferenció su persona en una ficción mezquina y débil a la que llamó hombre, y en otra a la que llamó Dios (Redentor, Salvador).

La religión ha rebajado el concepto «hombre»; su consecuencia extrema es que todo lo bueno, lo grande, lo verdadero es sobrehumano y le ha sido donado por una gracia...

## 137

La teoría de la afinidad fue un medio para sacar al hombre de su degradación, que trajo consigo la decadencia de aquel estado elevado y fuerte, como si fuera un estado extraño a él. Estos estados fuertes y elevados podían, al menos, ser considerados como efectos de nuestros antepasados, pertenecíamos unos a otros solidariamente, crecíamos a nuestros propios ojos en cuanto nos regíamos con normas conocidas.

Intento de las familias nobles para igualar la religión con su vanidad. Lo mismo hacen los poetas y los videntes; se sienten orgullosos, dignificados y elegidos con tal comercio, valorizan en grado sumo el no ser considerados como individuos, el ser simples boquillas de un clarín (Homero).

Gradual posesión de sus elevadas y orgullosas situaciones, de sus acciones y obras. Anteriormente se creían honrarse más cuando no se consideraba uno a sí mismo responsable de las cosas más excelsas que hacía, sino que confería esta responsabilidad a Dios.

La falta de libertad de la voluntad pasaba por ser lo que concedía a una acción un valor superior; entonces hacían a Dios autor de sus obras.

## 138

Los sacerdotes son los comediantes de algo sobrenatural, algo a lo que tienen que dar evidencia, ya sea de ideales, ya sea de dioses, ya de salvadores; en eso consiste su profesión, para eso tienen sus instintos; para hacerlo más digno, más creíble, tienen que llevar la semejanza lo más lejos posible; su habilidad de comediantes debe, ante todo, conseguir en ellos una buena conciencia, con ayuda de la cual poder convencer con veracidad.

## 139

El sacerdote quiere dejar bien sentado que es el tipo superior del ser humano, que domina —incluso sobre aquellos que tienen el poder en las manos—, que es invulnerable, inatacable; que él es la fuerza más potente de la comunidad, que no hay absolutamente ninguna forma de sustituirlo o subestimarlo.

Medios: él es el único sabio; el único virtuoso; solo él tiene el dominio supremo sobre sí mismo; solo él es, en un cierto sentido, Dios, y se remonta a la divinidad; solo él es intermediario entre Dios y los otros; la divinidad castiga cualquier desventaja, cualquier pensamiento dirigido contra un sacerdote.

Medios: la verdad existe. Solo hay una forma de alcanzarla: hacerse sacerdote. Todo lo que es bueno en el orden, en la Naturaleza, en la tradición, se basa en la sabiduría de los sacerdotes. El Libro Sagrado es su obra. La Naturaleza entera no es más que una aplicación de sus estatutos. No hay ninguna otra fuente de bien que el sacerdote; cualquier otra excelencia es de categoría diferente a la del sacerdote, por ejemplo, la del guerrero.

Consecuencia: si el sacerdote debe ser el tipo superior, la jerarquía de sus virtudes servirá para graduar los valores del hombre. El estudio, la renuncia a los sentidos; la inactividad, la impasibilidad; la falta de afectos, la solemnidad. Contradicción: el género más profundo de hombre.

El sacerdote enseña una determinada clase de moral, para que así le crean un tipo superior. Concibe un contratipo: el *chandala*. Para hacer despreciable a este, se entrega, por todos los medios, a la jerarquización de las castas. El miedo extremo de los sacerdotes ante la sensualidad está condicionado a su vez por la idea de que también aquí la jerarquía de castas (es decir, la jerarquía en general) es lo más amenazado... Cualquier «tendencia más libre» *in puncto puncti* arroja al montón la legislación sobre el matrimoio.

## 140

El *filósofo* como posdesarrollo del tipo de sacerdote, lleva en sí la herencia de este; incluso a pesar de tratarse de un rival, se ve forzado a luchar por lo mismo y con los mismos medios que el sacerdote de su época; aspira a la autoridad suprema.

¿Qué da la autoridad cuando no se tiene en las manos el poder físico (ni ejército, ni armas...)? ¿Cómo se gana la autoridad sobre los que tienen la fuerza física y la autoridad? (Los filósofos compiten en la veneración a los príncipes, a los conquistadores victoriosos, a los estadistas sabios).

Únicamente despertando la creencia de que tienen en las manos un poder más alto y más fuerte: Dios. Nada es así bastante fuerte para ellos; todo el mundo necesita la mediación y los servicios de los sacerdotes. Se colocan en medio como algo indispensable. Necesitan como condiciones de su existencia: 1) que se crea en la absoluta superioridad de su Dios, que se crea en su Dios; 2) que no haya ningún otro camino, ningún otro camino directo a Dios. La segunda exigencia crea por sí sola el concepto de la «heterodoxia»; la primera, la del «incrédulo» (es decir, el que cree en otro Dios).

## 141

*Crítica de la santa mentira.*—El que la mentira se permita para fines piadosos pertenece a la teoría de todos los sacerdocios. Hacer ver hasta qué punto ella forma parte de la práctica de estos constituirá el objeto de la presente investigación.

Pero también los filósofos, en cuanto se disponen a tomar en sus manos, con intenciones ocultas, la dirección de los hombres, se han otorgado a sí mismos el derecho a la mentira: ante todo Platón. La más grandiosa de ellas es la doble mentira: desarrollada por los típicamente arios filósofos del Vedanta: dos sistemas contradictorios en todos sus puntos principales, pero que se relevan, se integran y se completan por motivos educativos. La mentira de una crea la situación por la cual llega a hacerse inteligible la verdad del otro...

¿Hasta dónde llega la mentira piadosa de los sacerdotes y de los filósofos? ¿Hay que preguntarse aquí qué condiciones previas tienen para la educación, qué dogmas tienen que inventar para satisfacer estas condiciones previas?

En primer lugar: deben tener a su lado el poder, la autoridad, la absoluta credulidad.

En segundo lugar: deben tener el curso completo de la Naturaleza en las manos, de manera que todo lo que se refiere al individuo parezca necesario gracias a sus leyes.

En tercer lugar: deben poseer también una vasta zona de poder cuyos controles escapen a los ojos de sus subordinados: la medida de castigo para el más allá, el «después-de-la-muerte», y, para más facilidad, indicar ellos los medios que conducen a la salvación.

Tienen que hacer olvidar el concepto del curso natural de las cosas; pero como son gente avispada y reflexiva, prometen, por lo tanto, una serie de efectos, presentados, naturalmente, como condicionados por las oraciones o por una estricta obediencia a sus leyes. De la misma forma pueden también decretar una serie de cosas que son absolutamente racionales, pero no pueden mencionar la experiencia, el empirismo, como fuente de su sabiduría, sino que tienen que presentar esta como fruto de una revelación, o como consecuencia de «las penitencias más duras».

La santa mentira se refiere, por tanto, principalmente: al fin de la acción (el fin natural, la razón, se hace invisible: un fin moral, un cumplimiento de la ley, un servir a Dios, aparecen como finalidad); a la consecuencia de la acción (la consecuencia natural se considera sobrenatural, y, para obrar con más seguridad, se establecen otras consecuencias incontrolables, sobrenaturales).

De esta forma se crea una idea de bien y mal que parece completa y absolutamente independiente de los conceptos naturales «útil», «dañino», «vital», «antivital»; esta idea, dado que se está pensando en otra vida, puede, incluso, llegar a ser el punto directamente opuesto al concepto natural del bien y del mal.

De esta forma se crea finalmente la famosa «conciencia»: una voz interior que mide cada acción no por el valor de la acción misma con respecto a sus consecuencias, sino en relación con la intención y la conformidad de esta intención con respecto a la «ley».

Así pues, la santa mentira ha inventado: 1) un Dios que premia y que castiga, que reconoce exactamente el código de los sacerdotes y que envía a estos al mundo en calidad de portavoces y plenipotenciarios suyos; 2) un más allá de la vida, en el que la gran máquina de castigar se representa ya en acción (para este fin sirve el concepto de la inmortalidad del alma); 3) la conciencia del hombre como conciencia de que el bien y el mal son algo firme; que es Dios mismo el que habla, cuando aconseja la conformidad a los preceptos de los sacerdotes; 4) la moral como negación de todo curso natural, como reducción de todo suceder a estar condicionado por la moral, la acción moral (es decir, la idea de premio y de castigo), como penetrando todo como única fuerza, como creadora de todo cambio; 5) la verdad como don, como cosa revelada, como coincidente con la enseñanza de los sacerdotes, como condición de todo bienestar y de toda dicha en esta vida y en la otra.

En suma: ¿con qué se paga la mejora moral? Menosprecio de la razón; reducción de todos los motivos de miedo y a la esperanza (premio y castigo); dependencia de una tutela sacerdotal de una exactitud formulista que tiene la pretensión de expresar una voluntad divina; implantación de una «conciencia» que establece una falsa sabiduría en lugar de la prueba y de la investigación: como si ya estuviera muy claro que es lo que hay que hacer y lo que hay que dejar de hacer; una especie de castración del espíritu de búsqueda y de progreso; en suma, el más grave acallamiento del hombre que pueda imaginarse y que pasa con ello por ser el «hombre bueno».

En la práctica, toda la razón, toda la herencia de inteligencia, de finura y previsión, que son las condiciones del canon sacerdotal, se reducen arbitrariamente a una pura mecánica: la conformidad con la ley llega a valer como meta superior, la vida ya no ofrece problemas; toda la concepción del mundo se ensucia con la idea de castigo; al presentarse la vida sacerdotal como el *non plus ultra* de la perfección, se transforma la propia existencia en una calumnia y un ensuciamiento de sí misma; el concepto «Dios» representa una renuncia a la vida, una crítica, incluso un desprecio a la vida; la verdad se transforma en la mentira sacerdotal, la aspiración a la verdad en estudio de las Escrituras, como medio de hacerse teólogo...

142

*Crítica del código de Manu.*—Todo el libro se apoya en la mentira santificada. ¿Es el bien de la humanidad el que inspiró todo este sistema? ¿Esta clase de hombre que cree en lo interesante de toda acción estaba o no estaba de acuerdo en que se estableciera este sistema? Mejorar a la humanidad; ¿en qué se inspiró esta intención? ¿De dónde surgió la idea de mejora?

Encontramos una clase de hombre, la sacerdotal, que cree ser la norma, la cumbre, la expresión superior del tipo hombre: de ella misma toma el concepto «mejorar». Cree en su preponderancia, la quiere también de hecho: la causa de la santa mentira es la *voluntad de poder*...

Instauración de la preponderancia: a este fin conduce el dominio de los conceptos que establecen el sacerdocio como un *non plus ultra* de poder. El poder por la mentira, dado que no se posee el poder físicamente, militarmente... La mentira como suplemento del poder: un nuevo concepto de la «verdad».

Se equivoca uno al considerar que ha habido en esto un desarrollo inconsciente e ingenuo, una especie de autoengaño... Los fanáticos no son los inventores de tales sistemas de opresión plenamente pensados... En esto ha funcionado la circunspección más dotada de sangre fría; una especie de lucidez como la que tenía Platón cuando planeaba su «Estado». «Hay que querer los medios, si se quiere el fin»: sobre esta opinión política no ha tenido dudas ningún legislador.

Nosotros consideramos al modelo clásico como específicamente ario; por consiguiente, podemos hacer responsable de la mentira más fundamental que jamás se haya establecido a la clase de hombre mejor dotada y más lúcida... Se ha copiado esto casi en todas partes: el influjo ario ha corrompido al mundo antiguo...

### 143

Hoy se habla mucho del espíritu semítico del Nuevo Testamento: pero al decir esto, no se menciona más que el espíritu sacerdotal, y en el código más claramente ario, en la ley del Manu, esta clase de «semitismo», es decir, de espíritu sacerdotal, es peor que en ningún otro sitio.

El desarrollo del Estado sacerdotal judío no es original; aprendieron el esquema en Babilonia: por tanto, el esquema es ario. Cuando el mismo de nuevo, más tarde, bajo la preponderancia de la sangre germánica, dominó en Europa, era adecuado al espíritu de la raza dominante: un gran atavismo. La Edad Media germánica trataba de restablecer el orden germánico de las castas.

El mahometismo, por otra parte, aprendió del cristianismo: la utilización del «más allá» como medio de castigo.

El esquema de una organización común inalterable, con los sacerdotes en cabeza —que es el más antiguo gran producto cultural de Asia en el aspecto organizativo—, debió llevar, naturalmente, en todos los aspectos, a la reflexión y a la imitación. Aun a Platón: pero, sobre todo, a los egipcios.

### 144

Las morales y las religiones son los medios principales con los cuales han podido hacerse del hombre lo que se ha querido: a condición, claro está, de que se tuviese una superabundancia de fuerza creadora y que se haya podido ejercer la voluntad durante largos periodos de tiempo.

### 145

Así es como considera una religión afirmativa aria el origen de una clase dominante: el código de Manu. (La divinización del sentido de poder en los brahmanes es interesante que se haya originado en una casta de guerreros y después haya pasado a los sacerdotes.)

Así es como una religión afirmativa semítica ve el origen de la clase dominante: el código de Mahoma, el Antiguo Testamento en sus partes más antiguas. (El mahometismo, como religión esencialmente masculina que es, tiene un profundo desprecio por el sentimentalismo y la mentira del cristianismo... al que considera una religión de mujeres.)

Así es como una religión negativa semítica ve el origen de la clase oprimida: el Nuevo Testamento (según conceptos indo-arios: una religión de chandala).

Así es como una religión negativa aria considera el crecimiento bajo las clases dominantes: el budismo.

Es completamente adecuado que nosotros no tengamos una religión de la raza aria oprimida, ya que esto sería una contradicción: una raza de dominadores o está en la cima o perece.

### 146

En sí, una religión no tiene relación con la moral; pero los dos derivados de la religión judía son esencialmente religiones morales, es decir, dan preceptos sobre cómo se debe vivir y hacen que se obedezcan sus exigencias con premios y castigos.

### 147

Pagano, cristiano. Pagano es afirmar lo natural, el sentimiento de inocencia en lo natural, «la naturalidad». Cristiano es negar lo natural, el sentimiento de indignidad en lo natural, la antinaturalidad.

«Inocente» es, por ejemplo, Petronio; en comparación con este hombre feliz, un cristiano ha perdido para siempre la inocencia. Mas como, en último caso, el *status* cristiano tiene que ser simplemente un estado natural, pero que no está permitido comprender como tal, así lo «cristiano» significa una falsificación de la interpretación psicológica elevada a la categoría de principio.

### 148

El sacerdote cristiano es, desde siempre, el enemigo mortal del sensualismo: no puede uno imaginarse una contradicción más grande que la ingenua y solemne actitud con que, por ejemplo, en los más dignos cultos femeninos de Atenas, se acogía la presencia de los símbolos sexuales. El acto de la generación constituye en sí el secreto de todas las religiones no ascéticas: una especie de símbolo de la perfección y de las intenciones secretas del futuro: el volver a nacer, la inmortalidad.

### 149

La fe en nosotros mismos constituye la traba más fuerte, el mayor latigazo y las alas más potentes. El cristianismo debiera haber elevado la inocencia del hombre a la categoría de artículo de fe; los hombres hubieran llegado así a ser dioses: en aquel entonces todavía se podía creer.

### 150

La gran mentira de la historia: ¡Como si la corrupción del paganismo hubiera sido lo que abrió el camino al cristianismo! ¡Pero fue la debilitación y la desmoralización del hombre antiguo! ¡La conversión del instinto natural en vicio había ya tenido lugar!

### 151

Las religiones perecen por su creencia en la moral. El Dios cristiano-moral no es mantenible: en consecuencia, el «ateísmo», como si no pudiera haber ninguna otra clase de dioses.

De la misma forma, la cultura perece por la creencia en la moral. Ya que cuando se han descubierto los necesarios condicionamientos que la hacen desarrollarse, ya no se la quiere (budismo).

### 152

*Fisiología de las religiones nihilistas.*—Todas las religiones nihilistas son historias clínicas sistematizadas bajo una nomenclatura religioso-moral.

En los cultos paganos se trata del gran círculo anual alrededor de cuya interpretación gira el culto. En el culto cristiano tenemos un círculo de *fenómenos de parálisis,* alrededor de los cuales gira el culto...

## 153

Esta religión nihilista busca para sí misma en la Antigüedad los elementos de decadencia y todo lo relacionado con ellos; a saber:

*a)* El partido de los débiles y los frustrados (condenación del mundo antiguo); lo que este ha rechazado con más fuerza...

*b)* El partido de los desmoralizados y los antipaganos.

*c)* El partido de los políticamente cansados y los indiferentes (los romanos marchitos...), los desnacionalizados, que se sentían interiormente vacíos.

*d)* El partido de los que están hartos de sí mismos, que colaboran con gusto en una conjura subterránea.

## 154

*Buda contra el «Crucificado».*—Dentro de las religiones nihilistas se pueden, sin embargo, separar claramente la cristiana y la budista. La budista expresa un hermoso atardecer, una dulzura y una suavidad perfectas; es agradecimiento hacia todo lo que ha pasado, incluyendo los defectos: la amargura, el desengaño el rencor; al fin, el amor, la altura espiritual; el refinamiento de la contradicción filosófica viene después, también de eso descansa: pero le sirve para acrecentar aún más su gloria espiritual y su incandescencia de crepúsculo. (Tiene su origen en las castas superiores.)

El movimiento cristiano es un movimiento de degeneración constituido por elementos de defección y desechos de toda clase: no expresa el declive de una raza; es, desde el principio, un conglomerado de morbosidades que se atraen mutuamente y se entremezclan entre sí... Por eso no es nacional, no está condicionado por la raza; se dirige a los desheredados de todas partes; en el fondo es un rencor contra todo lo bien nacido y dominador: necesita un símbolo que represente la maldición hacia lo bien nacido, hacia todo lo que domina... Está también en oposición contra todo movimiento intelectual, contra toda filosofía; toma el partido de los idiotas y expresa una maldición contra el espíritu. Siente rencor contra los dotados, contra los sabios, contra los espiritualmente independientes, adivina en ellos lo pleno, lo dominador.

## 155

En el budismo esta idea es la predominante: «Todos los deseos, todo lo que produce afectos y sangre impulsa a la acción»; solo en este respecto se nos previene contra el mal. En consecuencia, obrar no tiene sentido, el obrar forma parte de la existencia: pero la existencia no tiene sentido. Los budistas ven en el mal la tendencia hacia algo ilógico: hacia la afirmación de medios cuyo fin se niega. Buscan un camino hacia el no ser, y por eso proscriben todas las tendencias que parten de los afectos. Por ejemplo: ¡no vengarse!, ¡no ser enemigo! El hedonismo de los cansados establece aquí la medida suprema de valor. Nada está más lejos del budista que el fanatismo judío de un San Pablo: nada contradeciría más su instinto que esta tensión, esta llama, esta inquietud del hombre religioso, sobre todo esa forma de sensualidad que el cristianismo ha santificado con el nombre de «Amor». A pesar de todo, son las clases ilustradas, e incluso las superintelectuales, las que encuentran su correspondencia en el budismo: una raza exhausta y cansada de una lucha filosófica de siglos, pero no por debajo de toda cultura como las capas sociales en las que se originó el cristianismo... Como ideal se percibe también, esencialmente, un desapego del bien y del mal: con ello se establece un sutil más allá de la moral, que coincide con la esencia de la perfección, en la premisa de que las buenas acciones son necesarias solamente de forma temporal, simplemente como medio, es decir, para apartarse de cualquier clase de acción.

### 156

¡Qué curioso! Una religión nihilista como el cristianismo, nacida y adecuada a un pueblo pertinazmente anciano, que ha sobrevivido todos los instintos fuertes, transportada paso a paso a otros medios, y que finalmente penetra en los pueblos jóvenes que todavía no tienen historia. ¡Una bienaventuranza decadente, de pastores, de atardecer, predicada a los bárbaros, a los germanos! ¡A los mismos que habían soñado con un *Walhalla* y que encontraban la plena felicidad en la guerra! Una religión supranacional predicada en medio de un caos, en que ni siquiera existían naciones.

### 157

El medio de refutar a sacerdotes y religiosos sigue siendo solamente este: mostrar que sus errores han dejado de ser beneficiosos, que hacen más daño que otra cosa; en resumen: que su propia «prueba de la fuerza» ya no es consistente...

## 2. SOBRE LA HISTORIA DEL CRISTIANISMO

### 158

No se debe confundir el cristianismo, como realidad histórica, con aquella raíz única que su nombre nos recuerda:

las otras raíces en las que ha venido creciendo son mucho más poderosas. Es un abuso incomparable que tales resultados de decadencia, tales engendros, los llamados «Iglesia cristiana», «fe cristiana» y «vida cristiana», se designen con aquel santo nombre. ¿Qué es lo que ha negado Cristo? Todo lo que hoy se llama cristiano.

159

Toda la doctrina cristiana acerca de lo que se debe creer, toda la «verdad» cristiana no es más que mentira y engaño: y exactamente lo contrario de lo que era al principio el movimiento cristiano.

Justamente lo que en el sentido eclesiástico constituye lo cristiano es, desde un principio, anticristiano: simples símbolos en lugar de cosas y personas; hechos eternos en lugar de historia; puras fórmulas, ritos, dogmas en lugar de una praxis de la vida. Lo cristiano es la perfecta indiferencia contra dogmas, culto, sacerdotes, Iglesia, teología.

La práctica del cristianismo no es, en modo alguno, una quimera inútil, como tampoco lo es la práctica del budismo: es un medio para ser feliz.

160

Jesús, con el «reino de los cielos» en el corazón, se dirige directamente hacia la redención y no encuentra los medios en la observancia de la Iglesia judía; le parece, incluso, que la realidad del judaísmo (su necesidad de mantenerse) no sirve para nada; es puramente interior.

E igualmente no le importan nada las fórmulas groseras de relación con Dios: se vuelve contra toda la doctrina de penitencia y conciliación; muestra cómo hay que vivir para sentirse «divinizado» y cómo no se llega a este estado con la penitencia y el remordimiento de los pecados; su afirmación más importante es: «No hay nada en el pecado».

Pecado, penitencia, perdón: todo está aquí fuera de lugar..., es una intromisión judía, o se trata de paganismo.

### 161

El reino de los cielos es un estado del corazón (de los niños se dirá, «porque de ellos es el reino de los cielos»): nada que esté «en la tierra». El reino de Dios no «viene» de forma histórico-cronológica, no según el calendario, no es algo que esté ahí un día y que el día anterior no estaba, sino que se trata de una «transformación de los sentidos en el individuo», algo que viene en todo momento, pero que no acaba de estar allí...

### 162

*El ladrón en la cruz:* cuando el mismo criminal que recibe una muerte dolorosa, juzga: «Solo este Jesús que sin protesta, sin rencor, con bondad, resignadamente, sufre y muere es el justo», ha afirmado el Evangelio: y con ello está en el Paraíso...

### 163

Jesús dijo: no se debe ofrecer resistencia ni de hecho ni de corazón a los que nos hagan mal.

No se debe reconocer ningún motivo para separarse de su mujer.

No hay que establecer ninguna diferencia entre forasteros y naturales, extranjeros y compatriotas.

No hay que encolerizarse contra nadie, no hay que menospreciar a nadie. Dad limosna en secreto. No hay que querer hacerse rico. No hay que maldecir. No hay que juzgar. Hay que olvidar y perdonar. No orar en público.

La «bienaventuranza» no es solo una promesa: existe desde el momento en que se vive y se obra conforme a tales máximas.


### 164

*Añadidos posteriores.*—Toda la actitud de profetas y milagreros, la cólera, la proclamación del juicio, es una horrorosa corrupción (por ejemplo, Marcos 6, 11: «... y a los que no os recibieron..., en verdad os digo que más tolerable será el castigo de Sodoma y Gomorra», etcétera). La «higuera» (Mateo, 21, 18): «... pero cuando él por la mañana volvió a la ciudad tuvo hambre. Y vio una higuera en el camino y se dirigió a ella y no encontró nada, solo hojas, y le habló: ¡Que nunca más crezca fruto de ti! Y la higuera se secó inmediatamente».


### 165

La doctrina del premio y el castigo se ha introducido de una forma completamente absurda: con ello se ha echado todo a perder.

De la misma forma sucede con la praxis de la primera *ecclesia militans*, del apóstol San Pablo y su conducta ordenada de una forma completamente falseada, como prefijada de antemano...

La posterior glorificación de la vida y doctrina reales de los primeros cristianos: como si todo hubiese sido prescrito así y simplemente se hubiera seguido al pie de la letra...

Y, además, el cumplimiento de las profecías: ¡de qué forma se ha falsificado y justificado todo!

## 166

Jesús opuso a aquella vida ordinaria una vida real, una vida en la verdad: nada está más lejos de él que la inmensa estupidez de un «*Petrus* eternizado», de una eterna sucesión personal. Lo que él combate es la conversión de la «persona» en algo importante: ¿cómo puede entonces querer eternizaría?

Combate igualmente la jerarquía dentro de la comunidad: de ninguna forma promete una proporción de salario de acuerdo con el rendimiento: ¡cómo puede haberse referido a premio y castigo en el más allá!

## 167

El cristianismo es un ingenuo apéndice a un movimiento pacificador budista en el centro del verdadero rebaño del resentimiento..., pero transformado por Pablo en una doctrina de misterios paganos, que finalmente aprende a pactar con toda la organización estatal... y hace guerras, juzga, atormenta, jura, odia.

Pablo parte de la necesidad de misterio de las grandes masas excitadas religiosamente: busca una víctima, una fantasmagoría sangrienta que mantenga viva la lucha con las imágenes del culto secreto: Dios en la cruz, beber la sangre, unión mística con la «víctima».

Busca transformar el más allá de la existencia (el santo y libre de pecado más allá de la existencia del alma individual) como resurrección, en una relación causal con esa víctima (a imitación del tipo de Dionisio, Mitra, Osiris).

Necesita conceder la mayor importancia al concepto de la culpa y del pecado, no una nueva praxis (como Jesús mismo había mostrado y enseñado), sino un nuevo culto, una nueva fe, una fe en una maravillosa transformación («salvación» por la fe).

Comprendió la gran necesidad del mundo pagano e hizo de los hechos de la vida y muerte de Cristo una selección perfectamente arbitraria, acentuando todo de nuevo y alterando en todo el centro de gravedad... fue principalmente el que anuló al cristianismo primitivo...

El atentado contra sacerdotes y teólogos se convirtió, gracias a Pablo, en un nuevo sacerdocio y una nueva teología: una clase dominante, así como una Iglesia.

El atentado contra la excesiva presunción de la «persona» se convirtió en la fe, en la «persona eterna» (en la preocupación por la «salvación eterna»), en la exageración más paradójica del egoísmo personal.

Esto es lo gracioso del asunto, una gracia trágica: Pablo reprodujo, en gran estilo precisamente, lo que Cristo había anulado con su vida. Finalmente, cuando la Iglesia estuvo lista, llegó incluso a tomar bajo su sanción la existencia del Estado.

## 168

La Iglesia es exactamente lo contrario de lo que Cristo había predicado y contra lo que había enseñado a luchar a sus discípulos.

## 169

Un Dios muerto por nuestros pecados; una salvación por la fe; una resurrección después de la muerte: todo esto son falsificaciones del verdadero cristianismo, de las que tenemos que hacer responsables a aquella insana y desvariante cabeza (Pablo).

La vida ejemplar consiste en el amor y la humildad; en la plenitud de corazón que no excluye ni a los más insignificantes; en la renuncia formal al querer-tener-la razón, a la defensa, a la victoria en sentido de triunfo personal; en la creencia en la bienaventuranza aquí en la tierra, a pesar de la miseria, los antagonismos y la muerte; en la mansedumbre en la ausencia del ira, de soberbia; en no querer ser recompensado, ni ligarse a nadie; en el más espiritual abandono del señorío; en el orgullo de una vida voluntariamente vivida para los pobres y los servidores.

Después de que la Iglesia se había dejado arrebatar toda la praxis cristiana y hubo sancionado la vida dentro del Estado, aquella clase de vida que Jesús había combatido y condenado, tuvo que depositar el sentido del cristianismo en otra parte: en la creencia en cosas increíbles, en el ceremonial de rezos, veneraciones, fiestas, etcétera. El concepto «pecado», «perdón», «castigo», «recompensa» —todo poco importante y casi excluido del primer cristianismo— adquiere ahora la mayor importancia.

Una horrible mezcla de filosofía griega y judaísmo; el ascetismo; el constante juzgar y condenar; la jerarquía, etcétera.


### 170


El cristianismo, de antemano, ha transformado lo simbólico en rudimental:


1) La contradicción «vida verdadera» y «vida falsa»: equivocadamente entendida como «vida presente» y «vida del más allá».

2) El concepto «vida eterna», por oposición a la vida personal, lo perecedero como «inmortalidad personal».

3) La fraternidad por el disfrute en común de comida y bebida según las costumbres hebreo-arábigas, como «milagro de la transustanciación».

4) La «Resurrección» como entrada en la «verdadera vida», como «volver a nacer»; de aquí una eventualidad histórica que sucederá en algún momento después de la muerte.

5) La doctrina del hijo del hombre como el «hijo de Dios», la relación vital entre hombre y Dios; de aquí la «segunda persona de la divinidad»; precisamente esto produce las relaciones filiales de todo hombre, incluso el más ínfimo, con Dios.

6) La salvación por la fe (es decir, que no hay ningún otro camino para llegar a ser hijo de Dios que la práctica de la vida enseñada por Cristo) transformada en la creencia de algún maravilloso perdón de los pecados, que no puede ser llevado a cabo por los hombres, sino por la acción de Cristo.

Con ello había que dar una nueva significación al «Cristo en la cruz». Esta muerte no era en sí la causa principal... fue solo un signo más de cómo hay que conducirse frente a la superioridad y a las leyes del mundo: no defenderse... En eso estaba el ejemplo.

### 171

*Sobre la psicología de Pablo.*—El hecho es la muerte de Jesús. Había que interpretar este hecho... De lo que aquellas gentes no se dieron cuenta es de que había una verdad y un error en la interpretación: un día les llegó a la cabeza una sublime posibilidad, «esta muerte podría significar tal cosa y tal otra». ¡Y automáticamente se convierte en esto! Una hipótesis se demuestra por el vuelo sublime que le imprime su autor...

«La demostración de la fuerza»: es decir, un pensamiento se demuestra por sus efectos («por sus frutos», como dice ingenuamente la Biblia); lo que impresiona tiene que ser verdad, lo que cuesta sangre debe ser verdad.

Con respecto a esto, en todas partes se considera, como valor en sí, la repentina sensación de poder que un pensamiento produce en su autor; y puesto que no se sabe honrar a un pensamiento de ninguna otra forma que calificándolo de verdadero, el primer predicado para que se le tome en consideración es que sea verdadero... ¿Cómo podría si no ser efectivo? Se imagina esto de un poder: si no fuera real, no podría actuar... Se le concibe como inspiración: la acción que ejercita tiene algo de la violencia de un influjo demoníaco.

¡Un pensamiento que no pueda ofrecer resistencia a un *décadent*, al que se entrega por completo, es «demostrado» como verdadero!

Todos estos santos epilépticos y videntes no poseían una milésima de aquella rectitud autocrítica con la que hoy un filólogo lee un texto o comprueba la verdad de un suceso histórico... Son, en comparación con nosotros, cretinos morales...


## 172

Lo que importa no es si algo es verdad, sino cuáles son sus consecuencias: falta absoluta de probidad intelectual. Todo es bueno, la mentira, la calumnia, la más desvergonzada acomodación, cuando sea conveniente para elevar el grado de calor, hasta llegar a hacer «creer».

Es una escuela preparada para enseñar los medios de seducción que llevan a una fe: desprecio sistemático de las esferas, de donde pudiera venir la contradicción (la de la razón, la de la filosofía y la sabiduría, la de la desconfianza, la de la prudencia): un desvergonzado alabar y glorificar la doctrina con una constante proclamación de que ha sido Dios el que la ha revelado —y el apóstol no significa nada—, de que no se la puede criticar, sino solo creer, aceptar; de que la gracia y el favor más extraordinarios son aceptar una doctrina de salvación como esta; de que hay que recibirla en un estado de profundo agradecimiento y humildad...

Se especula constantemente con el resentimiento que los inferiores experimentan contra todo lo que se venera: se les seduce con una doctrina que es presentada como lo opuesto a la sabiduría del mundo, al poder del mundo. Se convence a los réprobos y desheredados de todas clases; se promete la bienaventuranza, el provecho, el privilegio a los postergados y a los humildes; se fanatiza a los pobres, a los pequeños, a los necios y mentecatos, para llenarlos de una insensata vanidad, como si fueran el sentido y la sal de la tierra.

Todo esto, para decirlo de nuevo, nunca puede llegar a despreciarse lo bastante. Nos ahorramos la crítica de la doctrina; basta con observar los medios de que se sirve, para saber de qué se trata. El cristianismo se puso de acuerdo con la virtud; tomó, desvergonzadamente, todo el poder fascinador de esta para sí solo... Se puso de acuerdo con el poder de la paradoja, con la necesidad de pimienta y absurdo de las viejas civilizaciones; desconcertó, revolucionó, se atrajo la persecución y los malos tratos.

Se trata exactamente de la misma forma de indignidad reflexiva con que el sacerdocio judío estableció su poder y creó la Iglesia judía...

Hay que diferenciar: 1) ese calor de la pasión «amor» (que descansa sobre el fondo de una ardiente sensualidad); 2) la falta absoluta de distinción del cristianismo; la constante exageración, la verborrea; la falta de fría intelectualidad y de ironía; lo antimilitar en todos los instintos; el prejuicio sacerdotal contra el orgullo viril, contra el sensualismo, las ciencias, las artes.

### 173

Pablo: buscaba poder contra el judaísmo imperante; su movimiento era demasiado débil. Desvalorización del concepto «judío»: la «raza» se deja a un lado; pero esto significaba negar el fundamento. El «mártir», el «fanático», el valor de toda fe fuerte...

El cristianismo es la forma corrompida del viejo mundo en su más profunda impotencia, de forma que ascienden a la superficie las capas y necesidades más enfermas e insanas. En consecuencia, había que colocar en primer término otros instintos, para crear una unidad, un poder de defensa; resumiendo: era necesario una especie de estado de excepción como el que había proporcionado a los judíos su instinto de conservación...

Para esto fueron inestimables las persecuciones que sufrieron los cristianos: la comunidad en el peligro, la conversión de las masas como único medio de acabar con las persecuciones privadas (en consecuencia, se aplica lo más ligeramente posible el concepto «conversión»).

### 174

*La vida judeo-cristiana:* aquí no predominó el resentimiento. Fueron solo las grandes persecuciones las que hicieron aparente la pasión, tanto el fuego del amor como el del odio.

Cuando se ve que los seres más queridos caen víctimas por la fe, se hace uno agresivo: el triunfo del cristianismo se produjo gracias a sus perseguidores.

El ascetismo en el cristianismo no es específico: en esto se equivocó Schopenhauer. El ascetismo se desarrolla en el cristianismo solo en aquellos lugares en donde aunque no hubiera cristianismo habría ascetismo.

El cristianismo hipocondríaco, los tormentos y torturas de la conciencia, corresponden igualmente a un terreno determinado en el cual los valores cristianos han echado raíces: esto no es el cristianismo propiamente dicho. El cristianismo ha tomado para sí toda clase de enfermedades, propias de los terrenos enfermizos: se le podría reprochar únicamente el no haber sabido oponerse a ningún contagio. Pero precisamente en esto consiste su esencia: el cristianismo es un tipo de decadencia.

### 175

La realidad sobre la que podía fundamentarse el cristianismo era la pequeña familia de la diáspora, con su calor y su ternura, con su disposición a ayudar y su solicitud de los unos para con los otros, inexistente en todo el imperio romano y quizá incomprendida; con su orgullo oculto y disfrazado de humildad de «pueblo elegido», con su más íntima negación desinteresada a todo lo que está en la cumbre y posee el brillo y el poder. El genio de Pablo consiste en haber reconocido esto como poder, en ver que este estado bienaventurado podía transmitirse porque era seductor y atractivo también para los paganos. Se fijó como tarea utilizar aquel tesoro de energía latente, de inteligente felicidad, para una «Iglesia judía de libre confesión»; utilizar toda la experiencia y la maestría del instinto de conservación de la comunidad judía bajo el dominio extranjero; utilizar también la propaganda judía. Con lo que se encontró fue, precisamente, con esa clase de pequeñas gentes absolutamente apolíticas y relegadas al margen, pero con habilidad para mantenerse y prolongarse en una serie de virtudes adquiridas que expresaban un sentido único de virtud («medios de conservación y exaltación de una clase especial de hombre»).

El principio del amor surge de las pequeñas comunidades judías; es un alma apasionada la que arde aquí bajo las cenizas de la humildad y de la pobreza: por tanto, no era ni griego, ni indio, ni germánico. El canto en honor del amor, escrito por Pablo, no es cristiano, sino un brote judío de la eterna llama semita. Si el cristianismo ha hecho algo esencial, en el sentido psicológico, ha sido elevar la temperatura del alma de las razas más frías y nobles que entonces estaban en la cumbre; descubrir que la vida más miserable puede hacerse rica e inapreciable por un aumento de la temperatura...

Se comprende con esto que una transformación tal no podía llevarse a cabo en relación con las clases dominantes: los judíos y cristianos tenían contra sí las malas maneras: y lo que es fuerza y pasión del alma, acompañado de malas maneras tiene un efecto de rechazo y casi produce asco (yo veo estas malas maneras cuando leo el Nuevo Testamento). Había que estar emparentado por la bajeza y la miseria, con el tipo de pueblo inferior de que se habla aquí, para apreciar su atracción... Una prueba de ello es, si se tiene en el cuerpo algo de gusto clásico, ver en qué relación estamos con respecto al Nuevo Testamento (por ejemplo, Tácito); quien no sienta repugnancia por él, el que no experimente en él, honrada y fundamentalmente, algo como la *foeda superstitio*, algo de lo que se aparta la mano para no ensuciarse, ese no sabe lo que es clásico. Hay que saber sentir la «cruz» como lo hizo Goethe.

### 176

*Reacción de las pequeñas gentes.*—El sentimiento más alto de poder lo da el amor. Hace comprender hasta qué punto no es el hombre el que habla aquí, sino una clase de hombre.

«Somos divinos en el amor, nos hacemos "hijos de Dios", Dios nos ama y no quiere de nosotros absolutamente otra cosa que amor»: esto significa que toda moral, toda obediencia y acción no producen ese sentimiento de poder y libertad como es capaz de producir el amor; por amor no se hace nada malo, se hace mucho más de lo que se haría por obediencia y por virtud.

Aquí se experimenta la felicidad del rebaño, el sentimiento de comunidad en lo grande y en lo pequeño, el vivo sentido de la unidad como suma de los sentimientos vitales. El ayudar, cuidar y ser útil excita constantemente el sentimiento de poder; el éxito visible, la expresión de la alegría, subrayan el sentimiento de poder; el orgullo no falta, como comunidad, como morada de Dios, como «elegido».

En realidad, el hombre ha vuelto a experimentar una alteración de la personalidad: esta vez llama Dios a su sentimiento del amor. Hay que imaginarse el despertar de un sentimiento tal, es una especie de éxtasis, un discurso extraño, un «evangelio»; fue esta novedad la que no permitió al hombre atribuirse el amor: significaba que Dios marchaba ante él y había llegado a vivir en él. «Dios viene a los hombres», el «prójimo» se transfigura en Dios (en tanto que el sentimiento del amor se resuelva en él). Jesús es el prójimo, así como este se transforma en divinidad, en la causa que ocasiona el sentimiento de poder.


### 177

Los creyentes son conscientes de lo mucho que tienen que agradecer al cristianismo y, en consecuencia, de que el promotor de este es un personaje de primer orden... Esta conclusión es falsa, pero es la típica conclusión de todos los fieles creyentes. Considerado esto objetivamente, sería posible, en primer lugar, que se equivocaran sobre el valor de lo que deben al cristianismo: las convicciones no demuestran nada sobre aquello de que se está convencido; en el caso de las religiones, más bien sirven de fundamento para sospechar lo contrario... En segundo lugar, sería posible que lo que se agradece al cristianismo no debiera atribuirsele a su fundador, sino precisamente al producto acabado, al todo, a la Iglesia, etcétera. El concepto «fundador» tiene tantas significaciones que igualmente puede significar la pura causa ocasional de un movimiento: se ha magnificado la figura del fundador en la misma medida en que la Iglesia crecía; pero, precisamente, esta óptica de la veneración permite la conclusión de que en algún momento este fundador era algo muy incierto, muy indeterminado, sobre todo al principio... Piénsese con qué libertad trata Pablo el problema personal de Jesús; casi lo escamotea: alguien que ha muerto, a quien se ha visto después de su muerte, alguien que fue entregado a la muerte por los judíos... Un puro «motivo»: y Pablo luego le añade la música.


### 179

Un fundador de religiones puede ser insignificante: ¡una cerilla tan solo!

179

*Sobre el problema psicológico del cristianismo.*—La fuerza impulsora sigue siendo: el resentimiento, el alzamiento popular, la insurrección de los desheredados. (En el budismo es diferente: no ha nacido de un movimiento de resentimiento. Lucha contra él, porque tal movimiento lleva a la acción.)

Este partido de la paz comprende que la *renuncia a la animadversión del pensamiento y obra* es una necesidad de la diferenciación y la conservación. En esto reside la dificultad psicológica que ha impedido que se comprendiera el cristianismo: el instinto que creó impulsa a una lucha fundamental contra sí mismo.

Solo como partido de la paz y de la inocencia tiene este movimiento de insurrección una posibilidad de éxito: tiene que triunfar mediante la extrema moderación, dulzura y suavidad; su instinto comprende esto. Artificio: desaprobar y condenar al instinto, cuya expresión somos, ostentando continuamente los impulsos contrarios a este.

180

*La supuesta juventud.*—Se engaña quien sueña con un pueblo ingenuo y joven que se desliga de una vieja cultura; es tan solo una leyenda el que en estas capas del pueblo inferior, en las que el cristianismo creció y echó raíces, la fuente más profunda de la vida volviera a brotar de nuevo. No se comprende en absoluto la psicología del cristianismo cuando se la confunde con la expresión de la juventud de un pueblo o el robustecimiento de una raza. Es más bien lo contrario: una forma típica de decadencia, de debilitación de la moral, de histeria en una mescolanza de población, enferma, que ha perdido sus fines y que se abandona a su fatiga. Esta extraña sociedad que se reunió allí, alrededor de aquel maestro de la seducción del pueblo, sería muy adecuada a una novela rusa, ya que todas las enfermedades nerviosas se dan cita en ella: la ausencia de tareas, el instinto de que todo se está acabando, de que ya nada merece la pena, la satisfacción de un *dolce far niente*.

El poder y la certidumbre en el futuro del instinto judío, lo monstruoso de su áspera voluntad de existencia y poder reside en su clase dominante; las clases a las que despierta el joven cristianismo no están caracterizadas más agudamente por ninguna otra cosa que por el cansancio de los instintos. Se está harto: esto por una parte; se está contento por sí, en sí, para sí: esto por otra.

### 181

El cristianismo como judaísmo emancipado (de la misma forma que una aristocracia local y racial finalmente se emancipa de estas estipulaciones y se lanza a la búsqueda de elementos afines...):

1) Como Iglesia (comunidad) en el suelo del Estado, como producto apolítico.

2) Como vida, disciplina, práctica, arte de vivir.

3) Como religión del pecado (el delito contra Dios, como única forma de delito, como única causa de todo sufrimiento), también un medio universal para ella. Solo hay pecados contra Dios; las faltas contra los hombres no deben juzgarlas los hombres ni pedir justicia si no es en nombre de Dios. De la misma forma, todos los mandamientos (amor): todo está relacionado con Dios y todo se hace a los hombres por voluntad de Dios. En esto reside una gran astucia (la vida en la mayor estrechez como, por ejemplo, entre los esquimales, es solo soportable con los sentimientos más concordes y tolerantes: el dogma judeo-cristiano se dirige contra los pecados para bien del «pecador»).

## 182

El sacerdocio judío había comprendido que debía presentar todo lo que exigía como un precepto divino, como el cumplimiento de un mandamiento de Dios... De la misma forma había aprendido a presentar lo que servía para conservar a Israel, para posibilitar su existencia (por ejemplo, una suma de obras: la circuncisión, el sacrificio, como centro de la conciencia nacional), no como obra natural, sino como obra de «Dios». Este proceso continúa dentro del judaísmo, en el que no se experimentaba la necesidad de las «obras» (es decir, como baluarte contra el exterior), se podía concebir una clase sacerdotal de hombre que se conducía como la «naturaleza noble» frente a la aristocracia; un sacerdocio del alma, sin castas, y en cierto modo espontáneo, que, para diferenciarse agudamente de su contrario, concedía valor no a las «obras», sino a los «sentimientos»...

En el fondo volvía a tratarse de establecer una determinada clase de alma: en cierto modo, una insurrección popular en el seno de un pueblo sacerdotal, un movimiento pietista desde abajo (pecadores, publicanos, mujeres, enfermos). Jesús de Nazaret era el signo por el que todos se reconocían. Y, de nuevo, para poder creer en sí mismos, necesitaron una transfiguración teológica: les hacía falta nada menos que «el hijo de Dios» para poder llegar a creer... Y de la misma forma que los sacerdotes habían falseado toda la historia de Israel, se realizó el intento de falsear la historia de la Humanidad para que el cristianismo apareciera como el acontecimiento más importante de esta. Este movimiento solo podía surgir tomando como base el judaísmo, cuyo rasgo más importante era confundir el *pecado* y la *desgracia,* transformar todo pecado en *pecado hacia Dios:* de todo esto el cristianismo es la segunda potencia.

## 183

El simbolismo del cristianismo se basa en el simbolismo judío, que también había resuelto la realidad completa (historia, Naturaleza) en una santa innaturalidad e irrealidad... que ya no quería ver la verdadera historia, que ya no se interesaba por el resultado natural.

## 184

Los judíos hacen el intento de rehacerse después de haber perdido dos castas: la de los guerreros y la de los agricultores.

En este sentido son los «castrados»: tienen los sacerdotes e inmediatamente el chandala...

Qué fácilmente se produce en ellos una ruptura, una religión del chandala: el origen del cristianismo.

Como solo reconocían, como su señor, al guerrero, introducen en su religión la enemistad contra el noble, contra el arrogante, contra el distinguido, contra el poder, contra las clases dominantes: son pesimistas indignados.

Con ello crearon una nueva posición importante: el sacerdote a la cabeza de los chandalas, contra las clases nobles...

El cristianismo extrajo la última consecuencia de este movimiento: también en el sacerdocio judío percibías todavía la casta, el privilegiado, el noble, pero el cristianismo suprimió esto en el sacerdote.

El Cristo es el chandala que rechaza al sacerdote... El chandala que se redime a sí mismo...

Por ello, la revolución francesa es hija y continuadora del cristianismo..., tiene el instinto contra las castas, contra los nobles, contra los últimos privilegios...

## 185

El «ideal cristiano», puesto en escena con astucia judía. Los instintos sociológicos fundamentales, su «naturaleza».

La rebelión contra el poder espiritual dominante.

El intento de convertir las virtudes bajo las cuales es posible la felicidad de los inferiores en un ideal supremo que sirva de medida de todos los valores —el llamar a esto «Dios»—, es el instinto de conservación de las clases más pobres.

La abstención absoluta de guerra y desavenencias justificadas por este ideal, de la misma forma que la obediencia.

El amor entre unos y otros como consecuencia del amor a Dios.

Artificio: negar todos los móviles naturales y trastocarlos en el más allá espiritual..., utilizar completamente para sí mismo la virtud y la veneración que esta inspira y lentamente así irla denegando a todos los no cristianos.

### 186

El profundo desprecio con que el cristiano era tratado en el mundo antiguo, que seguía siendo noble, pertenece a la misma clase que la actual repulsión instintiva contra los judíos: es el odio de las clases libres y conscientes de sí mismas contra los que unen hipócritamente las muecas tímidas y torpes a un insensato sentimiento de autosuficiencia.

El Nuevo Testamento es el evangelio de una clase de hombres totalmente desprovistos de nobleza; su pretensión de tener más valor, incluso de poseer todos los valores, constituye, de hecho, algo indignante, incluso en nuestros días.

### 187

¡Qué poco importa el objeto! ¡El espíritu es lo que vivifica! ¡Qué atmósfera enfermiza y apestosa emana de entre esa excitada charlatanería, de «salvación», amor, bienaventuranza, fe, verdad, «vida eterna»! Tomemos, en cambio, un libro realmente pagano, por ejemplo, Petronio, donde en el fondo nada se hace, se dice, se quiere y se aprecia que no sea pecado, según la estimación cristiana y beata, incluso pecado mortal. Y, a pesar de todo, ¡ qué sentimiento de bienestar en el aire puro, en la espiritualidad superior, en el paso más ligero en esta fuerza liberada y seguro del futuro! En todo el Nuevo Testamento no hay una sola *bouffonnerie*; pero, aun con esto, es un libro refutable...

### 188

La profunda indignidad con que se prejuzga toda vida fuera del cristianismo; no les basta con informar al enemigo, necesitan, nada menos, que una calumnia total contra todo lo que no sean ellos... Con la arrogancia de la santidad se alía de la mejor forma un alma inferior e impura: la prueba de ello son los primeros cristianos.

El futuro: se dejan pagar hábilmente... se trata de la más sucia forma espiritual que existe. Toda la vida de Cristo se representa y adereza de tal forma que confirme las profecías, tratando con ello de justificarla...

### 189

La falsa interpretación de las palabras, gestos y estado del moribundo: por ejemplo, se confunde fundamentalmente el miedo a la muerte con el miedo al «más-allá-de-la-muerte»...

### 190

También los cristianos han hecho lo que hicieron los judíos: aquello que experimentaron como condición de existencia y de renovación lo pusieron en boca de su maestro, incrustándolo con ello en su vida. Del mismo modo le prestaron toda la sabiduría de los proverbios; en resumen: presentaron su vida y movimientos reales como una sumisión, santificándolos con ello para su propaganda.

Podemos ver en San Pablo de qué depende todo: de poco. El resto es la formación de un tipo de santo, en virtud de lo que ellos consideraban sagrado.

Toda la «doctrina del milagro», incluida la resurrección, es una consecuencia de la autoglorificación de una comunidad que lo que se concedía a sí misma lo concedía a su maestro en un grado superior (más bien lo deducía de su propia fuerza)...

## 191

Los cristianos nunca han practicado las acciones que Jesús prescribió para ellos, y la desvergonzada charlatanería de la «justificación por la fe», y de su significación superior y única, es solo consecuencia de que la Iglesia no tuvo ni el valor ni la voluntad para aplicarse a las obras que Jesús exigía.

El budista obra de forma diferente al que no es budista; el cristiano obra como todo el mundo y tiene un cristianismo de ceremonias y de estados de ánimo.

La profunda y despreciable mentira del cristianismo en Europa: somos realmente el desprecio de los árabes, de los hindúes, de los chinos... Escúchense los discursos del primer estadista alemán sobre lo que durante cuarenta años ha ocupado a Europa... escúchese el lenguaje, la tartufería de los predicadores de la corte.

## 192

¿«Fe u obras»? Pero que las «obras», la costumbre de realizar determinadas tareas, acabe por producir una determinada valoración y, por último, un sentimiento, es tan natural.

como es innatural el que de una simple valoració nazcan las
«obras». Hay que ejercitarse no en fortalecer los sentimientos de valor, sino en obrar; primeramente es preciso saber hacer algo... El diletantismo cristiano de Lutero. La fe es un
puente para asnos. El fondo es una profunda convicción de
Lutero y sus semejantes en su incapacidad para las obras cristianas, un hecho personal oculto bajo una extrema desconfianza sobre si no será cada obra un pecado y efecto del demo-
nio: de manera que el valor de la existencia queda reducido a
algunos actos aislados de pasividad llena de tensión (la ora-
ción, la efusión, etcétera). A fin de cuentas, tenía razón; los
instintos que se manifestaban en cada acción de los reformadores pertenecen a los más brutales. Solo en el absoluto dis-
tanciamiento de sí mismo, en el sumergirse en su contrario,
solo como ilusión (fe) les era soportable la existencia.

### 193

«¿Qué hacer para creer?» Una pregunta absurda. El defecto del cristianismo está en que se abstiene de todo lo que
Cristo ordenó hacer.

Es la vida mezquina, pero interpretada con una mirada de
desprecio.

### 194

La entrada en la verdadera vida: se salva de la muerte la
vida personal al vivir la vida universal.

### 195

El «cristianismo» ha llegado a ser algo fundamentalmente
diferente de lo que su fundador hizo y quería. Es el gran mo-

vimiento antipagano de la Antigüedad, formulado utilizando la vida, la doctrina y las «palabras» del fundador del cristianismo, pero en una interpretación absolutamente arbitraria, según el esquema de necesidades fundamentalmente diferentes, traducido a la lengua de todas las religiones subterráneas que han existido.

Es el surgimiento del pesimismo (mientras Jesús quería traer la paz y la felicidad de los corderos): se trata del pesimismo de los débiles, de los sometidos, de los que sufren, de los oprimidos.

Sus enemigos mortales son : 1) la fuerza de carácter, espíritu y gusto; lo «mundano»; 2) la «felicidad» clásica, el escepticismo y la ligereza distinguidos, la dura arrogancia, el libertinaje excéntrico y la fría autosuficiencia del sabio, el refinamiento griego en el gesto, la palabra y la forma. Sus enemigos mortales son tanto los romanos como los griegos.

Tentativa del antipaganismo para fundamentarse filosóficamente y hacerse posible: olfato para las figuras ambiguas de la antigua cultura; sobre todo para Platón, ese antiheleno y semita instintivo... De la misma forma para el estoicismo, que es esencialmente obra de semitas (la «dignidad» como fuerza, la ley, la virtud como grandeza, la propia responsabilidad, la autoridad como soberanía personal superior: esto es semita. El estoico es un jeque árabe engalanado con oropeles y conceptos griegos).

## 196

El cristianismo vuelve a la lucha que ya existía contra el ideal clásico, contra la religión noble.

En realidad toda esta transformación no es más que una traducción a las necesidades y al nivel de comprensión de la masa religiosa de entonces: aquella masa que veía en Isis, Mitra, Dionisos, la «gran madre», y que exigía de una religión: 1) la esperanza en el más allá; 2) la fantasmagoría sangrienta de la víctima (el misterio); 3) la acción redentora, la leyenda sagrada; 4) el ascetismo, la negación del mundo, la «purificación» supersticiosa; 5) la jerarquía como una forma de la comunidad. En resumen: el cristianismo se adaptó a un antipaganismo que ya existía por doquier y que se había introducido en todas partes, a los cultos que habían sido combatidos por Epicuro... mejor dicho, a las religiones de la masa inferior, de las mujeres, de los esclavos, de las clases no nobles.

Tenemos, pues, como errores:

1) La inmortalidad de la persona.

2) El supuesto de otro mundo.

3) Lo absurdo del concepto de castigo y expiación como centro de la interpretación de la existencia.

4) La desdivinización del hombre en lugar de su divinización; la apertura del abismo más profundo que únicamente el milagro, la postración en el autodesprecio más profundo, pueden salvar.

5) El mundo completo de la imaginación corrompida y de las afecciones morbosas, en lugar de una praxis simple y amable, en lugar de una felicidad budista factible de alcanzar en la tierra.

6) Un orden religioso, con sacerdocio, teología, culto, sacramentos; en suma: todo lo que había combatido Jesús de Nazaret.

7) El milagro en todas y cada una de las cosas, la superstición: mientras que lo que precisamente distingue al judaísmo y al cristianismo antiguo es su resistencia al milagro, su racionalismo relativo.

### 197

La hipótesis psicológica es la incultura y la falta de sabiduría, la ignorancia que ha perdido toda vergüenza: piénsese en aquellos santos desvergonzados en medio de Atenas.

El instinto judío de considerarse «elegidos»: se atribuyen, sin más, todas las virtudes y consideran al resto del mundo como su contrario; signo profundo de la vulgaridad del alma.

La falta absoluta de verdaderos fines, de verdaderas tareas, para las que son necesarias otras virtudes que las del beato; el Estado les aminoró esta tarea: pero el pueblo desvergonzado se portó como si no necesitase a este Estado.

«Si no os hacéis como los niños»... ¡oh, qué lejos estamos de esta ingenuidad psicológica!

### 198

El fundador del cristianismo tuvo que arrepentirse de haberse dirigido a las capas inferiores de la sociedad y a la inteligencia judías. Estas lo comprendieron a su manera, de acuerdo con lo que eran capaces de comprender... Es una verdadera vergüenza haber fabricado una historia de salvación, un Dios personal, un redentor personal, una inmortalidad personal y haber conservado toda la mezquindad de la «persona» y de la «historia» en una doctrina que se opone a lo personal y a lo histórico en la realidad...

La leyenda de la salvación en lugar del simbólico ahora y siempre, aquí y en todas partes; el milagro en lugar del símbolo sociológico.

### 199

Nada es menos inocente que el Nuevo Testamento. Se sabe qué clase de terreno fomentó su desarrollo. Aquel pueblo, con una voluntad implacable de autoafirmación, que después de haber perdido todo apoyo natural y estando privado desde hacía mucho del derecho a la existencia, supo resistir y necesitó para ello apoyarse en hipótesis total y completamente innaturales e imaginarias (como pueblo elegido, como comunidad de los santos, como pueblo prometido, como «Iglesia»), este pueblo manejó la *pia fraus* con tanta perfección, con tal grado de «buena conciencia», que hace que no seamos lo bastante precavidos cuando él predica la moral. Cuando los judíos se presentan como la inocencia misma, es que el peligro ha llegado a ser grande: hay que tener siempre a mano un pequeño fondo de cordura, de desconfianza, de maldad, cuando se lee el Nuevo Testamento.

Gente del más bajo origen, en parte maleantes, los reprobados no solo de la buena sociedad, sino de la sociedad estimable, crecidos aparte incluso del olor de la cultura, sin disciplina, sin inteligencia, sin siquiera sospechar que podía existir una conciencia en las cosas intelectuales, judíos, en suma; instintivamente astutos, con todos los presupuestos supersticiosos, incluso con la falta de inteligencia para crear un provecho, una seducción.

## 200

Yo considero al cristianismo como la peor mentira de seducción que ha habido hasta ahora, como la gran mentira impía; yo distingo las ramas y los brotes de su ideal incluso bajo todos sus demás disfraces, rechazo todas las posiciones ambigua con respecto a él: obligo a la guerra contra él.

*La moralidad de las pequeñas gentes* como medida de las cosas: esta es la degeneración más importante que la civilización ha creado hasta ahora. ¡¡Y esta clase de ideal permanece suspendida sobre la humanidad como «Dios»!!

## 201

Aunque se sea muy modesto en las aspiraciones de pureza intelectual, no se puede evitar experimentar en el contacto con el Nuevo Testamento algo así como un malestar inexpresable; pues la impertinencia desenfrenada que tienen los menos calificados para querer opinar sobre los grandes problemas, incluso su pretensión de colocarse como jueces de tales cosas, desborda toda medida. La desvergonzada ligereza con que se habla aquí de los problemas más inabordables (la vida, el mundo, Dios, la finalidad de la existencia), como si no fueran problemas sino, simplemente, cosas que estos pequeños estúpidos saben.

## 202

Esto constituye la más funesta manía de grandeza que ha existido hasta ahora sobre la tierra; cuando estos pequeños abortos estúpidos empiezan a atribuirse las palabras «Dios», «juicio final», «verdad», «amor», «sabiduría», «espíritu santo», y con ellas comienzan a fortificarse «contra el mundo»; cuando esta clase de hombre empieza a transformar los valores a su antojo, como si fueran el sentido, la sal, la medida y el equilibrio de todo el resto, lo que habría que hacer es construir manicomios para ellos y nada más. El perseguirlos fue una antigua tontería de gran estilo: con ello se les tomaba en serio, se les hacía importantes.

Toda esta fatalidad se posibilitó porque había ya en el mundo una especie de manía de grandeza emparentada con esta: la judía (cuando la sima que separa a los judíos de los cristianos se abrió, cristianos y judíos tuvieron que echar mano del procedimiento de autoconservación que había inventado el instinto judío, utilizádolo de nuevo, y por última vez, para su conservación); por otra parte, fue también posibilitado porque la filosofía griega de la moral había hecho todo lo posible para preparar y hacer aceptable un fanatismo moral, incluso entre los griegos y los romanos... Platón, fue el gran lazo de unión de la perdición, el primero que no quiso comprender la naturaleza en la moral, que ya había quitado su valor a los dioses griegos con su concepto del «bien», que ya era judío y una especie de beato (¿aprendió en Egipto?).

## 203

Estas pequeñas virtudes de rebaño no llevan de ninguna forma a la «vida eterna»; el sacarlas de este modo a escena, y a uno mismo con ellas, puede parecer muy inteligente, pero para el que tiene los ojos abiertos sigue siendo la más ridícula de todas las comedias... No se alcanza de ninguna forma un privilegio en la tierra y en el cielo cuando se ha hecho a la perfección el papel de una hermosa y pequeña ovejita; se será con ello, en el mejor de los casos, simplemente un pequeño, bonito y absurdo carnerito, con cuernos y todo, y esto siempre que no se reviente de vanidad, ni se escandalice con actitudes de juez.

Es monstruosa la apoteosis de colores con que se iluminan aquí las pequeñas virtudes; ¡como si fueran reflejos de cualidades divinas!

La intención natural y la utilidad de todas las virtudes se silencian sistemáticamente; tienen valor únicamente en relación con un mandamiento divino, con un ejemplo divino, solo en relación con bienes espirituales y del más allá: (magnífico: como si se tratase de la «salud del alma»; pero era un recurso «provisional» con los sentimientos más bellos posibles).

## 204

La *ley*, formulación fundamentalmente realista de ciertas necesidades de conservación de una comunidad, prohíbe ciertas acciones en una dirección determinada, es decir, impide que se dirijan contra la comunidad; no prohíbe el sentimiento de donde brotan estas acciones, puesto que necesita las mismas acciones en otra dirección, es decir, contra los enemigos de la comunidad. Entonces aparece el idealista moral y dice: «Dios ve los corazones, la acción misma en sí no es nada; hay que eliminar los sentimientos de enemistad de donde brotan...». En circunstancias normales se ríe uno de esto; solo en esos casos excepcionales en que una comunidad vive absolutamente fuera de toda precisión, cuando lucha por su existencia, se tienen oídos para tales cosas. Nos abandonamos a un sentimiento cuya utilidad ya no se concibe.

Este fue el caso, por ejemplo, cuando apareció Buda dentro de una sociedad muy apacible e, incluso, intelectualmente fatigada en exceso.

Igualmente sucedió con la primera comunidad cristiana (también comunidad judía), cuya premisa era la sociedad judía absolutamente apolítica. El cristianismo podía sólo creer en el terreno del judaísmo, es decir, dentro de un pueblo que ya había renunciado a lo político y que vivía una especie de existencia parasitaria dentro del orden romano de las cosas. El cristianismo fue un paso más allá: llegó a «castrarse» todavía mucho más, las circunstancias lo permitían. Se separan la naturaleza y la moral cuando se dice: «Amad a vuestros enemigos», puesto que entonces lo natural «Amarás a tu prójimo y odiarás a tu enemigo» pierde su sentido en la ley (en el instinto); hay que buscar entonces un nuevo fundamento para el amor al prójimo en primer lugar (como una especie de amor a Dios). En todas partes se introduce la idea de Dios y se suprime la idea de utilidad; en todas partes se niega el verdadero origen de toda moral; se aniquila de raíz la dignificación de la Naturaleza, que consiste precisamente en el reconocimiento de una moral natural...

¿De dónde viene el poder de seducción de semejante ideal perteneciente a una humanidad castrada? ¿Por qué no nos repugna como nos repugna la representación del castrado?... Aquí está la respuesta: la voz del castrado tampoco nos repugna a pesar de la mutilación que la causa, se ha hecho más dulce... Precisamente por haber privado a la virtud de sus «miembros viriles» la virtud ha adquirido una entonación femenina que antes no tenía.

Pensemos, por otra parte, en la horrible dureza, en los peligros y la incertidumbre que comporta una vida de virtudes viriles —la vida de un corso actual o la de un árabe pagano (que es parecida incluso en particularidades a la del corso: sus canciones podían haber sido compuestas por los corsos)—, así se comprende cómo precisamente la clase más robusta de hombre se deja fascinar y conmover por el voluptuoso sonido de la «bondad» de la «pureza»... Algo pastoral..., un idilio..., el «hombre bueno»: cosas semejantes tienen su efecto más profundo en las épocas en que la tragedia recorre las calles.

\* \* \*

Con esto hemos reconocido también hasta qué punto el «idealista» (castrado de ideales) procede igualmente de una realidad muy determinada y no es simplemente un fantasioso... Hemos reconocido, precisamente, que para su clase de realidad no tiene ningún sentido una prescripción tan grosera que prohíbe determinadas acciones (porque el instinto está justamente debilitado para efectuar estas acciones por una larga falta de entrenamiento, por una pobreza de ejercicio). El «castratista» formula una suma de nuevas condiciones de conservación para los hombres de una especie muy determinada: en esto es realista. Los medios de que se sirve para imponer su legislatura son los mismos que utilizaron los antiguos legisladores: la apelación a toda clase de autoridad, a «Dios», la utilización del concepto «falta y castigo», es decir, que se sirve de todo el acopio del antiguo ideal, pero con una nueva significación; por ejemplo, haciendo interior el castigo (como remordimiento de conciencia). En la práctica esta especie de hombre desaparece en cuanto cesan las condiciones excepcionales de su existencia; una especie de felicidad de isleño tahitiano, como era la vida del pequeño judío de la provincia romana. Su única hostilidad natural proviene del terreno en el que crecieron: contra él necesitan luchar, contra él deben dejar desarrollarse, de nuevo, los instintos ofensivos: sus enemigos son los partidarios del antiguo ideal (esta especie de enemistad está magníficamente representada por Pablo en relación con los judíos, y por Lutero en relación con el ideal escético sacerdotal).

La forma más suave de esta enemistad es seguramente la de los primeros budistas: quizá a nada han dedicado más esfuerzo que a desanimar y debilitar los sentimientos de enemistad. La lucha contra el resentimiento aparece casi como la primera tarea del budista: solo con esto se garantiza la paz del alma. Separarse, pero sin rencor: esto presupone una humanidad asombrosamente suavizada y dulcificada, una humanidad santa.

* * *

*La habilidad del castratismo moral.* ¿Cómo se lucha contra los afectos y valoraciones viriles? No se tienen medios de violencia física, solo se puede hacer una guerra de astucia, de hechizo, de mentira; en una palabra, una guerra «del espíritu».

Primera receta: se acapara en general la virtud para su ideal; se niega el ideal más antiguo hasta convertirlo en una oposición a todo ideal. Para ello es necesario un arte de la calumnia.

Segunda receta: se establece su tipo como medida de valor; se le proyecta en las cosas, tras las cosas, tras el destino de las cosas, y se le llama Dios.

Tercera receta: se establece a los enemigos de este ideal como enemigos de Dios; se inventa el derecho al gran *phatos*, al poder, a maldecir y a bendecir.

Cuarta receta: se hace derivar todo sufrimiento, todo lo espantoso, lo terrible y lo fatal del destino, de la oposición a este ideal: todo sufrimiento es un castigo, incluso entre los mismos partidarios (se trata de una prueba tan solo, etcétera).

Quinta receta: se llega hasta considerar la Naturaleza como contradicción con el propio ideal; se considera como una prueba de paciencia, como una especie de martirio, el tener que soportar lo natural durante tanto tiempo; se ejercita uno en practicar el desdén por medio de gestos y maneras, hacia todas las «cosas naturales».

Sexta receta: la victoria de la contranaturaleza, del castratismo moral, el triunfo del mundo de lo puro, lo bueno, lo libre de pecado, lo santo, se proyecta en el futuro como final, término, gran esperanza, como «venida del reino de Dios».

... Yo espero, ¿podemos todavía reírnos del ensalzamiento de una pequeña especie a la categoría de medida absoluta del valor de las cosas?...


## 205

Lo que no me gusta, sobre todo, en aquel Jesús de Nazaret o en su apóstol Pablo, es el hecho de que metieran tantas cosas en la cabeza de las pequeñas gentes, como si tuvieran alguna importancia las humildes virtudes de estas. Hemos pagado esto demasiado caro: porque ellos han desprestigiado las cualidades más valiosas de la virtud y del hombre; han enemistado entre sí la mala conciencia y la conciencia del alma noble; han descarriado las tendencias de valentía, generosidad e intrepidez, las inclinaciones excesivas de las almas fuertes, hasta llevarlas a la autodestrucción...


## 206

En el Nuevo Testamento, y especialmente en los Evangelios, no veo en absoluto nada divino; más bien encuentro una forma indirecta de expresar la más profunda rabia de negación y destrucción, una de las formas más indignas del odio. Falta todo conocimiento de las propiedades de una naturaleza superior. Es un abuso impúdico de toda clase de probidad; todo el patrimonio de proverbios es explotado e impuesto; era necesario que viniera un Dios a decir a esos publicanos..., etcétera.

Nada es más vulgar que esa lucha contra los fariseos con la ayuda de una apariencia de moral absurda y nada práctica; el pueblo siempre ha encontrado placer en un *tour de force* semejante. ¡Una acusación de «hipocresía» procedente de una boca semejante! Nada es más corriente que esta forma de tratar al adversario: esto es un indicio que demuestra la más insidiosa clase de distinción o la ausencia absoluta de esta...

## 207

El cristianismo primitivo constituye la abolición del Estado: prohíbe el juramento, el servicio militar, los tribunales, la autodefensa y la defensa de la comunidad, la diferencia entre compatriotas y extranjeros, así como las jerarquías.

El ejemplo de Cristo: no se resiste ante los que le hacen mal: no se defiende; hace algo más «pone la mejilla izquierda». (A la pregunta: «¿Eres tú el Cristo?», contesta: «Y desde ahora veréis al hijo del hombre sentado a la derecha de la Fuerza y llegar en las nubes del cielo».) Prohíbe que sus discípulos lo defiendan; señala que podría tener ayuda, pero que no la quiere.

El cristianismo constituye también la abolición de la sociedad; prefiere todo lo que la sociedad desprecia, crece entre los difamados y los condenados, entre los leprosos de todas clases, entre los «pecadores», los «publicanos» y las prostitutas, entre el pueblo más ignorante (los «pescadores»); desprecia a los ricos, a los sabios, a los distinguidos, a los virtuosos, a los «correctos»...

## 208

La guerra contra los nobles y poderosos, como se hace en el Nuevo Testamento, es semejante a la del zorro, y con los mismos medios: solo que con la unción sacerdotal y con una renuncia decidida para conocer su propia astucia.

## 209

El Evangelio. La noticia de que la felicidad está abierta para los pobres y los humildes, de que no hay más que hacer que liberarse de las instituciones, de la tradición, de la tutela de las clases superiores; en este sentido, la aparición del cristianismo no es más que la típica doctrina socialista.

Propiedad, adquisición, patria, posición y jerarquía; tribunales, policía, Estado, Iglesia, enseñanza, arte, ejército: todo esto no son más que obstáculos para la felicidad, errores, añagazas: obras diabólicas a las que el Evangelio advierte que serán juzgadas; típico todo de la doctrina socialista.

En segundo término, la rebelión, la explosión de repugnancia condensada contra los «señores», y el instinto de que podría haber mucha felicidad en sentirse libre tras una opresión tan larga... (la mayor parte de las veces, el que las capas inferiores comiencen a saborear en su lengua una felicidad prohibida, es un signo que demuestra que han sido tratadas demasiado humanitariamente... No es el que pasa hambre quien origina las revoluciones, sino el hecho de que al pueblo el apetito le llega *mangeant*...).

## 210

Léase una vez el Nuevo Testamento como libro corruptor: se verá fácilmente que en él la virtud es acaparada con la idea instintiva de atraerse con ella a la opinión publica; y precisamente se trata de la virtud más humilde, la que reconoce el ideal del rebaño únicamente (incluido en esto el pastor): una especie de virtud pequeña, tierna, bienintencionada, desprendida y gozosamente exaltada, que en lo externo carece totalmente de exigencias; una virtud que considera «al mundo» como algo opuesto a ella. La más insensata arrogancia, como si el destino de la humanidad girase de tal forma en torno a ella que la comunidad fuese, por una parte lo justo y el mundo, por otra, lo falso, lo eternamente reprobable y reprobado. El odio más insensato contra todo lo que reside en el poder; ¡pero sin tocarlo! Una especie de separación interior que mantiene exteriormente todo igual a como era antes (servidumbre y esclavitud; saber convertir todo en un medio para servir a Dios y a la virtud).

### 211

El cristianismo es posible como forma privada de existencia; presupone una sociedad estrecha, limitada, absolutamente apolítica: pertenece al conventículo. Por el contrario, un «Estado cristiano», una «política cristiana» es algo vergonzoso, una mentira, algo así como una dirección cristiana del ejército que finalmente trataría al «Dios de los ejércitos» como un jefe de estado mayor. Tampoco el Papado ha podido nunca hacer una política cristiana...; y cuando los reformadores se dedican a la política, al igual que Lutero, puede verse que son partidarios de Maquiavelo, como cualquier inmoralista o tirano.

### 212

El cristianismo es todavía posible en cada instante. No está ligado a ninguno de los dogmas desvergonzados que se han adornado con su nombre; no necesita ni la doctrina del Dios personal, ni la del pecado, ni la de la inmortalidad, ni la de la redención, ni la de la fe; no tiene necesidad en absoluto de la metafísica, ni mucho menos del ascetismo, y menos aún de una «ciencia natural cristiana». El cristianismo es una praxis, no una doctrina de fe. Nos dice cómo obrar y no lo que hay que creer.

El que dijera ahora: «No quiero ser soldado», «no me preocupan los tribunales», «yo no requiero los servicios de la policía», no quiero hacer nada que perturbe mi propia paz; y aunque por ello deba sufrir, nada podrá conservar mejor mi paz que el sufrimiento»: ese sería cristiano.

### 213

*Sobre la historia del cristianismo.*—Constante transformación del medio: con esto cambia continuamente la doctrina cristiana su punto de equilibrio... La protección a los inferiores y a la pequeña gente... El desarrollo de la *caritas*... El tipo «cristiano» recupera de nuevo, poco a poco, todo lo que negaba originalmente (en cuya negación persistía). El cristiano se hace ciudadano, soldado, empleado de los tribunales, trabajador, comerciante, sabio, teólogo, sacerdote, filósofo, granjero, artista, patriota, político, «príncipe»...; vuelve a todas las actividades de las que había abjurado (la defensa personal, el juzgar, el castigar, el jurar, la distinción entre pueblo y pueblo, el desprecio, la irascibilidad). Toda la vida del cristiano llega a ser precisamente la clase de vida que Cristo aconsejaba rehuir.

La Iglesia pertenece tan plenamente al triunfo de lo anticristiano, como el Estado moderno, el moderno nacionalismo... La Iglesia es la barbarización del cristianismo.

### 214

Llegan a enseñorearse de la cristiandad: el judaísmo (Pablo); el platonismo (Agustín); el culto de los misterios (doc-

trina de la salvación, símbolo de la «cruz»); el ascetismo (odio
a la «Naturaleza», a la «razón», a los «sentidos»: Oriente...).

### 215

El cristianismo como una desnaturalización de la moral
de rebaño: bajo un error y una autoceguera absolutos. La
democratización es una forma más natural del mismo, menos engañosa.

Es un hecho: los oprimidos, los inferiores, toda la gran
masa de esclavos y semiesclavos quieren el poder.

Primera etapa: se liberan, en primer lugar se desatan con
la imaginación, se reconocen entre sí, se imponen.

Segunda etapa: entran en la lucha, quieren reconocimiento,
derechos iguales, «justicia».

Tercera etapa: exigen privilegios (atraen a sí a los representantes del poder).

Cuarta etapa: quieren el poder para ellos solos y lo consiguen... En el cristianismo hay que distinguir tres elementos;
a) los oprimidos de todas clases; b) las medianías de todas
clases; c) los descontentos y enfermos de todas clases. Con
el primer elemento lucha contra los políticamente nobles y
su ideal; con el segundo elemento contra las excepciones y
los privilegiados (espiritual y físicamente) de todas clases;
con el tercer elemento, contra el instinto natural de los sanos
y felices.

Cuando alcanza la victoria, el segundo elemento adquiere
la mayor importancia, porque entonces el cristianismo ha
atraído hacia sí a los sanos y a los felices (como guerreros a
favor de su causa), de la misma forma que los «poderosos»
(interesados como están en el dominio de la masa); y es entonces cuando el instinto de rebaño, la naturaleza mediocre,
es considerada valiosa en todos sus aspectos, y, a través del
cristianismo, recibe su sanción suprema. Esta naturaleza mediocre llega a adquirir consciencia hasta tal punto (alcanza el

valor de autorreconocerse) que se confiere también políticamente el poder...

La democracia es el cristianismo naturalizado: una especie de «vuelta a la Naturaleza», después de que la antinaturalidad extrema pudo ser superada por una valoración contraria. Consecuencia: el ideal aristocrático empieza entonces a desnaturalizarse («el hombre superior», «el noble», el «artista», «la pasión», «el reconocimiento», el romanticismo como culto de la excepción, el genio, etc.).

### 216

*Cuando también los «señores» pueden hacerse cristianos.* Radica en el instinto de una comunidad (rama, linaje, tribu, municipio) el despreciar o considerar como algo valioso para ella aquellas situaciones y aspiraciones a las cuales debe su pervivencia, por ejemplo, la obediencia, el socorro mutuo, la prudencia, la moderación, la compasión, así como todo lo que se encuentra en su camino o podría contradecirlo.

De la misma forma radica en el instinto de los dominadores (sean individuos, sean clases) el proteger y distinguir las virtudes por las cuales los súbditos son manejables y sumisos (condiciones y sentimientos que pueden ser tan extraños como sea posible a los propios que las sufren).

El instinto de rebaño y el instinto del dominador se convierten en una alabanza de cierto número de cualidades y situaciones; pero obran por razones diferentes: el primero, por un egoísmo inmediato; el segundo, por un egoísmo mediato.

La sumisión de las razas dominadoras al cristianismo es esencialmente consecuencia del convencimiento de que el cristianismo es una religión de rebaño que enseña la obediencia; en resumen, de que se domina más fácilmente a los cristianos que a los no cristianos. Desde este punto de vista recomienda todavía hoy el Papa al emperador de China la propaganda cristiana.

Añádase a esto que la potencia de seducción del ideal cristiano tiene quizá más fuerza en las naturalezas que aman el peligro, la aventura y lo contradictorio, a los que aman todo lo que constituye riesgo, pero con ello pueden alcanzar un *non plus ultra* del sentimiento de poder. Piénsese en Santa Teresa en medio de los heroicos instintos de sus hermanos; el cristianismo aparece allí como una forma de exaltación de la voluntad, de la fuerza de la voluntad, como una quijotería del heroísmo...

### 3. EL IDEAL CRISTIANO

### 217

¡Guerra contra el ideal cristiano, contra la doctrina de la «beatitud» y de la «salvación» como meta de la vida, contra la supremacía de los pobres de espíritu, de los corazones limpios, de los que sufren y de los fracasados! ¿Cuándo y dónde ha visto alguien a algún hombre que se asemejara algo a este ideal cristiano al que nos referimos? ¡Necesitaría por lo menos ojos como los de un psicólogo y un neurólogo! Echemos un vistazo a los héroes de Plutarco.

### 218

Nuestro privilegio: vivimos en la época de la comparación, podemos revisar como nunca se ha revisado; somos la autoconciencia de la historia. Disfrutamos de otra forma, sufrimos de otra forma: la comparación de una multiplicidad inaudita constituye nuestra actividad más instintiva. Comprendemos todo, vivimos todo, ya no tenemos en nosotros ningún sentimiento de hostilidad. Aunque nosotros mismos salgamos malparados de ello, nuestra curiosidad contradictoria y casi apasionada se lanza sin miedo a las cosas más peligrosas...

«Todo está bien»: nos cuesta trabajo negar. Sufrimos cuando somos lo bastante poco inteligentes como para tomar partido contra algo... *En el fondo, nosotros, los cultos, somos los que cumplimos hoy la doctrina de Cristo de la mejor forma posible.*

### 219

Ironía contra los que creen hoy superado el cristianismo por las modernas ciencias naturales. Los juicios de valor cristianos no han sido con ello superados en absoluto. «Cristo en la cruz» es el símbolo más sublime, incluso hoy.

### 220

Los dos grandes movimientos nihilistas: *a)* el budismo; *b)* el cristianismo. El último ha llegado solo hasta ahora a un estado aproximado de cultura en el que puede cumplir su destino original —un nivel al que pertenece—, en el que puede mostrarse puro.

### 221

Hemos restablecido el ideal cristiano: nos falta determinar su valor:

1)   ¿Qué valores son negados por el mismo? ¿Qué contiene el ideal contrario? Orgullo, *phatos* de la distancia, la gran responsabilidad, la exuberancia, la magnífica animalidad, los instintos guerreros y conquistadores, la divinización de la pasión, de la venganza, de la astucia, de la ira, de la voluptuosidad, de la aventura, del reconocimiento; se niega el ideal noble; la belleza, la sabiduría, el poder, la magnificen-

cia y la peligrosidad del tipo hombre: el hombre que establece las metas, el hombre «futuro» (aquí la cristiandad se presenta como consecuencia final del judaísmo).

2) ¿Es realizable? Si, pero condicionado climáticamente, de forma semejante al ideal indio. Desdeñan ambos el trabajo. Aparta de él el pueblo, Estado, comunidad cultural, jurisdicción; rechaza la enseñanza, el saber, la educación y las buenas maneras, la industria y el comercio... Separa todo lo que constituye la utilidad y el valor del hombre, envuelve a este con una idiosincrasia del sentimiento. Antipolitico, antinacional, ni agresivo ni defensivo, solo posible dentro del más firmemente cimentado estado y vida social que deja a estos sagrados parásitos pulular a expensas de la comunidad...

3) Permanece como consecuencia de la voluntad de placer —¡y nada más!—. La «beatitud» pasa por ser algo que se demuestra por sí mismo, que no necesita ninguna justificación; todo lo demás (la manera de vivir y de dejar vivir) es solo un medio para alcanzar el fin...

Pero esto es pensando bajamente: el miedo al dolor, a la impureza, a la propia perdición como motivos más que suficientes para aguantar todo...

Esta es una pobre forma de pensar... Signos de una raza agotada... No hay que dejarse engañar. («Sed como los niños». La Naturaleza emparentada con esto: Francisco de Asís, neurótico, epiléptico, visionario, como Jesús.)


## 222

El hombre superior se diferencia del inferior por su intrepidez y su desafío de la desgracia: se trata de un símbolo de retroceso cuando las valoraciones eudemónicas empiezan a ser consideradas como las más supremas (cansancio fisiológico, empobrecimiento de la voluntad). El cristianismo, con su perspectiva de «beatitud», es una forma típica del pensamiento de una especie de hombre sufriente y empobrecido.

Una fuerza plena quiere crear, sufrir, desaparecer: para ella la murmurada gloria cristiana es una música barata y las muecas hieráticas un fastidio.

223

Pobreza, humildad y castidad: ideales peligrosos y difamadores, pero que sirven, como los venenos en ciertas enfermedades, de medicinas útiles, por ejemplo, en la época imperial romana.

Todos los ideales son peligrosos, porque rebajan y difaman lo real; todos son venenos, pero indispensables como remedios momentáneos.

224

Dios creó a los hombres felices, ociosos, inocentes e inmortales: nuestra verdadera vida es una existencia falsa, decaída, pecaminosa, una existencia de castigo... El sufrimiento, la lucha, el trabajo, la muerte, se estiman como objeciones e interrogaciones contra la vida, como algo antinatural, como algo que no debe perdurar; como algo contra lo que se necesitan —¡y se han usado!— medicinas.

La humanidad se ha encontrado desde Adán hasta ahora en circunstancias anormales: Dios mismo ha entregado a su hijo por el pecado de Adán, para acabar con estas circunstancias anormales: el carácter natural de la vida es una maldición; Cristo devuelve al estado normal al que cree en él: lo hace feliz, ocioso e inocente. Pero la tierra no ha empezado todavía a ser fértil sin trabajarla; las mujeres no paren niños sin dolores; la enfermedad no ha desaparecido; los más creyentes se encuentran aquí tan mal como los más incrédulos. Pero el hombre se ha liberado de la muerte y del pecado: afirmaciones que no permiten ningún *control*, y por ello tanto más categóricamente suspuestas por la Iglesia. «Está libre de pecado» —liberado no por sus acciones, no por una lucha rigurosa por su parte, sino por el acto de la redención—, por consiguiente perfecto, inocente, paradisíaco...

La verdadera vida es solo una creencia (es decir, un auto-engaño, una locura). Toda la verdadera existencia de lucha, de combate, llena de brillo y de tinieblas, es solo una existencia mala y falsa: la tarea es ser redimido de ella.

«El hombre es inocente, ocioso, inmortal, feliz»: esta concepción de los "deseos supremos" debe ser criticada ante todo. ¿Por qué van la culpa, el trabajo, la muerte, el sufrimiento (y, hablando cristianamente, el conocimiento...) contra los «deseos supremos»? Los negligentes conceptos cristianos de «beatitud», «inocencia», «inmortalidad»...

### 225

Falta el concepto excéntrico de la «santidad»: «Dios» y «hombre» no han sido separados. Falta el «milagro»: no existe en absoluto aquella esfera, la única que consideramos es la «espiritual» (es decir, la simbólico-psicológica). Como decadencia: hace juego con el «epicureísmo». El paraíso, según el concepto griego; el «jardín de Epicuro».

Falta la tarea en una vida tal: no quiere nada; una forma de los dioses «epicúreos»; falta toda clase para establecer todavía unos fines, tener hijos: todo se ha conseguido ya.

### 226

Despreciaban el cuerpo: no contaban con él; más aún, lo trataban como enemigo. Su petulancia era creer que se podía llevar un «alma hermosa» en un aborto de cadáver... Para hacer esto comprensible a los demás, necesitaban presentar de otra manera el concepto «alma hermosa», alterar los valores naturales hasta que se llegó a tomar un ser pálido, enfermizo, de una exaltación idiotizante, como perfección, como «angélico», como apoteosis, como hombre superior.

227

La ignorancia *in psychologicis*.—El cristiano no tiene sistema nervioso; el desprecio y el arbitrario intento de apartar la vista de las exigencias del cuerpo, del descubrimiento del cuerpo; la hipótesis, de que este es adecuado a la naturaleza superior del hombre, de que necesariamente beneficia al alma; la reducción sistemática de todos los sentimientos generales del cuerpo a valores morales; la enfermedad misma considerada como condicionamiento moral, en cierto modo como castigo o prueba y también como condición de la salud, por lo que el hombre se hará más perfecto de lo que podría ser estando sano (el concepto de Pascal), en determinadas circunstancias al ponerse enfermo voluntariamente.

228

¿De qué trata entonces esta lucha del «cristiano» contra la Naturaleza? ¡No nos dejaremos engañar por sus palabras y sus interpretaciones! Se trata de la Naturaleza contra algo que también es Naturaleza. En algunos es el miedo, en otros el asco, en otros una cierta espiritualidad, en otros el amor hacia un ideal sin carne y sin apetitos, en los más altos un «compendio de la Naturaleza» que ellos quieren igualar a sus ideales. Se comprende que la humildad en lugar del orgullo, la prudencia atemorizada ante los apetitos, el apartamiento de los deberes habituales (con lo cual se crea un sentimiento superior de rango), la excitación de una lucha constante por cosas monstruosas, la costumbre de la efusión del sentimiento; todo esto junto crea un tipo: en él predomina la excitabilidad de un cuerpo atormentado, pero el nerviosismo y su inspiración se interpretan de otra manera. El gusto de esta clase de naturaleza se dirige: 1) a las sutilezas; 2) a lo florido; 3) a los sentimientos extremos. Las inclinaciones naturales se satisfacen, sin embargo, pero bajo una nueva forma de interpretación, por ejemplo, como «justificación ante Dios», «sentimiento de salvación por la gracia» (¡todo sentimiento inexpresable de bienestar se interpreta de esta forma!), el orgullo, la voluptuosidad, etcétera. Problema general: ¿qué será del hombre que difama su naturaleza y que, prácticamente, la niega y la atrofia? En realidad, el cristiano aparece como una forma exagerada del dominio de sí mismo: para moderar sus instintos parece necesitar anularse o crucificarse.

### 229

El hombre no se conocía psicológicamente durante toda la cadena de siglos: hoy no se conoce tampoco. Saber, por ejemplo, que se tiene un sistema nervioso (pero no un «alma») sigue siendo todavía privilegio de los más instruidos. Pero el hombre no se contenta con no saber esto. Hay que ser muy humano para decir «esto no lo sé», para presumir de ignorancia.

Por supuesto, sufra o esté de buen humor, no duda que encontrará la razón siempre que la busque, por tanto, la busca... La verdad es que no encuentra la razón porque ni siquiera se molesta en pensar dónde debería buscarla... ¿Qué sucede?... Toma una serie de estados suyos como causa, por ejemplo, un trabajo empezado de buena gana (en el fondo, empezado porque el buen humor daba ánimos para ello) sale bien: *ecco*, el trabajo es la causa del buen humor... De hecho, lo conseguido estaba condicionado por lo mismo que condicionaba el buen humor: por la feliz coordinación de las fuerzas y sistemas psicológicos.

Se encuentra mal: y, en consecuencia, no se puede quitar de encima una preocupación, un escrúpulo, una autocrítica...

En realidad, el hombre cree que su estado desgraciado será consecuencia de su escrúpulo de su «pecado», de su «autocrítica»...

Pero el estado de restablecimiento, a menudo, tras un profundo agotamiento y postración, vuelve. «¿Cómo es posible que yo esté tan libre, tan despreocupado? Es un milagro; solo Dios puede ser la causa». Conclusión: «Dios ha perdonado mis pecados»...

De esto se extrae una consecuencia práctica: para excitar los sentimientos de pecado, para preparar la atrición, hay que situar al cuerpo en un estado enfermizo y neurótico. El método para ello es conocido. Cuán fácil resulta no sospechar de la lógica causal del hecho: si se tiene un significado religioso para la disciplina de la carne, aparece como fin en sí, mientras que es solo el medio para posibilitar esa morbosa indigestión del arrepentimiento (la *idée fixe* del pecado, la hipnotización de la gallina por la línea «pecado»).

Maltratando el cuerpo se prepara el terreno para la serie de «sentimientos de culpabilidad», es decir, un sufrimiento general que quiere ser explicado...

Por otra parte, resulta igual a esto el método de la «redención»: se provoca una disolución del sentimiento por medio de oraciones, movimientos, muecas, votos; en consecuencia, viene el agotamiento, a menudo de repente, a menudo bajo formas epilépticas. Y, tras un estado de profunda somnolencia, vuelve la apariencia de salud, o, expresado religiosamente, la «salvación».

## 230

Antiguamente, debido a que son ricos en aspectos inesperados, horribles, inexplicables e incalculables, estos estados y consecuencias del agotamiento fisiológico fueron tomados como más importantes que los estados saludables y sus consecuencias. Se les temía: se admitía un mundo superior. Se ha hecho responsables al sueño y a los sueños, a las sombras, a la noche, al miedo natural, de la aparición de tales mundos secundarios: ante todo habría que considerar de esta forma los síntomas del agotamiento psicológico. Las antiguas religiones imponían verdaderas disciplinas a los devotos encaminadas a alcanzar en estado de agotamiento necesario para llegar a experimentar tales cosas... Se creía haber entrado en un orden superior en el cual todo deja de ser conocido. La apariencia de un poder superior...

## 231

El sueño como consecuencia de ese agotamiento, el agotamiento como consecuencia de esa excitación desmedida...

La necesidad del sueño, la divinización e, incluso, la adoración del concepto «sueño», las hallamos en todas las religiones y filosofías pesimistas.

El agotamiento, en este caso un agotamiento de raza; el sueño, considerado psicológicamente, solo una necesidad de descanso más profundo y más largo... Prácticamente es la muerte la que actúa aquí de forma tan seductora bajo la imagen de su hermano el sueño...

## 232

Todo el ejercicio cristiano de la penitencia y la redención puede comprenderse como una *folie circulaire* creada arbitrariamente: fácilmente provocable solo en individuos ya predestinados, es decir, con predisposiciones morbosas.

## 233

*Contra el arrepentimiento y su tratamiento puramente psicológico.*—No estar a la altura de una experiencia es ya un signo de decadencia. Este volver a abrir viejas heridas, este mecerse en el autodesprecio y en la contrición constituye una enfermedad más, de la cual nunca podrá provenir la «salvación del alma», sino siempre única y exclusivamente una nueva forma de enfermedad de la misma...

Estos «estados de salvación» en los cristianos son simplemente cambios del mismo estado enfermizo, interpretaciones de crisis epilépticas, bajo fórmulas determinadas, dadas no por la ciencia, sino por la ilusión religiosa.

Se es bueno de una manera enferma cuando se está enfermo... Incluimos hoy la mayor parte del aparato psicológico con que ha trabajado el cristianismo entre las formas de la histeria y de la epilepsia.

Toda la práctica de la restauración del alma debe ser restablecida sobre bases psicológicas: el «remordimiento de conciencia», como tal es un impedimento para la cura; hay que intentar contrapesarlo con nuevos tratamientos, para huir, lo más rápidamente posible, de la debilidad de la autotortura... Se deberían desprestigiar las prácticas puramente psicológicas de la Iglesia y de las sectas... como peligrosas para la salud... No se cura a un enfermo con oraciones o conjurando a los malos espíritus: los estados de «tranquilidad» que aparecen bajo tales influencias están lejos de despertar la confianza en sentido psicológico.

Se está sano cuando se ríe uno de la seriedad y el ardor con que alguna singularidad de nuestra vida nos hipnotiza de esa forma, cuando en el remordimiento de conciencia se siente algo así como el mordisco de un perro contra una roca, cuando se avergüenza uno de su arrepentimiento.

La práctica utilizada hasta ahora, que era puramente psicológica y religiosa, pretendía solo un cambio de los síntomas: consideraba que un hombre estaba restablecido cuando se inclinaba ante la cruz y hacía votos de ser un hombre bueno... Pero un criminal que, con una cierta seriedad sombría, se aferra a su destino y no niega inmediatamente lo que ha hecho, posee más salud de alma... Los criminales con quienes vivía

Dostoyevski en la prisión eran absolutamente naturalezas inquebrantables. ¿No son cien veces más valiosos que un cristiano «doblegado»? (Recomiendo el tratamiento del remordimiento de conciencia con la cura de Mitchell...)

### 234

El remordimiento de conciencia: signo de que el carácter no está a la altura del hecho. Hay también remordimientos de conciencia por buenas obras: el que sean desacostumbradas es lo que las hace sobresalir del medio tradicional.

### 235

*Contra el arrepentimiento.*—Odio esa especie de cobardía por nuestros actos propios; no debemos tolerar en nosotros las punzadas súbitas, los embates de vergüenza y vejación. Sería mucho mejor sentir un orgullo extremo. Finalmente, ¡de qué sirven! Ningún acto desaparece porque se arrepienta quien lo hizo. Tampoco desaparece porque se «perdone» o se «expíe» Habría que ser teólogo para creer en un poder que borre la falta; nosotros los inmoralistas preferimos no creer en la «falta». Creemos que cualquier clase de acción es de valor idéntico en sus raíces; de la misma forma, las acciones que se vuelven contra nosotros, consideradas económicamente pueden ser acciones útiles y, generalmente, deseables. En algún caso particular reconoceremos que una acción pudiera haber sido fácilmente evitable, solo que las circunstancias nos predispusieron a realizarla. ¿Quién de nosotros no habría recorrido ya toda la escala del crimen si las circunstancias lo hubieran posibilitado?... Por ello, no debe decirse nunca: «Esto y esto no debieras haberlo hecho», sino siempre: «¡Qué extraño que no lo haya hecho ya cien veces!». En suma, hay muy pocas acciones que puedan llamarse típicas, que constituyan el verdadero resumen de una persona; y considerando qué poca personalidad tiene la mayoría, raramente se podrá caracterizar a un hombre por un acto aislado. Hay acciones circunstanciales puramente epidérmicas, acciones que son simples reflejos de una liberación, consecuencia de un estímulo; suceden mucho antes de que lo profundo de nuestro ser se vea afectado por ello, de que se haya preguntado por ello. Un enfado, un puñetazo, una navajada: ¡qué hay en ello de personal! La acción comporta, a menudo, una especie de anonadamiento, una cierta cohibición, de forma que el que la lleva a cabo queda como pasmado al recordarla y se siente simplemente como algo accesorio a ella. La perturbación mental, esa especie de hipnosis, tiene que ser combatida ante todo: un hecho aislado, sea el que sea, es, sin embargo, en comparación con todo lo que se hace, igual a cero y puede suprimirse sin que la operación matemática se altere con ello. El interés injusto que puede tener la sociedad en dirigir toda nuestra existencia en una sola dirección, como si su sentido estuviera en dedicarse a una acción única, no debería contaminar al mismo que ha llevado a cabo la acción, pero, desgraciadamente, sucede casi siempre así. Esto procede de que a toda acción con consecuencias desacostumbradas sigue una perturbación mental, independientemente, incluso, de que estas consecuencias sean buenas o malas. Imagínese a un enamorado que haya conseguido una promesa; a un poeta a quien aplaude el público de un teatro: no se diferencian en nada, en cuanto al *torpor intellectualis,* del anarquista a quien le van a registrar la casa.

Hay acciones indignas de nosotros, acciones que, consideradas como típicas, nos sumirían en la categoría de especie inferior. Por esto hay que evitar el error de considerarlas típicas. Hay también una clase contraria de acciones; de las que no somos dignos; excepciones surgidas de una especial plenitud de felicidad y salud, las olas más altas de la marea que una tempestad, un azar, han lanzado alguna vez a esa altura: de la misma forma, tales acciones y «obras» no son típicas tampoco. Nunca hay que medir a un artista por el alcance de sus obras.


### 236


A)   El cristianismo aparece todavía hoy como necesario, en la medida en que el hombre resulta inculto y ominioso...

B)   Visto desde otros ángulos, no solamente es innecesario, sino extremadamente dañino, pero atractivo y seductor, puesto que responde al carácter morboso de capas enteras, de tipos completos de la humanidad de hoy..., tipos que se manifiestan de acuerdo con sus tendencias, tales como la aspiración cristiana: decadentes de toda especie.

Debe distinguirse rigurosamente entre A y B. En el caso A, el cristianismo constituye un medicamento o, al menos, un freno (aun cuando eventualmente haga que enfermemos: lo cual puede resultar beneficioso para acabar con la crueldad y la brutalidad). En el caso B es un síntoma de la propia enfermedad, incrementa la decadencia; aquí actúa en contra de un sistema de tratamiento corroborante, aquí el instinto del enfermo va contra lo que es saludable.


### 237


El partido de los severos, de los dignos, de los meditabundos: y frente a estos, los incultivados, los sucios, los incalculables brutos —simple problema de domesticación—, a cuyo efecto el domador debe ser necesariamente duro, terrible y espantoso para sus bestias.

Todas las demandas fundamentales deben hacerse con una brutal claridad, es decir, desorbitándolas mil veces en tanto no se comprendan.

El cumplimiento mismo de estas demandas necesita ser absolutamente exagerado, de tal forma que llegue a producir respeto y temor, por ejemplo, la «incorruptibilidad» por parte de los brahmanes.

* * *

La lucha contra la *canaille* y el rebaño. Al conseguirse una cierta doma y ordenación, es absolutamente necesario ahondar terriblemente la sima entre estos purificados y renacidos y el resto.

Esta sima aumenta la propia estimación, la fe en lo que se representa, en las castas superiores: de aquí el chandala. El desprecio excesivo es psicológicamente correcto y debe ser exagerado al céntuplo para que se propague.

### 238

La lucha contra los instintos brutales es diferente que la lucha contra los instintos enfermizos; puede ser, incluso, un medio para dominar la brutalidad, para hacer enfermos. El tratamiento psicológico del cristianismo tiende normalmente a convertir una bestia en un ser enfermizo y, por consiguiente, un animal domesticado.

La lucha contra las naturalezas burdas e incultivadas necesariamente ha de hacerse con recursos apropiados que obren sobre ellos: los medios supersticiosos resultan para ello imprescindibles e irreemplazables.

### 239

Nuestro tiempo, en cierto sentido, está maduro (es decir, decadente) como lo estuvo la época de Buda... Por eso es viable un cristianismo sin dogmas absurdos (los más repugnantes abortos del antiguo hibridismo).

## 240

En el supuesto de que no fuera posible hallar una contra-prueba de la fe cristiana, Pascal dijo que, ante la horrible posibilidad de que fuera verdadera, era prudente hacerse cristiano. Hay que considerar como signos de que el cristianismo va perdiendo parte de sus efectos terroríficos a los intentos que se hacen para justificarlo, en el sentido de que, aunque fuese falso, los resultados de su falsedad han demostrado ser beneficiosos; se da a entender con ello que el cristianismo debe subsistir no por el miedo a una amenazadora posibilidad, sino por los beneficiosos efectos que produce, y, también, porque sin él la vida estaría terriblemente falta de estímulos. Este giro hedonístico, la demostración por el placer, es un síntoma de declive: sustituye a la demostración por la fuerza, y también a aquello que produce convulsión en la idea cristiana, el temor. Realmente, con esta interpretación el cristianismo está cerca del agotamiento: se conforma con un cristianismo narcotizante, debido a que ya no tiene fuerzas para buscar la lucha, ni para aventurarse, ni para desear quedarse solo, ni aun para el pascalismo, para ese estudiado autodesprecio, para esa creencia en la indignidad humana, para esa angustia del «tal vez nos condenemos». Mas un cristianismo que tiende ante todo a calmar los nervios enfermos no necesita para nada aquella horrenda consigna de un «Dios en la cruz»: en silencio el budismo ha progresado e influido por doquier en Europa.

## 241

El humor de la cultura europea: se tiene una cosa por verdadera, pero se hace lo contrario. ¡Y de qué sirve, por ejemplo, todo el arte de la lectura y de la crítica si la interpretación eclesiástica de la Biblia, tanto la protestante como la católica, hoy como ayer, se mantienen en pie!

## 242

No nos damos suficiente cuenta de la barbarie de algunos conceptos que todavía subsisten en nosotros los europeos. ¡Creer que la salvación del alma depende de un libro!... Y se me dice que aún hoy entre nosotros se cree eso... ¿De qué nos sirve toda la educación científica, toda la crítica y la hermenéutica, cuando semejante absurdo, la interpretación bíblica que mantiene la Iglesia, no hace que nos tiñamos de bochorno y vergüenza?

Da que pensar: hasta qué punto esa ominosa creencia en la providencia divina —esa creencia que entorpece la mano y la razón— todavía subsiste; hasta qué punto bajo las fórmulas «Naturaleza», «progreso», «perfeccionamiento», «darwinismo», bajo la superstición en una confusa correspondencia entre la felicidad y la virtud, entre el infortunio y la culpa, sobreviven aún las hipótesis y las interpretaciones cristianas. Esta confianza absurda en el curso de las cosas, en la «vida» en el «instinto vital», esa honrada resignación que cree suficiente que cualquiera cumpla con su obligación para que todo vaya bien, todo esto no tiene sentido mientras no aceptemos una dirección de las cosas *sub especie boni*. Aun el propio fatalismo, que es nuestra forma actual de sensibilidad filosófica, no es sino una consecuencia de esta larga fe en el orden divino, una consecuencia inconsciente: como si no dependiese de nosotros que todo siga igual (como si tuviéramos el deber de tolerar que todo discurra según su curso: siendo el individuo únicamente una forma de la realidad absoluta).

## 243

El colmo de la psicológica costumbre de mentir en el hombre es imaginar un ser como origen, como «en-sí», conforme con lo que, sin ir más lejos, según sus pequeñas normas, le parece bueno, sabio, poderoso, precioso, suprimiendo, de este modo, totalmente la causalidad, origen de toda bondad, toda sabiduría, todo poder, y del verdadero valor de estas. En suma, considerar elementos surgidos más tardíamente y de modo más condicional como existencia espontánea «en sí», elementos que, lejos de haberse formado lentamente, podrían ser, quizá, el origen de toda formación... Si consideramos empíricamente cada uno de los casos en los cuales un hombre sobrepasa la medida humana, veremos que cualquier grado superior de poder presupone la libertad frente a lo bueno y lo malo y también ante lo verdadero y lo falso y no puede atenerse a lo que la bondad exige; esto abarca igualmente a cualquier grado superior de sabiduría; la bondad es abandonada, así como la veracidad, la justicia, la virtud y todas las veleidosas valoraciones del pueblo. En definitiva, ¿no es notorio que incluso cualquier grado superior de bondad ya supone una cierta miopía y vulgaridad intelectuales y una enorme incapacidad para distinguir la distancia que media entre lo verdadero y lo falso, entre lo beneficioso y lo dañino? Y no digamos nada sobre las catastróficas consecuencias que acarrearía el hecho de que una bondad suprema tuviese en sus manos un alto grado de poder («la supresión del infortunio»). De hecho, basta con ver qué tendencias inspira el «Dios del amor» a sus creyentes: estos dejarían en camisa a la humanidad en favor de los «buenos». En la práctica, este mismo Dios se mostró, frente a la verdadera estructura del mundo, como un Dios de la mayor miopía, impotencia y sinuosidad: de donde se deduce el valor de su concepción.

El saber y la sabiduría no tienen ningún valor en sí, tampoco la bondad: es necesario conocer la meta según la cual estas cualidades adquieren valor o se desvalorizan. Podríamos suponer una meta en la cual un saber extremo apareciera como sin valor (por ejemplo, cuando la decepción extrema fuera uno de los supuestos del incremento vital; y, también, cuando la bondad entorpeciera y desanimase el impulso de los grandes deseos)...

Resulta evidente que, para nuestra vida humana, considerada tal cual es, toda la «verdad», toda la «bondad», «santidad» y «divinización», al estilo cristiano, han constituido hasta ahora grandes riesgos; aun hoy, la humanidad corre el peligro de perecer a causa de un ideal contrario a la vida.

244

Meditemos acerca de la merma que sufrirían todas las instituciones humanas, en el caso de que solamente en una divina y opuesta esfera superior pudieran ser sancionadas. La costumbre de ver su valor en tal sanción (por ejemplo, en el matrimonio) les quita su mérito natural, llegando en ocasiones, a negárselo... La Naturaleza ha sido juzgada desfavorablemente, en la medida en que se ha honrado a un Dios contranatural. «Naturaleza» quiso decir, de este modo, algo «despreciable», «malvado»...

La creencia ineludible en la realidad de las cualidades morales supremas como Dios: con eso se negaron todos los verdaderos valores, concibiéndolos sistemáticamente como falsos, como sin valor. De este modo se entronizó lo contranatural. Con una lógica inexorable se llegó a pretender la negación absoluta de la Naturaleza.

245

Aun colocando en primer plano la doctrina del altruismo y del amor, no ha conseguido el cristianismo elevar en absoluto el interés de la especie a un grado más alto que el interés individual. Su verdadero efecto histórico, efecto que puede considerarse fatal, fue, por el contrario, enaltecer el egoísmo, elevar al extremo el egoísmo personal (por ejemplo, hasta una inmortalidad personal). Mediante el cristianismo se concedió al individuo una importancia tal, un valor tan absoluto, que ya no podía este ser sacrificado: pero la especie solo subsiste con el sacrificio de los hombres... Ante Dios todas las «almas» son iguales: ¡pero esta es, precisamente, la más perniciosa de las posibles valoraciones! Si colocamos a los individuos al mismo nivel, dudamos con ello de la especie, y amparamos así una práctica que conduce a la ruina de esta: el cristianismo es el principio opuesto a la selección. En cuanto que el degenerado y el enfermo («el cristiano») deben tener el mismo valor que el sano («el pagano») o un valor mayor aún, si nos atenemos al juicio formulado por Pascal sobre la salud y la enfermedad; pero esto es oponerse al curso natural de la evolución, haciendo de la contranaturaleza una ley... En general, este amor por la humanidad supone, en la práctica, conceder ventajas a todo sufrimiento, a todo lo mal nacido, a toda degeneración; la efectividad de la fuerza, la responsabilidad, el deber supremo de sacrificar a los hombres han sido debilitados. Según el esquema de valoración cristiana, no quedaba ya más que el sacrificio de uno mismo, pero este resto de sacrificio humano que el cristianismo concedía y aconsejaba, desde el punto de vista general de la raza no tiene ningún sentido. Es indiferente para la prosperidad de la especie el que uno de sus miembros se autosacrifique (es este un procedimiento monacal y ascético, bueno únicamente para acabar en la hoguera y en los patíbulos como «mártir» del error por equivocación). Para detener la ruina de la especie es imprescindible que el malparado, el débil, el degenerado, perezcan: pero es a estos precisamente a los que el cristianismo, como fuerza conservadora, protege, aumentando así, todavía más, la potencia de ese instinto de los débiles para cuidarse, para mantenerse, para sostenerse mutuamente. ¿Qué son la «virtud» y «filantropía» cristianas sino ese mutuo mantenimiento, esa solidaridad de los débiles, ese impedimento a la selección? ¿Qué es el altruismo cristiano sino el egoísmo masivo de los débiles que adivina que ayudándose unos a otros cada uno podría conservarse durante mucho más tiempo?... Quien no considere tal modo de pensar como una inmoralidad extrema, como un delito contra la vida, pasará a formar parte de esa pandilla de enfermos y adquirirá sus mismos instintos... El verdadero altruismo exige el sacrificio por el mejoramiento de la especie; es duro, requiere vencerse a sí mismo, puesto que acostumbra a sacrificar vidas humanas. Y esta seudohumanidad fervorosa que es el cristianismo quiere precisamente lograr que nadie sea sacrificado.

### 246

Nada más beneficioso ni más digno de ser activado que un consecuente *nihilismo de la acción*. Así como comprendo todos los fenómenos del cristianismo y del nihilismo, así mismo expreso: «Estamos maduros para no ser, resulta sensato para nosotros no ser». Este lenguaje de la «razón» sería en este caso el lenguaje de la Naturaleza selectiva.

Lo que, por encima de toda idea, resulta, en cambio, injuzgable es la cobarde ambigüedad e insuficiencia de una religión como la cristiana, o, más claramente, de la Iglesia, que en lugar de estimular la muerte y la autodestrucción, protege a todos los mal nacidos y enfermos y fomenta su reproducción.

Problema: ¿qué medios habría que usar para conseguir una forma severa del gran nihilismo contagioso, una forma estricta que, con científica minuciosidad enseñase e impusiera la muerte voluntaria (y que no permitiese vegetar demasiado a los débiles en la idea de una falsa existencia posterior)?

No podríamos reprochar suficientemente al cristianismo el haber despreciado, por la idea de la inmortalidad personal, del valor de un movimiento purificador y grande como el nihilista, e, igualmente, por haber fomentado la esperanza de la resurrección; en una palabra, por haber impedido siempre el acto del nihilismo, el suicidio... Él lo sustituyó por el suicidio lento, gradual: una vida pequeña, infeliz, aunque duradera; una vida enteramente vulgar, burguesa, mediocre, etcétera.

247

*La charlatanería moral del cristianismo.*—La compasión y el desprecio se suceden en una rápida variación, y yo me siento a veces tan indignado como ante un crimen indigno. Aquí el error se ha convertido en deber —en virtud—, la equivocación en sostén; el instinto de aniquilación es sistematizado como «redención»; aquí cualquier operación se convierte en herida, en una extirpación de los mismos órganos cuya energía supone el retorno de la salud. Y, en el mejor de los casos, no se cura nada, no se hace más que transformar una serie de síntomas de un mal en otro... Y este peligroso disparate, este sistema de violación y de castración de la vida, es considerado como santo, como intangible; vivir a su servicio, ser el autómata de esta terapéutica, ser sacerdote, debe elevar, puede hacernos venerables, santos y propiamente inviolables. Solo la divinidad puede ser autora de esta suprema terapéutica: solo como revelación es comprensible la «salvación», como un acto de gracia, como un regalo inmerecido donado a la criatura.

Primer teorema: la salud del alma será considerada como enfermedad con desconfianza.

Segundo teorema: los supuestos para una vida vigorosa y floreciente, las pasiones y deseos violentos, se admitirán como objeciones hacia una vida vigorosa y floreciente.

Tercer teorema: todo lo que amenaza al hombre con un peligro, todo lo que puede dominarle y destruirlo es malo, recusable: es preciso desenraizarlo de su alma.

Cuarto teorema: el hombre a quien se ha hecho inofensivo para sí mismo y para los demás, a quien se ha hundido en la humildad y en la modestia, el hombre consciente de su debilidad, el «pecador», ese es el tipo deseable; el que, con una cierta cirugía del alma, se puede producir...

248

¿A cambio de qué protesto yo? De que, en modo alguno, esa pequeña mediocridad, ese equilibrio de un alma que no es capaz de conocer los grandes estímulos, de promover grandes acontecimientos, sea considerada como algo supremo, y, más aún, como medida del hombre.

Bacon de Verulam dijo: «Infimarum virtutum apud vulgus laus est, mediarum admiratio, supremarum sensus nullus». Pero el cristianismo, como religión, pertenece al *vulgus:* para él la máxima virtud de la especie no tiene sentido alguno.

Veamos al «cristiano auténtico», incoar, aun así, contra lo que contraría a sus instintos: ensucia y hace sospechosa la belleza, el esplendor, la riqueza, el orgullo, la propia estimación, el conocimiento, el poder, en suma, la totalidad de la cultura: su idea consiste en quitar a todo esto la buena conciencia.

249

Hasta ahora se denunció al cristianismo de un modo falso y encubierto. Mientras no se considere a la moral cristiana como un delito capital contra la vida se seguirá haciendo el juego a sus defensores. La simple cuestión acerca de la «verdad» del cristianismo —sea en lo concerniente a la existencia de su Dios o a lo que puede haber de histórico en la creación de sus mitos, por no hablar de la Astronomía y de las Ciencias Naturales cristianas— es un asunto enteramente accesorio, mientras que no se roza siquiera el tema del dudoso valor de la moral cristiana. ¿Vale algo la moral cristiana o, por el contrario, es infamante y vil a pesar de toda la santidad de sus artes de seducción? Para eludir el problema de la verdad existen subterfugios de todo género; y, en último caso, los creyentes saben servirse de la lógica de los incrédulos para crear un derecho según el cual pueden afirmar ciertas cosas como irrefutables, es decir, como más allá de todos los medios de impugnación (esta estratagema se conoce hoy con el nombre de «cristianismo kantiano»).

## 250

Jamás deberá perdonarse al cristianismo el haber arruinado a hombres como Pascal. Jamás deberá dejarse de condenar abiertamente en el cristianismo ese terco propósito de quebrantar las almas más fuertes y nobles. Jamás deberemos conceder paz antes de haber aniquilado totalmente lo siguiente: el ideal del nombre ideado por el cristianismo, las pretensiones sobre el hombre, sus negaciones y sus afirmaciones con respecto al hombre. Todo el resto absurdo de las fábulas cristianas, esa tela de araña de sus ideas y de su teología no nos importa nada, y si fueran mil veces más absurdas todavía no moveríamos un solo dedo contra ellas. Pero nosotros combatimos ese ideal, que con su enfermiza belleza y su seducción femenina, con su secreta elocuencia calumniadora, persuade a todas las cobardías, a todas las vanidades de las almas cansadas —y las fuertes tienen horas de cansancio— como si todo en semejantes situaciones pudiera parecer más conveniente y deseable: la confianza, la candidez, la modestia, la tolerancia, el amor a sus semejantes, la conformidad, la sumisión a Dios, una especie de liberación y dimisión completa del yo, como si también todo esto en sí mismo fuera deseable; como si la pequeña humildad monstruosa del alma, el virtuoso promedio, la oveja del rebaño humano, pudiera tener no solamente supremacía sobre la clase de hombre más fuerte, más enojada, más exigente, más obstinada, más despilfarradora y, por eso mismo, cien veces más arriesgada, sino que también pudiera ofrecer al hombre el ideal, la meta, la medida, y, en resumidas cuentas, todo lo que constituye sus más legítimas aspiraciones. El establecimiento de tal ideal fue hasta ahora la más siniestra tentación hecha patente en el hombre: pues amenaza la excepción más potente, más emprendedora y acertada de hombre, en la cual la voluntad de poder y de progreso de todo tipo humano avanzan; también impide el desarrollo de muchos hombres que se dejan comprar fácilmente sin considerar que junto a sus exigencias y tareas superiores aceptan a sí mismos voluntariamente una vida perniciosa. (Depresión en economía: progresión de los costos de empresa y de las improbabilidades del éxito.) ¿Qué es lo que nosotros impugnamos en el cristianismo? Que quiera disfrazar a los fuertes, que los desanime, que se aproveche de sus momentos difíciles y de su fatiga; que transforme la orgullosa seguridad de estos en inquietud y en estrechez de conciencia; que intente hacer venenosos y enfermos sus instintos nobles hasta que su fuerza, su voluntad de poder retroceda, se vuelva contra ellos mismos, hasta que los fuertes perezcan por un excesivo autodesprecio y por las ofensas que a sí mismos se infieran: esa horrible forma de consumirse de la cual Pascal es el más afamado ejemplo.

II

ORIGEN DE LAS VALORACIONES MORALES

251

Deseo discurrir sobre la moral evitando caer bajo su influjo, prevenidos contra la atracción de sus bellos gestos y miradas. Un mundo en cierta medida venerable, apropiado a nuestros instintos reverenciales, que, al parecer, continuamos teniendo, por la dirección de los individuos y de los grupos; se trata de la concepción cristiana, de la que todos procedemos.

Por aumento de la perspicacia, de la confianza, del sentido científico (y por un afán de veracidad más total, es decir, por virtudes anticristianas), esta interpretación se nos ha puesto cada vez más difícil.

Un expediente más ingenioso: el criticismo kantiano. La inteligencia se niega a sí misma el derecho, tanto para la interpretación en aquel sentido como para la renuncia a la interpretación del mismo sentido. Se resigna a un aumento de confianza y de fe, renunciando a toda demostrabilidad de esta última, con llenar este vacío con un «ideal» (Dios) ininteligible y superior. El expediente hegeliano, vinculado a Platón, aparte un fondo romántico y de reacción es, a la vez, el síntoma del sentido histórico, una nueva fuerza: el «espíritu» es el ideal «que se va descubriendo y realizando»; en el proceso, en el devenir, se pone de manifiesto constantemente el crecimiento de semejante ideal, en el cual creemos; de tal forma, el ideal se realiza, la fe se dirige al porvenir, en el cual puede adorar su más alta necesidad. Resumiendo:

1) Dios resulta para nosotros incognoscible e indemostrable (sentido interior del movimiento de la teoría del conocimiento).

2) Dios es demostrable, pero algo que llega a ser, entrando nosotros en él como consecuencia de nuestra urgencia de ideal (fondo del movimiento histórico).

Según puede observarse, la crítica no va jamás dirigida contra el ideal mismo, sino contra el problema de averiguar la procedencia de la contradicción contra el mismo; o lo que es lo mismo: por qué aún no se ha alcanzado o de por qué no es demostrable.

Existe una diferencia considerable entre sentir esta necesidad como necesidad en función de la pasión o como un problema de pensamiento.

Independientemente de toda consideración filosófico-religiosa, nos situamos ante el mismo fenómeno: el utilitarismo (socialismo, democracia) censura el origen de las valoraciones morales, pero, sin embargo, cree en ellas, como el cristiano. (¡Qué ingenuidad, como si la moral fuera posible cuando no existe un Dios que la sancione!) El más allá totalmente indispensable cuando se quiere mantener con sinceridad suficiente la fe en la moral.

Problema básico: ¿De dónde arranca esta omnipotencia de la fe? ¿De la fe en la moral? (Teniendo en cuenta que la moral también ignora que las mismas condiciones fundamentales de la vida han sido interpretadas falsamente en su favor, a pesar del conocimiento del mundo animal y vegetal. La «autoconservación»: horizonte darwinista de reconciliación de los principios egoístas y altruistas.)

252

El problema del origen de nuestras valoraciones morales y de nuestras tablas de valores no coincide exactamente con su crítica, como se ha creído muchas veces, si bien es cierto que la penetración en un «pudenda origo» produce en consecuencia para el sentimiento un descrédito de la cosa originada y organiza contra la misma una disposición de ánimo y una actitud críticas.

¿Qué valor merecen nuestras valoraciones morales, nuestras tablas de bienes? ¿Qué es lo que en realidad ganamos con su sostenimiento? ¿Quién lo gana? ¿En relación a qué? La respuesta no puede ser otra que: la vida. Ahora bien, ¿qué es la vida? Convirtiéndose en algo muy urgente, un joven y más exacto concepto de la vida. Mi fórmula se resume en estas palabras: la vida es voluntad de poder.

¿Qué es en definitiva una valoración moral en sí...? ¿Hace referencia a otro mundo, a un mundo metafísico (según creía el mismo Kant), que precede al gran movimiento histórico? En definitiva: ¿dónde nació? ¿O es que no nació? Respuesta: la valoración moral es una interpretación, una explicación en definitiva. La explicación misma ya resulta un síntoma de un determinado estado fisiológico y, por otra parte, de un deter-

minado nivel de los juicios dominantes: ¿quién interpreta?
Nuestros afectos.


### 253

Se conviene que todas las virtudes son estados fisiológicos:
sobre todo las principales funciones orgánicas como necesarias, como bien sentidas. Todas las virtudes son realmente pasiones refinadas y de manera indudable estados de exaltación.

La compasión y el amor a la humanidad deben interpretarse
como una evolución del instinto genésico. La justicia como
una evolución de la venganza. La virtud como juego de resistencia, como voluntad de poder en suma. El honor, además,
como reconocimiento de lo semejante y de lo equivalente.


### 254

Comprendo, cuando digo moral, un sistema de valoraciones que se relacionan con las condiciones de vida de un ser.


### 255

De toda moral, ha solido decirse siempre: «Hay que co-
nocerla en sus frutos». De toda moral digo yo: «Es un fruto
por el cual conozco el terreno donde crece».


### 256

Mi afán de interpretar los juicios morales como síntomas
y signos de expresión en los que se revelan procesos fisiológicos, así como la conciencia de condiciones de conservación o crecimiento, una forma de interpretación de valores

de astrología, de prejuicios (de razas, tribus, de distintos grados, como juventud o decrepitud, etc.).

Con aplicación a la moral cristiana europea especialmente: la mayoría de nuestros juicios morales son síntomas de decadencia, de falta de fe en la vida, una preparación para el pesimismo.

Mi principal afirmación: No existen fenómenos morales, sino meras interpretaciones morales de esos fenómenos. Esta misma interpretación resulta de origen extramoral.

¿Qué supone el hecho de haber interpretado una contradicción en la existencia? Estimo de importancia decisiva que tras cualquier valoración aparecen, predominando, aquellas interpretaciones morales. ¿Cómo mediríamos en el caso de que estas faltaran? ¿Qué valor tendría entonces el conocimiento, etc.?

257

En toda valoración hay implícita una determinada perspectiva: conservación del individuo, del grupo, de la raza, del Estado, de una Iglesia, de una fe, de una cultura. En virtud del «olvido» que nos proporciona una valoración de nueva perspectiva, contradictoria, y, por consiguiente, de impulsos contradictorios en el hombre. Se trata de la expresión de la enfermedad en el hombre, por el contrario de los animales, en los que cada instinto encuentra su satisfacción inmediata.

Sin embargo, este ser lleno de contradicciones tiene en su fondo un gran método de conocimiento: siente mucho Pro y Contra, se eleva a la justicia, a la compensación de la estimación por encima del bien y del mal.

El hombre más sabio sería el más rico en contradicciones, el que, por decirlo así, tuviera órganos táctiles para toda clase de hombre; y también sus grandes momentos de inmensa armonía, el gran caso también en nosotros. Algo así como un movimiento planetario.

## 258

Es evidente que «querer» equivale a querer alcanzar fines. El «fin», supone una valoración. ¿De dónde provienen las valoraciones? Su fundamento no es algo fijo respecto a lo «placentero y doloroso».

Son muchos los casos en que hacemos que un objeto se convierta en algo doloroso en virtud de una previa valoración.

Perímetro de las valoraciones morales: en casi todas ellas juegan las impresiones de los sentidos. Por ellas coloreamos el mundo.

Nosotros marcamos los fines y los valores. Poseemos dentro de nosotros una tremenda fuerza de medición latente; pero en la comparación de los valores se nos revelan valores contradictorios, muchas tablas de valores (por consiguiente, nada con valor en sí).

En el análisis de cada tabla de valores suelen reservársenos estos como condiciones de existencia de grupos limitados (y a menudo erróneos): para la conservación.

Al considerar el hombre actual se pone de manifiesto que existen muy diversos juicios de valor, que ninguna fuerza creadora existe en ellos últimamente como fundamento: «la condición de la existencia» falta hoy en el juicio moral. Es mucho más superfluo, nunca ha sido tan doloroso. Es arbitrario. Tiende al caos.

¿Quién crea el fin que preside la humanidad y está sobre el individuo? Antes, so pretexto moral, se quería conservar; ahora nadie quiere ya hacerlo porque no hay nada que conservar probablemente. Así pues, una moral que busca un fin.

## 259

¿Cuál es el criterio de la acción moral? 1) su desinterés; 2) su universalidad, etc. Pero esta es ética de gabinete. Hay que estudiar a los pueblos, cuál es en cada caso el criterio y qué es lo que se expresa con él: una creencia, «tal pregunta responde a nuestras condiciones de existencia». Inmoral, en resumen, significa «lo que conduce a la ruina». Todas esas comunidades en que han sido encontradas estas afirmaciones han perecido; algunas de estas proposiciones han sido subrayadas de nuevo, porque cada comunidad que se establece vuelve a hacerlas necesarias, por ejemplo: «no robarás». En momentos en que el sentimiento de la comunidad no podía ser exigido (por ejemplo, en el «imperium romanum») lo que se intentaba era la «salvación del alma», utilizando el lenguaje religioso; o la «maximación de la dicha», hablando en términos filosóficos. Porque incluso los filósofos moralistas griegos nada más sentían con su πόλις.

### 260

*La necesidad de los falsos valores.*—Resulta absurdo impugnar un juicio impugnando su condicionalidad: la necesidad de esta manera no queda abolida. Los falsos valores no se desarraigan con razonamientos, como una óptica curvilínea de los ojos de un enfermo. Debe comprenderse la necesidad de su existencia contingente; son efectos de causas que nada tienen que ver con las razones.

### 261

El nuevo y principal tema, a mi juicio, es ver y mostrar el problema de la moral. Por mi parte niego que semejante cosa se haya hecho en la filosofía moral hasta hoy.

### 262

¡Cuán falsamente ha estado engañada la humanidad por lo que se refiere al hecho fundamental de su vida interior!

¡Tener los ojos cerrados a todo, tener boca y también cerrar la boca!

### 263

Se echa de menos la ciencia y la conciencia de las vicisitudes del juicio moral y sobre el hecho de que ya varias veces lo «bueno» y «lo malo» haya sido rebautizado. Con la expresión «moralidad de la moral» he hecho referencia por mi parte a uno de estos desplazamientos. También la conciencia ha renovado sus esferas: hubo un remordimiento de conciencia del rebaño.

### 264

A.   La moral obra de la inmoralidad:

1)   Para que los valores morales triunfen deben colaborar muchas fuerzas y pasiones inmorales.

2)   La creación de valores morales es, en definitiva, consecuencia de sentimientos y consideraciones inmorales.

B.   Estimación de la moral como obra del error.

C.   La moral en contradicción progresiva consigo misma.

*Recompensa:* Veracidad, duda, εποχη, juicio.
Inmoralidad de la fe en la moral.
Las etapas.

1)   Dominio absoluto de la moral: todos los fenómenos biológicos medidos y regulados por ella.

2)   Tentativa de identificación de la vida y la moral (sistema de un escepticismo creciente: la moral no debe ser ya sentida como contraste: varios medios y un camino trascendente).

3)   Oposición de la vida a la moral: la moral juzgada y condenada por la vida.

D.  En qué medida es perjudicial para la vida la moral.

*a)*  Al goce de la vida, a la gratitud de la vida, etc.
*b)*  Al embellecimiento, al ennoblecimiento de la vida.
*c)*  Al conocimiento de la vida.
*d)*  Al desarrollo de la vida, en cuanto pretende divorciar de ella los más altos fenómenos de la vida.

E.  Contrapartida: su utilidad para la vida.

1)  La moral como principio de conservación de los más grandes conjuntos como limitación de sus miembros: «el instrumento».

2)  La moral como principio de conservación en relación con el peligro interior del hombre por las pasiones: «la moderación».

3)  La moral como principio contrario de la terrible explosión de los poderosos: el «miserable».


### 265

Conviene tomar en un sentido burgués determinado y estricto los conceptos justo e injusto, como «obra rectamente y no temas a nadie»: esto por lo que se refiere a un determinado esquema global, en cuyo seno una comunidad desarrolla sus deberes morales.

No hay que pensar con desprecio en aquello que durante veinte siglos disciplinó en lo moral nuestro espíritu.


### 266

No deben confundirse dos tipos de moral: una moral con la que se defienden los instintos sanos contra la decadencia creciente, y otra con la cual esta decadencia se formula, se justifica y avanza.

La primera suele ser estoica, dura, tiránica (ya que el escepticismo por sí tenía algo de camisa de fuerza moral); la otra, fanática, sentimental, misteriosa, que tiene de parte a las mujeres y a los «buenos sentimientos» (el primer cristianismo resultó en este sentido moral).

## 267

Veamos el moralismo como fenómeno puesto en evidencia. Y también como enigma. Porque el fenómeno moral nos ha preocupado como enigma. Hoy sabría yo dar una respuesta: ¿Qué representa que para mí el bien ajeno deba tener más valor que el mío propio? Pero el prójimo debe estimar el valor de su bienestar de otra manera que yo, es decir, debe subordinar mi bien al suyo. ¿Qué significa el «tú debes», que los mismos filósofos consideran como «dado»?

La idea, en primera instancia desconcertante, de que el individuo debe tener en más la acción que realiza con su prójimo que la que realiza consigo mismo, y que este otro, a su vez, debe hacer lo mismo, etc. (que las acciones se deben llamar buenas cuando al realizarlas solo pensamos en el bien del prójimo en vez de en nosotros mismos), tiene un sentido: es, en efecto, el instinto del sentimiento de la comunidad, basado en el criterio de que el individuo vale poco por sí mismo, y que vale mucho en unión con los demás, admitiendo que los individuos formen una comunidad con sentimiento y conciencia común. Es decir, que estamos ante una especie de ejercicio de la mirada en una misma dirección, o de la voluntad de una óptica con la cual tratase de hacer imposible el mirarse a sí mismo.

¡Mi idea es que faltan los fines y que estos tienen que ser individuales! En el criterio de la tendencia general, cada individuo es sacrificado y sirve de instrumento. Id por las calles y encontraréis puros «esclavos». ¿Dónde van? ¿Qué quieren?

## 268

¿Cómo puede haber alguien que solo se respete con referencia a valores morales, alguien que todo lo subordine y tenga en menos el Bien y el Mal, perfección, salud del alma, etc.? Válganos de ejemplo: Enrique Federico Amiel. ¿Qué significa la idiosincrasia moral?, me pregunto sociológicamente y también fisiológicamente; por ejemplo, Pascal. Por tanto, en casos que se dan otras cualidades superiores, y aun en el caso de Schopenhauer, que sin duda alguna estimaba, no solo lo que no tenía, sino lo que no podía tener... ¿o se tratará de una mera interpretación moral, por hábito, de estados positivos de dolor y desplacer? ¿No se tratará de una determinada clase de «sensibilidad» que no comprende la causa de sus múltiples sentimientos de malestar, creyendo explicarlos con hipótesis morales? ¿Es posible que hasta un ocasional bienestar y sentimiento de vigor aparezca iluminado bajo la óptica de la «buena conciencia», de la proximidad de Dios, de la conciencia de la Redención? Por tanto, el que posee una idiosincrasia moral tiene su propio valor: 1) Ya en la aproximación al tipo moral de virtud: es «hombre honrado», «hombre justo»; estado medio de alta consideración: mediocre en sus capacidades, pero en todas sus aspiraciones honrado, concienzudo, firme, estimado, probado; 2) Ya sea que crea poseer este valor porque no sabe interpretar de otra manera todos sus estados: se desconoce a sí mismo y se interpreta de este modo. La moral es, en definitiva, ¿el único esquema interpretativo frente al cual el hombre puede soportarse a sí mismo, que se convierte en algo así como un orgullo?

## 269

*El predominio de los valores morales.*—Como consecuencia de este predominio, nos encontramos con la corrupción de este predominio, nos encontramos con la corrupción de la psicología, etc., con la fatalidad que por todas partes va aneja a ella. ¿Qué significa por tanto este predominio? ¿De qué es indicio?

De una afirmación o de una negación más imperiosa en el propio terreno. Se han utilizado todas las formas de imperativo para hacer aparecer los valores morales como determinados: han sido ordenados durante el más largo periodo de tiempo: parecen instintivamente ser mandatos interiores... Las condiciones de la subsistencia de la sociedad quedan expresadas por el hecho de que los valores morales son considerados como indiscutibles. La práctica, es decir, la utilidad que se deriva de entenderse recíprocamente con motivo de los valores superiores, se convierte en una especie de sanción. Vemos así utilizados todos los medios por los que la reflexión y la crítica pueden ser paralizadas en este terreno: recordemos que así es todavía la actitud de Kant, dejando aparte los que estiman inmoral querer hacer «investigaciones» en este terreno.

## 270

En realidad, mi propósito es demostrar la absoluta homogeneidad en todos los hechos y la aplicación de las diferenciaciones morales condicionadas por la perspectiva; demostrar que todo aquello que es alabado desde el punto de vista moral es esencialmente de la misma naturaleza que lo inmoral, y que toda evolución moral se ha conseguido por medios inmorales y con fines inmorales; y que, a la inversa, todo lo que ha sido considerado como inmoral, desde el punto de vista económico, es lo superior y lo principal, y la que una evolución orientada hacia una mayor plenitud de vida se condiciona fatalmente por el proceso de la inmoralidad. La verdad es el grado en que nosotros nos permitimos el examen de estos hechos.

## 271

En último término, *no hay que precipitarse: se necesita mucha moralidad para ser inmoral de esta manera tan pura,* como se desprende de la comparación siguiente.

Un fisiólogo interesado por una enfermedad, y un enfermo que quiere ser curado por él, no responden a los mismos intereses. Supongamos que dicha enfermedad es la moral —puesto que realmente es una enfermedad— y que los europeos somos los enfermos: ¡qué tormentos y qué dificultades no se originarían si nosotros, los europeos, fuésemos a la vez curiosos observadores y fisiólogos! ¿Llegaremos a desear con toda el alma vernos libres de la moral, descontada la cuestión de si podríamos, de si podremos ser cuidados?

## 272

*La moral como voluntad de poder.*—Rasgo común en la historia de la moral, desde Sócrates, es la tentativa realizada para llevar los valores morales a la hegemonía sobre todos los demás valores, de forma que sean no solo guías y jueces de la vida, sino también guías y jueces: 1) del conocimiento; 2) de las artes; 3) de las aspiraciones políticas y sociales. «Llegar a ser mejor», considerado como única tarea, y no siendo lo demás más que un medio para semejante fin (o perturbación, dificultad, peligro: debiendo, por consiguiente, combatirse hasta la destrucción...). Hay un momento semejante en China. También lo hay en la India.

¿Qué significación puede dársele, por parte de los valores morales, a esa voluntad de poder que se ha desarrollado basta ahora en la tierra en las grandes evoluciones?

Tres potencias se ocultan tras ella: 1) el instinto de rebaño esgrimido contra los fuertes e independientes; 2) el instinto de los que sufren y de los desheredados contra los felices; 3) el instinto de los mediocres contra los privilegiados. Este movimiento cuenta con enormes ventajas, cualquiera que sea la dosis de crueldad, falsedad y espíritu limitado de que ha dado muestras (dado que la historia de la lucha de la moral con los instintos fundamentales de la vida es la mayor inmoralidad que ha habido hasta ahora sobre la tierra...).

### 273

Lo más difícil quizá sea descubrir un problema en lo que constituye nuestra vida y nuestros hábitos: el ojo no está preparado para ello: y esto es lo que a mí me parece que sucede con la moral.

El problema «cada hombre objeto de otro», que en sí mismo no es nada, se presta a las mayores supercherías.

El problema «tú debes», inclinación que no sabe fundamentarse y que se parece a lo que ocurre con el instinto sexual, no debe caer bajo la sanción de los instintos. Por el contrario, debe ser su ley y su juez...

El problema de la «igualdad», no debe hacernos olvidar que todos nosotros tratamos por encima de todo de distinguirnos: aquí precisamente debemos, por el contrario, poner nuestras exigencias como los demás. La cosa no puede resultar más absurda, más sorprendente, más disparatada; pero es sentida como sagrado, como superior en rango, la contradicción racional que aquí apenas se advierte.

El sacrificio y la abnegación como objetivos importantes, la obediencia absoluta a la moral y la creencia en la igualdad de todos ante la misma.

La negligencia y el abandono del bienestar y de la vida como cosas excelentes, la perfecta renuncia a la valoración propia, el riguroso anhelo de ver renunciar a todos a lo mismo. «El valor de las acciones está determinado: cada individuo se encuentra sometido a esta valoración».

Supongamos que habla una autoridad; ¿quién habla? Hay que comprender al orgullo humano buscando a esta autoridad lo más alto posible, para encontrarse menos humillado. Por tanto: ¡habla Dios!

Necesitamos a Dios como sanción absoluta que no admite apelación, como un «imperativo categórico»; y, mientras se creyó en la razón, en su autoridad, se necesitó una entidad metafísica que logificase el problema.

Suponiendo de nuevo que existe la fe en Dios, preguntamos de nuevo: «¿Quién habla?». Mi respuesta deriva de la metafísica, que no de la fisiología animal: habla el instinto de rebaño. Quiere el señorío, y en consecuencia dice:

«¡Tú debes!»; quiere que el individuo no tenga otro valor que su relación con el todo, en provecho del todo; odia la independencia individual: vuelve el odio de todos los individuos contra sí.

274

Toda la moral europea se levanta y fundamenta sobre la moral del rebaño; la fatalidad de todos los hombres grandes y raros consiste en que todo lo que los hace destacar los hace blancos de la difamación y la calumnia. Precisamente el vigor del hombre actual es la causa del pesimismo: los mediocres son alegres, como le ocurre al rebaño, carente de conciencia y preocupaciones morales. (Para el pesimismo de los fuertes: Pascal, Schopenhauer.)

Cuanto más peligrosa parece una cualidad del rebaño, tanto más se la aprecia.

275

*Moral de la veracidad en el rebaño.*—«Debes ser fácil de comprender, debes transparentarte interiormente por señales claras y constantes; de no ser así, se te considerará peligroso, y si eres malo, ten presente que la facultad de disimulo es lo peor para el rebaño. Nosotros despreciamos lo misterioso, lo encubierto. Por tanto, debes tenerte tú mismo por cognoscible, sin procurar ocultarte, ni creer en tu transformación.» Así, el imperativo de la veracidad presupone la cognoscibilidad y la permanencia de la persona. En honor a la verdad, resulta problema de la educación el infundir a los miembros del rebaño una precisa creencia sobre la naturaleza del hombre: crea primero semejante fe; luego, preocúpate por la «veracidad».

### 276

«Inter pares», dentro del rebaño de cada comunidad, tiene absoluto sentido la sobrestimación de la veracidad. No dejarse engañar y, por consiguiente, no engalanarse como persona moral: ¡recíproca obligación entre iguales! Por lo que se refiere a lo externo, el peligro y la prudencia obligan a ponernos en guardia contra el engaño y, como condición previa, también en lo interior. La desconfianza como fuente de la veracidad.

### 277

*«Para la crítica de las virtudes del rebaño.*—La «inertia» es activa: 1) en la confianza, porque la desconfianza requiere la tensión, la observación, la reflexión; 2) en la veneración, donde el espacio que separa del poder es grande y la sumisión obligada; para no temer, se trata de amar, de venerar y de interpretar las diferencias de poder, por las diferencias de valor, de manera que las relaciones ya no sublevan; 3) en el sentido de la verdad, ¿qué es lo verdadero? Se nos da una explicación que exige un mínimo de esfuerzo intelectual; además, la mentira obliga a una tensión; 4) en la simpatía; situarse a igual nivel, tratar de experimentar el mismo sentimiento, aceptar un sentimiento que ya existía —¡qué alivio!— es algo pasivo frente a la actividad que se garantiza y utiliza constantemente los

derechos más propios de la evaluación: esta actividad no permite reposo; 5) en la imparcialidad y frialdad del juicio: se teme el esfuerzo de la pasión y se prefiere situarse aparte, permanecer objetivo; 6) en la lealtad; preferimos obedecer una ley existente a crearse otra, imponerse a sí propio y a los demás el temor del mando: mejor someterse que reaccionar; 7) en la tolerancia: el temor a ejercer el derecho de juzgar.

### 278

El instinto del rebaño valoriza el centro y el medio como lo que hay de más alto y más precioso: el lugar en que radica la mayoría, la forma cómo se encuentra allí. En consecuencia, tal instinto se opone a toda jerarquía que suponga una elevación, al mismo tiempo, como un abandono del mayor número, para descender a las minorías. El rebaño significa la excepción, tanto la que se encuentra por debajo como por encima de él, como algo que toma respecto de él una actitud hostil y peligrosa. Su artificio, relacionado con la excepción de arriba, los hombres más fuertes, más poderosos, más sabios, más fecundos, es decidirlos al papel de guardianes, de pastores, de conductores, lo que los convierte en sus primeros servidores: ha transformado de esta forma el peligro en beneficio. En el centro el temor cesa: allí no se está solo con nadie ni con nada; allí hay igualdad; allí no se siente como un reproche de su propia existencia, sino como la existencia verdadera; allí reina el contento. La desconfianza se ejerce con respecto a las excepciones; ser una excepción es algo que se supone como falta.

### 279

«Si partiendo del instinto de comunidad imponemos preceptos y prohibimos algunos actos, no nos prohibimos si poseemos alguna razón, una manera de ser, un sentimiento, sino solamente cierta corriente, cierta aplicación de este modo de ser, de este sentimiento.» Pero entonces, aparece el ideólogo de la virtud, el moralista concretamente, y dice: «¡Dios ama los corazones! ¿Por qué privaros de ciertas acciones? ¡No seréis mejores por ello!». Respuesta: «Virtuoso señor de largas orejas: nosotros no queremos ser mejores, porque nos encontramos muy satisfechos de nosotros mismos; lo único que tratamos es de no perjudicarnos los unos a los otros; por esto defenderemos ciertos actos en ciertas condiciones, es decir, respecto de nosotros mismos, en tanto que no sabríamos honrar lo bastante los actos mismos, a condición de que se aplicaran a adversarios de la comunidad, por ejemplo, a usted. Nosotros educamos a nuestros hijos en vista de nuestros preceptos; crecen sometidos a esta disciplina; si estuviésemos animados de este radicalismo que place a Dios y que recomienda vuestra santa locura, si tuviéramos el espíritu lo bastante mal conformado para condenar la fuente de estos actos, «el corazón», «el sentimiento», condenaríamos también nuestra existencia, y con ella, su condición suprema: un sentimiento, un corazón, una pasión, a la que rendimos los honores supremos. Nosotros evitamos, por nuestro mandato, que este sentimiento explote de forma inoportuna y trate de abrirse caminos; nosotros obramos sabiamente aceptando semejantes leyes, nosotros también somos morales... ¿No sospecháis cuánto nos cuesta, qué sacrificio, qué disciplina, cuántas victorias sobre nosotros mismos, qué duros necesitamos ser? Nosotros encarnamos deseos vehementes; hay momentos en que desearíamos consagrarnos a nosotros mismos... Pero el «espíritu público» se adueña de nosotros...; observad, pues, que esta es casi una definición de la moralidad.

## 280

La debilidad de la bestia de rebaño crea una moral semejante a la que crea la debilidad del decadente: se comprenden, se unen (los grandes religiosos decadentes cuentan siempre con el socorro del rebaño). Todos los rasgos enfermizos están ausentes en la bestia de rebaño; esta misma tiene un valor inapreciable, pero su incapacidad para dirigirse necesita para ella un «pastor»: *esto es lo que comprenden los sacerdotes...* El estado no es ni bastante íntimo ni bastante secreto: la dirección de la conciencia se le escapa. ¿Cómo se enfermó la bestia del rebaño por el sacerdote?

281

*El odio contra los privilegiados del cuerpo y del alma.—* Estamos ante la rebelión de los odiosos, de los fracasados, contra los bellos, orgullosos y bien humorados. Entre sus medios, «no encontramos mérito alguno», «el peligro es enorme»: debemos temblar y sentir agudo malestar, «la naturalidad es mala»; «lo recto es ir contra la Naturaleza». También contra la razón (lo contranatural como superior).

De nuevo son los sacerdotes los que explotan este estado de ánimo y atraen al pueblo hacia ellos. «El pecador», a quien Dios ama más que al «justo». Esta es la lucha contra el paganismo (el remordimiento de conciencia como medio para destruir la armonía de las almas).

El odio de los mediocres contra los más dotados, el rebaño contra los independientes. (La moral como auténtica moralidad.) Insistamos contra el egoísmo: su valor solo lo es, en tanto aprovecha al «otro». «Todos somos iguales»: contra el instinto de dominación, contra los «señores» en general; contra el privilegio; contra los sectarios, los espíritus libres y los escépticos; contra la filosofía (como instrumento e instinto de investigación); en los filósofos, el «imperativo categórico», la esencia de la moral, «universalidad y ubicuidad».

282

Las condiciones y los deseos que hay que alabar: apacible, justo, sobrio, modesto, respetuoso, delicado, bravo, casto, honesto, fiel, creyente, recto, confiado, resignado, piadoso, servicial, concienzudo, sencillo, dulce, justo, generoso, indulgente, obediente, desinteresado, sin envidia, bueno, laborioso.

Distíngase hasta qué punto dichas cualidades están condicionadas como medios para llegar a una voluntad y a un fin determinados (con mucha frecuencia a «un mal fin»); o bien como consecuencias naturales de una pasión dominante (por ejemplo, la intelectualidad); o también como expresión de una necesidad, quiero decir como condiciones de existencia (por ejemplo, ciudadano, esclavo, mujer, etc.).

Resumiendo: todos, en cuanto son, no se les considera como «buenos» por ellos mismos, sino conforme a la medida de la «sociedad», del «rebaño», como medio para llegar a sus fines, necesario para mantenerlos y hacerlos progresar, consecuencia de un auténtico sentido de rebaño en el individuo: se encuentra, pues, al servicio de un instinto que es fundamentalmente diferente de estas condiciones de virtud. Puesto que, en sus relaciones con el exterior, el rebaño es egoísta, despiadado y rencoroso al súmmum, de desconfianza y de espíritu tiránico. En el hombre «bueno» es donde se puede producir el antagonismo: hace falta que posea las cualidades opuestas a lo rebañiego.

Enemiga del rebaño contra la jerarquía, su instinto le predispone en favor de la igualdad (Jesucristo). Respecto de los aislados y fuertes (los soberanos), es hostil, injusto, carece de medida, es indiscreto, impertinente, no tiene consideraciones, es cobarde, mentiroso, falso, despiadado, disimulado, curioso, ávido de venganza.

283

El rebaño, suele decir, trata de conservar un tipo y se defiende contra las dos tendencias contrarias, tan contra la degenerativa (criminal, etc.), como contra la evolitiva. La tendencia del rebaño es proclive a la tranquilidad y la conservación; no hay nada creador en él.

Los sentimientos agradables que nos inspiran el bien, la benevolencia, la justicia (en oposición a la tensión, al temor, que *el hombre original nos produce*), son *nuestros sentimientos* de seguridad e igualdad personal: el animal de rebaño magnifica, por consiguiente, la naturaleza de rebaño y se siente a gusto en ella. Este juicio de bienestar se disfraza con bellas palabras: así nace la «moral». Pero obsérvese el odio del rebaño por lo que respecta a los veraces.

### 284

¡Qué mal nos conocemos! Cuando escuchamos en nosotros mismos la voz del imperativo, tal y como lo entiende el altruismo, pertenecemos al rebaño. Cuando nos sentimos dominados por el sentimiento contrario, cuando sentimos el peligro de las acciones desinteresadas y abnegadas, su error por consiguiente, no pertenecemos al rebaño.

### 285

Mi filosofía tiende a la creación de un orden jerárquico más que a una moral individualista. El sentido del rebaño suele dominar en el rebaño, sin salirse fuera de él: los jefes de rebaños necesitan una valoración distinta de sus acciones, así como los independientes o los «animales de presa», etc.

### III

## GENERALIDADES MORALES

### 286

*La moral como tentativa para establecer el orgullo humano.*—La teoría del libre arbitrio resulta antirreligiosa. Pretende crear en el hombre un derecho a tenerse por causa de sus estados y de sus actos superiores: es una forma del sentimiento de orgullo creciente.

El hombre siente su poder, su felicidad, como suele decirse; y es preciso que, frente a este estado, su voluntad entre en juego: de lo contrario, no le pertenecería. La virtud es la tentativa de considerar un hecho de la voluntad, en el presente o en el pasado, como un antecedente necesario a cada sentimiento de felicidad elevada e intensa: si la voluntad de ciertos actos está regularmente presentada en la conciencia, es posible prever que su efecto equivalga a un sentimiento de poder. Esta es una simple óptica de la psicología: siempre con la falsa idea de que nada nos pertenece, a menos que no sea bajo la forma de voluntad en nuestra conciencia. La doctrina de la responsabilidad se encuentra vinculada a esta psicología ingenua, a saber: que la voluntad solamente es una causa y que es preciso tener conciencia de que esta se ha manifestado para poder suponerse a sí mismo como una causa igualmente.

El movimiento de los moralistas se produce con el mismo prejuicio de siempre, el de creer que no somos responsables sino cuando hemos querido. El valor del hombre se fija como valor moral; por tanto, su valor debe ser una «causa prima»; por consiguiente, debe haber un principio en el hombre, un «libre arbitrio» que sería la causa primera. Siempre existe, claro está, una reserva mental: si el hombre no es causa primera, es irresponsable en cuanto a voluntad; por consiguiente, no existe competencia moral: la virtud y el vicio serían, pues, automáticos y maquinales.

«In somma»: para que el hombre se respete a sí mismo es preciso que sea capaz también de ser malo.

287

*La hipocresía como consecuencia de la moral de «libre arbitrio».*—Un paso en la evolución del sentimiento de poder es el que supone haber provocado nosotros nuestros estados superiores (nuestra perfección), haberse causado a sí mismo; dicho de una vez, haberlos querido...

(Crítica: toda acción perfecta es precisamente inconsciente, y no querida; la conciencia expresa un estado personal incompleto y a menudo enfermizo. La perfección personal, como condicionada por la voluntad, como conciencia, como razón con dialéctica, es una caricatura, una especie de paradoja... El grado de conciencia hace imposible la perfección... forma de hipocresía.)


## 288

La hipótesis moral, con el fin de justificar a Dios, decía: «Es preciso que el mal se realice voluntariamente (y esto solo para que se pueda creer que el bien se realiza también voluntariamente), y por otra parte, cualquier mal y cualquier sufrimiento tienen un fin saludable.

La idea de «falta» no debía remontarse hasta la causa primera del mundo, y la idea de «castigo» era considerada como un beneficio educador; por tanto, como el acto de un Dios bueno.

Dominio absoluto de la evaluación moral por encima de cualquier otra evaluación; se estaba en la seguridad de que Dios no podía ser malo ni podía hacer nada malo, es decir, que a la palabra perfección no se le daba otro sentido que el de perfección moral.


## 289

¡Qué falso resulta decir que el valor de un acto depende de lo que le ha precedido en la conciencia! Aunque con este criterio se haya medido la moralidad, y aun la criminalidad...

El valor de un acto —según los utilitaristas— debe ser medido por sus consecuencias; evaluarlo por su origen supone una imposibilidad: la de conocer este origen.

Pero ¿se pueden asimismo conocer las consecuencias? A muy pocos pasos, ¿quién puede DECIR todo lo que provoca, todo lo que suscita un acto, todo lo que excita contra él? ¿Sirve de estimulante? ¿Sirve de chispa que hace arder una materia explosiva...? No cabe duda de que los utilitarios son ingenuos. Y que, en resumidas cuentas, tenemos que saber siempre lo que es útil; y, en este punto, tampoco su mirada ve más allá de muy pocos pasos... No tienen concepto de la gran economía, incapaz de prescindir del mal.

¿Cómo es posible que sin conocer el origen, sin conocer las consecuencias, un acto tenga, en general, algún valor...?

Nos queda el acto mismo: los fenómenos que lo acompañan en la conciencia, el sí o el no que sigue a su ejecución. Debiendo preguntarnos: ¿el valor de un acto reside en los fenómenos subjetivos que lo acompañan. (Esto sería medir el valor de la música por el placer o desplacer que nos causa... que causa a su autor...) Resulta indudable que el acto aparece acompañado de sentimientos de valor, del sentimiento de poder, de coacción, de impotencia, por ejemplo, la libertad, el espíritu de facilidad; y, de otro modo, la cuestión: ¿se podría reducir el valor de una acción a valores fisiológicos, saber si es la expresión de la vida completa o de la vida difícil? Quizá su valor biológico se exprese de este modo...

En vista de que el valor no puede ser estimado ni por su origen, ni por sus consecuencias, ni por los fenómenos que lo acompañan, hay que reconocer que su valor permanece desconocido...

## 290

Existe una desnaturalización de la moral consistente en querer separar los actos de los hombres que los ejecutan, en querer oponer el odio y el desprecio al «pecado»; creyéndose que existen actos que, por sí mismos, son buenos o malos.

Restablecimiento de la «naturaleza»; un acto por sí mismo está completamente desprovisto de valor. Lo importante es saber de qué se trata. El mismo «crimen», por ejemplo, puede ser en algún caso un privilegio superior, y, en otro, una mancha. De hecho, el egoísmo de los jueces es el que interpreta una acción (o el autor de esta) según les es útil o nocivo a ellos mismos (o en relación con su semejanza o desemejanza).

291

Normalmente, el concepto de «una acción reprensible» nos colma de dificultades. Nada de lo que ocurre puede ser en sí reprensible, pues no se hubiera podido evitar; todas las cosas están tan indisolublemente unidas, que, si tratásemos de excluir alguna, excluiríamos al mismo tiempo el resto. Un acto reprensible sería, en general, un mundo reprobado...

Y aun entonces, en un mundo reprobado, la reprobación sería también reprensible... Y la consecuencia de una manera de pensar que rechazase todo resultaría una práctica que afirmase todo... Dado que el devenir se nos presenta como un gran anillo, todas las cosas tendrán el mismo valor, serán igualmente eternas, igualmente necesarias. En todas las correlaciones de sí y no, de preferencia y de exclusión, de amor y de odio, solo se expresa una perspectiva, el interés que presentan tipos determinados de la vida: todo lo que es, en definitiva, equivale a un sí.

292

*¿Crítica de los sentimientos subjetivos de valor?*—Ante el tema de la conciencia, en otro tiempo solía pensarse: cuando la conciencia rechaza una acción, dicha acción es vituperable. La conciencia reprueba de hecho la acción que ha reprobado durante largo tiempo. No hace sino volver a repetir: no crea valores. Lo que en otro tiempo nos llevaba a rechazar ciertos actos no era la conciencia, sino el juicio (o el

prejuicio) de las consecuencias... La aprobación de la conciencia, el bienestar que produce la «paz consigo mismo», son
del mismo orden que el placer de un creador ante su obra, y
por consiguiente, no prueban nada. El contento no sirve para
valorizar aquello a lo que se refiere, así como la falta de contento no puede servir de argumento contra el valor de una
cosa. Ignoramos demasiado para evaluar la medida de nuestros actos, faltándonos la posibilidad de establecer un punto
de vista objetivo. Por el hecho de reprobar un acto, no somos
jueces, sino partes... Los nobles sentimientos que acompañan a un acto prueban poco en favor de este: sabido es que
un estado de elevación patético lleva al artista a producir
en muchas ocasiones obras insignificantes. Conviene decir
que estas impulsiones son harto engañosas, y que desviando
nuestra mirada, nuestra fuerza de juicio crítico, desvían la
precaución, la intuición de que hacemos una tontería, vol-
viéndonos estúpidos.


### 293

De la herencia de dos milenios de vivisección de la
conciencia y de autocrucifixión, procede nuestro gran ejercicio, quizá nuestra maestría, nuestro refinamiento en cada
caso; no debiendo olvidar nuestra predisposición a confra-
ternizar con la mala conciencia.

Sería posible intentar algo en dirección contraria: la inclinación no natural, es decir, la inclinación al más allá, contraria
a los sentidos, contraria al pensamiento, contraria a la naturaleza; en una palabra, la tendencia a hermanar el ideal tradicional y calumnioso de la naturaleza con la mala conciencia.


### 294

Los grandes crímenes en psicología:

1)   Se ha falsificado todo desplacer, toda desgracia, complicando con ellos la culpabilidad (la falta); se ha arrebatado, por consiguiente, toda la inocencia al dolor.

2)   Se han desacreditado todos los sentimientos de placer intenso (la petulancia, la voluptuosidad, el triunfo, el orgullo, la audacia, el conocimiento, la seguridad y la confianza en sí), haciéndolos sospechosos: viendo en ellos nada más que pecado y seducción.

3)   Se han dado los nombres más sagrados al sentimiento de debilidad, a la cobardía íntima, a la falta de valor personal; dignificándolos con los nombres más sagrados, para subrayar que son deseables en el plano más elevado.

4)   Se ha malinterpretado todo lo que es grande en el hombre, haciendo de ello la renunciación y el sacrificio de sí mismo en favor de algo relacionado con los demás; aun en el conocedor, en el artista, el despojo de la personalidad ha sido torcidamente presentado como la causa del más alto conocimiento, de la sabiduría más profunda.

5)   Se ha falsificado el amor, considerándolo como abandono (como altruismo), cuando en realidad es una toma de posesión, y únicamente en la superabundancia de la personalidad abandona algo de sí mismo. Sabido es que solo pueden amar las personas enteras: aquellas que cuentan con una personalidad despojada. Los «objetivos» resultan los peores amantes (y si no, que lo digan las mujeres). Lo mismo sucede con el amor de Dios o de la patria: requiere que quien la encarna descanse fuertemente en sí (el egoísmo intensifica el yo; el altruismo, el no-yo).

6)   Se ha considerado la vida como un castigo; la felicidad, como una tentación; la pasión como una realidad diabólica; la confianza en sí mismo, como algo totalmente impío.

En resumen: toda esta psicología es una psicología del obstáculo, una especie de amurallamiento por terror. Por una parte, la mayoría (los desheredados y los mediocres) se ponen en guardia permanente contra los más fuertes (tratando de destruirlos en su desarrollo); por otra, quieren santificar y reservarse únicamente los instintos que les hacen prosperar. Recuérdese el sacerdocio judío.


### 295

Los residuos de la depreciación de la naturaleza en virtud de la trascendencia moral, valor de renunciación, culto del altruismo, creencia en una recompensa en el curso de los acontecimientos, creencia en la «bondad», en el «genio» mismo, como si tanto la una como el otro fueran la consecuencia de la renunciación; la continuación de la sanción de la Iglesia en la vida civil; tratar a cualquier precio de desconocer la historia (como si esta fuera motivo educador para los fines morales), o ser pesimista respecto a la historia (este último estado de espíritu es una consecuencia de la depreciación de la naturaleza tanto como de la insistencia seudojustificadora, que no quiere reconocer lo que descubre el pesimista).


### 296

*«La moral por la moral».*—Como último valor, aparece este grupo importante en la desnaturalización de la moral. En esta fase, la religión se impregna de ella: caso del judaísmo, por ejemplo. Existiendo una fase en que se separa de nuevo de la religión y en la que ningún Dios le parece bastante moral: es cuando prefiere un ideal impersonal... Siendo esto lo que ocurre actualmente.

«El arte por el arte», es un principio peligrosísimo, al introducirse por él en las cosas una oposición peligrosa, que acaba en una calumnia de la realidad (idealización de todo lo feo). Cuando se deriva un ideal de la realidad, se la rebaja, se la empobrece, se la calumnia también. «La belleza por la belleza», «la verdad por la verdad», «el bien por el bien», son las tres fórmulas con bastante mal de ojo para la realidad. El arte, el conocimiento, la moral son medios. Medios que en lugar de utilizarse para hacer la vida más intensa, se les ha utilizado en relación con una oposición de la vida, con «Dios»: como revelaciones de un mundo superior en cierto aspecto, al que se ve, de tiempo en tiempo, a través de este...

«Bello y feo», «verdadero y falso», «bueno y malo»: separaciones y antagonismos que revelan condiciones de existencia y degradación, no solo en el hombre en general, sino en cualquier complejo sólido y duradero que quiere separarse de sus adversarios. La guerra que en este caso y en definitiva se crea, es —punto esencial— un medio de separación que refuerza el aislamiento.

297

*Naturalismo moralista.*—Reducción del valor moral, sobrenatural, emancipado en apariencia, a su «naturaleza» verdadera; vale decir, a la inmoralidad natural, a la utilidad natural, etc. Yo puedo resumir las tendencias de estas consideraciones con el nombre de naturalismo moralista: mi tarea, sin embargo, es hacer valer los valores morales, emancipados en apariencia, y que han perdido su naturaleza, a su verdadera naturaleza, es decir, a su natural «inmoralidad».

N. B.: Compárese con la «santidad» judaica en su base natural: está emancipada de su naturaleza, así como de su ley moral soberana (y hasta en oposición con la naturaleza).

Etapas de la llamada «idealización», de la desnaturalización de la moral.

Como camino para la felicidad individual.

Como consecuencia del conocimiento.

Como imperativo categórico.

Como camino para la santidad.

Como negación de la voluntad de vivir.

(La progresiva oposición entre la moral y la vida.)

## 298

La herejía oprimida y borrada en la moral. Concepto: moral pagana, moral de los señores, «virtú».

## 299

¿Qué perjuicios ha sufrido a lo largo de las épocas la humanidad por la moral —y este es mi problema—, así como por su moralidad? Daños espirituales, etcétera.

## 300

Es preciso, finalmente, arrinconar las valoraciones humanas, ya que solo tendrían valor como valores de rincón. Dado que han desaparecido muchas especies de animales, si desapareciese el hombre, no se perdería demasiado. Hay que ser lo suficientemente filósofo para no admirar nada. («Nil admirari».)

## 301

El hombre es una pequeña especie animal sobreexcitada que, felizmente, ha hecho su tiempo; la vida en general sobre la tierra: un instante, un incidente, una excepción sin consecuencia, al que, dado el carácter general de la tierra, carece de importancia; la tierra misma, como cualquier constelación, es un «hiatus» entre dos nadas, un acontecimiento sin plan, sin razón, sin voluntad, sin conciencia; la peor necesidad, la necesidad más estúpida... ¿Qué es en realidad lo que se rebela en nosotros contra esta manera de ver las cosas? La serpiente de la vanidad nos dice: «Todo esto debe ser falso, porque subleva... ¿Podría en el fondo no ser más que apariencia? El hombre, no obstante, hablando como Kant, sería...».

## IV

# CÓMO SE HA DE IMPLANTAR LA VIRTUD

## 302

El objeto de este tratado es la gran política de la virtud. Lo hemos escrito para uso de aquellos que tienen el deseo de aprender, no cómo se llega a ser virtuoso, sino cómo es posible hacerse virtuoso, cómo se ha de implantar la virtud. Pretendo demostrar que para querer una cosa —la implantación o reinado de la virtud— no se tiene derecho a querer ninguna otra; siendo por lo contrario por lo que suele renunciarse muchas veces a ser virtuoso. Aunque el sacrificio es grande, fin tan noble bien merece semejante sacrificio. ¡Los más grandes sacrificios, en realidad! Algunos de los moralistas más célebres se han aventurado por este camino. Al reconocer y anticipar la verdad que debe enseñarse por primera vez en este tratado; esto es: que no se conseguirá implantar la virtud, sino por los procedimientos que se utilizan para alcanzar una dominación cualquiera...; pero nunca por medio de la virtud...

Este tratado tiene por objeto, como ya queda dicho, la política de la virtud. Intenta determinar el ideal de esta política, pintando a la misma como debería ser si algo perfecto pudiera existir sobre la tierra. Ahora bien: ningún filósofo dudará en considerar el maquiavelismo como el tipo de lo perfecto en política. Pero el maquiavelismo puro, crudo, verde, en toda su aspereza, sobrehumano, divino, trascendente, jamás podrá ser alcanzado por los hombres; apenas lo rozarán. En esta especie de política más estrecha, en la política de la virtud, creo firmemente que lo ideal nunca ha sido logrado. Admitiendo la existencia de un par de ojos para las cosas ocultas, advertiremos, aun en los moralistas más independientes, más conscientes (puesto que el nombre de *moralista* es el que debe aplicarse a esos políticos de la moral, a todos

los creadores de nuevas fuerzas morales), se advierte, digo,
que los mismos han pagado el correspondiente tributo a la
debilidad humana. Todos ellos aspiran a la virtud por su
cuenta, al menos en sus horas de fatiga: defecto capital en un
moralista, obligado en mi criterio a ser un inmoralista de la
acción. Que no deba renunciar a parecer que lo es, ya es otra
cosa: semejante renuncia a sí mismo en principio (puesto
que desde el punto de vista moral constituye una disimulación), forma parte de las propiedades del moralista y de los
deberes que se impone: sin ellos no lograría la necesaria
independencia respecto a la moral y a la verdad, a causa de
ese fin que compensa cualquier sacrificio; a causa del reinado de la moral, pues tal es el propósito. Los moralistas tienen necesidad de acreditar su virtud y su devoción por la
verdad; no cayendo en falta más que cuando ceden a la virtud, pierden el dominio sobre la virtud, se hacen morales y,
por consiguiente, verídicos. Un gran moralista, entre otras
cosas, tiene la obligación de ser un gran actor. Un actor cuyo
peligro es advertir constantemente lo que a fuerza de disimulo se convierte en su segunda naturaleza, pese a su ideal:
separar de una manera divina su «esse» de su «operari».
Todo lo que hace es preciso que lo haga «sub specie boni»,
dedicado a ¡un ideal superior, lejano, desbordante de exigencias! ¡Un ideal divino! Solo de esta manera puede decirse que el moralista imita así un modelo que no es otro que
Dios: el más grande de los inmoralistas de la acción que jamás haya existido, que en todo momento sabe ser lo que es:
el Dios bueno...


### 303

Con la virtud pura no se fundamenta el señorío virtuoso;
con la virtud sola se renuncia al poder, se debilita la voluntad de poder.

## 304

El triunfo de un ideal moral suele alcanzarse, como todo triunfo, por medios fatalmente inmorales, como la violencia, la mentira, la calumnia y la injusticia.

## 305

Quienes no ignoran cómo nacen los créditos, desconfiarán por principio del crédito de que goza la virtud.

## 306

La moral es casi tan «inmoral» como las demás cosas de la tierra; la moralidad, por otra parte, es una forma de la inmoralidad.

Creo en la liberación de esta idea. La oposición se aleja de las cosas; la unidad se salva en todo acto.

## 307

Hay algunos que tratan siempre de averiguar por qué algo es inmoral. Al decir: «esto es injusto», suponen que debe abolirse y variarse. Yo, por el contrario, no he descansado nunca hasta descubrir el lado inmoral de una cosa. Y confieso que, cuando lo he encontrado, he recobrado mi equilibrio.

## 308

A. Camino para llegar al poder: enmascarar la nueva virtud con el nombre de una virtud antigua; excitar el interés por ella («Dicha» como consecuencia y a la inversa), el arte de la calumnia contra los que resisten, utilizar las ventajas y los azares para el propio engrandecimiento, lograr convertir los adeptos en fanáticos por el sacrificio y la separación: «la gran simbólica».

### 309

*Medios por los que llega la virtud al poder.*—Los medios por los que llega la virtud al poder son los mismos que utiliza un partido político: la calumnia, la sospecha, la destrucción clandestina de los partidos que se oponen a nuestros designios y que poseen ya el poder, cambio de sus nombres desbautizándolos, persecución y burla sistemática. Por tanto, y en definitiva, por procedimientos «inmorales».

¿Cómo obra un deseo para transformarse en virtud? Se desbautiza; oculta sistemáticamente sus intenciones; se preocupa por comprenderse mal; se concierta con virtudes existentes y reconocidas, afectando una gran displicencia por los adversarios de estas. Trata de granjearse, si es posible, la protección de las potencias sagradas; debe de producirse embriaguez, entusiasmo; la hipocresía del idealismo; ganarse un partido, lo mismo si triunfa, como si perece...; hacerse inconsciente, ingenuo...

### 310

La crueldad, refinándose con trágica compasión, viene a ser negada como tal. Lo mismo que el amor sexual en la forma de «amour passion»; los sentimientos del esclavo como obediencia cristiana; la pequeñez como humildad; la enfermedad del «nervus sympathicus», por ejemplo, como pesimismo, pascalismo o carlylismo, etcétera.

### 311

Cualquier hombre que necesitase razones para seguir siendo honrado nos haría dudar: y, probablemente, evitaríamos y su trato. Esta palabreja, «pues», compromete en algunos casos; basta en ocasiones un solo «pues» para refutarse. Si luego descubrimos que tal aspirante a la virtud tiene necesidad de malas razones para seguir siendo honorable, no por eso aumentará nuestro respeto por el mismo. Pero es posible que vaya mucho más lejos aún, y que acercándose a nosotros nos diga en nuestra propia cara: «Perturbáis mi moralidad con vuestra mala fe, señor incrédulo; mientras no creéis en mis pobres argumentos, quiero decir en Dios, en un más allá que castiga, en un libre arbitrio, ponéis obstáculos a mi virtud»... Moraleja: debe suprimirse a los incrédulos por dificultar la moralización de las masas.

### 312

Nuestras convicciones más sagradas, nuestra fe inconmovible en los valores supremos, son juicios de nuestros músculos.

### 313

*La moral en la valoración de las razas y las clases.*— Considerando que las pasiones y los instintos fundamentales expresan, en todas las razas y en todas las clases, algo de las condiciones de existencia de estas (por lo menos de las condiciones en que han vivido algún tiempo), exigir que sean virtuosas, seria pedir:

Que variaran su carácter, cambiasen de piel y suprimieran su pasado.

Que dejasen de diferenciarse.

Que se aproximaran por la semejanza de sus aspiraciones; o más exactamente: que pereciesen...

La voluntad de una sola moral se encuentra, pues, en la tiranía de una especie: la especie a cuya medida se ha hecho esta moral única, con detrimento de las demás especies: esta es la destrucción o la uniformación en favor de una moral admitida (bien para no serle peligrosa, bien para ser explotados por ella). Supresión de la «esclavitud»; en apariencia, un tributo aportado a la «dignidad humana»; en realidad, la destrucción de una especie esencialmente distinta (de esta manera se socavan las bases de sus valores y de su felicidad).

Aquello sobre lo que una raza contraria o una clase contraria radica su fuerza es interpretado como lo que hay más malo en ellas, como lo peor: pues por esto es por lo que perjudica (se calumnian y se desbautizan sus «virtudes»).

Es una objeción contra un hombre y contra un pueblo el que nos perjudiquen; pero, considerado desde su punto de vista, tienen necesidad de nosotros, porque de nosotros pueden sacar algún provecho.

La exigencia de la «humanización» (que ingenuamente se cree dueña de la fórmula «¿qué es lo humano?») resulta una hipocresía de que se vale una serie de hombres determinada para llegar a la dominación; o más exactamente: un instinto determinado, el instinto de rebaño. «Igualdad de los hombres»: lo que se oculta bajo la tendencia de poner al mismo nivel, cada vez más, hombres en cuanto hombres.

El «interés» con relación a la moral común (artificio: hacer grandes apetitos, el deseo de dominar y la concupiscencia, de los protectores de la verdad).

En qué forma los hombres de negocios de todas clases, las personas ansiosas de lucro, todo lo que debe dar crédito y pretende obtenerlo, tiene necesidad de impulsar a la uniformidad de carácter y a la semejanza de evaluaciones: el comercio mundial y el cambio bajo todas sus formas constriñen a la virtud y la compran en cierta manera.

Del mismo modo el Estado, la dominación bajo todas las formas de los funcionarios y los soldados; igualmente la ciencia, para poder trabajar con confianza y economizar sus fuerzas. De la misma manera el clero.

Por tanto, aquí se hace triunfar la moral común, en vista de que por ella se realiza un avance; y para asegurarle la victoria, se hace la guerra y se utiliza la violencia contra la inmoralidad. ¿Con qué «derecho»? Con ninguno en realidad; pero guiándose por el instinto de conservación. Cuando les resulta práctico, las mismas clases se valen de la inmoralidad.

### 314

La hipócrita afirmación de que están defendidas todas las instituciones civiles, como si se tratase de creaciones de la moralidad..., por ejemplo, el matrimonio, el trabajo, la profesión, la patria, la familia, el orden, el derecho. Pero como estas están siempre referidas a la especie de los hombres más mediocres, para protegerla contra las excepciones y las necesidades de la excepción, hay que aceptar muy natural que se mienta demasiado sobre este punto.

### 315

Hay que defender la virtud contra los predicadores de la virtud, por tratarse de sus peores enemigos. Porque predican la virtud como si se tratase de un ideal para todos; le quitan su raro encanto, ese encanto raro de lo inimitable, de lo excepcional y distinguido, vale decir, su encanto aristocrático. También se debe combatir a los idealistas disfrazados, dado que llaman a todas las puertas y respiran a sus anchas con lo que suena a hueco. ¡Qué ingenuidad pedir lo grande y lo raro y reaccionar cuando no aparece con desprecio y cólera! Es indiscutible, por ejemplo, que un matrimonio vale lo que los que lo constituyen, es decir, que puede ser algo lamentable y torpe, no habiendo párroco ni alcalde que pueda evitarlo.

La virtud tiene en su contra todos los instintos de los seres mediocres; carece de utilidad, es imprudente, aísla; resulta afín a la pasión y poco accesible a la razón; corrompe el carácter, la cabeza, los sentimientos —y siempre se mide con el patrón de los bienes vulgares del hombre, poniéndonos en abierta hostilidad contra el orden, contra la mentira que se oculta en todo ordenamiento, en toda institución, en toda realidad—; se trata del peor de los vicios, suponiendo que se la haya de juzgar en función de los defectos nocivos sobre los demás.

Reconozco la verdad: 1) en que no exige ser reconocida; 2) en que no presupone nunca virtud, sino algo distinto; 3) en que no sufre en ausencia de virtud, sino que considera esta como la relación de distancia basándose en la cual debe ser honrado algo en la virtud; no se comparte; 4) en que no hace propaganda...; 5) en que no permite a nadie que se erija en juez, porque es siempre una virtud por sí; 6) en que, por otra parte, hace todo lo que está prohibido; la virtud, en mi criterio, es el verdadero «vetium» dentro de toda legislación de rebaño; 7) en una palabra, en que es virtud, en el estilo renacentista, «virtú», virtud carente de toda moralidad...

## 316

Pero sobre todo, señores virtuosos, no disfrutáis de privilegio alguno sobre nosotros: queremos inculcaros la modestia, puesto que lo que os lleva a la virtud es un mísero egoísmo y una prudencia evidente. Y si tuvieseis alguna mayor fuerza y valor en el cuerpo, no os rebajaríais como soléis hacerlo a la nulidad virtuosa. Hacéis lo que podéis: en parte, lo que debéis y a lo que os obligan las circunstancias; en parte, lo que os gusta; en parte, lo que os parece práctico. Pero si no hacéis más que aquello a que os lleva vuestra inclinación, o lo que la necesidad os impone, o lo que os es útil, no merecéis alabanza ni la debéis pedir... Cuando solo se es virtuoso no se es demasiado como hombre: ¡Sobre esto no tratéis de engañaros! Los hombres que brillaron en la historia no fueron nunca asnos cargados de virtudes: su instinto interior, la medida de su poder, no iba por ahí, mientras que vuestro minimalismo de poder no puede estar más lejos de la virtud.

### 317

Un hombre virtuoso, en consecuencia de lo inmediatamente dicho, pertenece a una especie inferior, porque no es una persona, y su valor procede de haberse conformado a un esquema humano, fijado de una vez para siempre. No tiene valor en sí: puede ser comparado, tiene semejantes, no debe ser único.

Contrastar las cualidades del hombre bueno. ¿Por qué nos gustan? Porque no nos obligan a guerrear, porque no necesitan desconfianza, precauciones, recogimiento y severidad: nuestra pereza, nuestra bondad de alma, nuestra aligereza celebran fiesta. Este sentimiento de bienestar es el que se proyecta fuera de nosotros mismos para brindárselo al hombre bueno, para hacer de él una cualidad, un valor.

### 318

La virtud es, a veces, una mera forma, digna más bien de la estupidez; pero ¿quién podría tomarlo a mal? Y aun esta clase de virtud no ha sobrevivido. Una especie de sencillez aldeana, posible en cualquier circunstancia, a la que no podemos menos de recibir con consideración y risa, cree aún hoy que todo está en buenas manos, a saber: en manos de Dios; y cuando se mantiene esta afirmación, con la inocente seguridad con que se diría que dos y dos son cuatro, guardémonos mucho de contradecirlos. ¿Por qué turbar esa ingenua necedad? ¿Para amargarles la vida con nuestras inquietudes sobre el hombre, los fines, el porvenir, etcétera? No podríamos, además, aunque quisiéramos. Reflejan su digna necedad y bondad en todo (en ellos vive el viejo Dios «deus myops» aún); nosotros somos de otro modo, vemos de otra manera las cosas: la naturaleza de nuestros enigmas, es más comprendida por nuestras contradicciones, por una sabiduría más profunda, más dolorosa, más llena de recelo...

### 319

Todo aquel a quien le resulta fácil la virtud, se ríe en el fondo de ella. No es fácil de mantener la seriedad en la virtud: siempre que se la consigue, se da uno a los demonios.

Mientras tanto, ¡cuán inteligentes parecen todos nuestros malos instintos e inclinaciones! ¡Cuánta curiosidad científica nos infunden! ¡Puro anzuelo del conocimiento!

### 320

Debe condimentarse el vicio con algo suficientemente amargo para que lo lleguemos a aborrecer. Este es el célebre caso de Tannhäuser. Tannhäuser, fuera de sí por la música de Wagner, no pudo soportar llegado un momento a la señora Venus, adquiriendo para él un nuevo encanto la virtud. Una virgen turingia adquirió mayor prestigio; y para llegar a lo más grave, hasta le llegó a gustar la melodía de Wolfram de Eschenbach...

### 321

*El patronato de la virtud.*—La virtud es tan inquebrantable, porque la avidez, el deseo de dominar, la pereza, la simplicidad, el amor..., tienen siempre un interés en su causa.

### 322

La fuerza de virtud de la atracción es que actualmente ya no merece el menor crédito. Debería intentar poner en el mercado algo nuevo, algo más que una inusitada forma de aventura y disipación. Exige mucha extravagancia y limitación por parte de sus fieles, para no tener hoy la conciencia contra sí. En realidad, esto debería constituir un nuevo aliciente para los inconscientes e irreflexivos. De ahora en adelante será lo que no fue nunca hasta ahora: un vicio.

### 323

La virtud resulta un vicio más costoso: y lo seguirá siendo.

### 324

Las virtudes son tan peligrosas como los vicios, siempre que nos dominen como autoridad y ley y no sean engendradas por nosotros mismos, como sería lo justo, a manera de necesidades personales y como condición de nuestra existencia y de nuestro desarrollo, conocida y reconocida por nosotros, independientemente de si otros se desarrollan en nuestras mismas condiciones. Esta afirmación del peligro que entrañan las virtudes entendidas objetivamente, impersonalmente, puede aplicarse también a la modestia: ante la misma, sucumben los espíritus más escogidos. La moralidad de la modestia resulta el peor afeminamiento para tales almas, para las cuales solo tiene sentido endurecerse de vez en cuando.

### 325

Hay que ir reduciendo poco a poco el reino de la moralidad; se deben, sobre todo, poner en claro los nombres de los instintos que en ella entren en juego, honrándolos después de haber subyacido hipócritamente bajo nombres virtuosos; se debe, por vergüenza, ante la «honorabilidad» del imperioso lenguaje, perder la vergüenza que pudiera negar y poner en fuga los instintos naturales. La medida de nuestra fuerza está en razón directa a como escapamos del reinado de la virtud; pudiéndose imaginar una alta esfera en la cual el concepto «virtud» encontrase tan poco eco, que sonase como el concepto «virtú» en el Renacimiento, extramoralmente. Sin embargo, ¡qué lejos estamos de este ideal!

El empequeñecimiento del campo moral puede ser un signo de su progreso. En todos los sitios donde aún no se ha logrado pensar causalmente se piensa moralmente.


### 326

¿Qué se ha conseguido últimamente? No hay que ocultar este maravilloso resultado: yo he prestado a la virtud un nuevo encanto; de ahora en adelante actuará como algo prohibido. Cuenta ya con nuestra mayor hidalguía como enemiga; está salada con el «cum grano salis» del remordimiento de conciencia de la ciencia; está pasada de moda y anticuada hasta el punto de brindarles encantos a los refinados; produce el efecto, en una palabra, de un vicio. Solo después de haber admitido que todo es mentira, como apariencia, resulta lógico volver a esta bella mentira de la virtud. Ya no hay autoridad que nos lo prohíba; por el hecho de haber demostrado que la virtud es una forma de inmoralidad, la hemos legitimado: hemos logrado ordenarla y situarla entre los demás valores, formando parte desde ese momento del gran fondo de inmoralidad de la vida, como una forma de lujo de primer orden, la forma más altanera, más costosa y más rara de todos los vicios. La hemos desarrugado y soleado, la hemos salvado del vulgo impertinente, le hemos quitado su miope rigidez, su mirada vacía, su peinado tieso y su musculatura hierática.

327

¿Es que yo he perjudicado con esto a la virtud...? Me considero tan lejos de haberla perjudicado como están lejos los anarquistas de perjudicar a los príncipes; solamente, después de haber disparado contra ellos, se sientan estos con seguridad en sus tronos... Sucede siempre igual y seguirá sucediendo: nunca se mitifica más algo que persiguiéndolo y azuzándole los perros... Que es lo que en realidad yo he hecho.

V

EL IDEAL MORAL

A)  *Para la crítica del ideal*

328

Esta crítica hay que comenzarla, suprimiendo la palabra «ideal» por lo pronto: convirtiéndola en crítica de lo deseable.

Quizá son los menos quienes comprenden que el punto de vista de lo deseable, es decir, el «así debía de ser, pero no es» o el «así debiera haber sido», implica una censura de la marcha general de las cosas. Pues en esta no hay nada aislado, y lo más pequeño sirve de base a lo más grande; en tu pequeño entuerto está edificado todo el futuro; por consiguiente, la crítica que condena lo pequeño también condena lo grande. Admitiendo que la norma moral, como la imaginaba Kant, nunca se llega a realizar completamente y deba permanecer siempre como un más allá de la realidad, sin jamás encajar en ella, la moral encerrará un juicio sobre todo «lo en sí», lo cual autoriza a preguntar de dónde nace el derecho para esto; ¿cómo es posible que la parte se erija en juez del todo? Y aun cuando este juicio moral y este descontento ante la realidad fuese, como se ha afirmado, un instinto imposible de desarraigar, ¿no sería este instinto, con sus indestructibles raíces, una de tantas tonterías de nuestra especie? Sin embargo, al decir semejantes cosas, hacemos precisamente lo que censuramos; el punto de vista de lo deseable, del juzgar incompetente, entra en el curso regular de las cosas, así como toda injusticia y toda imperfección: nuestro concepto de perfección es el que no se justifica. Todo instinto quiere ser satisfecho, expresa su disconformidad con el actual estado de cosas. ¿Cómo? ¿Está compuesto el todo quizá de partes disconformes que albergan todas en su cabeza al tipo de la deseabilidad? ¿Es quizá la marcha de las cosas, el «fuera de aquí», «fuera de la realidad», el eterno descontento mismo? ¿Es la deseabilidad quizá la fuerza que nos mueve a todos? ¿Es «deus»?

Me parece importante que despachemos el todo, la unidad, una fuerza, un absoluto; no tendríamos más remedio que tomarlo como suprema instancia y llamarlo Dios. Hay que descomponer este todo, hay que perderle todo respeto; aquello que hemos concedido a lo desconocido, al todo, recobrarlo y dárselo a lo inmediato, a nosotros mismos.

Si Kant, por ejemplo, decía: «Hay dos cosas eternamente venerables» (final de la *Crítica de la razón práctica*), hoy podríamos decir: «La digestión es más venerable todavía». El todo nos replantea el antiguo problema: ¿Cómo es posible el mal?, etcétera. Por tanto, no hay gran todo; falta, en realidad, el gran «sensorium» o inventario o almacén de fuerzas.

### 329

Un hombre como debe ser: esto me suena insípido y casi lo mismo, como si se me dijera: «Un árbol como debe ser».

### 330

*Ética, o la «Filosofía de lo deseable».*—Debiera ser de otra manera, «debiera llegar a ser de otra manera»: en tal caso, el descontento sería el fondo de la ética.

Podríamos salvarnos, en primera instancia, escogiendo por los terrenos que no pertenecen al sentimiento; en segunda instancia, comprendiendo la arrogancia y la necedad: pedir que algo sea de otro modo que como es, equivale a pedir que todo sea de otra manera, puesto que supone una crítica del todo. Pero ¡la vida misma constituye semejante deseo!

Afirmar lo que es, como es, resulta algo infinitamente más serio, más elevado que cualquier «debiera ser así», porque esto último como crítica humana y arrogancia está un poco condenado al ridículo. Aquí se expresa una necesidad que pide que nuestro humano bienestar corresponda al plan del universo. También la voluntad interviene en cuanto es posible en esta afirmación.

Por otra parte, este deseo «debiera ser así», provoca aquel otro deseo ¿qué es? Sin duda alguna, saber lo que es, resulta una consecuencia de aquella pregunta: ¿Cómo? ¿Es posible? ¿Por qué así? El asombro ante la inarmonía de nuestros deseos y el curso del universo nos ha llevado a conocer el universo. Quizá es otra cosa: quizá aquel «debía ser» es nuestro deseo de dominar el universo...

331

Es posible que hoy acogeríamos con una ligera ironía toda pretensión de querer fijar la condición del hombre; nos aferramos a la idea de que, a pesar de todo, no se llega a ser si no lo que se es (a pesar de todo: quiero decir, a pesar de la educación, de la instrucción del medio, del azar y de los accidentes). Por eso hemos aprendido, en los terrenos de la moral, a invertir de una manera particular la relación entre la causa y el efecto —no hay quizá nada que nos distinga más radicalmente de los antiguos creyentes en la moral—. Nosotros no decimos, por ejemplo: «Si un hombre degenera, desde un punto de vista fisiológico, es por culpa del vicio». Tampoco decimos: «La virtud hace prosperar al hombre, le concede larga vida y felicidad». Nuestra opinión es, por el contrario, que el vicio y la virtud en vez de causas, son consecuencias. Se llega a ser un hombre honrado, sencillamente, porque se es un hombre honrado: es decir, porque se ha nacido con un capital de buenos instintos y de condiciones prósperas... Si se nace pobre, si se nace de padres que todo lo han dilapidado sin recoger nada, se es «incorregible», estándose dispuesto para el presidio o el manicomio... Nosotros no podemos imaginar la degeneración moral desvinculada de la degeneración física: la primera no es más que un conjunto de síntomas de la segunda... se es necesariamente malo como se es necesariamente enfermo... La palabra «malo» expresa en este caso ciertas incapacidades que están fisiológicamente ligadas al tipo de la degeneración: por ejemplo, la debilidad de la voluntad, la incertidumbre y hasta la multiplicidad de la «persona», la impotencia para suprimir la reacción a una excitación cualquiera y de dominarse, la coacción en cualquier especie de sugestión de la voluntad ajena. El vicio no es una causa, sino una consecuencia... El vicio sirve para resumir, en síntesis bastante arbitraria, ciertas consecuencias de la degeneración fisiológica. Una proposición general, como la que enseña el cristianismo —«el hombre es malo»—, estaría justificada si se pudiera admitir que el tipo del degenerado fuese considerado como el tipo normal del hombre. Pero decir esto supone en principio una exageración. Lo que es cierto es que la proposición puede reclamar derechos allí donde el cristianismo crece y se afinca; pues de este modo se demuestra la realidad de un terreno morboso, de un terreno proclive a la degeneración.

### 332

Nunca será bastante examinado el hombre que sabe defenderse y sacar partido de las circunstancias orillando todos los obstáculos; pero sí si consideramos al hombre en el momento que desea, veremos en él la más absurda de las bestias... Parece como si necesitase una liza de la cobardía, de la pereza, de la debilidad, del servilismo, para alivio de sus fuertes y varoniles virtudes: analizad las concupiscencias humanas, sus «ideales». El hombre que lo intenta se libra de sus eternos valores en sí mismo, de sus actos: en lo insignificante, en lo absurdo, en lo pueril. La pobreza de espíritu en él resulta espantosa. El ideal es, por así decirlo, el tributo que el hombre paga por el desgaste que tiene, que hace en todas sus verdaderas tareas. Al cesar la realidad empieza el sueño, la fatiga, la debilidad: el ideal es justamente una forma del ensueño, de la fatiga, de la debilidad... Las naturalezas más fuertes y las más desmayadas se equiparan cuando se entregan a este estado: divinizan la disminución del trabajo, de la lucha, de la pasión, de la tensión, de la contradicción, de la realidad en suma... de la batalla del conocimiento, del descanso del conocimiento...

Suele llamarse «inocencia» al estado ideal de ignorancia; «bienaventuranza» al estado ideal de pereza; «amor» al estado ideal de bestia de rebaño que no quiere tener enemigo. De tal forma han elevado a ideal todo lo que rebaja al hombre y lo envilece.

### 333

El deseo dimensiona todo aquello que se desea; y, además, crece, cuando no es satisfecho; al punto, que las más grandes ideas fueron creadas en función de los más vivos deseos. Damos mayor valor a las cosas cuanto más las deseamos: cuando los «valores morales» llegan a ser los más altos valores; cosa que revela que el ideal moral es el que menos se ha satisfecho (en cuanto este significa la exención de todo dolor, una manera de lograr la bienaventuranza). La humanidad no ha hecho más que abrazar sombras cada vez con mayor ardor; y, por último, ha llamado a Dios a su desesperación, a su impotencia...

### 334

La ingenuidad con respecto a las últimas «debilidades», desconociendo en tanto el «porqué» del hombre.

### 335

*¿Cuál es la moneda falsa en lo moral?*—Intentamos creer que sabemos algo, por ejemplo, de lo que es bueno y es malo... Esto equivale casi a saber cuál es el destino del hombre, cuáles son sus fines. Esto supondría saber que el hombre tiene un fin, un destino...

### 336

Que la humanidad tiene una idea específica que realizar, que marcha a la consecución de un fin, resulta una idea bastante oscura y arbitraria, aunque muy verde. Es posible que se la deseche antes de que se convierta en idea fija...

La humanidad, en realidad, no es un todo, sino una diversidad irreducible de procesos vitales ascendentes y descendentes, por lo que no puede tener una juventud, una madurez y posteriormente una vejez. Por el contrario, las capas están mezcladas e interpuestas, y en algunos milenios se pueden dar tipos más jóvenes de hombres de los que pueden señalarse hoy. Además, la «decadence» pertenece a todas las épocas de la humanidad: por todas partes se encuentran materias de desperdicio y de decadencia, siendo siempre el mismo el proceso biológico de separación de los productos, descomposición y decadencia.

Bajo la presión de los prejuicios cristianos no se puso esta cuestión de manifiesto: el sentido estaba en la salvación de las almas individuales; no entraba a considerarse el más o el menos en la dirección de la humanidad. Los mejores cristia-

nos deseaban que esta acabase pronto, que llegara el fin de
la humanidad lo más pronto posible; no habiendo duda alguna sobre lo que se le hacía sufrir al individuo... El problema de cada individuo se vinculaba a una vida futura; el
valor, el sentido, el círculo de los valores era fijo, absoluto,
formaba una sola cosa con Dios... Todo lo que se apartaba de
este tipo eterno era pecaminoso, diabólico, condenable...

El centro de equilibrio del valor estaba para cada alma en
ella misma: ¡Salvación o condenación! ¡La salvación de las
almas inmortales! Quizá la forma más extrema del egoísmo... Cada alma no puede tener más que un ideal, más que
un camino de salvación... Forma extrema de igualdad, enca-
denada a un abultamiento óptico de la propia importancia,
demasiado absurda... Almas absurdamente importantes, po-
seídas de una espantosa angustia sobre su destino...

Hoy ya no cree nadie en esta absurda importancia, después de pasar la ciencia por el tamiz del menosprecio. A pesar de ello, se continúa con el hábito óptico de buscar el valor del hombre en la aproximación a un ser ideal: en el fondo
mantenemos toda la perspectiva de autonomía como la de
igualdad de derechos ante el ideal. «In summa»: creemos conocer lo que es la última deseabilidad por lo que se refiere al
hombre ideal...

Pero esta fe, en realidad, es una enorme perversión aca-
rreada por el ideal cristiano: y esto lo confirma un examen
exhaustivo de un tipo ideal. En primer lugar, se cree saber
que es deseable la aproximación a un tipo ideal; se cree también, en segundo lugar, cuál es este tipo, y, en tercer lugar,
que toda desviación de este tipo supone un retroceso, un perjuicio, una pérdida de fuerza y de poder... Se sueña con estados en los que este tipo de hombre perfecto consiga el favor de una gran mayoría, hasta el punto que nunca hicieron
más nuestros socialistas, ni nuestros señores utilitaristas. Así,
pareciera señalarse un fin a la evolución humana; en todo caso,
la fe en un progreso hacia el ideal es la única forma en que
hoy se concibe el fin de la historia. «In summa»: el hecho de

ponerse el «reino de Dios en el futuro, en la tierra, en lo humano, no quita que se conserve la fe en el antiguo ideal».

### 337

*Formas más escondidas del culto al ideal moral cristiano.*—La idea cobarde y femenina de «naturaleza», soñada por los fanáticos de esta (aparte de todos los instintos del aspecto, terrible, inexorable y cínico, a la vez el más bello), intenta entresacar de la Naturaleza aquella «humanidad» cristianomoral —concepto rousseauniano de la natuleza—, como si esta supusiese libertad, bondad, inocencia, justicia, idilio, siempre el culto de la moral cristiana en el fondo. Reunir lugares que han venerado los poetas, por ejemplo, las altas montañas, etc. Lo que Goethe quería tener en ella —porque admiraba a Spinoza—. Completa ignorancia de los supuestos de este culto...

La idea femenina y cobarde del hombre, al estilo de Comte y Stuart Mill, como objeto posible de culto... Siempre volvemos al culto de la moral cristiana bajo un nuevo nombre... los librepensadores, por ejemplo, como Guyau.

La idea cobarde y femenina de «arte» como compasión a todo el que sufre, a todo lo mal nacido (Thierry, por ejemplo, en la historia): regresándose siempre al culto del ideal cristianomoral.

Por último, el ideal socialista: que no es en realidad más que el mismo ideal cristianomoral, pero mal entendido.

### 338

*El origen del ideal.*—Examen del suelo donde se produce.

*a)* Partir de las condiciones «estéticas», en las que el mundo aparece más pleno, más redondo, más perfecto, como es el ideal pagano, donde predomina la afirmación de sí mismo (se abandona algo de sí mismo). El tipo superior: el ideal clásico como expresión de la prosperidad de todos los instintos principales. De nuevo nos encontramos ante un estilo superior: el grande estilo. Expresión de la voluntad de poder. Hasta el instinto más temido se atreve a afirmarse.

*b)* Partir de condiciones particulares en las que el mundo aparece más vacío, más pálido, más adelgazado; en que la «espiritualización», la ausencia de sentido adquieren carácter de perfección; en que se evita meticulosamente todo lo que es brutal, todo lo que es directamente animal, todo lo que está demasiado cerca de nosotros (se calcula, se elige): el «sabio», el «ángel»; sacerdotal = virgen = ignorante, esta es la característica fisiológica de semejantes idealistas: el ideal anémico. En estas circunstancias, el problema puede convertirse en el del ideal de las naturalezas que representan el primer ideal, el ideal pagano (debiendo recordarse que es así como Goethe ve en Spinoza su «santo»).

*c)* Partir de supuestos en virtud de los que consideramos el mundo como un absurdo, como demasiado malo, como demasiado pobre, como demasiado decepcionador, para volver de nuevo aquí o para desear de nuevo este ideal (se niega, se destruye): esta es la proyección del ideal en lo que es contranaturaleza, contrario a los hechos y a la lógica; la condición del que así juzga (el «empobrecimiento» del mundo, consecuencia de los sufrimientos, se toma, no se da), se llamará ideal contra Naturaleza (el ideal cristiano es una formación intermedia entre el segundo y el tercero, predominando unas veces bajo una forma, otras bajo otra).

Los tres ideales: *a)* fortalecimiento de la vida (pagano); *b)* atenuación de la vida (anémico); *c)* negación de la vida (contranatural). Se posee el sentimiento de la «adivinación»: en su mayor plenitud —en la elección más delicada—, en la destrucción y el aniquilamiento de la vida...

### 339

A. *El tipo consecuente.*—Es preciso comprender que no se tiene derecho a odiar el mal; que no se tiene derecho a resistirlo; que no se tiene derecho a hacerse la guerra a sí mismo; que no basta con aceptar el sentimiento que entraña semejante práctica; que se vive totalmente en los sentimientos positivos; que se toma el partido de los adversarios en la palabra y en la acción; que, por una superafectación de estados posibles, se empobrece el suelo reservado a otros estados...; que hace falta una práctica continua. ¿Y qué es, en definitiva, lo que se ha alcanzado con esto? El tipo budista o la perfecta vaca.

Este punto de vista solo es válido cuando no reina ningún fanatismo moral, es decir, cuando no se odia el mal por el mal mismo, sino solamente porque crea caminos que nos ocasionan perjuicios (la inquietud, el trabajo, los cuidados, las complicaciones, la dependencia).

Nos encontramos con el punto de vista del budismo, pues al no odiar al pecado, se carece por completo de la idea de «pecado».

B. *Tipo inconsecuente.*—Al hacerse la guerra al mal, se cree que la guerra, a causa del bien, no entraña las consecuencias morales que son inseparables de la guerra y no influye sobre el carácter de la misma manera. (A causa de estas consecuencias se detesta la guerra y se la considera como un mal.) De hecho, semejante guerra contra el mal corrompe más que cualquier enemistad de persona a persona; generalmente, la persona es la que remonta, por lo menos imaginativamente, el puesto del adversario (el diablo, los malos espíritus, etc.). Tal actitud hostil de observación y espionaje frente a todo lo que es más negativo en nosotros y podría poseer un mal origen, termina por el estado de espíritu más atormentado y más inquieto: de suerte que el «milagro», el éxtasis, la solución en el más allá se hacen ahora deseables... El tipo cristiano o el «perfecto cazurro».

C. *El tipo estoico*.—La firmeza, el dominio de sí mismo, el carácter inquebrantable, la paz, consecuencia de una larga voluntad implacable —la calma profunda, el estado de defensa, la fortaleza, la desconfianza guerrera—, la firmeza de principios, la unidad de la voluntad y de la ciencia, el respeto de sí mismo. Tipo del ermitaño. «El buey perfecto».

### 340

Un ideal que desea afirmarse, suele apoyarse: *a)* en un supuesto origen; *b)* en una supuesta afinidad con los ideales más poderosos ya existentes; *c)* en la magia del secreto, como si se tratase de un poder indiscutible; *d)* en el desprestigio de todo ideal contrario; *e)* en una falsa doctrina del provecho, que trae consigo, por ejemplo, la felicidad. tranquilidad de alma, paz o el favor de un Dios todopoderoso, etc. Para la fisiología de los idealistas: Carlyle, Schiller, Michelet.

¿Se ha refutado un ideal, una vez que se han descubierto todos los expedientes defensivos y protectores con los cuales se le conserva...? No; se ha empleado, simplemente, todos los medios que suelen utilizar los seres vivos para subsistir y desarrollarse.

En mi criterio, todas las fuerzas e instintos por los cuales no solo se conserva sino que se desarrolla la vida están proscritos por la moral. Para liberar la vida parece evidente que hay que destruir la moral.

### 341

Los idealistas suelen tener la prudencia de no conocer. Son seres que tienen motivos para acumular sombras sobre sí, puesto que son bastante astutos.

### 342

*Tendencia de la evolución moral.*—Todo individuo desea que no prevalezca otra doctrina, o estimación de las cosas, que la suya. La tendencia fundamental de los débiles y mediocres de todos los tiempos consiste en debilitar a los poderosos, tirar hacia abajo, valiéndose como medio principal del juicio moral. Suele desacreditarse la conducta de los más fuertes respecto a los más débiles, a tal punto que los estados superiores de los fuertes suelen ser mal conceptuados.

La lucha de los más contra los menos, lo hostilidad contra los distinguidos, de los débiles contra los fuertes, destaca entre sus más finos episodios el que los excelentes, los finos, los presentuosos, se presentan como débiles y se valen de los más groseros medios del poder.

### 343

1)   El supuesto instinto puro del conocimiento de todos los filósofos está regido por su «verdad» moral; solo en apariencia es independiente...

2)   La «verdad moral», «así se debe obrar», es una mera forma consciente de un instinto fatigado, «nosotros obramos de esta y la otra manera». El «ideal debe restablecer y fortificar un instinto, y consigue que el hombre obedezca, cuando se convierte en un mero autómata».

### 344

*La moral como medio de seducción.*—«La Naturaleza es buena, pues la causa de la misma es un Dios sabio y bueno.» Entonces, ¿a quién podemos hacer responsable de la corrupción de los hombres? Las clases dirigentes, o los tiranos y los seductores, hay que aniquilarlas. Esta es la lógica rousseauniana (compáresela con la de Pascal, que deduce de lo citado la conclusión del pecado original).

Es preciso compararla también con la lógica de Lutero. En los dos casos se busca un pretexto para introducir un insaciable instinto de odio con el pretexto del deber moral y religioso. El odio hacia la clase dominante trata de santificarse... (la «culpabilidad de Israel», base del poder de los sacerdotes).

También es necesario comparar la lógica análoga de San Pablo. En ella la causa de Dios sirve de trampolín a sus reacciones, la causa del derecho de la humanidad, etcétera. En caso de Cristo, el júbilo del pueblo se produce como causa de la ejecución; un movimiento antisacerdotal desde el principio. Entre los antisemitas mismos, siempre es el mismo golpe de suerte: agobiar al adversario con argumentos morales y reservarse el papel de la justicia vengadora.


### 345

*Consecuencia de la lucha.*—Quienes luchan tratan de transformar a sus adversarios para convertirlos en sus antípodas, en su espíritu solamente. Tratan de creer en sí mismos desde el punto que puede tener el valor de la «buena causa» (como si ellos representasen a la buena): como si la razón y la virtud fueran combatidas por su adversario... La fe que necesitaron como medio de defensa y de agresión, el más fuerte de todos, es la fe en sí propio, pero mal interpretada con el nombre de fe en Dios. No imaginan nunca las ventajas y las utilidades de la victoria, bajo el nombre de «victoria de Dios». Toda comunidad pequeña (lo mismo que todo individuo), al luchar, trata de convencerse de esto: «Nosotros tenemos el buen gusto, el buen juicio y la virtud de nuestra parte...». La lucha obliga siempre a una exageración de lo propio.

## 346

Por extraño que resulte el ideal juzgado (el del cristiano, el del «espíritu libre», el del «inmoralista», el del «nacionalista») no se debe exigir que sea el ideal; pues con ello se le quita el carácter de privilegio. Se le debe conservar para distinguirse, no para igualarse a otros.

¿Cómo resulta, en cambio, que la mayor parte de los idealistas hacen enseguida propaganda como si no tuvieran ningún derecho al ideal si los demás no lo reconocieran? Esto es lo que de ordinario hacen todas aquellas entusiastas mujercitas que se permiten el lujo de estudiar latín y matemáticas. ¿Qué les obliga a ello...? En mi criterio, el instinto de rebaño, el temor al rebaño: trabajan por la emancipación de la mujer, al cultivar su separatismo privado con prudencia bajo la forma de una generosa actividad, bajo la bandera del «altruismo».

La prudencia de los idealistas consiste en ser únicamente misioneros y representantes de un ideal: de este modo se elevan a los ojos de aquellos que creen en el desinterés y el egoísmo. Sin embargo, el verdadero heroísmo consiste en que más que cubrirse con la bandera de la abnegación, del sacrificio o del desinterés, no se combate... «Así soy yo; así quiero ser..., ¡y al diablo con los demás!».

## 347

Todo ideal arrastra amor y odio, admiración y desprecio. Si el sentimiento positivo no es el primer móvil, lo es el negativo. Odio y resentimiento dan, por ejemplo, en todo resentimiento ideal, el «primum mobile».

B) *Crítica del hombre bueno, del santo, etc.*

### 348

*El «hombre bueno» o la hemiplejía de la virtud.*—Para todos los hombres que han conservado el vigor y han permanecido cerca de la Naturaleza, el amor y el odio, la gratitud y la venganza, la bondad y la cólera, la acción afirmativa y la acción negativa, son inseparables. Se es bueno, si de alguna manera sabemos ser malos; se es malo, porque de otra forma no podríamos ser buenos. ¿De dónde procede, por tanto, ese estado enfermizo, esa ideología contranatura, que rechaza una doble tendencia, que enseña como virtud suprema no poseer más que un semivalor? ¿De dónde viene esa hemiplejía de la virtud, inventada por el hombre bueno...? Se exige del hombre la amputación de los instintos que le permitan llevar la contraria, hacer daño, montar en cólera, exigir venganza... A esta desnaturalización corresponde luego esa concepción dualista de un ser puramente bueno y de un ser puramente malo (Dios, el espíritu, el hombre), que resumen todas las fuerzas, intenciones y condiciones positivas en el primer caso, y todas las negativas en el último. De este modo se considera que tal valoración es «idealista»; el que así piensa, cree que ha colocado sus deseos supremos en su personal concepción del bien. Cuando ha alcanzado la cima, contempla un estado del que el mal se habría suprimido y en el que no quedarían como habitantes más que los seres buenos. No admite, por tanto, como cierto que, en esta posición, el bien y el mal están condicionados el uno por el otro; quiere, por el cotrario, que el mal desaparezca y que el bien perdure, aunque el uno tenga derecho a existir, y el otro no tenga derecho de ningún modo... ¿Cuál es, en suma, el ser que se desea...?

En cualquier tiempo, y particularmente en las épocas cristianas, la angustia de reducir al hombre a esta semiactividad que es el bien: hoy día no faltan seres deformados y debilitados por la Iglesia para los que esta intención equivale a la «humanización» general, o a la «voluntad de Dios», o también a «la salud del alma». Se busca ante todo que el hombre no haga el mal, que en ninguna circunstancia perjudique ni tenga el propósito de hacer daño... Para conseguirlo se recomienda la extirpación de todas las posibilidades de enemistad, de suprimir los instintos de rencor; se recomienda ese mal crónico que es «la paz del alma»...

Semejante tendencia, desarrollada por un tipo particular de hombre, deriva de una suposición absurda: considera el bien y el mal como realidades en contradicción la una con la otra (y no como valores complementarios, lo que respondería a la realidad); aconseja tomar el partido del bien; exige que el hombre bueno renuncie y resista al mal hasta sus más profundas raíces; siendo esta la forma de que niega absolutamente la vida que en todos sus instintos tiene tanto de «sí» como de «no». Y lejos por desgracia de comprenderlo, sueña con volver a la unidad, a la totalidad, a la fuerza de la vida: se imagina que ha llegado a un estado de salud cuando, por fin, la anarquía interior, las perturbaciones que derivan de estos impulsos opuestos han concluido. Quizá no haya habido hasta el presente ideología más peligrosa, mayor escándalo «in psychologicis» que esta voluntad del bien: fue ensalzado el tipo más repugnante, el «tartufo»; se enseñó que es necesario ser tartufo para descubrir el camino verdadero que conduce a Dios; que la vida del tartufo es la única que le es grata...

Y también en este caso es la vida la que tiene razón —la vida que no sabe separar la negación de la afirmación—. ¿Para qué poner toda nuestra fuerza en declarar que la guerra es mala, tratando de no perjudicar, de no decir «no», cuando a pesar de todo se hace porque no puede hacerse otra cosa...? El hombre bueno que ha renunciado al mal, afligido, pues ese es su deseo, con esta hemiplejía del mal, no deja nunca de hacer la guerra y tener enemigos, de decir «no» por tanto, de obrar negativamente. ¡El cristiano, por ejemplo, que detesta la mentira, a todo llama mentira. Precisamente, por creer en una oposición entre el bien y el mal, se le llena el mundo de cosas odiosas, que hay que combatir constantemente. «El hombre bueno» se ve como rodeado del mal, perseguido permanentemente por el mal; aguza su vista y acaba por descubrir huellas malignas en todo lo que hace. Terminando, como es lógico, por considerar la naturaleza mala; al hombre, corrompido; y a la bondad, como un estado de gracia, y por tanto, humanamente imposible. En resumen: niega la vida, concibe el bien como valor supremo que niega la vida... Por eso, su ideología del bien y del mal debería ser refutada por él. Pero... no se refuta una enfermedad... ¡Y solo así es como concibe otra vida!

### 349

La idea de Poder, lo mismo que se refiera a un Dios o a un hombre, existe siempre la capacidad de utilizar y la capacidad de perjudicar. Ocurriéndole lo dicho a todas las razones bien constituidas.

Un progreso fatal consiste en separar dialíticamente la fuerza para lo uno y para lo otro... Aunque con esto la moral se constituya en envenenadora de la vida.

### 350

*Crítica del hombre bueno.*—La honradez, la dignidad, el sentimiento del deber, la justicia, la humildad, la lealtad, la rectitud, la buena conciencia, a pesar de la sonoridad de tales palabras, ¿afirman y aprueban verdaderamente las cualidades por ellas mismas? ¿O es posible que cualidades y condiciones, indiferentes por su valor, sean consideradas desde un punto de vista que en el fondo se lo diera? El valor de estas cualidades, ¿reside en ellas mismas o en la utilidad y el provecho que reportan, que parecen reportar o que se sospecha que reporten...?

Desde mi punto de vista, yo no creo que exista una oposición entre el «ego» y el «álter» en el juicio: se trata solo de saber si son las consecuencias de estas cualidades lo que debe tener valor para su representante o para lo que le rodea, para la sociedad, para la humanidad, o si tienen este valor por sí mismas... Dicho de otra manera: ¿es la utilidad la que impulsa a condenar, reprimir, negar las cualidades opuestas (la duplicidad, la falsedad, la falta de palabra, la inhumanidad)? ¿Se condena la esencia misma de estas cualidades o solamente las consecuencias de estas? Planteándonos el problema con arreglo a otro ángulo: ¿es deseable que no existan hombres que no tengan esas cualidades que se llaman falsedad, mala fe, falta de palabra...? Por lo pronto, esto es lo que suele creerse... Pero ahí está precisamente el error, la miopía, la limitación del espíritu y el egoísmo más estrecho.

O también: ¿resulta deseable crear condiciones en que todas las ventajas estén de parte de los hombres justos, de suerte que las naturalezas y los instintos opuestos se vean desalentados y perezcan lentamente?

Considerándola en el fondo una cuestión de gusto y de estética, ¿sería de desear que la especie de hombres más honorables, es decir, la más enojosa, fuese la única que subsistiera? Las personas cuadradas, las personas virtuosas, las bravas gentes, las gentes rectas, las bestias con cuernos.

Si se suprime con la imaginación la enorme superabundancia de los «otros», el hombre justo mismo, terminaría por no tener ya derecho a la existencia, por no ser en realidad necesario, y por esto se comprende que solamente la grosera utilidad es la que ha podido poner en honor una «virtud» tan insoportable».

Quizá sea mejor desear lo contrario: crear condiciones en las que el hombre justo fuese rebajado a la humilde condición de «instrumento útil» —bestia de rebaño ideal; en el mejor caso, pastor de este rebaño—; en suma, una condición en la que ya no estaría colocado en una esfera superior que reclama otras cualidades.

351

*El hombre bueno como tirano.*—La humanidad ha insistido siempre en el mismo error: ha hecho de un medio para llegar a la vida, una medida de ella; y en lugar de encontrar la medida en la más extrema intensificación de la vida, en el problema del crecimiento y agotamiento, ha utilizado los medios de un género de vida completamente preciso, con exclusión de todas las demás formas de vida. Las ha utilizado, en resumen, para criticar la vida y hacer una selección dentro de ella. El hombre ama por fin los medios de un género de vida completamente determinado, con exclusión de todas las demás formas de vida; de suerte que estos medios llegan ahora a su conciencia bajo las formas de un fin, como medida de fines particulares... Una especie de hombre, en consecuencia, considera sus condiciones de existencia como condiciones a imponer legalmente para «la verdad», el «bien», la «perfección», aunque esta existencia tiranice... Una de las formas de la fe, del instinto, hace que una especie de hombres no se dé cuenta de que su propia especie está condicionada y no advierte su relatividad en comparación con las otras especies. Parece, por lo menos, que ha concluido una especie de hombres (pueblo, raza), al hacerse tolerante, aceptar derechos por igual y no pretender siempre ser el ama.

352

«Los hombres buenos son todos débiles: son buenos porque no son lo bastante fuertes para ser malos», dijo el jefe Latuka al panadero.

«Para los corazones débiles nunca hay desgracia», suele decirse en Rusia.

### 353

Modesto, aplicado, benévolo, moderado: ¿es así como queréis al hombre, al hombre bueno? A mí esto solo me parece el ideal del esclavo, del esclavo de porvenir.

### 354

La metamorfosis de la esclavitud, su encubrimiento bajo el manto religioso, su transfiguración por la moral.

### 355

El ideal esclavo (el «hombre bueno»). El que no se puede poner como «fin»: el que, en general, no puede derivar de sí mismo un fin, otorga instintivamente su aplauso a la moral de la abnegación.

Atavismo: sentimiento de dicha inefable, poder obedecer alguna vez.

Aplicación, modestia, benevolencia, moderación, son otros tantos obstáculos del sentimiento de soberanía, de la gran inventiva, de los fines heroicos, del aristocrático ser-para-sí.

No se trata de ir delante (esto sería en todo caso ser pastor, es decir, general de rebaño), sino de poder-ser-para-sí, para poder-ser-otro.

### 356

Es conveniente advertir que todo se ha acumulado como consecuencia del idealismo moral: que todos los demás valores han cristalizado alrededor del ideal. Esto pone de manifiesto que ha sido perseguido durante mucho tiempo y con singular ahínco, que no ha sido alcanzado: de lo contrario, nos hubiese desengañado (hubiera traído como resultado una valoración más templada).

El santo, como la especie más poderosa del hombre: esta idea ha reforzado el valor de la perfección moral. Debemos considerar el conocimiento general esforzándose en demostrar que el hombre moral es poderoso y divino. El dominio de los sentidos, de los instintos. Todo infunde temor; la contranaturaleza aparece como sobrenatural, como más allá...

## 357

El enamorado y popular Francisco de Asís, el poeta, lucha contra las categorías de las almas —«todos son iguales ante Dios».

El ideal popular: el hombre bueno, el abnegado, el santo, el justo. ¡Oh, Marco Aurelio!

## 358

Yo he declarado la guerra al clorótico ideal cristiano, y a todo lo que de él se deriva o depende, no con el deseo de destruirlo, sino únicamente para poner fin a su tiranía y dejar libre el campo para nuevos ideales, para ideales en definitiva más robustos... La perduración del ideal cristiano pertenece a las cosas más sorprendentes que puedan imaginarse, y ya a causa de los ideales que junto a él y quizá sobre él se quieren hacer valer, deben tener fuertes adversarios, para llegar a ser fuertes. Por eso nosotros, los inmoralistas, necesitamos del poder de la moral; a nuestro instinto de conservación le conviene que nuestros adversarios conserven sus fuerzas, preocupado por ser señor de sí mismo.

C) *«De la difamación de las llamadas malas cualidades»*

### 359

¡El egoísmo y su problema! El pesimismo cristiano de La Rochefoucauld lo persiguió sin cesar, llevándolo al convencimiento de que le disminuía el valor de las cosas y de las virtudes. Contra él trato yo de demostrar que no puede haber otra cosa más que egoísmo —que el hombre de «ego» débil y frágil es también débil para los grandes amores—; que los más apasionados lo son ante todo por la fuerza de su «ego»; que el amor es una expresión del egoísmo, etc.; la valoración falsa tiene por objetivo el interés: 1) de aquellos a quienes aprovechan, el rebaño; 2) contiene una sospecha pesimista contra el fondo de la vida; 3) quisiera destruir a los hombres mejor dotados y más esclarecidos: temor; 4) quiere hacer valer los derechos de los caídos contra el vencedor; 5) propaga un deshonor general precisamente contra los hombres más meritorios.

### 360

El hombre es un mediocre egoísta; sabido es que el más avisado ama más sus hábitos que su provecho.

### 361

¡Egoísmo! Pero aún no ha preguntado nadie qué clase de «ego». Por el contrario, todos consideran los «egos» como iguales. Estas son las consecuencias de la teoría del «suffrage universel» y de la «igualdad», forjada por los esclavos.

### 362

Las motivaciones de la acción de un hombre superior son increíblemente simples: con palabras como «compasión» no

se dice nada. Lo esencial es el sentimiento: «¿Quién soy yo?».
¿Quién es el prójimo con respecto a mí? Evaluación constantemente activa.


### 363

Que todos los fenómenos históricos de la moralidad se
puedan simplificar, como creyó Schopenhauer, hasta el
punto de encontrar en ellos como denominación común la
compasión, es una idea tan absurda e inocente que solo puede
caber en el cerebro de un pensador carente de todo instinto
teórico, y en el que, por raro caso, toda aquella disciplina
histórica que los alemanes han practicado, desde Herder a
Hegel, ha desaparecido.


### 364

Mi «compasión». Es este sentimiento para el cual ningún
hombre me satisface: lo siento allí donde contemplo un gran
despilfarro de preciosas cualidades, por ejemplo, en Lutero:
¡cuánta fuerza utilizada en problemas insulsos! (en un momento en que en Francia, por ejemplo, era posible el escepticismo animoso y alegre de un Montaigne), o donde veo que,
por un ciego azar, alguien no da los frutos esperados. O cuando pienso en el destino de la humanidad, como cuando contemplo con angustia y desprecio la política de la Europa actual, que
en todo momento trabaja en la confección del hombre futuro.
Sí; ¿qué será del hombre cuando...? Mi compasión se concreta
en esta pregunta: ¿habrá alguno con el cual yo pueda sufrir?


### 365

La compasión es una disipación del sentimiento, un parásito dañino de la salud moral; es imposible que constituya un

deber aumentar el mal en la tierra. Cuando solo se hace el bien por compasión, es un hecho que nos hacemos el bien a nosotros mismos, en vez de a los demás. La compasión no se refiere a las máximas, sino a los efectos; es patológica. El dolor ajeno nos contagia, porque la compasión es un contagio.

### 366

No hay egoísmo que se satisfaga con ser egoísmo y no ir más allá; por tanto, no existe nunca aquel egoísmo «lícito», «moralmente neutro», disculpable.

«Siempre se alimenta nuestro yo a costa de los demás.» «El vivo, vive siempre a costa de otros vivos; el que no comprende esto no ha dado el primer paso en la sinceridad.»

### 367

El «sujeto» no es más que una ficción: no existe el «ego» de que se habla cuando censuramos al egoísmo.

### 368

El «yo» —¡que no puede confundirse con la dirección unitaria de nuestro ser!— es solamente una síntesis conceptual; en definitiva, no existe una conducta «egoísta».

### 369

Dado que todo instinto es inteligente, la «utilidad» no es para él un punto de vista. Todo instinto, en cuanto activo, sacrifica fuerza y otros instintos; finalmente es frenado; de lo contrario, parecería un despilfarro. En suma, lo «inegoístico», lo abnegado, lo imprudente, no es algo especial —es común a todos los instintos—, no piensa en la utilidad de todo el «ego» (porque no piensa), va contra nuestra utilidad, contra el «ego»: y a veces a favor del «ego»; aunque en los dos casos inocentemente.

### 370

*Origen de los valores morales.*—El egoísmo vale lo mismo que vale fisiológicamente quien lo posee.

Cada individuo representa la línea de evolución (aunque no solo como la moral, como algo que comienza con el nacimiento): cuando representa la evolución ascendente de la línea del hombre, su valor es, en efecto, extraordinario, y el cuidado que inspira la conservación y la protección de su crecimiento puede ser extremo. (El cuidado de la posibilidad de futuro que hay en él da al individuo bien nacido un extraordinario derecho al egoísmo.) Si representa, en la evolución, la línea descendente, la descomposición, el malestar crónico, hay que atribuirle poco valor; y la más elemental equidad exige que quite a los hombres bien nacidos la menor cantidad de terreno, de fuerza y de sol. En este caso, la sociedad tiene el deber de asignar al egoísmo sus límites más estrechos (el egoísmo puede, a veces, manifestarse de una manera absurda, enfermiza, sediciosa): ya se trate de individuos o de capas populares enteras que lo marchitan y disminuyen. Una doctrina y una religión del «amor» dificulta la propia afirmación; una religión de la paciencia, de la resignación, de la ayuda mutua, en acción y en palabras, pueden ser de un valor superior en semejantes capas, aun a los ojos de los dominadores: pues ellas reprimen los sentimientos de la rivalidad, del resentimiento, de la envidia, propios de los seres desheredados; divinizan, con el nombre de ideal de humildad y de obediencia, el estado de esclavitud, de inferioridad, de pobreza, de enfermedad, de opresión. Esto explica por qué las clases (o las razas) dominantes, así como los individuos, mantienen sin cesar el culto del altruismo, el evangelio de los humildes, el «Dios en la cruz».

El predominio de las elevaciones altruistas es la consecuencia de un instinto en favor de los desheredados. Aquí, entra en juego la evaluación más profunda; «yo no valgo demasiado»; este es un juicio puramente fisiológico; es, mejor dicho, el sentimiento de impotencia, la falta de un gran sentimiento (en los músculos, los nervios, los centros del movimiento). La valoración se traduce, según la cultura específica de estas capas, en juicio moral o religioso (la preponderancia de los juicios religiosos o morales es siempre un signo de cultura inferior); trata de hallar fundamentos en las esferas por las que la idea de «valor» ha llegado a su conocimiento. La interpretación por la cual el pecador cristiano cree comprenderse a sí mismo es un intento para encontrar justificada la falta de poder y de confianza en sí; prefiere sentirse culpable a encontrarse vanamente malo. Es ya un síntoma de descomposición el tener necesidad de una interpretación de este género. En otros casos, el desheredado no inquiere la razón de su infortunio en su «falta», como hace el cristiano, sino en la sociedad: tal el socialista, el anarquista, el nihilista; considerando su existencia como algo cuya causa debe ser de alguien, estos se aproximan al cristiano, que creen también poder soportar mejor su malestar y su mala conformación cuando encuentran a alguien a quien puedan echarle la culpa. El instinto de venganza y del resentimiento aparece aquí, en los dos casos, como un medio de soportar la existencia, como una especie de instinto de conservación: del mismo modo que la preferencia concedida a la teoría y a la práctica altruistas. El odio proveniente del egoísmo, ya sea el que nos es propio (en el cristiano) o el de los demás (el socialista), se nos presenta así como una valorización en la que predomina la venganza; y considerado desde otro ángulo, como un ardid del espíritu de conservación en los que sufren por el crecimiento de sus sentimientos de mutualidad y reciprocidad...

En fin de cuentas, como ya he indicado, esta descarga del rencor que consiste en juzgar, en rechazar y en castigar el egoísmo (el propio o el ajeno), es también el instinto de conservació en los desheredados. En suma, el culto del altruismo es una forma específica del egoísmo que se presenta de ordinario en condiciones fisiológicas particulares.

Cuando el socialista anhela, con admirable indignación, la justicia, el derecho, los derechos iguales, se encuentra bajo la influencia de su deficiente cultura, que no sabe comprender la causa de su sentimiento, aparte que este anhelo constituya un placer para él. Si se encontrase en mejores condiciones, es muy posible que no pensara así, buscando su placer en otra parte. Lo mismo le sucede al cristiano: este calumnia, condena y maldice al mundo, sin exceptuarse él mismo. En ambos casos, estamos aún entre enfermos, a los que sienta bien el chillar, a los que la calumnia les proporciona un alivio.

### 371

Cualquier sociedad trata de caricaturizar a sus adversarios —por lo menos en su imaginación— y de ponerlos a caldo. Semejante caricatura es, por ejemplo, nuestro criminal. En medio del régimen aristocrático del Imperio Romano, el judío solía reducirse a la caricatura. Entre los artistas, «Monsieur Prud'homme» y el «burgués»; entre las gentes piadosas, el impío; entre los aristócratas, el hombre del pueblo. Entre los inmoralistas, el moralista es una caricatura: estamos, en mi criterio, en el caso de Platón.

### 372

Las inclinaciones y poderes elogiados por la moral son para mí esencialmente iguales a los valores execrados y rechazados por ella: por ejemplo, la justicia como voluntad de poder; voluntad de verdad, como medio de voluntad de poder.

### 373

*La interiorización del hombre.*—Nace cuando los importantes instintos que la sociedad controla se vuelven contra el que los siente, aliándose con la imaginación. Los instintos de enemistad, crueldad, venganza, violencia, se reabsorben en la voluntad de conocer; hay codicia e instinto de conquista; en el artista, la fuerza contenida de disimulo y engaño suele descubrirse; los instintos se transforman en demonios a los que hay que dominar, etcétera.

### 374

*La falsedad.*—Todo instinto soberano se vale de los demás instintos como si fueran instrumentos, hace de ellos algo así como un cortejo de aduladores: no se deja nunca llamar por su nombre vil, ni tolera otras alabanzas, a menos que se sienta al mismo tiempo alabado indirectamente. En torno de todo instinto soberano cristalizan todas las alabanzas y todas las censuras para llegar a un orden fijo y a una etiqueta: esta es una de las causas de la falsedad.

Todo instinto que aspira a la dominación, pero que se encuentra, sin embargo, bajo un yugo, tiene necesidad de valerse, para fortalecerse y para sostener el sentimiento de su dignidad, de todos los bellos nombres y de todos los valores reconocidos: lo que hace que se atreva a representarse las más de las veces bajo el nombre del «dueño» a quien combate y que quiere librarse (por ejemplo, bajo el reinado de los valores cristianos, el deseo de la carne o el deseo del poder). Esta es otra causa de falsedad.

En los dos casos reina una ingenuidad absoluta: la falsedad no participa de la conciencia. Un signo de instinto roto es que el hombre vea separadamente el elemento de impulsión y su «expresión» («la máscara»), signo de contradicción interior y obstáculo para la victoria. La absoluta inocencia en los gestos, en la palabra, en los efectos; la «buena conciencia» en la falsedad; la seguridad con que se concibe después de las palabras grandiosas y magníficas. Todo lo necesario para la victoria.

En el otro caso: para vencer en la extrema clarividencia, es necesario el genio del comediante y un gran dominio de sí mismo. Por ello, los sacerdotes son los más hábiles y conscientes hipócritas, y luego los príncipes, a quienes el arte y la estirpe impone una especie de conducta teatral. En el tercer caso, los hombres de sociedad, los diplomáticos. En el cuarto, las mujeres.

Pensamiento fundamental: la falsedad es algo tan profundo, tan multilateral, y la voluntad está de tal modo dirigida contra el conocimiento directo de sí mismo, que cuenta en su favor con la conjetura de una gran verosimilitud: verdad, voluntad de verdad es otra cosa muy distinta y casi un mero revestimiento. (La necesidad de creer es el mayor freno a la veracidad.)

«No debes mentir», se nos recomienda; y se nos exige veracidad. Pero el reconocimiento de lo real (el no dejarse engañar) es mayor por parte de los embusteros. Generalmente se ha dicho poco o demasiado: la pretensión de declararse con cada palabra que se pronuncia es una ingenuidad.

Se dice lo que se piensa, se es «veraz» solo bajo ciertos supuestos; a saber: el de ser entendido («inter pares»), y luego el de ser bien entendido (también «inter pares»). Nos ocultamos contra el extraño; y el que quiere lograr algo, dice lo que ha querido pensar de sí mismo, pero no lo que piensa. («El fuerte siempre miente».)


375

La gran moneda falsa nihilista bajo un hábil abuso de los valores morales:

*a)* El amor entendido como un despojo de la personalidad; igualmente la compasión.

*b)* Únicamente el intelecto, desposeído de su personalidad («el filósofo»), conoce la verdad, «el ser verdadero y la esencia de las cosas».

*c)* El genio, los grandes hombres. Son grandes porque no son ellos ni su causa lo que ansían: el valor del hombre aumenta en la medida que se arruina a sí propio.

*d)* El arte, obra del «sujeto puro, de voluntad libre», desconocimiento de la «objetividad».

*e)* La felicidad, fin de la vida; la virtud, medio para llegar a este fin.

La compensación pesimista de la vida en Schopenhauer es una condenación «moral». Transposición de las medidas del rebaño al dominio metafísico. El «individuo» carece de sentido, hay que atribuirle, pues, un origen en el «en sí» (y una significación de su existencia, como «error»); los padres no son más que una «causa ocasional».


376


1) La falsificación de la historia, por principio, para arrancarle la prueba de la valoración moral:

*a)* La decadencia de un pueblo y la corrupción.

*b)* Incremento de un pueblo y la virtud.

*c)* Apogeo de un pueblo («de su cultura»), consecuencia de su elevación moral.

2) La falsificación sistemática de los grandes hombres, de los grandes creadores, de las grandes épocas:

Se quiere que la fe sea la distinción de los grandes, sin embargo, la falta de consideración, el escepticismo, el derecho de sustraerse a una creencia, la «inmoralidad», forman parte de la grandeza (César, Federico el Grande, Napoleón, pero

también Homero, Aristófanes, Leonardo de Vinci, Goethe).
Siempre se omite lo que es esencial en ellos: el libre arbitrio.

### 377

Una gran mentira de la historia ha sido hacer creer que la
corrupción de la Iglesia fue la causa de la Reforma. Cuando solo fue el pretexto, la ilusión de sus propugnadores: las
grandes necesidades que se sentían buscaron una brutalidad
que las cubriese como un manto espiritual.

### 378

Schopenhauer consideró el alto intelectualismo como medio de liberación de la voluntad: no trató de ver la liberación
de los prejuicios que trae consigo la emancipación de los
grandes espíritus, la típica inmoralidad del genio; marcó
como condición de la actividad espiritual, de la visión «objetiva», que era la que únicamente tenía en aprecio, el valor
moral de la «renunciación». La verdad, en el arte mismo, solo
aparecía después de la extirpación de la voluntad.

A través de cualquier idiosincrasia moral veo ya una valoración completamente distinta: yo no admito tal absurda
separación de «genio» y voluntad, de lo moral y lo inmoral.
El hombre moral es de una más baja especie que el inmoral,
no su propio tipo; una copia, una buena copia en el mejor de
los casos —la medida de su valor está fuera de él—. Yo considero al hombre por la cantidad de energía que encierra, por
la plenitud de su voluntad, y no según su debilidad y apagamiento; una filosofía que enseña la destrucción de la voluntad me parece una doctrina envilecida y de difamación... Yo
mido el poder de una voluntad por su manera de enfrentar la
adversidad, por la tortura y el dolor que resiste, convirtiéndolas en provecho propio; yo no reprocho a la vida su ca-

rácter trágico y doloroso, sino que espero siempre que sea
más trágico y doloroso que en anteriores ocasiones...

El colmo de la sabiduría era para Schopenhauer llegar a
la aceptación de que todo lo existente carece de sentido; cosa
que instintivamente hace el hombre bueno... Niega que haya
otra clase de inteligencia más alta, considera su criterio
como un «non plus ultra». En sus doctrinas, la inteligencia
se subordina al bien: su más alto valor (en el Arte, por ejemplo) sería preparar la inversión moral, el dominio absoluto
de tos valores morales.

Justamente con Schopenhauer quiero caracterizar igualmente a Kant. Nada griego, completamente inhistórico (pasaje sobre la Revolución francesa), y fanático-moral (pasaje
de Goethe sobre el mal radical). También se ve la santidad
en su fondo...

Necesito hacer una crítica del santo.

Valor de Hegel. «Pasión.»

Filosofía de especiero del señor Spencer: completa ausencia de ideal, fuera del hombre mediocre.

Instinto fundamental de todos los filósofos, historiadores
y psicólogos: todo lo que el hombre valora, Arte, Historia.
Ciencia, Religión, Técnica, debe ser admitido como un valor moral, como condicionado moralmente en su fin, en sus
medios y en sus resultados. Comprenderlo todo en relación
con un valor supremo, por ejemplo, la pregunta de Rousseau
sobre la civilización: «¿Mejora por ella el hombre?». Pregunta pueril, pues sabido es que ocurre todo lo contrario,
cosa que, en definitiva, habla en favor de la civilización.


### 379

*La moral religiosa.*—La emoción, el gran deseo, las pasiones del poder, del amor, la venganza, de la posesión, quieren los moralistas arrancarlas, extinguirlas con el fin de purificar el alma.

La lógica dice: estos deseos ocasionan frecuentemente grandes males; en consecuencia, son malas, son vituperables. El hombre debe desentenderse de ellas; si no lo hace, es porque no es un hombre «bueno».

Se trata de una lógica igual a la que dice: «Si un miembro te duele, arráncalo». En el caso especial de aquel «ingenuo campesino», el fundador del cristianismo recomendó la práctica a sus discípulos, en el caso de excitación sexual, de este mandato, el cual no significa solamente prescindir de un miembro, sino transformar de raíz el carácter del hombre: este queda «castrado»... Igual ocurre con la locura del moralista, cuando, en vez de intentar que las pasiones sean dominadas, pide que se las extirpe. Solo el hombre castrado, concluye siempre, puede ser bueno.

Este espíritu estrecho y nefasto en sentido moral, en vez de utilizar las grandes fuentes de energía, esos torrentes anímicos frecuentemente peligrosos que brotan con impetuosidad, trata de que desaparezcan.


## 380

*¿Superación de las pasiones?*—Mucho cuidado si ha de significar su debilitamiento y destrucción. El problema consiste en servirse de ellas, tiranizándolas por mucho tiempo (no como individuo, sino como comunidad, raza, etc.). Poniendo en ellas, en fin, como una libertad confiada, puesto que nos aman como buenos servidores, y nos acompañan diligentes en nuestras mejores actividades.


## 381

La intolerancia de la moral es una expresión de la debilidad del hombre: se asustan ante su «inmoralidad», tiene que negar sus más fuertes instintos, en vista de que los utiliza de mala manera. Por esto, los más grandes filones de la tierra permanecen durante mucho tiempo inexplotados: falta la fuerza que los libere.

382

Hay hombres y pueblos completamente ingenuos que creen que sería deseable un buen tiempo permanente: «In rebus moralibus»: que el hombre bueno, en definitiva, sería algo deseable; y precisamente en esto consiste el progreso de la evolución humana: que solo él quede (y a este fin deben dirigirse los diversos esfuerzos). El problema resulta en alto grado antieconómico y, como queda dicho, el colmo de la ingenuidad, nada más que expresión de la gracia que el «hombre bueno» hace (no despierta temor alguno; hace posibles nuestras expansiones y da lo que se puede tomar).

383

Dentro de la concepción de la jerarquía de las pasiones, lo recto y lo normal supone el dominio de la pasión, mientras que las pasiones suelen ser consideradas como lo anormal, lo peligroso, lo semibestial y, en definitiva, por su fin, concupiscencia...

La pasión se degrada: 1) como si ella fuera el móvil, no necesariamente, sino de manera inconveniente; 2) en cuanto solo persigue algo que carece de valor, un placer...

El desconocimiento de la pasión y de la razón, como si estas fueran seres en sí, más que lo que en realidad son, estados relativos de diferentes pasiones y deseos, y como si cada pasión no tuviera en sí un «quantum» de razón...

384

¿Cómo es posible que, bajo la presión de la moral ascética del renunciamiento a sí mismo, los sentimientos del amor, de la bondad y de la piedad, y aun los de justicia, generosidad y heroísmo, resulataran casi desconocidos?

La riqueza de personalidad, la plenitud de sí mismo, la superabundancia y el deber, el bienestar instintivo y la afirmación personal es lo que en definitiva constituye el gran sacrificio y el gran amor; un fuerte y divino sentido de lo personal es lo que da madurez a estas pasiones, con tanta certidumbre como el deseo de dominar, de avanzar, como la certidumbre interior de tener un derecho sobre todos. Los sentimientos contrarios, según la acepción vulgar, equivalen a un mismo sentimiento; y si no conservamos nuestro propio pellejo y en él nos mantenemos serenos y valientes, no hay nada que dar y es perfectamente inútil tender la mano para proteger y sostener... ¿Hasta qué punto se ha podido transformar el sentido de estos instintos, que el hombre ha llegado a considerar como precioso lo que está en contra suya? ¡Sacrificio de un yo a otro yo! ¡Vergüenza para esa miserable mentira psicológica, que hasta el presente ha tenido el predominio en la Iglesia y en la filosofía influenciada por la Iglesia!

Dada la tendencia del hombre a pecar, este no tiene otro remedio que odiarse a sí mismo Y en el fondo, no tendría el derecho de sentir frente a sus semejantes otro sentimiento que ante sí mismo; el amor de los hombres tiene necesidad de una justificación; debe encontrarse en el hecho de que Dios ha ordenado este amor. Se deduce, por consiguiente, que todos los instintos naturales del hombres (sus inclinaciones al amor, etcétera) le parecen prohibidos por sí mismos) y que solo después de haberlos negado, en virtud de la obediencia a su Dios, recobran sus derechos... ¡Hasta ese punto llegó Pascal, el admirable lógico del cristianismo! Recordemos sus sentimientos para con su hermana. «No hacerse amar», es lo que en el fondo le parecía ser cristiano.

### 385

Reflexionemos sobre lo caro que se nos hace pagar este canon moral («un ideal» cuyos enemigos son probablemente los «egoístas»).

La agudeza melancólica del desprecio de sí mismo en Europa (Pascal, La Rochefoucauld), la debilitación, el descorazonamiento, el reconocimiento del que no quiere ser animal de rebaño.

La permanente exaltación de las cualidades mediocres como las más valiosas (modestia, sumisión y paciencia, la naturaleza como instrumento).

La mala conciencia mezclada a todo lo que es individual, original.

El desplacer y, consiguientemente, la vida de los fuertes amarga.

La conciencia de rebaño convertida en filosofía y religión, y su angustia.

Situemos fuera de discusión la imposibilidad psicológica de una acción desinteresada.

### 386

El hombre verdadero representa, en mi criterio, un valor muy superior al del hombre que podría «desear» cualquier ideal, tal como se le ha presentado hasta aquí; todo lo que se ha deseado con relación al hombre no ha sido más que digresión absurda y peligrosa, por la cual una especie de hombres particulares querría erigir en ley, por encima de la humanidad, sus propias condiciones de conservación y crecimiento; todo deseo de este hombre ha rebajado hasta el presente el valor del hombre, su fuerza y su certidumbre en el porvenir; la pobreza del hombre y su mediocre intelectualidad se ponen hoy más de manifiesto cuando persigue el objeto de sus deseos; la facultad que permite al hombre fijar valores ha sido, hasta el presente, bastante mal desarrollada para significar la parte del valor efectivo del hombre, y no solamente del valor «que él desea»; el ideal ha sido hasta el presente la verdadera fuerza calumniadora del mundo del hombre, una fuerza que extendió por la realidad su aire envenenado, la gran seducción de la nada...

### D) «*Crítica de las palabras: enmienda, perfección, elevación*»

### 387

Medida por la que se ha determinado el valor de las evaluaciones morales.

El hecho principal inadvertido: contradicción contra el «devenir moral» y la elevación y vigorización del tipo hombre.

«Homo natura». La «voluntad de poder».

### 388

El valor moral como valor aparente, comparación con los valores fisiológicos.

### 389

La refexión sobre lo más general es siempre atrasada; las últimas «deseabilidades» sobre los hombres, por ejemplo, nunca han sido consideradas por los filósofos como problemas. El «mejoramiento» del hombre ha sido planteado por todos de una manera ingenua, como si, en virtud de una intuición, estuviéramos por encima del problema. ¿Por qué ha de mejorarse el hombre? ¿En qué medida resulta deseable que sea virtuoso, prudente o feliz? Habida cuenta que no se conoce el porqué del hombre, semejante opinión carece de sentido; y si se desea lo uno, a lo mejor no se puede desear lo otro. El aumento de la virtud, ¿puede compararse con un aumento de la prudencia y el juicio? «Dubito»; existen demasiadas ocasiones de demostrar lo contrario. La virtud como fin, en el riguroso sentido de la palabra, ¿no necesita, por el contrario, como medios indispensables, de la desgracia, de las privaciones y de las maceraciones? Y si, al fin, llegase a más altura el conocimiento, ¿no se debería también renunciar al encarecimiento de la dicha? ¿Y el peligro de elegir como camino para el conocimiento el riesgo, la aventura, la desconfianza, la seducción...? Y si se ansía felicidad, quizá haya que alistarse entre los pobres de espíritu.

390

Engaño y embaucamiento general en el terreno de la llamada perfección moral. No entendemos nosotros que un hombre pueda llegar a ser otro si no lo era ya antes, es decir, si, como muchas veces sucede, no llevase en sí una pluralidad de personas, o, por lo menos, de gérmenes personales. En tal caso, lo que se consigue es que un nuevo actor se sitúe en escena y que «el hombre antiguo» retroceda. Lo que ha cambiado no es la esencia, sino la faz... Que alguien deje de realizar ciertas acciones es un mero «factum brutum», susceptible de las más diversas interpretaciones. Ni siquiera se consigue siempre superar el habito «ultima ratio» de las acciones. Aquel que por la fatalidad o por sus condiciones es un criminal no olvida nada, sino que cada vez aprende más; y una gran privación actúa como tónico sobre su talento... Para la sociedad, esto no tiene otro interés sino que alguien deje de cometer ciertos actos: para ello le priva de las condiciones en que podría realizarlos; en todo caso, esto es más prudente que intentar lo imposible: la fatalidad de rebelarse contra su sino. La Iglesia, al heredar a la antigua filosofía en este punto, partiendo de otra medida de valor y deseando salvar las almas, cree en la capacidad expiatoria del castigo, y además, en la fuerza redentora del perdón; ambas cosas son errores del prejuicio religioso, porque ni el castigo purifica, ni el perdón redime, aparte que lo hecho no pueda ser deshecho. El perdón no demuestra que algo deje de ser... Un hecho tiene sus consecuencias en el hombre y fuera del hombre, independientemente de que haya sido perdonado, expiado, etc.; independientemente de que la Iglesia haya convertido a su autor en un santo. La Iglesia cree en cosas que no hay: en «almas»; cree en efectos que no se producen: los efectos divinos; cree en estados que no hay: en el pecado, en la redención, en la salvación de las almas; en general, se queda en la superficie, en signos, gestos, palabras, a los cuales da una interpretación arbitraria. Ha falsificado metódicamente la psicología.

391

«La enfermedad hace mejor al hombre»: esta conocida afirmación, que se mantiene a través de los siglos, lo mismo en la boca de los sabios que en la boca o el hocico del pueblo, da qué pensar. Podríamos preguntarnos, respecto a su posible validez: ¿existe un lazo moral entre la moral y la enfermedad? La mejora del hombre, considerada en general, es decir, la indudable humanización, refinamiento y bonificación durante el último milenio, ¿es quizá una consecuencia de grandes sufrimientos, de grandes amarguras y privaciones? ¿Ha mejorado la enfermedad al europeo? O dicho de otra manera: nuestra moralidad, nuestra delicada moralidad moderna, a la que se quiere comparar con la moralidad de los chinos, ¿es la expresión de un retroceso fisiológico...? Quizá es inútil negar que cada pasaje de la historia en que el hombre se ha mostrado en toda su pujanza y poder ha traído tras sí un carácter eruptivo peligroso, durante el cual la hu-

manidad ha vivido en peligro, y quizá en todos los demás
casos en que ha parecido otra cosa, ha sido quizá porque la
psicología ha carecido de perspicacia y de valor para llegar
hasta el fondo: «Cuanto más sano, fuerte, rico, fecundo, em-
prendedor se siente un hombre, tanto más inmoralmente
procede». ¡No debemos suscribir tan triste pensamiento!
Pero, aceptando que por un momento simpatizásemos con
él, ¡cómo se iluminaría el porvenir! ¿Que nos haría pagar el
mundo más caro que lo que precisamente deseamos con todas nuestras fuerzas: la deshumanización, el mejoramiento,
la creciente «civilización» del hombre? Nada sería más caro
que la virtud, porque, en definitiva, convertiríamos con ella
el mundo en un hospital; y la suprema aspiración de la sabiduría sería convertir a cada hombre en un «enfermero». Tendríamos, en efecto, aquel soñado estado de «paz en la tierra». Pero, al mismo tiempo, tendríamos tan poco bienestar,
tan poca belleza, tan poco valor, tan poco peligro, ¡tan pocas
de esas obras por las cuales ansiamos vivir en el mundo!
Y, además, ninguna hazaña. Porque todas las grandes haza-
ñas y hechos que se han perpetuado y no han sido barridos
por la ola del tiempo, ¿no han sido grandes inmoralidades si
penetramos en su fondo...?

## 392

Los sacerdotes, lo mismo que los semisacerdotes y los filósofos, han llamado verdad en todos los tiempos a una doctrina cuyo efecto educador era beneficioso o parecía serlo,
una doctrina que nos hacía «mejores» a los hombres. Se parecen por esto a un empírico ingenuo, a un taumaturgo que
hubiera salido del pueblo, que, por haberse servido como remedio de un veneno, negase que esto fuese un veneno precisamente... A las verdades, «las reconoceréis por sus frutos»; tal es el razonamiento hoy, incluso, de los sacerdotes.
Su sagacidad ha sido derrochada de manera bastante funesta,

para dar a la prueba de fuerza (o «por los frutos») la preeminencia y aun la facultad de decidir todas las demás formas de la demostración. «Lo que nos hace buenos debe ser bueno; lo que no es bueno, no debe engañarnos», discurren con lógica inexorable. «Lo que da buenos frutos debe ser verdadero; no hay otro criterio de verdad...»

Pero si el hecho de hacernos mejores se considera como argumento, el hecho de hacernos peores debe estimarse como refutación... Se demuestra que el error es error examinando la vida de los que lo representan: un paso en falso, un vicio que refutan... Esta manera indecente de luchar, la que ataja por debajo y por la espalda, la de los perros, no ha muerto tampoco: los sacerdotes, a fuer de psicólogos, no encuentran jamás nada más interesante que husmear en los secretos de sus adversarios; dan pruebas de cristianismo hasta buscando en las deyecciones del mundo. Ante todo, ante los hombres de primera categoría en el mundo, ante los maestros, recordemos que Goethe fue en todos los tiempos combatido en Alemania (Klopstock mismo y Herder dieron «el buen ejemplo»: «Dime con quién andas y te diré quién eres»).

### 393

Hay que ser inmoralista, sin duda alguna, para hacer moral de acción... Los medios de que se vale el moralista, son probablemente los más terribles que se han utilizado: el que no tiene valor para la inmoralidad, servirá para todo lo que no suponga ser moralista.

La moral es una «menagerie»: su presuposición es que valen las barras de acero más que la libertad, aun para los enjaulados; su otra presuposición es que hay domadores de fieras que no retroceden ante los medios más terribles, puesto que dominan el hierro candente con la mano. Esta especie espantosa que admite la lucha con las bestias feroces se llama la de los «sacerdotes».

El hombre, encerrado en una jaula de hierro con errores, convertido en una caricatura de sí mismo, enfermo, amargado, rencoroso, lleno de desconfianza contra lo que es bello y bueno en la vida, miserable en todas sus circunstancias. ¿Cómo podría justificarse, a pesar de ser un engendro artificioso, arbitrario, tardío, que los sacerdotes inventaron y a quien consideran «el pecador»...?

Para no pensar mal de la moral debíamos poner en su lugar dos conceptos zoológicos: domesticación de las bestias y cría de una determinada especie.

En todo tiempo los sacerdotes dijeron que querían mejorar al hombre... Pero nosotros nos reímos, claro está, cuando un domador de fieras habla de sus bestias como de animales mejorados. La domesticación de las fieras, por lo general, se consigue a fuerza de estropearlas. Como es estropeado y no mejorado el hombre moral. Aunque menos dañino...

Lo que yo quiero poner en evidencia con todas mis fuerzas es que:

*a)* No hay peor confusión que la de equiparar los conceptos domesticación y disciplina, y esto es lo que se ha hecho... La disciplina, tal como yo la entiendo, es un medio de acumular enorme cantidad de fuerzas en la humanidad, de modo que las generaciones puedan edificar sobre el trabajo de sus antepasados, no solo interior, sino exteriormente, levantando organizadamente su fortaleza sobre ellas...

*b)* Hay un peligro extraordinario en creer que la humanidad progresará haciendo a los individuos mediocres... La humanidad es un concepto abstracto. El fin de la disciplina, aun en los casos más raros es hacer al individuo más fuerte, puesto que el indisciplinado es débil, inconstante y dilapidador.

VI

## CONSIDERACIÓN FINAL DE LA CRÍTICA DE LA MORAL

### 394

Lo que exijo de todos, pese a que suene mal a los oídos, es que sometáis a una crítica absoluta vuestras valoraciones morales. Que al impulso del sentimiento moral, partidario de la sumisión más que de la crítica, le preguntéis abiertamente: ¿y por qué sumisión? Firmeza, por el contrario, es lo que hace falta. Esta exigencia de un porqué, esta crítica necesaria de la moral debe considerarse precisamente como la forma presente de la moral, como la especie más sublime de moral que os hace honor a vosotros y a vuestro tiempo. Que vuestra lealtad, vuestra voluntad de no engañaros se manifiesta con estas palabras: «¿por que no?», «¿ante qué tribunal?».

### 395

Tres afirmaciones:

Lo vulgar es lo más elevado (protesta del «hombre vulgar»).

Lo antinatural es lo más elevado (protesta de los mal nacidos).

Lo mediocre es lo más elevado (protesta de los mediocres, del rebaño).

Se ve manifestarse en la historia de la moral una voluntad de poder, por lo cual, esclavos y oprimidos, fracasados y enfermos, y algunas veces los mediocres, pretenden realizar valores que les son más favorables.

Desde el punto de la biología, el problema de la moral no puede ser más dudoso. Hasta hoy la moral se ha desarrollado a costa de los dominadores y de su instinto específico, de las naturalezas privilegiadas y superiores, de los independientes y privilegiados en todos los órdenes.

Por consiguiente, la moral es una oposición permanente a los esfuerzos de la naturaleza para producir un tipo superior. Entre sus defectos más importantes pueden señalarse: la desconfianza contra la vida en general (sintiendo su tendencia como inmoral), falta de sentido, contradicción (en cuanto los valores supremos son sentidos como en oposición a los instintos superiores), degeneración y destrucción de los caracteres superiores, porque justamente en ellos es donde se evidencia el conflicto.

396

¿Cuáles han sido de siempre los valores más predominantes?

La moral como valor supremo en todas las fases de la filosofía (aun entre los escépticos). Resultado: este mundo no tiene valor por sí mismo; se hace necesaria la existencia de un «mundo verdadero.

¿Qué es lo que determina el supremo valor en definitiva? ¿Qué es esencialmente la moral? El instinto de «decadence», los agotados y los desheredados, que de esta manera, vengándose, se sienten señores...

Prueba histórica: los filósofos siempre decadentes, siempre al servicio de las religiones nihilistas.

El instinto de decadencia aparece como voluntad de poder. Introducción de su sistema de medios: absoluta inmoralidad de estos medios.

## LOS VALORES CONTRARIOS QUEDAN SIEMPRE DEBAJO

1) ¿Cómo es posible semejante cosa? ¿Por qué la vida, la perfección fisiológica, queda debajo en todas partes? ¿Por qué no hay ninguna filosofía del Sí, ninguna religión del Sí?

Signos históricos de este movimiento: la religión pagana que puede sintetizarse en «Dionisio contra el Crucificado». El Renacimiento. El Arte.

2) Los fuertes y los débiles: los sanos y los enfermos: las excepciones y la regla. No hay duda de quién es el más fuerte.

Aspecto general de la historia: ¿es el hombre una excepción en la historia de la vida? Protesta contra el darwinismo. Los medios de los débiles para mantenerse arriba son: instinto, humanidad, instituciones.

3) Prueba de este señorío en nuestros instintos políticos, en nuestras valoraciones sociales, en las Artes, en la Ciencia.

Los instintos decadentes han predominado sobre los instintos de progreso..., la voluntad de la nada ha predominado sobre la voluntad de vivir.

¿Es esto verdad? ¿No hay quizá una mayor garantía de la vida de la especie en esta victoria de los débiles y de los mediocres? ¿No es quizá un medio en el movimiento general de la vida, un «tempo» retardado, una defensa contra algo peor aún?

Suponiendo que los fuertes llegasen a dominar en todo y, por tanto, también en las valoraciones morales, saquemos la consecuencia de cómo pensarían respecto a la enfermedad, el dolor y el sacrificio. La consecuencia sería un menosprecio de sí mismos por parte de los débiles; tratarían de desaparecer y de disolverse. ¿Y sería esto deseable? ¿Podría desearse un mundo en el que faltara la influencia de los débiles, su finura, su circunspección, su espiritualidad, su flexibilidad...?

Hemos visto la pugna de dos voluntades de poder (en el caso especial tenemos un principio: dar la razón al que hasta ahora ha estado postergado y quitársela al que hasta ahora ha dominado); hemos reconocido el verdadero mundo como un mundo de «engaño», y la moralidad como una forma de inmoralidad. Nosotros no decimos «el más fuerte no tiene derecho».

Hemos comprendido lo que constituye el más alto valor y lo que determinó su victoria sobre el valor contrario: se trataba del más importante numéricamente.

Purifiquemos el valor contrario, el de la infección y de la falta de carácter, el de la degeneración por todos reconocido.

Frente al restablecimiento de la naturaleza, la liberación del morbo moral.

## 397

La moral es un error útil, sobre todo para los más grandes y libres de prejuicio de sus propugnadores, una mentira forzosamente estimada.

## 398

Conquistemos la verdad de manera que no necesitemos demasiado la disciplina de la moral. En caso de que se juzgue la vida moralmente, rechazarla.

No debemos crear personajes imaginarios y, por ejemplo, decir: «La naturaleza es cruel». Se siente alivio, comprendiendo que no hay tal ser central responsable.

Evolución de la humanidad. A) Lograr un cierto poder sobre la Naturaleza y, por consiguiente, un inevitable poder sobre el hombre. (La moral era necesaria para realizar al hombre en su lucha contra la Naturaleza y con la «bestia feroz».)

B) Una vez alcanzado el poder sobre la Naturaleza, puede utilizarse para conseguir el desenvolvimiento del hombre libremente: la voluntad de poder como elevación y vigorización del individuo.

## 399

La moral, como ilusión de la especie, para animar a los individuos a que se sacrifiquen por el porvenir, concediéndole aparentemente un valor infinito para que con semejante conciencia de sí tiranice otros terrenos de su naturaleza y no se contente fácilmente consigo mismo.

Profundo agradecimiento para todo aquello que la moral nos ha proporcionado hasta ahora; pero ahora una nueva presión que sería fatal. Ella obliga, en cuanto es sinceridad, a la negación de la moral.

## 400

En qué medida a negación de la moral es aún un trozo de su propia fuerza. Nosotros, los europeos, llevamos la sangre de los que murieron por su fe. Hemos admitido la moral de manera terrible y seria y no hay nada que no le hayamos sacrificado. Por otra parte, nuestra delicadeza espiritual la hemos alcanzado precisamente por una vivisección de la conciencia. Todavía sigue siendo para nosotros un misterio el «¿dónde?» al que nos sentimos empujados después de haber sido arrancados a nuestro antiguo suelo. Pero este mismo suelo nos ha infundido la fuerza, que ahora nos impulsa a lo lejos, a la aventura, a las playas donde somos arrojados; no hay elección, tenemos que ser conquistadores, porque ya no tenemos suelo donde podamos establecer nuestros lares, donde nos podamos sustentar. Un oculto «sí» nos impulsa, que es más fuerte que todas nuestras negaciones. Nuestra misma fortaleza ya no tolera aquel antiguo suelo cómodo: nos atrevemos a ir más allá; a pensar que el mundo es aún rico e inexplorado, y aun irse a fondo es mejor que hacerse indeciso y sentirse envenenado. Nuestra propia fortaleza nos lanza al mar, allí donde todos los soles se han puesto... Nosotros sospechamos un nuevo mundo...

## VII

## CRÍTICA DE LA FILOSOFÍA

### 1.  Condiciones generales

## 401

Procuremos alejar de nosotros alguna de las supersticiones que han prevalecido hasta el momento en relación con los filósofos.

## 402

Los filósofos combatieron y combaten la apariencia, el cambio, el dolor, la muerte, lo corporal, los sentidos, el destino y la falta de libertad, contra la ausencia de finalidad.

Puesto que creen primeramente en: 1) el conocimiento absoluto; 2) el conocimiento por el conocimiento; 3) en la alianza de la virtud y de la felicidad; 4) en la cognoscibilidad de las acciones humanas. Se sienten dirigidos por valoraciones instintivas, sobre las cuales reflejan los estados «anteriores» de cultura (más peligrosos).

## 403

¿Qué les falta en realidad a los filósofos?: 1) sentido histórico; 2) conocimiento de la psicología; 3) un fin futuro. Hacer crítica sin ninguna clase de ironía exenta de prejuicios morales.

## 404

Los filósofos: 1) han tenido siempre la más admirable aptitud para la *contradictio in adjecto;* 2) han tenido tanta confianza en los conceptos abstractos como desconfianza en los sentidos: no han comprendido que concepto y palabra son bienes heredados de épocas en que los cerebros andaban muy cegados.

Los filósofos no deben dejarse regalar los conceptos, no solo deben purificarlos y esclarecerlos, sino que deben hacerlos, crearlos, establecerlos y persuadir con ellos. Siempre se ha confiado que los conceptos suponían como un presente de los cielos; y en último término, que eran la herencia de nuestros antepasados, tanto de los tontos como de los hábiles. Esta piedad contra lo que nosotros encontramos constituye quizá el elemento moral en el conocimiento. Es preciso, en fin, un escepticismo total ante los conceptos tradicionales (como el que poseyó Platón, naturalmente, el cual enseñó todo lo contrario).

405

Poseído de profunda desconfianza contra los dogmas de la teoría del conocimiento, me gustaba asomarme a tal o cual ventana, pero cuidaba de no detenerme mucho tiempo, pues me parecía muy perjudicial. Últimamente, solía preguntarme: ¿es posible que un instrumento pueda criticar su propia capacidad? Pero, sobre todo, pensaba que nunca hubo un escepticismo ni un dogmatismo en la teoría del conocimiento sin un pensamiento oculto; que esta teoría tiene solo un valor de segundo orden cuando se piensa qué es lo que nos lleva a esa posición.

Idea fundamental; tanto Kant, como Hegel o como Schopenhauer —lo mismo la actitud escéptico-epogistica, que la histórica y la pesimista— son de origen moral. No conozco a nadie en realidad que se haya permitido hacer una crítica de las valoraciones morales: y las contadas tentativas de llegar a una historia del origen de estos sentimientos (las darwinistas inglesas y alemanas) tan poco me gustaron, que pronto les volví la espalda.

La posición de Spinoza, su negación y refutación de los juicios morales, solo tiene una explicación como una consecuencia de su Teodicea.

406

*La moral, como suprema desvalorización.*—O nuestro mundo es obra y expresión («modus») de Dios, y en tal caso debe ser completamente perfecto (Leibniz) —y nadie duda

que sepamos lo que es la perfección—, y el mal solo una
apariencia (más radicales en Spinoza los conceptos bien y
mal), o del supremo fin debe ser deducido Dios (como consecuencia de un favor de Dios, que nos permite elegir entre
el bien y el mal: el privilegio de no ser autómatas; «Libertad»
del peligro, del error, de la elección falsa..., por ejemplo,
Simplicio en su comentario a Epicteto).

O nuestro mundo es imperfecto, el mal y el pecado son cosas reales; en este caso el mundo no puede ser verdadero, y el
conocimiento es el único camino para negarlo, es un error
que, como error, puede ser reconocido. Esta es la opinión de
Schopenhauer, basándose en los supuestos de Kant. Todavía
más desesperado es Pascal; puesto que entiende que como el
conocimiento también está corrompido y falseado, es necesaria la revelación para comprender el valor negativo del mundo.

407

La costumbre de las autoridades absolutas ha creado una
especie de necesidad de las autoridades absolutas, tan fuerte,
que aun en épocas críticas como la de Kant, se muestra superior a la necesidad crítica, y, en cierto sentido, se apodera
del trabajo del entendimiento crítico y lo pone al servicio de
sus fines. En la siguiente generación, que por su instinto histórico tiene un concepto relativo de la autoridad, se nota, a
pesar de esto, su dominio, cuando también en la filosofía de
la evolución de Hegel, la historia, bautizada en filosofía, se
pone al servicio de la idea moral y es considerada como la
realización progresiva de dicha idea moral. Desde Platón,
la filosofía está bajo el dominio de la moral. Igualmente y en
sus antecesores, se advierten destellos de interpretaciones
morales (en Anaximandro, la ruina de todas las cosas como
castigo por su emancipación del Ser puro; en Heráclito, la regularidad de los fenómenos como prueba del carácter moral
de todo el devenir).

408

La marcha de la filosofía se ha visto siempre obstaculizada por los prejuicios morales históricos.

En todas las épocas se han tomado los «bellos pensamientos» por argumentos; los «pechos hidalgos», por el fuelle de la divinidad; la convicción como «criterio de la verdad»; la necesidad del adversario, como signo interrogante de la sabiduría; esta falsedad, esta falsa moneda la encontramos por toda la historia de la filosofía. Descontados los estimables, pero raros escépticos, en ninguna parte encontramos un instinto de honradez intelectual. Últimamente, el mismo Kant, en toda su inocencia de esta corrupción de los pensadores, ha tratado de constituir científicamente el concepto de «razón práctica», y hasta inventó una razón para prescindir de la razón a ratos: a saber, las necesidades del corazón cuando hablan la moral y el «deber».

409

Hegel: su lado popular, la doctrina de la guerra y de los grandes hombres. El derecho es de los victoriosos: de esta manera expone el progreso de la humanidad. Intento de explicar el dominio de la moral por la historia.

Kant: un reino de valores que se sustrae a nosotros, tan invisible como real.

Hegel: una evolución demostrable, que se va haciendo visible, del reino de la moral.

Nosotros no queremos engañarnos con la manera kantiana ni con la moral hegeliana; no creemos, como les ocurrió a ellos, en la moral. Por tanto, no tenemos que crear ninguna filosofía para fundamentar la moral. Tanto el criticismo como el historicismo se nos presentan carentes de interés en tal sentido. ¿En qué sentido lo tienen?

### 410

*La importancia de la filosofía alemana* (Hegel).—Pensar un panteísmo en que el mal, el error y el dolor no se sientan como argumentos contra la divinidad. Esta magnífica iniciativa ha sido utilizada en forma abusiva por los poderes exigentes (Estado, etc.) para sancionar con ella la nacionalidad de dichos poderes.

Schopenhauer aparece, por el contrario, como hombre encarnizadamente moral, que para conservar su tesoro moral pide la negación del mundo. Por último, se hace «místico».

Yo mismo busqué una justificación estética: ¿cómo es admisible la fealdad del mundo? Tomé la voluntad de la belleza, de la persistencia en las mismas formas, como un medio temporal de conservación y de salud; pero la eterna creación, así como la eterna destrucción, me parecen ligadas fundamentalmente al dolor. La fealdad es una manera de considerar las cosas bajo la voluntad, un sentido, un nuevo sentido, puesto en las cosas que han dejado de tenerlo: la fuerza acumulada, que es el resorte de los creadores; sentir lo histórico como insostenible, abortado, digno de ser negado, feo.

### 411

Mi primera solución: la sabiduría dionisíaca. Placer en la destrucción de lo más noble y en ver cómo paso a paso se va corrompiendo; como placer por lo que viene, por lo futuro, que triunfa sobre lo existente. Dionisíaco: identificación temporal con el principio de la vida (comprendida la dicha del mártir).

Mis innovaciones: ulterior desarrollo del pesimismo: el pesimismo del intelecto, la crítica moral, disolución del último consuelo. Conocimiento de los signos de la decadencia; toda acción fuerte es velada por la quimera; la cultura aislada es injusta y por lo mismo, fuerte.

1) Mis combates contra la decadencia y la creciente mengua de la personalidad. Yo buscaba un centro nuevo.

2) Reconocimiento de la imposibilidad de este esfuerzo.

3) Mientras avanzo en la carrera de disolución, encuentro para los individuos nuevos manantiales de fuerzas. ¡Debemos ser destructores!

Yo conocía que el estado de disolución en que los seres individuales se pueden perfeccionar como nunca —un modelo y un caso individual de la existencia universal—. Contra el sentimiento paralizador de la disolución universal y de la imperfección universal, sostuve el «eterno retorno».

412

Se busca la imagen del mundo en la filosofía, que es quizá lo más confortable; es decir, en nuestro instinto más poderoso. ¡También a mí me sucede eso!

413

La filosofía alemana en conjunto —Leibniz, Kant, Hegel, Schopenhauer, para citar a los más importantes— es el género más profundo de romanticismo y de melancolía que se ha concebido: el anhelo hacia lo mejor de otro tiempo. Ningún lugar ya es nuestra patria; se ansía por fin volver atrás para encontrar un hogar, porque solo allí se podía encontrar: ¡y estamos en el mundo griego! Pero precisamente allí están todos los puentes rotos, si se exceptúa el arco iris de los conceptos. ¡Conduciéndonos siempre a todos los hogares y parias que ha habido para las almas griegas! ¡Hay que ser muy fino, muy ligero, muy sutil, en efecto, para poder caminar por estos puentes! Pero ¡qué felicidad es ya este deseo de espiritualidad, casi de espectralidad! ¡Cuán lejos se está con esto de la «presión y choque» de la miopía mecánica de las ciencias naturales, del estruendo de feria de las «ideas modernas»! Se quiere volver atrás por los Padres de la Iglesia a los griegos, por el Norte hacia el Sur, por las fórmulas a las formas; se goza aún con lo que fue el fin de la Antigüedad, el cristianismo, como un acceso a ella, como un buen trozo del viejo mundo, como mosaico resplandeciente de antiguos conceptos y antiguos prejuicios. Arabescos, volutas, rococó de abstracciones escolásticas —siempre mejorando; es decir, más finas y sutiles que la realidad plebeya y aldeana del Norte europeo; siempre como protesta de una espiritualidad más alta contra las guerras de aldeanos y las insurrecciones populares, que se enseñorearon del gusto espiritual en el norte de Europa y que encontraron su jefe en aquel gran «antiespiritual», en Lutero—; en este sentido, la filosofía alemana es un fragmento de la Contrarreforma y, si se quiere, el renacimiento o la voluntad de renacimiento, voluntad de seguir en el descubrimiento de la Antigüedad, en las excavaciones de la antigua filosofía, ante todo de la filosofía presocrática, ¡el más soterrado de todos los templos griegos! Probablemente, algunos siglos más tarde, se juzgará que toda filosofía alemana fundamente su dignidad en una gradual reconquista del antiguo terreno, y que toda aspiración a la «originalidad» parece lamentable y ridícula con relación a aquella alta aspiración de los alemanes, el lazo con los griegos, el tipo de hombre más elevado que se ha conocido. Otra vez volvemos a acercarnos a aquellas formas fundamentales de explicación del mundo que el espíritu griego halló en Anaximandro, Heráclito, Parménides, Empédocles, Demócrito y Anaxágoras —nos hacemos más griegos de día en día, últimamente en los conceptos y valoraciones, como fantasmas helenizantes—, esperando que llegará un día en que también acaezca con nuestro cuerpo. ¡En esto se funda mi esperanza en el carácter alemán!

## 414

No busco prosélitos para la filosofía; es necesario, resulta deseable que el filósofo se convierta en una planta rara. Nada más contrario que el elogio didáctico de la filosofía, como lo hacen Séneca o Cicerón. La filosofía no tiene que ver nada con la virtud. Permítaseme decir que incluso el hombre científico no tiene nada que ver con el filósofo. Lo que yo desearía es que en Alemania no se perdiese radicalmente el concepto del filósofo. Bajo tan preclaro nombre, ¡existen tantos seres híbridos que quieren ocultar su fracaso en Alemania!

## 415

Intento establecer el más difícil ideal del filósofo. El saber, no importa nada. El sabio es el animal de rebaño del conocimiento, que investiga porque se lo ordenan y se lo enseñan.

## 416

Hay una superstición acerca de los filósofos: la de confundirlos con los hombres de ciencia. Como si los valores se ocultasen en las cosas y hubiera que sacarlos de ellas. En qué medida investigaban bajo el influjo de valores dados (su odio a las apariencias, al cuerpo, etc.). Schopenhauer, en relación con la moral (burla del utilitarismo). La confusión es tan grande últimamente, que hasta al darwinismo se le considera filosofía, quizá por su domino entre los hombres de ciencia. Los mismos franceses, Taine entre ellos, investigan sin valerse de antemano de la medida de los valores. El respeto a los hechos se ha convertido en algo así como un culto. De hecho, se destruyen los valores existentes.

Explicación de este error. El destinado a mandar nace raras veces, se interpreta mal a sí mismo. Se trata de desorbitar la autoridad y ponerla en las circunstancias. En Alemania la valoración del crítico pertenece a la historia de la creciente virilidad. Lessing, por ejemplo (Napoleón sobre Goethe). Es un hecho que el romanticismo alemán hizo retroceder este movimiento, y el llamamiento de la filosofía alemana hace referencia a aquel como si con él se hubiera conjurado el peligro del escepticismo y hubiera podido demostrarse la fe. En Hegel culminan ambas tendencias: generaliza en el fondo el hecho de la crítica alemana y el hecho del romanticismo alemán —una especie de fatalismo dialéctico, pero en honor del espíritu y subordinando positivamente los filósofos a la realidad—. El crítico, nada más que prepara.

Con Schopenhauer declina el tema de los filósofos: se trata de una determinación del valor; pero siempre bajo el yugo del eudemonismo. El ideal del pesimismo.

417

*Teoría y práctica.*—Distinción funesta, como si existiese un instinto particular del conocimiento, que despreocupada de los problemas de utilidad y de peligro, se precipitase ciegamente hacia la verdad; y luego, aparte de este instinto, todo el mundo de los intereses prácticos...

Al contrario, yo trato de mostrar qué clase de instintos han actuado detrás de todos estos teóricos puros; cómo los mismos, de manera irremediable bajo el imperio de sus instintos, se han precipitado sobre algo que para ellos, solamente para ellos, suponía la verdad. La lucha de los sistemas, sin perder de vista la de los escrúpulos de la teoría del conocimiento, es una lucha de instintos determinados (las formas de la vitalidad, de la regresión, de las clases, de las razas, etc.).

El llamado *instinto del conocimiento* debe ser reducido a un instinto de apropiación y de dominio: de acuerdo con este instinto se han desarrollado los sentidos, la memoria, los instintos, etc. La reducción más rápida posible de los fenómenos, la economía, la acumulación de los tesoros logrados en el terreno del conocimiento (es decir, de un nuevo hecho propio y manejable...).

La moral es una ciencia tan especial porque es práctica en sumo grado, hasta el punto de que la posición del conocimiento puro, la probidad científica, es pronto abandonada en el momento que la moral exige sus respuestas. La moral dice: yo «necesito ciertas» respuestas; las razones, los argumentos vendrán después, y si no quieren venir que no vengan...

«¿Cómo se debe obrar?» Si pensamos que desde hace miles de años nos hemos tenido que encontrar con un tipo soberanamente desarrollado, en el que todo se ha hecho instinto, oportunidad, automatismo, fatalidad, la urgencia de semejante cuestión moral nos parecerá fatalmente cómica.

¿Cómo se debe obrar? La moral fue siempre un equívoco; en realidad, una especie a la que una fatalidad interior impulsaba a obrar de tal o cual modo, «quería» justificarse elevando su norma de conducta a norma universal.

¿Cómo se debe obrar?, no es causa, sino efecto. La moral continua; el ideal llega al final. Por otra parte, la aparición del escrúpulo moral (dicho de otro modo: la conciencia de los valores según los cuales se obra) es un cierto estado enfermizo; las épocas fuertes y los tiempos vigorosos no reflexionaban sobre sus derechos, sobre los principios de su conducta, sobre el instinto y la razón. Llegar a ser consciente supone un signo de la verdadera moralidad, es decir, la seguridad instintiva en la acción, se la han llevado los demonios... Los moralistas son, como cada vez que se crea un nuevo mundo de la conciencia, signos de una lección, de una depauperación, de una desorganización. Los hombres profundamente instintivos tienen pánico a la logificación del deber; entre ellos encontramos adversarios pirrónicos de la dialéctica y de la cognoscibilidad en general... Una virtud es refutada como un «para».

Tesis: la aparición de los moralistas coincide con los tiempos en que la moralidad ha terminado.

Tesis: el moralista es un elemento disolvente de los instintos morales, aunque él esté convencido de que es su restaurador.

Tesis: lo que realmente impulsa a los moralistas no son los instintos morales, sino los instintos de decadencia, traducidos en las fórmulas de la moral (sienten la inseguridad de los instintos como corrupción).

Tesis: los instintos de decadencia que los moralistas quieren que prevalezcan sobre el instinto moral de las razas y las épocas fuertes, son:

1)  Los instintos de los débiles y de los desheredados.

2)  Los instintos de las excepciones, de los solitarios, de los desarraigados, del *abortus* en grande y en pequeño.

3)  Los instintos de los que sufren habitualmente, que necesitan una explicación noble de su estado y que por esto tienen que ser lo menos fisiólogos posible.

418

*Hipocresía del espíritu científico.*—No se debe aparentar espíritu científico allí donde no hay tiempo para ser científico; aunque también el verdadero investigador tiene la vanidad de presumir de una especie de método, que en el fondo aún pertenece a su tiempo. Igualmente no debe falsear cosas e ideas a las cuales ha llegado de otro modo, por medio de una falsa apariencia de deducción y dialéctica. Así falseó Kant, en su moral, sus inclinaciones psicológicas interiores; otro ejemplo más moderno es la ética de Herbert Spencer. No debemos desvirtuar ni disfrazar la manera de cómo llegaron a nosotros nuestros pensamientos. Los libros más profundos e inagotables tienen siempre algo del carácter aforístico e improvisado de los «pensamientos» de Pascal. Las fuerzas y valoraciones impulsoras permanecen largo tiempo bajo la superficie; lo que aparece es el efecto.

Yo me prevengo contra toda la poesía del espíritu científico:

1) Respecto de la exposición, cuando no corresponde a la génesis de las ideas.

2) En las pretensiones del método, que quizá en una determinada época de la ciencia aún no es posible.

3) En las pretensiones de objetividad, de fría impersonalidad, en las que, como en todas las demás valoraciones, despachan nuestros hechos interiores con dos palabras. Hay formas cómicas, por ejemplo, la de Saint-Beuve, que siempre se afanó por mostrar en cualquier lado, con pasión y color, el «pro» y el «contra», y con gusto lo hubiera apartado de su vida.

419

*«Objetividad» en el filósofo.*—Indiferentismo moral hacia sí, ceguera frente a las buenas y malas consecuencias, impremeditación en el uso de medios peligrosos, perversidad y pluralidad del carácter consideradas y utilizadas como excelencia.

Mi profunda indiferencia conmigo mismo: no quiero sacar ningún provecho de mis conocimientos, ni tampoco aprovecharme de las consecuencias que puedan traerme. Aquí debe incluirse lo que pudiera llamarse corrupción del carácter; esta perspectiva está fuera del asunto: yo administro mi carácter, pero no se me ocurre ni comprenderlo, ni variarlo; el cálculo personal de la virtud no ha entrado ni por lo más remoto en mi cerebro. Me parece que se cierran las puertas del conocimiento en cuanto se interesa uno por su caso particular, o bien por la «salvación de su alma»... No hay que tomar tan en serio la moralidad propia, y atender un poco más a la contraria...

Se cuenta demasiado con una especie de patrimonio heredado de la moralidad; intuyéndose que se puede dilapidar y tirar mucho por la ventana sin por ello empobrecerse en exceso. Nunca sienten la tentación de admirar las «bellas almas»; siempre sospechan que son superiores a ellas. Acogen los fenómenos de virtud con una ironía interior: *déniaiser la vertù:* secreto placer.

Dar vueltas alrededor de sí mismo; no sentir el menor deseo de ser «mejor», ni siquiera de «variar». Interesar para no echar lazos a las cosas con pretexto de moralidad.

420

*Para la psicología de los psicólogos.*—Nos referimos en principio a los del siglo XIX, y no a los arrinconados incapaces de ver nada ante sus narices, contentos con enterrarse en sí mismos. Nosotros, psicólogos del porvenir, nos inclinamos bastante a la autoobservación; estimamos como síntoma de degeneración que un instrumento se «quiera conocer a sí mismo»: al ser instrumentos del conocimiento, quisiéramos tener toda la ingenuidad y toda la precisión de un instrumento; por tanto, no tenemos necesidad de analizarnos, de «conocernos». Primera nota del instinto de conservación del gran psicólogo: nunca se investiga a sí mismo, no tiene ojos, no tiene interés, no tiene curiosidad de sí mismo... El gran egoísmo de nuestra voluntad dominadora nos exige cerrar los ojos a nuestra persona; obligándonos a ser «impersonales», «desinteresados», «objetivos». ¡Oh, qué diferentes somos de todo esto! Quizá porque nosotros no somos psicólogos en un grado excéntrico.

No nos parecemos a Pascal, no solemos preocuparnos lo más mínimo de la «salud del alma», de nuestra propia felicidad ni de nuestra virtud. No tenemos tiempo ni curiosidad para volvernos hacia nosotros mismos. Pero es más, si nos detenemos un poco, nosotros en principio desconfiamos de todo aquel que se dedica a reflexionar sobre su ombligo, porque para nosotros la autoobservación es algo así como una forma degenerativa del genio psicológico, como algo que nos pierde en un mar de dudas respecto al instinto del psicólogo;

de la misma forma que el ojo del pintor denuncia degeneración, cuando detrás de él aparece el afán de ver por ver.

## 2. PARA LA CRÍTICA DE LA FILOSOFÍA GRIEGA

### 421

La aparición de los filósofos griegos desde Sócrates es realmente un síntoma de decadencia; los instintos antihelénicos adquieren supremacía...

La «sofística» es aún completamente helénica —incluidos Anaxágoras, Demócrito, los grandes jónicos—; pero como formas de transición. La Polis pierde la fe en la peculiaridad de su cultura, en el derecho de dominio sobre cualquier otra Polis... Se cambia la cultura, es decir, «los dioses», por lo que también se pierde fe en el derecho primordial del *deus autochthonus*. Se mezclan los bienes y los males de diversas procedencias; se desdibujan los límites entre el Bien y el Mal... Este es el sofista...

El filósofo, por el contrario, es la reacción; él quiere la antigua virtud. Ve la razón de la decadencia en la ruina de las instituciones, quiere las viejas instituciones; ve la decadencia en la ruina de la autoridad: quiere nuevas autoridades (viaje al extranjero, conocimiento de las literaturas extranjeras, de las religiones exóticas...); quiere la «Polis» ideal, mientras que el concepto de «Polis» tuvo su época (aproximadamente como los judíos se mantienen como colectividad después de haber caído en esclavitud). Se interesaba por todos los tiranos: quiere restablecer la virtud como *force majeur*.

Paulatinamente, se acusó a todo lo helénico como decadente (y Platón resulta tan ingrato como Pericles, Homero, la tragedia, la retórica, así como los profetas, incluidos David y Saúl). La decadencia de Grecia se interpreta como una objeción a los fundamentos de la cultura helénica. Error fundamental de los filósofos. Conclusión: el mundo griego desaparece. Causas: Homero, el Mito, la moralidad antigua, etc.

El desarrollo antihelénicos de las valoraciones filosóficas: lo egipcio («Vida tras la muerte» como Juicio final); lo semítico (la «dignidad del sabio», el «Scheich»); los pitagóricos, el culto subterráneo, el silencio, el terror del más allá empleado como medio, la matemática: valoración religiosa, una especie de comercio con el todo cósmico; lo sacerdotal, lo ascético, lo trascendente —la «dialéctica»—; yo pienso que ya en Platón se descubre una horrible y pedantísima sutileza del concepto. Decadencia del buen gusto intelectual, hasta el extremo de no sentirse lo feo y chillón de toda dialéctica directa.

Se unen las dos tendencias: movimientos y extremos: *a)* la decadencia opulenta, amable y maliciosa, la que ama el lujo y el arte; *b)* el ennegrecimiento del «pathos» moral religioso, el endurecimiento estoico, la calumnia platónica de los sentidos, la preparación del terreno para el cristianismo.

422

Compréndase la corrupción de los psicólogos por la idiosincrasia moral: Nadie, entre los filósofos antiguos, tuvo el valor de afirmar la teoría de la voluntad no libre (es decir, de afirmar una teoría que niega la moral); nadie tuvo el valor de definir como un sentimiento de poder lo que hay de típico en la alegría, en toda especie de alegría («felicidad»); pues la alegría que proporciona el poder era considerada como inmoral; nadie tuvo el valor de considerar la virtud como una consecuencia de la inmoralidad (de una voluntad de poder) al servicio de la especie (o de la raza, de la «polis»), pues la voluntad de poder era considerada como una inmoralidad.

En toda la evolución de la moral no hay una sola verdad: los elementos ideales con los que se trabaja tienen mucho de ficciones; los hechos psicológicos sobre los que generalmente nos basamos, falsos; todas las formas de la lógica que se introducen en el reino de la mentira, sofismas. Lo que distingue a los filósofos de la moral es la completa ausencia de toda limpieza, de toda disciplina de la inteligencia. Consideran los «bellos sentimientos» como argumentos; cuando su pecho se eleva consideran que el mismo se anima por el soplo de la divinidad... La filosofía moral es el periodo escabroso en la historia del espíritu.

El primer gran ejemplo: bajo el nombre de moral y con su patrocinio, nos hemos entregado al delito más grave que puede cometerse, cayendo en una obra decadente por todos conceptos. No insistimos nunca bastante en la afirmación de que los grandes filósofos griegos son los que representan la decadencia de toda verdadera capacidad griega y que hacen a esta decadencia contagiosa... Esta «virtud», hecha completamente abstracta, fue la gran seductora, lanzando a los hombres a hacerse por su parte también abstractos; es decir, llevándolos a disolverse.

El momento no puede ser más curioso: los sofistas comienzan la crítica de la moral, el primer conocimiento de la moral —colocan unas frente a otras, la mayor parte de las evaluaciones morales—; dan a entender que cualquier moral se justifica desde el punto de vista de la dialéctica; es decir, que nos enseñan cómo toda fundamentación de una moral debe ser necesariamente sofística —proposición que fue demostrada luego, en el estilo más elevado, por los filósofos antiguos posteriores a Platón (hasta Kant)—; establecen la primera verdad de que una moral en sí», un «bien en sí» no existen, y que es locura hablar de verdad en este terreno. ¿Dónde estaba, pues, en esta época, la probidad intelectual?

La cultura griega de los sofistas tenía sus raíces en todos los instintos griegos; forma parte de la cultura de la época de Pericles, tan necesariamente como Platón no puede formar parte de ella; tiene sus precursores en Heráclito, en Demócrito, en los tipos científicos de la antigua filosofía; encuentra, por ejemplo, su expansión en la cultura superior de un Tucídides. Terminó por tener razón; todo progreso del conocimiento psicológico o moral ha restaurado a los sofistas... Nuestro espíritu actual es igual que el espíritu de Heráclito,

Demócrito, Protágoras... Basta decir que es protagórico, pues precisamente Protágoras resumió en él el de Demócrito y el suyo.

Platón, un gran Cagliostro (recordemos la manera como lo juzgaba Epicuro; en la manera que lo juzgó Timón, el amigo de Pirrón). La lealtad de Platón, ¿no está fuera de duda? Pero al menos sabíamos lo que quería que se enseñase como verdad absoluta, de las cosas que no le resultaban como verdades condicionadas: quiero decir la existencia personal y la inmortalidad personal del «alma».

423

Los sofistas son en cierta medida realistas: formulan los valores y las prácticas familiares a todo el mundo para elevarlas al rango de valores; tienen la valentía, particular a todos los espíritus vigorosos, de darse cuenta de su inmoralidad...

¿Se pensará quizá que estas pequeñas ciudades libres griegas fueron movidas por principios de humanidad y de justicia? ¿Se puede hacer a Tucídides un reproche del discurso que puso en boca de los embajadores atenienses cuando trataron con los melesios de la destrucción o la sumisión?

Hablar de virtud en medio de esta tensión espantosa no era posible sino a hipócritas absolutos, o bien a solitarios que viviesen al margen, a eremitas, a fugitivos o emigrantes fuera de los límites de la realidad..., personas todas que utilizaron la negación para poder vivir.

Los sofistas eran griegos: cuando Sócrates y Platón tomaron el partido de la virtud y de la justicia eran judíos o sabe Dios qué. La táctica de Grote para defender a los sofistas es falsa: trata de elevarlos a la categoría de personas honradas y de moralistas; aunque precisamente su honradez consistió en no hacer chascarrillos con las grandes palabras de virtud.

### 424

La razón profunda que gravita sobre la educación convertida en moral fue siempre la voluntad de realizar la seguridad de un instinto: por ello ni las buenas intenciones ni los buenos medios estuvieron obligados a pasar primero, como tales, en la conciencia. Del mismo modo que el soldado realiza sus ejercicios, el hombre debía de aprender a obrar. Semejante inconsciencia forma parte de toda perfección: el mismo matemático obra inconscientemente sobre sus combinaciones...

¿Qué significa, pues, la reacción de Sócrates, que recomienda la dialéctica como un camino para la virtud y que se divertía en ver que la moral no podía justificarse de una manera lógica...? Aunque esto es lo que hablaba de su buena calidad; sin ella, no valdría nada...

Acreditarse con la demostración como condición del valor personal en la virtud es simplemente la disolución de los instintos griegos. Ellos mismos son tipos de descomposición, todos esos grandes virtuosos, todos esos grandes fabricantes de palabras.

Prácticamente todo esto significa que los juicios morales han perdido el carácter condicionado de donde salieron y que les daba un solo sentido; se les ha desarraigado de su suelo griegopolítico para desnaturalizarlos, bajo la apariencia de una gran elevación. Las grandes concepciones «bueno», «justo», están separadas de las primeras condiciones de que forman parte; bajo la forma de «ideas» que se hicieron libres, son objetos de la dialéctica. Tras ellas existe una verdad y se las considera como entidades o como signos de entidades: inventa un mundo del que proceden y en el que se encuentran como en su casa.

El escándalo, en resumen, alcanza un nivel tremendo en Platón... Era necesario como consecuencia inventar también el hombre abstracto y completo: el hombre bueno, justo, sabio, el dialéctico: el espantajo, en una palabra, de la filosofía antigua; una planta desvinculada del suelo; una humanidad sin ningún instinto determinado y regulador; una virtud que se «demuestra» por razones. Este es «el individuo» totalmente absurdo por excelencia. El más alto grado de la contranaturaleza...

Resumiendo: la demostración de los valores morales tuvo por consecuencia crear el tipo desnaturalizado del hombre: el hombre «bueno», el hombre «feliz», el «sabio». Sócrates significa una época de profunda perversión en la historia de los valores.

### 425

*Sócrates.*—Este cambiar de gusto en homenaje a la dialéctica es un gran signo de inquietud. ¿Qué sucedió en realidad? Sócrates, al realizarlo, llegó a vencer un gusto principesco, el gusto de lo noble: fue el pueblo quien venció por medio de la dialéctica. Para Sócrates la buena sociedad la rechazaba; se creía que la dialéctica nos hacía vulnerables; prevenía a la juventud en contra de ella. ¿A qué venía tal aparato de razonamientos? Contra los hombres se tiene la autoridad. Se manda esto y basta. Entre sí, *inter pares,* si tiene la tradición, pero no la autoridad; y en último término, se «comprenden». No quedaba sitio para la dialéctica. También se desconfiaba de aquella facilidad para encontrar argumentos. Las cosas honestas no tenían su razón tan a mano. Es algo indecente mostrar nuestros cinco dedos. Lo que puede demostrarse carece de valor. La dialéctica despierta confianza, y el instinto de todos los oradores de todos los partidos sabe que es poco persuasiva. Nada resulta más sencillo para destruir que un efecto dialéctico. La dialéctica solo vale como arma defensiva. Hay que encontrarse en un apuro, ver pisoteado su propio derecho: no conviene usarla antes. Los judíos —como el zorro, como Sócrates— fueron siempre dialécticos. La dialéctica es un instrumento que se tiene en la mano, sencillamente despiadado. Puede tiranizarse con ella. El vencido se siente indefenso. Se abandona a su víctima: la prueba de que no se es un idiota. Nada exaspera más a la gente que permanecer fríos como la razón vencedora; porque se despotencializa la inteligencia de sus adversarios. La ironía del dialéctico concretamente, puede considerarse una forma de la venganza popular: los oprimidos acreditan su ferocidad en la acerada punta fría del silogismo.

En Platón, hombre fantástico y de sensibilidad excesiva, el encanto del concepto fue tan grande, que divinizó y reverenció involuntariamente el concepto como forma ideal. La embriaguez dialéctica, como conciencia para adquirir por ella un señorío sobre sí mismo, como instrumento de la voluntad de poder.

### 426

*El problema de Sócrates.*—Las dos antítesis: el sentimiento trágico y el sentimiento socrático, medidos según las leyes de la vida.

¿En qué manera pueda considerarse el sentimiento socrático como un fenómeno de decadencia; en qué sentido existe, sin embargo, una salud vigorosa aún y una gran fuerza en la actitud, en las capacidades y en la resistencia del hombre científico? (la salud del plebeyo, cuya malignidad, «esprit frondeur», sagacidad, lo que queda en el fondo del «canaille» es mantenido en sus límites por la sabiduría; «feo»).

Deformación: la ironía de sí mismo, la sequedad dialéctica, la inteligencia como tirano contra el «tirano» (el instinto). En Sócrates todo es exagerado, excéntrico, caricatura, un bufón con los instintos de Voltaire. Inventa una nueva especie de combate; es el primer maestro de armas en la sociedad distinguida de Atenas: no representa sino a la inteligencia superior; la llama «virtud» (comprendió que esto era para él la salvación: no era libre de ser inteligente, esto era natural en él); adueñarse de sí, para entrar luego en la lid provisto de argumentos y no con pasión (el ardid de Spinoza: «lente introductor» del error de las pasiones); descubrir cómo se llega a seducir a cada uno de aquellos a quienes se ha apasionado, descubrir que la pasión procede de una manera ilógica, hábito en la ironía consigo mismo, para dañar, en su raíz, el sentimiento de rencor.

Interpretar de qué estado parcial e idiosincrásico se puede deducir el problema socrático, su identificación de la razón, de la virtud y de la felicidad. Ejerció un verdadero hechizo con esta teoría absurda: la filosofía antigua no pudo desembarazarse de ella.

Falta absoluta de interés objetivo: odio a la ciencia; idiosincrasia de considerarse a sí mismo como problema. Alunación acústica en Sócrates. ¿De dónde viene que Sócrates sea un monómano moral? Toda filosofía «práctica», en los casos de necesidad, pasa a primer término. La moral y la religión, cuando se convierten en el principal interés, se convierten en el signo de un estado de necesidad.

427

La prudencia, la claridad, la dureza y la logicidad, consideradas como armas contra el salvajismo de los instintos. Estos últimos deben ser amenazadores y peligrosos; de lo contrario, no tendría sentido desarrollar la inteligencia hasta la tiranía. Para hacer de la inteligencia un tirano, es preciso que los instintos también lo sean. He aquí el problema. Entonces, resultaba la cosa bastante natural.

Solución: los filósofos griegos hay que considerarlos en el mismo hecho fundamental de sus experiencias interiores que Sócrates: a cinco pasos del exceso, de la anarquía, de la orgía; todos son hombres de decadencia. Consideraban a Sócrates como un médico: la lógica es para ellos voluntad de poder, de denominación de sí mismo, de felicidad. El salva-

no y la anarquía de los instintos son, en Sócrates, síntomas
cadencia. La superfetación de la lógica y de la misma
. Las dos cosas, que son anormales, dependen la una de
a.

rítica». Déjase advertir la decadencia en esta preocu-
n por la «felicidad», típico estado de peligro. Lo que en el
hay de patológico, se advierte en el fanatismo que pone
teresarse por la felicidad: se trata de un interés vital.
r razonable o parecer: tal era la alternativa ante la cual
contraban todos. El moralismo de los filósofos griegos
tiza un sentimiento de peligro.

<h2 style="text-align:center">428</h2>

r qué todo se reducía a un juego escénico.—La psico-
rudimentaria, que no valorizaba más que los momen-
nscientes en el hombre (en cuanto causas), que consi-
a la conciencia como una voluntad (es decir, como una
ción), tras toda acción, esta psicología hubiera podido
nder simplemente, en primer lugar: «¿Qué quiere el
re?». Respuesta: la felicidad (no se llegaba a decir «el
r»: esto hubiera sido ser inmoral); por consiguiente, hay
da acción del hombre una intención de alcanzar por ella
icidad. En segundo lugar: si el hombre no consigue de-
vamente la felicidad, ¿en qué consiste? En los errores
omete, por lo que se refiere a los medios. ¿Cuál es el
dimiento infalible para llegar a la felicidad? Respuesta:
tud. ¿Por qué la virtud? Porque es la más alta sabiduría
que la sabiduría hace imposible la falta que consiste en
ocarse en los medios; en cuanto razón, la virtud es el
no de la felicidad. La dialéctica se convierte en la ocu-
n continua de la virtud, al excluir toda perturbación del
cto, todas las pasiones.
hecho, el hombre no quiere la «felicidad». La alegría
sentimiento de poder; cuando se prescinde de las pa-

siones, se terminan las condiciones que alumbran en el más alto grado el sentimiento de poder, y, por tanto, la alegría. La sabiduría más alta es un estado sereno y claro que está lejos de producir este sentimiento de felicidad que trae consigo toda especie de embriaguez... Los filósofos antiguos combaten todo lo que es gris, todo lo que disculpa la frialdad y la neutralidad de la conciencia... Al apoyarse en su falsa hipótesis eran consecuentes: consideraban la conciencia como el estado elevado, como el estado superior, como la condición de la perfección, mientras que, en realidad, lo contrario es lo verdadero...

En tanto que queremos una cosa, que la sabemos, no hay perfección en la acción, de cualquier orden que esta sea. Los filósofos antiguos, en la práctica, eran más bien unos chapuceros, porque, en teoría, parecían condenados a la chapucería... En la práctica, todo devenía comedia: y el que advirtió semejante juego, Pirrón, representaba como todo el mundo; es decir, que por lo que se refiere a la bondad y a la equidad, las gentes sencillas son superiores a los filósofos.

Los grandes caracteres del pasado han considerado con repugnancia a los filósofos de la virtud, porque en ellos veían enredadores y cómicos (juicio emitido sobre Platón por Epicuro, por Pirrón...).

Resultado: en la práctica de la vida, en la paciencia, la bondad y el socorro mutuo son superiores las gentes sencillas (este es, probablemente, el juicio que reivindican para sus mujiks, Tolstoi y Dostoyevski): se sienten respaldadas por una mayor filosofía en la práctica de la vida, tienen una forma más animosa de concluir con lo que es necesario...

### 429

*Sobre la crítica de los filósofos.*—Suele estar muy difundido, entre filósofos y moralistas, el autoengaño que consiste en creer que se libran de la decadencia luchando contra ella.

Como no depende de su voluntad, cuando se dan cuenta de su equivocación lamentable, advierten que figuran entre los más vigorosos promotores de la decadencia.

Fijémonos en un filósofo griego: en Platón, por ejemplo. Platón separa los instintos de sus lazos con la «polis», con la lucha, con la bravura militar, con el arte de la belleza, con los misterios, con la creencia en la tradición y con los antepasados... Era el seductor de los nobles; él mismo fue seducido por el «rutier» Sócrates... Negaba todas las condiciones básicas que habían influido en el «griego noble», introducía la dialéctica como práctica cotidiana, conspiraba contra los tiranos, hizo política con vistas al futuro y dio el ejemplo más perfecto de los «instintos separados» de las cosas antiguas... Es profundo apasionado de todo lo que es antihelénico...

Las formas de la decadencia están representadas por unos y por otros. En esos grandes filósofos, y en su idiosincrasia moral y religiosa, encarnan el anarquismo, el nihilismo (αθιαφοςα), el cinismo, el endurecimiento, el hedonismo, el reaccionarismo.

La cuestión de la felicidad, de la «virtud», de la «salvación del alma» es la expresión de la contradicción filosófica en esas naturalezas en decadencia: les falta el equilibrio de los instintos, el «fin».


### 430

Veamos en qué medida se sostiene aún en prejuicios morales la dialéctica y la fe en la razón. Ante Platón, y como habiendo vivido en otro tiempo en el mundo inteligible del bien, nos encontramos como en posesión de un patrimonio de aquel tiempo: la divina dialéctica, como producto del bien, nos lleva a todos los bienes (y, por consiguiente, nos conduce al «pasado»). También Descartes defendía que en una doctrina moral esencialmente cristiana, que afirmase la existencia de un dios bueno, creador de las cosas, la veracidad de Dios garantizaba la verdad de las impresiones de nuestros sentidos. Aparte una sanción religiosa, de un Dios que garantizase nuestros sentidos y nuestra razón, ¿de dónde podríamos sacar un derecho para confiar en la vida? Que el pensamiento mide la realidad, que lo que no puede ser pensado no existe, significa un grosero «non plus ultra» de una fe moral (de un principio de verdad, esencial en el fondo de las cosas), una loca afirmación en sí, desmentida en todo momento por nuestra experiencia. Nada podemos pensar, en cuanto es...

431

Los auténticos filósofos, entre los griegos, son los anteriores a Sócrates, puesto que con Sócrates algo evidentemente se transforma. Eran personajes distinguidos que se situaban alejados del pueblo y de las costumbres, que habían viajado mucho, serios hasta la austeridad, de lenta mirada, instruidos en los asuntos de Estado y de la diplomacia. Anticipaban a los sabios las grandes concepciones de las cosas, puesto que, en el fondo, representaban esas grandes concepciones, que ellos mismos hacían sistema. Nada representa mejor el espíritu griego que esta fecundidad impresionante en tipos, esta integralidad involuntaria en la serie de las grandes posibilidades del ideal filosófico. Yo no veo más que una gran figura en pos possocráticos, figura tardía y necesariamente última: la de Pirrón el nihilista. Su instinto va dirigido contra todo lo que, en el intervalo, alcanza supremacía: los socráticos. Platón. (Pirrón se incorpora, por encima de Protágoras, a Demócrito...)

Es Pirrón, en suma, la «sabia» fatiga. Vida humilde entre los humildes. Carencia de orgullo. Vivir de la manera vulgar: venerar y creer todo lo que los demás creen. Guardarse de la ciencia y del intelecto, de todo lo que hincha. Ser, sencillamente, de una paciencia infinita, ser indiferente y dulce, απαθεια, aún mejor, πραυτης. Algo así como un budista griego. Crecido entre el tumulto de las escuelas; tardío; fatigado; la protesta del cansancio contra el celo de los dialécticos; la desconfianza que inspira a los espíritus fatigados la categoría de todas las cosas. Conoce a Alejandro, conoce a los penitentes indios. Sobre tales hombres, tardíos y refinados, todo lo que es bajo, todo lo que es pobre, todo lo que es idiota merece su atención. Tal actitud narcotiza y distiende (Pascal). Por lo demás, tipos así, viven y sienten con las gentes, al unísono con las gentes, tienen un poco de afecto para todo el mundo, tienen necesidad de calor como hombres fatigados... Superar la contradicción es lo que intentan: nada de lucha; nada de distinciones honoríficas; negar los instintos griegos (Pirrón vivía con su hermana, que era comadrona). Disfrazar la sabiduría de manera que no llame la atención y cubrirla con manto de pobreza y harapos, hasta ir al mercado y vender cerdos de la India... La dulzura, la claridad, la indiferencia: despreciar las virtudes que necesitan «pose»: colocarse a un nivel uniforme, aun en la virtud; última victoria sobre sí mismo, última indiferencia.

Pirrón, en definitiva, es semejante a Epicuro. Uno y otro representan, en realidad, dos formas de la decadencia griega. Están emparentados por su odio a la dialéctica y a todas las virtudes histriónicas —a las dos cosas reunidas se las llamaba por aquel entonces filosofía—; intencionadamente estimaban poco lo amado por los filósofos; escogían para designarlo los nombres más vulgares y más despreciados; encarnar un estado en el que no se está ni enfermo, ni sano, ni muerto, ni vivo. Epicuro es más ingenuo, más idílico, más reconocido; Pirrón más experimentado, más bajo, más nihilista... Su vida fue una protesta contra la gran doctrina de la identidad (felicidad, virtud, conocimiento). No se acelera la vida verdadera por la ciencia: la sabiduría no nos hace «sabios»... La sabiduría no quiere la felicidad, y, por tanto, se desinteresa en absoluto de ella...

## 432

La lucha contra la «antigua fe», tal como la emprendió Epicuro, era, en el sentido riguroso, la lucha contra el cristianismo preexistente, la lucha contra el mundo antiguo, ya oscurecido, contaminado de la moral, penetrado del sentimiento de la falta, viejo y enfermo.

No es la «corrupción de las costumbres» de la Antigüedad, sino, precisamente, su moralismo lo que crea las condiciones bajo las cuales el cristianismo puede hacerse dueño de la Antigüedad. El fanatismo moral (Platón, en suma) destruyó el fanatismo, transmutando su valor y envenenando la inocencia. Deberíamos comprender, por último, que lo que se destruyó con esto fue algo superior, comparándosela con lo que la sustituyó posteriormente. El cristianismo, al liberarse de la corrupción psicológica, se enraizó en un suelo por demás corrompido.

## 433

*La ciencia como disciplina o como instinto.*—Entre los filósofos griegos, es necesario señalar un relajamiento de los instintos; si no, no habrían cometido la tremenda equivocación de estimar el estado consciente como el más perfecto de los estados. La intensidad de la conciencia está en razón inversa con la facilidad y la rapidez de la transmutación cerebral. Allí reina la opinión contraria, por lo que se refiere a los instintos; prueba evidente de que los instintos se encontraban debilitados...

Es preciso encontrar la vida perfecta allí donde no hay demasiada conciencia (es decir, allí donde la vida se preocupa menos de su lógica, de sus razones, de sus medios y de sus intenciones: de su utilidad). El retorno al simple hecho, al buen sentido, al buen hombre, a la gente sencilla de todas clases. Almacenadas desde hace muchas generaciones, la

lealtad y la sabiduría jamás han tenido conciencia de sus
principios; los principios, pudiera afirmarse, les inspiraron
siempre cierto terror. El deseo de una virtud que razona no
es razonable... Semejante deseo compromete al filósofo.

## 434

Cuando por el uso, y a lo largo de una serie de generaciones, se ha acumulado suficiente finura, bravura, precisión, moderación, la fuerza instintiva de esta virtud incorporada irradia también en el espíritu, y se hace palpable ese
valor que llamamos «lealtad espiritual». En todo estado de
conciencia se acusa una cierta molestia del organismo; se
debe buscar algo nuevo, nada es bastante satisfactorio para
explicarlo, hay fatiga, tensión, sobreexcitación, dado además
que todo esto es lo que constituye precisamente el estado de
conciencia... El genio está basado en el instinto... lo mismo
que la bondad. Solo se obra con perfección cuando se obra
instintivamente. También desde el punto de vista moral todo
pensar que se desarrolla conscientemente es una mera tentativa, a lo sumo el contrajuego de la moral. La honradez científica es algo en vilo, cuando el pensador empieza a razonar:
hágase si no la prueba, póngase a los más sabios en el carro
de oro, cuando se les hace manifestarse moralmente.

Puede demostrarse, además, que todo pensar que se desarrolla conscientemente representa un grado ínfimo de moralidad, un grado mucho más bajo que este mismo pensar
cuando aparece guiado por sus instintos.

## 435

La lucha contra Sócrates, contra Platón y contra todas las
escuelas socráticas, arranca del instinto profundo que enseña
que no se hace mejor al hombre cuando se le presenta la vir-

tud como demostrable y como fundada... En realidad, nos encontramos frente al siguiente hecho mezquino: el instinto agónico, forzando a todos los dialécticos nacidos a glorificar sus aptitudes personales como cualidades superiores y a representar todo lo demás como condicionado por estas. El espíritu anticientífico de toda esta «filosofía» quiere tener razón.

## 436

Resulta extraordinario que, desde los comienzos de la filosofía griega, se advierta una lucha contra la ciencia, con los medios de una teoría del conocimiento o de un escepticismo... ¿Con qué fin...? En favor, constantemente, de la moral. (El odio, por ejemplo, contra los filósofos y los médicos.) Sócrates, Aristipo, la escuela megárica, los cínicos Epicuro, Pirrón: un asunto general contra el conocimiento en nombre y a favor de la moral... (Odio contra la dialéctica.) Queda por resolver un problema: se aproxima a la sofística para desembarazarse de la ciencia. Por otra parte, los físicos aparecen atados al punto que ellos admiten: entre sus fundamentos, la teoría de la verdad, la teoría del ser; por ejemplo, el átomo, los cuatro elementos (yuxtaposición del ser, para explicar la multiplicidad, el cambio). La predicación del menosprecio en contra de la objetividad, del interés: retorno al interés práctico, a la utilidad personal de todo conocimiento...

La lucha planteada contra la ciencia se dirige: 1) contra su sentimiento (objetividad); 2) contra sus medios (es decir, contra las posibilidades de ellos); 3) contra sus resultados, considerados como infantiles.

Se trata de la misma lucha, reanudada posteriormente por la Iglesia, en nombre de la piedad: la Iglesia hereda todo el aparato guerrero de la Antigüedad. La teoría del conocimiento desempeña, en este momento, el papel que en Kant, que en los indios. Nadie se quiere ocupar de este asunto, porque todo el mundo quiere tener las manos libres para seguir el propio camino.

¿De quién se defienden en realidad? De la obligación, del
perio de la ley, de la necesidad de ir mano sobre mano...
:o que a esto lo llaman libertad...
Aquí se expresa la decadencia: el instinto de solidaridad
degenerado, hasta el punto de que se considera como ti-
úa: no quieren autoridad, desprecian la solidaridad, se nie-
1 a entrar en fila por la lentitud infinita de sus movimien-
. Tienen odio, en suma, a la marcha regular, al «tempo»
ntífico; tienen odio a la indiferencia en lo que se refiere al
y a la persona, a la obra de largo aliento, propia del hom-
. científico.

437

En el fondo, la moral alimenta sentimientos hostiles con-
la ciencia: ya Sócrates los tenía, y precisamente porque la
ncia se interesa por cosas que no tienen nada que ver con
›ien y el mal; por consiguiente, quitan importancia a los
itimientos en pro del bien y en contra del mal. En efecto,
noral pretende que el hombre entero se ponga con todas
fuerzas a sus órdenes, llegando a considerar como dila-
ación de semejantes fuerzas el ocuparse de las piedras y
las plantas. Por esto en Grecia, cuando Sócrates injertó en
:iencia el morbo moral, la ciencia avanzó. La ciencia no ha
iseguido alcanzar una altura como la que supuso el senti-
:nto de un Demócrito, de un Hipócrates o de un Tucídides.

438

*Problema de filósofo y de un hombre de ciencia.*—In-
:ncia de la edad; hábitos depresivos (vida sedentaria a la
nera de Kant; exceso de trabajo; nutrición insuficiente del
ebro; lectura). Otra cuestión quizá más importante: pen-
si no constituye un síntoma de decadencia en el hecho de

dirigir la atención a semejantes ideas generales; la objetividad considerada como disgregación de la voluntad. Esta supone una gran adiaforia respecto de los instintos violentos: una especie de aislamiento, una posición excepcional, una resistencia contra los instintos normales.

Tipo: la separación de la tierra natal; en círculos cada vez más extensos; el exotismo progresivo, el motivo de los tradicionales imperativos; esa interrogación perpetua del adónde iremos («la felicidad») es todavía el índice de una separación de formas de organización, el indicio de una extirpación.

Problema: saber si el hombre científico es como síntoma más decadente que el filósofo. En su conjunto, no está separado, no es más que una parte de él mismo que está absolutamente consagrada al conocimiento, erigida por un punto de vista y una óptica especiales; tiene necesidad de todas las virtudes de una fuerte raza, tiene necesidad de una salud, de un vigor extremo, de virilidad y de inteligencia. Es, más bien, el síntoma de una gran multiplicidad de cultura que de un cansancio de cultura. El sabio de la decadencia es un mal sabio. El sabio de la decadencia, sin embargo, ha aparecido hasta el momento como un filósofo tipo.

439

Nada más raro entre los filósofos que la honradez intelectual; a lo mejor, suelen decir lo contrario, y es posible hasta que lo crean. Pero toda su obra demuestra que solo admiten ciertas verdades. Saben perfectamente lo que necesitan demostrar. Y se reconocen como filósofos precisamente en esto: que todos están de acuerdo con semejantes verdades, que no son otras que las morales. Pero la fe en la moral no es ninguna prueba en favor de la moralidad: puesto que hay casos, y el de los filósofos puede considerarse como uno de ellos, en que tal fe es simplemente una inmoralidad.

## 440

*¿Qué es lo que hay de retrógrado en el filósofo?*—El filósofo acredita sus cualidades personales, como únicas plausibles para llegar al bien superior (la dialéctica en Platón, por ejemplo). Intenta que se eleven todas las especies humanas hasta alcanzar su tipo, que acepta como tipo superior. Desprecia muchas veces lo que suele apreciarse, abre un abismo entre los valores superiores de los sacerdotes y el valor del mundo. No ignora lo que es verdad, lo que es el fin, lo que es el camino... El filósofo tipo se nos muestra como un dogmático absoluto, puesto que cuando tiene necesidad de escepticismo es para poder hablar dogmáticamente de lo que para él es esencial.

## 441

El filósofo, contra sus rivales, por ejemplo, contra la ciencia, se hace escéptico; entonces se reserva la forma de conocimiento que, en definitiva, le disputa al hombre de ciencia; entonces camina de la mano del sacerdote para no despertar suspicacias de ateísmo y materialismo; considera un ataque a sí mismo como ofensiva contra la moral, la virtud, la religión, el orden. Y después de hacer caer a sus adversarios en el descrédito, tratándolos de seductores y de destructores, camina de la mano con el poder.

El filósofo, cuando lucha con otros colegas, los hace aparecer como anarquistas, incrédulos y enemigos de la autoridad. Siendo curioso observar que cuando lucha, lucha de la misma manera que un sacerdote, que un miembro del clero.

### 3.   VERDAD Y ERROR DE LOS FILÓSOFOS

#### 442

La filosofía de Kant ha sido definida como «ciencia de los límites de la razón».

#### 443

La filosofía como el arte de descubrir la verdad, es la filosofía desde Aristóteles. Por el contrario, los epicúreos utilizaron la teoría sensualista del conocimiento de Aristóteles: se mostraron irónicos y negativos ante la investigación de la verdad; «la filosofía es el arte de la vida».

#### 444

Enumeremos tres grandes ingenuidades:

El conocimiento como medio para la felicidad (como si...).
Como medio para la virtud (como si...).
Como medio para la negación de la vida, en cuanto es un medio para el desengaño (como si...).

#### 445

Existe una «verdad», a la cual podemos aproximarnos de algún modo.

#### 446

El error y la ignorancia son nefastos. La afirmación de que la verdad existe y que termina con la ignorancia y el error es una de las mayores seducciones. Admitiendo que se la crea, la voluntad de examen, de investigación, de prudencia, de experiencia, queda inmediatamente paralizada: hasta puede pasar por criminal, porque supone una duda con relación a la verdad...

La «verdad» es, por consiguiente, más nefasta que el error y la ignorancia: paraliza las fuerzas que podrían servir al progreso y al conocimiento.

El partido de la verdad lo toma entonces la pereza («Pensar es un trabajo y una miseria»); del mismo modo el orden, la regla, la felicidad de la propiedad, el orgullo de la sabiduría, en suma, la vanidad. Es más cómodo obedecer que caminar; más halagador creer lo de «yo poseo la verdad» que advertir la oscuridad alrededor... Ante todo, pensar así tranquiliza, da confianza, aligera la vida y mejora el carácter, desde el momento en que disminuye la desconfianza. Las invenciones de la «paz del alma», del «reposo de la conciencia» no son posibles sino a condición de que la verdad exista.

«Los reconoceréis por sus frutos»... La «verdad» es verdad porque consigue hacer a los hombres mejores... El sistema continúa: todo lo que es bueno, todo lo que tiene éxito cuenta como verdad.

La prueba de fuerza es el contento, la felicidad, el bienestar, tanto de la comunidad como del individuo, siendo comprendidos en cierta manera como consecuencia de la fe en la moral... El resultado contrario, el fracaso, se origina por la falta de fe.


447


Los orígenes del error se encuentran tanto en la «buena voluntad» del hombre como en su mala voluntad; en muchos casos el hombre se escamotea la realidad a sí mismo, la maquilla, para no sufrir ni en su buena ni en su mala voluntad. Dios es considerado, por ejemplo, como conductor de los destinos humanos; y se interpreta su propio destino, como si todo se produjera para la salud del espíritu. Esta falta de «filología», «falta de aseo y moneda falsa para los espíritus sutiles», se inspira de ordinario en la buena voluntad. La buena voluntad, los «nobles sentimientos», los «estados de alma elevados» se sirven de los mismos medios, que lo son de impostor y monedero falso, medios que son reprobados por la pasión y la moral y considerados egoístas: el amor, el odio, la venganza.

Lo que más caro ha pagado la humanidad son los errores, y probablemente los errores de buena voluntad son los que le causaron más daño. La ilusión que nos hace felices es más funesta que la que implica directamente consecuencias nocivas: esta última aguza la sagacidad, nos hace desconfiados y purifica la razón: la primera, se satisface simplemente con adormecernos.

Los bellos sentimientos como los impulsos nobles pertenecen, hablando psicológicamente, a los medios narcóticos: su abuso entraña las mismas consecuencias que el abuso de cualquier otro opio y concluye en la debilitación del sistema nervioso...

### 448

Ningún lujo tan costoso para el hombre como el error, que, además, cuando es fisiológico, pone en peligro su existencia. ¿Qué es lo que el hombre pagó hasta ahora más caro, que es lo que ha expiado más dolorosamente...? Sus verdades. Por aquello de que las mismas eran reales errores: «in physiologicis»...

### 449

Confusiones fisiológicas: la necesidad de la fe confundida con la «voluntad de fe» (en Carlyle, por ejemplo). Pero, por otra parte, existe la necesidad de la incredulidad, confundida con la «voluntad de verdad» (la necesidad de desvincularse de una creencia por varios motivos, de tener razón ante «un creyente» cualquiera). ¿Qué es lo que inspira a los escépticos? El odio de los dogmáticos: o, una necesidad de calma determinada por la fatiga, como ocurre en Pirrón.

Las ventajas que se esperaban de la verdad eran las ventajas que determinaban la creencia en ella, pues, por ella misma, la verdad podría ser absolutamente penosa, nociva, nefasta. La verdad solamente se combate cuando se confía en la victoria; por ejemplo, la libertad contra los poderes establecidos.

El método de la verdad no ha sido encontrado por motivos de verdad, sino por motivos de poder, por voluntad de ser superior.

¿Por qué trata de demostrarse la verdad? Por el sentimiento de mayor poder, por la utilidad, por su carácter indispensable; en resumen, por conseguir ciertas ventajas. Pero esto es un prejuicio, un indicio de que en el fondo no se trata de la verdad...

¿Qué significa, por ejemplo, «querer la verdad» en los Goncourt, en los naturalistas? Hacer una crítica de la «objetividad».

¿Por qué se intenta conocer? ¿Por qué deseamos que no se nos engañe?... Lo que siempre se ha querido, en vez de la verdad, ha sido la fe... La fe se crea por métodos antagónicos a los empleados por el método de la ciencia, y excluye a los mismos.

### 450

Un cierto grado de fe nos resulta suficiente como objeción contra lo creído; y probablemente como signo interrogativo con el que se acredita la salud espiritual del creyente.

451

*Mártires.*—Todo aquello que se basa en el respeto, para ser combatido con eficacia, necesita de la existencia de ciertos sentimientos audaces, y aun imprudentes, por parte de sus agresores... Si se tiene en cuenta que desde hace miles de años la humanidad no ha hecho otra cosa que reverenciar errores considerados como verdades, que ha impedido toda crítica de estas verdades, después de estimar que los críticos que las ejercían estaban poseídos por un mal sentimiento, hay que confesar lo necesario que resultaba un número importante de inmoralistas para justificar la iniciativa del ataque, o lo que es lo mismo, de la razón... Debe perdonarse a los citados inmoralistas el haberse creído algo así como mártires de la verdad, aunque a fuer de sinceros, no fue un sentimiento de verdad, sino un espíritu corrosivo, el impío escepticismo, el gusto por la aventura, lo que los hizo negadores. En otro caso, fueron rencillas personales las que los llevaron a encarnar estos problemas: luchaban contra problemas para tener razón con las personas. Pero por encima de todo, lo que más se ha utilizado ha sido la venganza: la venganza de los oprimidos, de los que han sido arrojados del combate u oprimidos por la verdad reinante.

La verdad, o mejor dicho, el método científico, ha sido utilizado y estimulado por quienes adivinaban en ella un instrumento de combate, una obra destructiva... Para hacerse valer como adversarios tenían necesidad de un aparato parecido al empleado por quienes les atacaban: anunciaban la idea de la verdad de una manera tan absoluta como sus adversarios, se hicieron fanáticos, por lo menos en su actitud, porque ninguna otra actitud era tomada en serio. La persecución, la pasión y la inseguridad de los perseguidos hacía lo restante: el odio crecía y, por consiguiente, el primer impulso disminuía, a fin de poder permanecer en el terreno de la ciencia. Finalmente, todos quisieron tener razón de una manera tan absurda como sus adversarios... Las palabras «convicción», «fe», el orgullo del martirio, todo esto son condiciones desfavorables para el conocimiento. Los enemigos de la verdad concluyeron aceptando toda la forma subjetiva de decidir la verdad, es decir, mediante actitudes de sacrificio, de decisiones heroicas: lo que hizo que prolongaran el reinado del método anticientífico. Al hacerse mártires, comprometían su propia obra.

452

Peligrosa distinción entre teoría y práctica; en Kant, por ejemplo, y también en los antiguos. Estos hacían como si la espiritualidad pura les brindase los problemas del conocimiento y de la metafísica. Empeñados en que, cualquiera que fuese la solución dada por la teoría, la práctica debiera ser controlada conforme a un módulo personal.

A la primera tendencia yo opongo mi psicología de los filósofos: su cálculo más extraño y su espiritualidad son siempre la última pálida impresión de un hecho psicológico; falta absolutamente la espontaneidad; todo es instinto, todo es dirigido, primeramente, por vías determinadas...

A la segunda tendencia, yo planteo el problema de si conocemos otro método para obrar bien que el pensar bien. En el último caso hay acción; el primero presupone el pensamiento. ¿Poseemos capacidad para juzgar de otro modo el valor de un género de vida, y el valor de una teoría, por inducción, por comparación...? Los ingenuos deducen que nosotros nos encontramos allí en mejor postura, que allí sabemos lo que es bueno; los filósofos se contentan con reiterarlo. Nosotros aceptamos que allí hay una creencia; pero nada más...

Los escépticos de la Antigüedad mantenían: «Como es preciso obrar, se hace necesaria una regla de conducta». La urgencia de una decisión es lo que, en definitiva, vale para pensar que una cosa resulta verdadera...

«No es preciso obrar», mantenían con mayor consecuencia sus hermanos; los budistas idearon una línea de conducta en virtud de la que se desprendían de la acción.

Formar en la fila, vivir como el «hombre sencillo», tener por verdadero y justo lo que este tiene por justo y verdadero, supone la sumisión al instinto del rebaño. Es preciso sentir el valor y la severidad hasta sus últimos límites, para considerar esta sumisión como una vergüenza. ¡No hay que vivir con dos medidas...! ¡No es posible diferenciar la teoría de la práctica!...

### 453

En realidad, nada de lo que en otros tiempos se estimaba como verdad lo es. Todo lo que además fue estimado como profano, prohibido, despreciable, nefasto, son flores que actualmente crecen a la orilla de los sonrientes senderos de la verdad.

Semejante moral vieja no importa ya lo más mínimo; no hay una idea en ella que merezca ser estimada. La hemos enterrado, no somos ya ni lo suficientemente ingenuos ni tan groseros, para dejarnos imponer de semejante manera. Para decirlo con suficiente cortesía: somos demasiado virtuosos para esto... Y si la «verdad», en el sentido clásico, fue verdad por que solía afirmarse por la moral antigua, porque la moral antigua tuvo derecho a afirmarla, ninguna moral de otro tiempo resulta en realidad ya necesaria... Vuestro criterio de la verdad no es, de ningún modo, la moralidad: nosotros refutamos una afirmación demostrando que es dependiente de la moral, inspirada por nobles sentimientos.

### 454

Semejantes valores son empíricos y condicionados: quienes creen en ellos, aunque los veneren, no quieren reconocer este carácter. No les ocurre así a los filósofos, cuyas formas de veneración por los mismos fue hacer de ellos verdades «a priori», incurriendo en cierto carácter falsificador de la veneración

## 455

La veneración, sin embargo, tiene algo de prueba superior de la lealtad intelectual, descontando que en toda la historia de la filosofía, más que «lealtad intelectual», existe «amor al bien»...

De una parte, lo absoluto carece de método para examinar el valor de esos valores; por otra parte, hay que contar con la repugnancia a examinar estos valores, a admitir que son condicionados. Bajo la idea de los valores morales, se reunían todos los instintos anticientíficos para excluir la ciencia...

### 4. CONCLUSIÓN DE LA CRÍTICA DE LA FILOSOFÍA

## 456

Los filósofos resultan en muchas circunstancias calumniadores. La ciega y pérfida enemistad de los filósofos respecto de los sentidos, ¡cómo convierte en plebeyo y bravucón su odio conocido!

El pueblo siempre ha considerado un abuso, cuyas consecuencias ha sentido, como un argumento contra aquello de que se ha abusado: todos los movimientos insurreccionales contra los príncipes, ya sea en el terreno de la política o en el de la economía, se justifican presentando siempre un abuso como necesario e inherente al principio.

En esta historia lamentable, el hombre busca un principio sobre el cual pueda apoyarse para despreciar al hombre: inventan un mundo para calumniarlo y salir de él; de hecho, extiende siempre la mano hacia la nada, y de esta nada saca un Dios, la «verdad», y en todo caso un juez y un condenado de este ser...

Si se quiere tener una prueba de la manera profunda y fundamental como las necesidades verdaderamente bárbaras del hombre tratan de sacrificarse, aun en su estado domesticado y de acuerdo con su «civilización», es preciso buscar los «leitmotivs» de toda la evolución de la filosofía. De este modo encontraremos una especie de venganza de la realidad, una destrucción socarrona de las evoluciones, en medio de las cuales vive el hombre, un alma insatisfecha que considera el estado de disciplina como una tortura y que experimenta una voluptuosidad particular en cortar, de un modo enfermizo, todos los lazos que lo ataban a él.

La historia de la filosofía es una rabia secreta contra las condiciones de la vida, contra los sentimientos de valor de la vida, contra la decisión en favor de la vida. Los filósofos jamás dudaron en afirmar un mundo, a condición de que estuviera en contradicción con este mundo, de que pusiera en sus manos un instrumento que pudiese servir para hablar negativamente de este mundo. La filosofía fue hasta aquí la gran escuela de la calumnia, y de tal modo se impuso, que aun hoy día nuestra ciencia, que se hacía pasar por intérprete de la vida, ha aceptado la posición fundamental de la calumnia y manipula este mundo como si no fuera más que apariencia, y este encadenamiento de causas como si no fuera más que fenomenal. ¿Cuál es el odio que entra en juego?

Yo creo siempre que la moral, la «Circe» de los filósofos, les juega siempre la mala partida de obligarles a ser en todo tiempo calumniadores. Creían en las «verdades» morales, encontraban allí valores superiores..., ¿qué les quedaba por hacer sino decir «non» a la existencia, en vista de que la comprendían mejor?... Pues tal existencia es inmoral... Esta vida reposa en hipótesis inmorales, y toda moral niega la vida.

Suprimamos el mundo verdadero: para llevar a cabo semejante supresión, tenemos que eliminar los valores superiores que tiene acreditados la moral. Basta demostrar que la moral en sí es también inmoral, en el sentido en que la inmoralidad ha sido condenada hasta el presente. Cuando hayamos destruido de esta forma la tiranía de los valores que han tenido curso hasta aquí, cuando hayamos suprimido el mundoverdad, un nuevo orden de valores aparecerá naturalmente.

El mundo-apariencia y el mundo-mentira: he ahí la contradicción. Este último fue llamado hasta aquí mundo-verdad, «verdad absoluta», «Dios». Este mundo. Naturalmente, es el que hemos suprimido.

Lógica de mi concepción:

1) La moral como valor superior (dueña de todas las fases de la filosofía, hasta del escepticismo). Resultado: este mundo no vale nada, no es el «mundo-verdad».

2) ¿Qué es lo que determina aquí el valor superior? ¿Qué es exactamente la moral? El instinto de decadencia; para los agotados y los desheredados, es una manera de vengarse. Prueba histórica: los filósofos son siempre decadentes... al servicio de la religión nihilista.

3) El instinto de decadencia que se presenta como voluntad de poder. Prueba: la inmoralidad absoluta de los medios en toda la historia de la moral.

No hemos reconocido en toda la corriente más que un caso particular de la voluntad de poder: la moral misma es un caso particular de inmoralidad.


457


*Innovaciones fundamentales.*—En lugar de valores morales, valores meramente naturalistas. Se asiste a la naturalización de la moral.

En lugar de «sociología», una doctrina de los modelos de señorío.

En lugar de «sociedad», el progreso de la cultura como mi interés preferido (primero en su conjunto, pero luego preferentemente en sus partes).

En lugar de la «teoría del conocimiento», una doctrina de la perspectiva de los afectos (a la cual corresponde una jerarquía de los afectos: los afectos transfigurados: su superior ordenación, su «espiritualidad»).

En lugar de la metafísica y de la religión, la doctrina del eterno retorno (esta como medio de disciplina y selección).

### 458

Entre mis precursores figura Schopenhauer: en qué medida he profundizado el pesimismo, imponiéndoseme ante todo por la evidencia de sus más elevadas contradicciones.

Luego, los artistas ideales, aquellos retoños del movimiento napoleónico.

Luego, los europeos superiores, precursores de la gran política.

Luego, los griegos y su nacimiento.

### 459

He citado a mis predecesores inconscientes. Pero ¿dónde iría yo a buscar, con alguna esperanza filosófica de mi estilo, filósofos que por lo menos respondieran a mis pretensiones? Solamente allí donde imperase una manera de pensar aristocrática, que considerase la esclavitud y otra cualquier clase de dependencia como un supuesto de toda alta cultura; donde reinase una manera de pensar creadora que no viese en el mundo un lugar de paz, el «sábado de todos los sábados», sino ahora, y en estado de paz, el medio para la guerra. Una manera de pensar que mirase al futuro y tratara el presente con dureza y violencia; una manera de pensar sin escrúpulos, inmoral, que intentase administrar en grande las buenas y malas cualidades del hombre, porque confía en saber emplearlas diestramente. Pero el que busca hoy filósofos de esta clase, ¿qué probabilidades tiene de encontrar lo que busca? ¿No es probable que, agarrado a la linterna de Diógenes, se pasase día y noche buscando inútilmente? Esta época camina en dirección opuesta; quiere, en segundo término, la comodidad; desea, ante todo, publicidad y aquel barullo del mercado que tanto le agrada; pretende, en tercer lugar, que todos nos posternemos con el más vil de los servilismos ante las más burdas patrañas: una de ellas es la «igualdad de los hombres», y honra exclusivamente las virtudes democráticas. Pero estas circunstancias son radicalmente opuestas a la producción del filósofo tal y como yo al menos la entiendo. Sabido es que todo el mundo se lamenta de la conducta de los filósofos, enterrados entre autos de fe, mala conciencia y arrogantes doctrinas eclesiásticas. Sin embargo, la verdad es que estas mismas condiciones fueron más favorables para la producción de una espiritualidad poderosa y rica que las de la vida actual. Hoy reina otra clase de espíritu, a saber: el espíritu demagógico, el espíritu de comediante, quizá también el espíritu de las víboras y de las hormigas, propio de los sabios o, por lo menos, favorable a la producción de los sabios. Sin duda alguna peor, desfavorable para los grandes artistas. ¿No se precipitan todos ellos en el abismo por una falta interior de disciplina? Aunque no se ven exteriormente tiranizados por la imposición de un decálogo cortesano o sacerdotal, desconocen la forma de educar a su «tirano interior», a su voluntad. Y lo que queda dicho sobre los artistas, puede aplicarse igualmente, en un sentido superior y fatal, a los filósofos. ¿En dónde encontraremos hoy espíritus libres? ¡Señáleseme, por ventura, un espíritu libre!

## 460

Quiero aclarar que con las palabras «libertad de espíritu» aludo a algo muy concreto: a la capacidad de ser cien veces superior a los filósofos y a otros adeptos de la «verdad», por el rigor contra sí mismo, por pureza y valor, por la voluntad incondicional de decir no, allí donde el no es peligroso. Considero a los actuales filósofos como despreciables «libertins» protegidos por la capucha de esa mujer a la que conocemos por «verdad».

LIBRO TERCERO

# FUNDAMENTOS DE UNA NUEVA VALORACIÓN

## I

### LA VOLUNTAD DE PODER COMO CONOCIMIENTO

a) *Método de la investigación*

#### 461

Lo que califica al siglo XIX no es el triunfo de la ciencia, sino el triunfo de los métodos científicos sobre la ciencia.

#### 462

Historia de los métodos científicos de Augusto Comte casi elevada a filosofía.

#### 463

Grandes metodólogos: Aristóteles, Bacon, Descartes, Augusto Comte.

### 464

Los conocimientos más valiosos son los que han sido conseguidos más tarde; pero los conocimientos más valiosos son los métodos.

Todos los métodos, todos los supuestos de nuestra ciencia actual han tenido en contra, durante miles de años, el menosprecio de las gentes: su práctica hacía que el que los practicase fuera expulsado del comercio con las personas honradas; se le tenía por enemigo de Dios, como menospreciador del más alto ideal, como un «energúmeno».

Teníamos todas las pasiones de la humanidad contra nosotros; nuestro concepto de la «verdad», de lo que debe ser el servicio de la verdad, nuestra objetividad, nuestro método, nuestra conducta tranquila, previsora, desconfiada, eran completamente despreciados... En el fondo, el más insalvable obstáculo que se opuso al avance de la humanidad fue su gusto estético: creía en el efecto pintoresco de la verdad, pedía al sabio que realizase un gran efecto sobre la fantasía.

Esto hace creer que se hubiera superado un contraste, como si se hubiese dado un salto: en realidad, aquellas disciplinas planteadas por las hipérboles morales prepararon paulatinamente nuestros actuales sentimientos más sensibles, nuestro carácter científico actual...

La conciencia de lo pequeño, el «control» personal de los hombres religiosos, fue una preparación para el carácter científico: ante todo, la propensión a estudiar los problemas independientemente de nuestros problemas personales...

b) *El punto de partida de la teoría del conocimiento*

### 465

El encanto de las maneras de pensar opuestas y el no dejarse llevar por el atractivo del carácter enigmático, crea la profunda aversión a descansar de manera definitiva en una concepción general del mundo.


### 466

La suposición de que hay una moralidad en el fondo de las cosas, que la razón humana está justificada, es la suposición de un carácter honrado y fiel, la consecuencia de la fe en la veracidad divina, de la idea de un Dios creador de todas las cosas. El concepto de una herencia, procedente de una vida anterior.


### 467

Refutación de los supuestos «hechos de conciencia». La observación es mil veces más difícil; el error es, quizá, condición de la observación en general.


### 468

El intelecto no puede criticarse a sí mismo, porque no puede compararse con otros intelectos conformados de otra manera y porque su capacidad de conocer solo se revela frente a la «verdadera» realidad, es decir, porque para criticar el intelecto deberíamos ser seres superiores dotados de un conocimiento absoluto. Este supone que, descontadas todas las formas particulares de conocimiento y asimilación sensible espiritual, hay algo dado, algo «en sí». Pero la deducción psicológica de la creencia en las cosas nos prohíbe hablar de «cosas en sí».


### 469

Que entre sujeto y objeto existe una cierta relación adecuada; que el objeto es algo que, mirado por dentro, sería sujeto a su vez, es un ingenioso expediente que, en mi criterio, tuvo su época. La medida de aquello de que somos conscientes depende de la burda utilidad de la conciencia. ¿Cómo había de permitir esta perspectiva angular de la conciencia decir algo sobre «sujeto» y «objeto» que se relacionase de algún modo con la realidad?

### 470

La crítica de la nueva filosofía descubre la existencia de un punto de vista deficiente, como si hubiera «hechos de conciencia» y ningún fenomenalismo en la autoobservación.

### 471

«Conciencia»: ¿en qué medida las ideas representadas, la voluntad representada, el sentimiento representado (lo único que conocemos) es completamente superficial? ¡Nuestro mundo interior es también fenómeno!

### 472

Yo mantengo también la fenomenalidad del mundo interior; todo lo que no deviene sensible en la conciencia ha debido ser previamente dispuesto, simplificado, esquematizado, interpretado. El verdadero procedimiento de la «percepción interior», el encadenamiento de las causas entre los pensamientos, los sentimientos, los deseos, entre el sujeto y el objeto, está por completo oculto a nuestros ojos, y quizá resulta, solamente en nosotros, motivo de imaginación. Ese «mundo interior en apariencia» es tratado con las mismas formas y los mismos procedimientos que el mundo «exterior». Nosotros jamás tropezamos con «hechos»; el placer y el desplacer son fenómenos tardíos y derivados del intelecto...

La «causalidad» nos escapa: admitir entre las ideas un lazo inmediato y causal, como hace la lógica, es la consecuencia de observación más grosera y más torpe. Entre dos pensamientos hay aún toda clase de pasiones que se entregan a su juego; pero los movimientos son demasiado rápidos, lo que hace que los desconozcamos, que los neguemos.

«Pensar», tal como lo determinan los teóricos del conocimiento, es cosa que no existe; es una ficción completamente arbitraria, realizada separando del proceso general un solo elemento, sustrayendo todos los demás elementos, un arreglo artificioso para entenderse...

El «espíritu», una cosa que piensa: a ser posible, el espíritu absoluto, «el espíritu puro», esta concepción derivada de la falsa observación de sí mismo, que cree en el procedimiento que consiste en «pensar»: aquí se comienza a imaginar un acto que no se produce de ninguna manera: «pensar», y se imagina, en segundo lugar, un «substratum», sujeto imaginario en el que cada acto de este pensamiento tiene su origen, y nada más: lo que quiere decir que tanto la acción como el que la ejecuta son simulados.

### 473

El fenomenalismo no hay que buscarlo en los sitios falsos: nada es más fenomenal, o más exactamente, nada es tan ilusorio, como ese mundo interior que observamos con ese famoso «sentido interior».

Hemos creído que la voluntad era una causa, hasta el punto de que, según nuestra experiencia, hemos supuesto una causa todo lo que acontece (es decir, la intención como causa de lo que sucede).

Creemos que el pensamiento y los pensamientos, tales como acontecen en nosotros, se encuentran vinculados por un encadenamiento de causalidad cualquiera: el lógico, en particular, que habla de casos que efectivamente no han ocurrido en la realidad, el lógico se ha acostumbrado al prejuicio de creer que los pensamientos ocasionan pensamientos. Nosotros creemos —y nuestros filósofos lo creen todavía— que el sentido del dolor y del placer provoca reacciones. Durante miles de años se ha presentado al placer y el deseo de sustraerse al desplacer como motivo de toda clase de acción. Con un poco de reflexión, podemos admitir que todo pasaría exactamente según el mismo encadenamiento de causas y efectos si estos estados de placer y de dolor no existieran: engañándonos por creer que dan lugar a algún fenómeno. Son fenómenos secundarios, con una finalidad completamente distinta de la de provocar reacciones: son efectos que se integran en el proceso de reacción en curso...

«In somma»: todo lo que resulta consciente es un fenómeno final, una conclusión que no produce ningún efecto; toda sucesión en la conciencia es absolutamente atomística. Habiéndose tratado de comprender el mundo en nosotros a base de concepciones contrarias como si nada fuera activo, como si nada fuese real, sino el pensamiento, el sentimiento, la voluntad.

474

*El fenomenalismo del mundo interior.*—La causa, por una inversión cronológica, llega a la conciencia después que el efecto. Hemos averiguado que un dolor puede proyectarse en un sitio del cuerpo sano, sin ser este su sitio; sabemos que las sensaciones que ingenuamente consideramos como condicionadas por el mundo exterior están, en realidad, condicionadas por el mundo interior; pues la verdadera acción del mundo exterior se realiza siempre de una manera inconsciente... El fragmento de mundo exterior de que somos conscientes ha nacido después del efecto ejercido sobre nosotros por las cosas exteriores, y es proyectado posteriormente sobre nosotros al exterior en forma de «causa» prestada a dicho efecto...

En el fenomenalismo del «mundo interior» volvemos a la cronología de la causa y del efecto. El hecho fundamental de la experiencia es que la causa se imagina una vez que el efecto tuvo lugar... Igualmente ocurre con la sucesión de las ideas...: buscamos la razón de una idea antes de que haya sido consciente para nosotros, y entonces la razón, y luego su consecuencia, entran en nuestra conciencia... Todos nuestros sueños consisten en interpretar sentimientos de conjunto, para buscar sus posibles causas, y tal suerte, que un estado no deviene consciente sino cuando el encadenamiento de las causas, inventado para interpretarlo, se ha hecho presente en la conciencia.

Toda la experiencia interior está fundada sobre una irritación de los centros nerviosos, a la que se busca o adjudica una causa; y solamente la causa de esta manera buscada penetra en la conciencia: esta causa no se adapta en absoluto a la causa verdadera: es algo así como un tanteo basado en anteriores «experiencias interiores», es decir, en la memoria. Pero la memoria conserva igualmente el hábito de las interpretaciones antiguas, es decir, de la causalidad errónea; de suerte que la «experiencia interior» contendrá en ella todas las antiguas falsas ficciones causales. Nuestro «mundo exterior», tal como suele proyectarse a cada momento, está estrechamente unido a los viejos errores de las causas, tratamos de interpretarlo por el esquematismo de los «objetos», etc.

La «experiencia interior» no aparece en la conciencia sino una vez encontrado cierto lenguaje que el individuo pueda comprender, es decir, la transposición de un estado a otro más conocido. «Comprender» es simplemente poder expresar algo de nuevo en el lenguaje de alguna cosa antigua conocida. Por ejemplo: cuando digo «yo me siento mal», tal juicio equivale a una grande y tardía neutralidad por parte del observador: el hombre ingenuo dirá siempre: una cosa u otra hace que yo me sienta mal; no juzgará claramente su malestar sino cuando descubra una razón para sentirse mal... A esto es a lo que yo llamo una falta de filología; porque poder leer un texto es la forma más tardía de la «experiencia interior», quizá una forma probablemente apenas posible...

### 475

No hay ni «espíritu», ni razón, ni pensamiento, ni conciencia, ni alma, ni voluntad, ni verdad; las citadas, no son sino ficciones inútiles. No se trata de «sujeto» y «objeto», sino de una cierta especie animal que no prospera sino bajo el imperio de una justeza relativa de sus percepciones y, ante todo, con la regularidad de estas (de manera que le es posible capitalizar sus experiencias...).

Como instrumento del poder, trabaja el conocimiento. Realidad que crece, en la medida que aumenta el poder...

El sentido del conocimiento: en este caso, como en el de la idea de «bien» y de «belleza», la concepción de entenderse severa y estrechamente desde el punto de vista antropocéntrico y biológico. Para que una especie concreta pueda conservarse y crecer en su poder es preciso que su concepción de lo real abrace muchas cosas calculables y constantes, con el fin de levantar sobre semejante concepción un esquema de su conducta. La utilidad de la conservación — y no cualquier abstracta y teórica necesidad de no ser engañado— radícase como motivo tras la evolución de los órganos del conocimiento..., estos órganos se desarrollan de manera que su observación baste para conservarnos. De otro modo, la medida de la necesidad de conocer depende de la medida del crecimiento de la voluntad de poder de la especie; una especie se apodera de una cantidad de realidad para hacerse dueña de esta, para tomarla a su servicio.

c) *La creencia en el «yo» sujeto*

### 476

En mi criterio, contra el positivismo que se limita al fenómeno, «solo hay hechos». Y quizá, más que hechos, interpretaciones. No conocemos ningún hecho en sí, y parece absurdo pretenderlo.

«Todo es subjetivo», os digo; pero solo al decirlo nos encontramos con una interpretación. El sujeto no nos es dado, sino añadido, imaginado, algo que se esconde. Por consiguiente, ¿se hace necesario contar con una interpretación detrás de la interpretación? En realidad entramos en el campo de la poesía, de las hipótesis.

El mundo es algo «cognoscible», en cuanto la palabra «conocimiento» tiene algún sentido; pero, al ser susceptible de diversas interpretaciones, no tiene un sentido fundamental, sino machismos sentidos. Perspectivismo.

### 477

Donde nuestra ignorancia empieza, donde ya no llegamos con la vista, ponemos una palabra; por ejemplo, la palabra «yo», la palabra «acción», la palabra «pasión», que son quizá líneas del horizonte de nuestro pensamiento, pero de ninguna manera «verdades».

### 478

El «yo» se encuentra determinado por el pensamiento, pero hasta ahora se creía en un plano más bien popular, que en el «yo pienso» había a manera de una conciencia inmediata, a cuya analogía entendíamos todas, las demás reacciones causales. Pero por muy normal y necesaria que sea esta ficción, no es posible olvidar su carácter fantástico: puede haber una creencia que sea condición de vida y, a pesar de ello, falsa.

### 479

«Si se piensa, es que hay algo que piensa»: a esto puede reducirse la argumentación de Descartes. Pero esto equivale a admitir como verdadero «a priori» nuestra creencia en la idea de sustancia. Decir que, cuando se piensa, es preciso que haya algo que piensa, es un poco la formulación de un hábito gramatical que atribuye a la acción un actor. Aquí anunciamos, resumiendo, un postulado lógico metafísico, sin contentarnos con comprobar... Mientras que por el camino de Descartes no se llega nunca a una certidumbre absoluta, sino solamente a un hecho de creencia muy pronunciada.

Si se redujese la proposición a esto: «se piensa, luego hay pensamiento», estableceríamos una simple tautología, y lo que precisamente se pone en tela de juicio, la realidad del pensamiento queda intacta —de suerte que, bajo esta forma, nos sentimos obligados a reconocer la «apariencia» del pensamiento—. Sin embargo, lo que Descartes quería es que el pensamiento no tuviese una realidad aparencial, sino que se brindase como algo en sí.

### 480

La idea de sustancia es el resultado de la ideal del sujeto, pero no al contrario. Siempre que sacrifiquemos el alma, el «sujeto», nos falta como los elementos para imaginar una «sustancia». Se obtienen grados del ser, se sacrifica al Ser.

Crítica de la «realidad»: ¿a qué viene el «más o menos de realidad», la gradación de ese ser en el cual nosotros creemos?

Los grados en el sentimiento de vida y de poder (lógica y conexión en lo que ha sido vivido), damos la medida del «ser», de la «realidad», de la no apariencia.

Sujeto: se plantea la terminología de nuestra creencia en una unidad entre los diversos momentos de un sentimiento de realidad superior; entendemos semejante creencia como el efecto de una sola causa —creemos en nuestra creencia hasta el punto de que, a causa de ella, imaginamos la «verdad», la «realidad», la «sustancialidad»—. «Sujeto» es la ficción que pretende hacernos creer que muchos estados similares son en nosotros el efecto de un mismo «substratum»; pero somos nosotros los que hemos creado la analogía entre estos diferentes estados. La equiparación y la aprestación de estos, he aquí los hechos y no la analogía (es preciso, por el contrario, negar la analogía).

### 481

Es necesario saber lo que es el ser para decidir si esto o aquello son cosas reales (los hechos de la conciencia, por ejemplo); y también para saber lo que es certeza, lo que es conocimiento y cosas así. Pero como no sabemos esto, resulta un tanto absurda cualquier crítica del conocimiento. ¿Cómo es posible criticar un instrumento que hay que utilizar irremediablemente para la crítica? Ni siquiera puede definirse a sí mismo.

### 482

El deber de toda filosofía, ¿no es clarificar las suposiciones en que se funda el movimiento de la razón; nuestra fe en el «yo» como en una sustancia, como en la única realidad respecto a la cual nosotros atribuimos entidad a las cosas? De nuevo, aparece el viejo realismo, al mismo tiempo que toda la historia religiosa de la humanidad se reconoce como historia de la superstición del alma. Aquí hay un límite: nuestro mismo pensamiento envuelve aquella fe (con su diferencia de sustancia, accidente, acción, sujeto de la acción, etc.; llegar a él significa privarse de pensar).

483

*Deducción psicológica de nuestra fe en la razón.*—La idea de «realidad», de «ser», está tomada de nuestro sentimiento del «sujeto».

«Sujeto»: lo que se interpreta partiendo de nosotros mismos, de suerte que el yo pasa por ser la sustancia, la causa de toda acción, el «agente».

Los postulados logicometafísicos, la creencia en la sustancia, el accidente, el atributo, etc., aportar su fuerza persuasiva de la costumbre de considerar todo lo que nosotros hacemos como la consecuencia de nuestra voluntad, de suerte que el yo, en cuanto sustancia, no desaparece en la multiplicidad del cambio. Pero no hay voluntad.

Nosotros no poseemos categorías que nos permitan separar un «mundo en sí» de un mundo considerado como representación. Todas nuestras categorías de la razón son de origen sensualista: deducidas del mundo empírico. El «alma» el «yo»: la historia de estos conceptos muestra, en este caso, la antigua separación («soplo», «vida»)...

Si no hay nada de material, no hay tampoco nada de inmaterial. El concepto no contiene ya nada...

Nada de sujeto «átomo». La esfera de un sujeto creciente o decreciente constantemente, el centro del sistema desplazándose sin cesar; en el caso en que el sistema no pueda organizar la masa asimilada, la divide en dos. Por otra parte, puede, sin destruirlo, transformar un sujeto más débil para hacer de él su agente, y formar con su colaboración, hasta cierto punto, una nueva unidad. No una «sustancia», sino alguna cosa que, por sí misma, aspire a reforzarse, y que no quiere conservarse sino indirectamente (quiere encarecerse).

### 484

Todo lo que se instala en la conciencia como unidad es algo enormemente complejo, y lo único que logramos es una apariencia de unidad.

El fenómeno corporal es el más rico, el más evidente, el más palpable: adelantar metódicamente sin terminar algo sobre su última observación.

### 485

¿Quizá no sea necesaria la suposición de un sujeto; quizá sea lícito admitir una pluralidad de sujetos, cuyo juego y cuya lucha sean la base de nuestra ideación y de nuestra conciencia? ¿Una aristocracia de células en la que el poder radique? ¿Algo así como «pares», acostumbrados a gobernar unidos, con buen sentido del mando?

Mi hipótesis: el sujeto como pluralidad.

El dolor es intelectual y dependiente del juicio de «nocividad» proyectado. El efecto es siempre «inconsciente»; la causa deducida y pensada es proyectada, sigue en el tiempo.

La constante caducidad y fugacidad del sujeto, «Alma mortal».

El número como forma de perspectiva.

### 486

Tener fe en el cuerpo es más importante que tener fe en el alma; esta última nació de la observación anticientífica de las agonías del cuerpo. (Algo que abandona a este. Creencia en la verdad del sueño.)

487

Punto de partida del cuerpo y de la fisiología: ¿por qué? Alcanzamos la auténtica idea de la clase de unidad de nuestro sujeto, concibiéndolo como regente en la cúspide de una comunidad de seres (no como «almas» o «fuerzas vitales»), así como la dependencia de estos regentes de sus regidos y las condiciones de jerarquía y trabajo como posibilidad del individuo y del todo. Así como nacen y mueren constantemente las unidades vivas y al sujeto no le pertenece la eternidad, así la lucha se pone en evidencia en el acatamiento y la vida tiene un límite variable. La ignorancia en que el regente se mantiene sobre las funciones particulares y hasta trastornos de la comunidad, es una de las premisas por las cuales es posible la regencia. Conseguimos, en resumen, una valoración incluso por el no-saber, por el ver en grande y «grosso modo», por el simplificar y el falsear, por el empleo de la perspectiva. Pero lo que interesa es que nosotros concebimos al regente y a sus súbditos como semejantes, como seres que sienten, que quieren y que piensan, y que en todas partes donde vemos o presumimos ver movimiento en los cuerpos, colegimos una vida subjetiva invisible. El movimiento resulta un símbolo para los ojos: nos indica que algo quiere, siente, piensa.

La interrogación directa del sujeto sobre el sujeto y toda reflexión del espíritu sobre sí mismo tiene el peligro de que para su actividad puede ser útil e importante interpretarse falsamente; por esto preguntamos al cuerpo y rechazamos de plano el testimonio de los sentidos excitados: si se quiere, considérese si el súbdito puede comerciar con nosotros.

## II

## BIOLOGÍA DEL INSTINTO DE CONOCIMIENTO. PERSPECTIVISMO

### 488

La verdad es el error, sin el que no puede vivir ningún ser viviente de determinada especie. El valor para vivir es lo que decide en último término.

### 489

Resulta inverosímil que nuestro «conocer» pueda ir más allá que lo estrictamente necesario para la conservación de la vida. La morfología nos enseña que los sentidos y los nervios, lo mismo que el cerebro, se desarrollan en relación con las complicaciones de la alimentación.

### 490

«El sentido de la verdad» cuando la moralidad del «no debes mentir» se rechaza, debe legitimarse ante otro foro: como medio de conservación del hombre, como voluntad de poder.

Nuestro amor a lo bello, igualmente, es también una voluntad de crear formas. Los dos sentidos tienen una relación mutua: el sentido de lo real es el medio para entender las cosas a nuestro placer. El gusto por las formas y por las transformaciones —¡un placer imaginario!—. Solo podemos comprender, en realidad, el mundo que nosotros hacemos.

## 491

De las diferentes formas del conocimiento. Rastrear su relación con otros muchos (o la relación de la especie). (Cómo habría de ser el conocimiento de «otro». La especie de conocimiento y de reconocimiento se implica en las condiciones de existencia: así la conclusión de que no puede haber otra clase de intelecto (para nosotros) que la que a nosotros nos mantiene, resulta precipitada; semejante condición efectiva de existencia es solo contingente y en absoluto necesaria.

Nuestro aparato cognoscitivo no se encuentra destinado al conocimiento.

## 492

En mi criterio, las «verdades», «a priori», más firmemente creídas son creencias provisionales; la ley de causalidad, por ejemplo, hábitos muy bien ejercitados de la creencia, de tal arraigo que el hecho de no creerlos terminaría con la especie. Pero ¿son por esto verdades? ¡Valiente razonamiento! ¡Como si la verdad se demostrase por la sustancia del hombre!

## 493

¿En qué medida podemos considerar que nuestro intelecto es una consecuencia de las condiciones de vida? No lo tendríamos si no lo necesitásemos, si pudiéramos vivir de otro modo.

## 494

«Pensar» en los estados primitivos (preorgánicos) equivale a crear estructuras como en los cristales. En nuestro pensar, lo esencial es ordenar el material nuevo en los planteos antiguos (lecho de Procusto), igualar lo nuevo a lo viejo.

### 495

Las percepciones de los sentidos proyectadas al exterior «fuera» y «dentro»; en este caso manda el cuerpo.

La misma fuerza niveladora y ordenadora que rige el idioplasma rige también la incorporación del mundo exterior; las percepciones de nuestros sentidos significan el resultado de esta asimilación y equiparación relacionado con todo nuestro pasado; no siguen inmediatamente a la «impresión».

### 496

Todo pensar, juzgar, percibir, igual que comparar, esta sometido a una «equiparación», y anteriormente a una «igualación». La igualación equivale a la incorporación de la materia adquirida en las amebas.

«Recuerdo» posteriormente, en cuanto el instinto igualatorio se domeña, la diferencia conservada. Recordar cómo rubricar algo, cómo encajonar: activo, ¿quién?

### 497

Respecto a la memoria debe rectificarse: el mayor error consiste en admitir un «alma» que reproduce, reconoce, etcétera, intemporalmente: en este aspecto yo no puedo hacer venir al recuerdo, la voluntad es impotente, cuando aparece un pensamiento. Sucede algo de lo que me doy perfecta cuenta; inmediatamente, sucede algo semejante... ¿Quién lo llama, quién lo despierta...?

### 498

Toda la mecánica del conocimiento es un aparato de abstracción y de simplificación, que no está encaminado al conocer, sino a conseguir poder sobre las cosas; el «fin» y el «medio» están tan alejados de la esencia como los «conceptos». Con «fines» y «medios» nos apoderamos del proceso (se inventa un proceso que es palpable), pero con «conceptos» de las «cosas» que forman el proceso.

### 499

La conciencia —iniciando exteriormente, como coordinación y conciencia de las impresiones—, al principio muy lejos del centro biológico del individuo; pero un proceso que se profundiza, se interioriza, que se acerca constantemente a dicho centro.

### 500

Nuestras percepciones, tal y como nosotros las comprendemos, es decir, cual suma de todas las percepciones, cuya conciencia progresiva fue útil y esencial a nuestro organismo y a todo el proceso anterior al mismo; por consiguiente, no siempre acusamos nuestras percepciones (y no hablamos de las eléctricas), puesto que nosotros tenemos sensibilidad para alguna clase de percepciones. Sencillamente aquellas que necesitamos para nuestra conservación.

Somos conscientes en la medida que la conciencia resulta válida, nos es útil. No cabe duda que todas las percepciones sensibles se encuentran vinculadas a juicios de valor (útil y perjudicial, por tanto, agradable y desagradable). Cada color expresa para nosotros también un valor (si bien pocas veces, o como consecuencia de un largo y exclusivo actuar del mismo color, lo confesamos; por ejemplo, el encarcelado o el que se extravía). De la misma manera, cada insecto reacciona de una manera a un color: unos aman estos, otros aquellos; por ejemplo, las hormigas.

## 501

Primero las imágenes y, antes que nada, explicar cómo nacen las imágenes en el espíritu. Posteriormente, las palabras aplicadas a las imágenes. Luego los conceptos, que solo son posibles cuando hay palabras —una síntesis de muchas palabras bajo algo no sonoro sino intuitivo (palabra)—. El pequeño efecto emotivo que produce la «palabra» por consiguiente, al intuir imágenes parecidas para las cuales existe una palabra —esta tenue emoción es lo común, el fundamento del concepto—. El hecho básico es que ciertas débiles emociones son puestas como semejantes, sentidas de la misma manera. Por lo tanto, la confusión de dos sensaciones absolutamente vecinas en la comprobación de estas sensaciones; aunque, ¿quién comprueba? La creencia es lo originario por consiguiente de toda impresión sensible: parecida a una afirmación como primera actividad intelectual. Un «tener por verdadero» en principio. Preguntándonos: ¿cómo se crea este «tener por verdadero»? ¿Qué se produce detrás de «verdadero»?

## 502

La valorización: «yo creo que esto y aquello es así», como esencia de la «verdad». En la valoración quedan expresadas condiciones de observación y de crecimiento. Todos nuestros elementos de conocimiento y nuestros sentidos solo se desarrollan en relación con ciertas condiciones de conservación y crecimiento. La confianza en la dialéctica, o lo que es lo mismo, la confianza en la razón y sus categorías, la valoración en definitiva de la lógica, acredita su utilidad para la vida, ya demostrada por la experiencia, pero de ninguna manera su «verdad».

Los supuestos esenciales de todo lo vivo y de su vida son: un repertorio de creencias, la posibilidad de juzgar, la ausencia de dudas sobre todos los valores esenciales. Lo importante, por consiguiente, es que algo sea tenido por verdadero, aunque no lo sea.

«El mundo verdad y el mundo aparente» —es oposición referida por mí a las relaciones de valores—. Nosotros proyectamos nuestras condiciones de conservación como predicados del ser en general. El hecho de que para progresar debamos tener una cierta estabilidad en nuestra fe, nos conduce a imaginar el mundo verdadero como un mundo inmutable, no como un mundo en que varía y que deviene.

### d)  *Nacimiento de la razón y de la lógica*

### 503

Caos inicial de representaciones. Las representaciones que se alían entre sí, subsisten; aquellas otras que no logran esta alianza, la mayoría, desaparecen y sucumben.

### 504

La lógica ha nacido del reino de los apetitos: el instinto de rebaño en el fondo. La aceptación de casos iguales significa «almas iguales». Con objetivos de comprensión y de dominio.

505

Nacimiento de la lógica. La inclinación fundamental a igualar y a ver las cosas iguales es modificada, refrenada por la utilidad y el perjuicio, por el éxito; se crea una adaptación, una acomodación, dentro de los cuales puede satisfacerse dicha inclinación, sin negar la vida ni enfrentarla con el peligro. Todo este proceso corresponde exactamente a aquel otro proceso exterior, mecánico (cuyo símbolo es), mediante el cual, el plasma, constantemente, iguala lo que se asimila y lo distribuye y ordena en sus formas y series.

506

Igualdad y semejanza.
1) El órgano menos refinado ve muchas igualdades aparentes.
2) El espíritu anhela igualdad, es decir, quiere abismar las impresiones de los sentidos bajo una serie ya existente: de la misma manera que el cuerpo asimila lo inorgánico.
Para la inteligencia de la lógica:
La voluntad de igualdad es voluntad de poder —la creencia de que algo es de esta o de la otra manera (esencia del juicio)—: es el resultado de una voluntad; debe disponer de tantos iguales como sea posible.
La lógica está vinculada a la condición y al supuesto de que hay casos idénticos. Para que pueda existir una lógica, en definitiva, debe convenirse o fingirse que esta condición y este supuesto se dan. Es decir: que la voluntad para la verdad lógica solo puede realizarse después de haber admitido una falsificación fundamental de todos los hechos. De donde se colige que aquí rige un instinto que es capaz de las dos cosas: de la falsificación, primero, y de la realización de su punto de vista; la lógica no se deriva de la voluntad de verdad.

507

La potencia inventiva que ha imaginado las categorías sirve a la necesidad o a la seguridad de una rápida comprensión, a base de signos y de sonidos, es decir, de signos abreviados —pues no se trata de verdades metafísicas en los conceptos de sustancia, sujeto, objeto, ser, devenir—. Los poderosos son los que han impuesto los nombres a las cosas, y, entre los poderosos, los más grandes artistas de la abstracción son los que crearon las categorías.

508

Una moral, o lo que es lo mismo, un género de vida demostrado y acreditado por una experiencia considerable, además de un largo examen, concluye en llegar a la conciencia en forma de ley, bajo una forma dominante... Y por este medio, toda la agrupación de valores y de condiciones similares, ingresa en su círculo; semejante moral se hace respetable, intangible, sagrada, verdadera; forma parte de su evolución el olvidar su origen; se trata de un signo erigido en ama...

Igual podría ocurrir con las categorías de la razón: después de bastantes ensayos y tanteos, estas podrían hacer su prueba por una utilidad relativa... Hubo un momento en que se las pudo resumir, valorizarlas ante la conciencia en su conjunto... Hubo un tiempo en que se mandó sobre ellas, es decir, en que ellas obraban como si mandasen. Desde entonces pasaron por ser «a priori», por estar más acá de la experiencia, por ser indemostrables. Y, sin embargo, no expresan quizá otra cosa más que una cierta finalidad de raza y de especie —su verdad no radica más que en su utilidad.

509

Más que «conocer», esquematizar, imponer al caos bastante regularidad y suficiente número de formas para satisfacer nuestras necesidades prácticas.

La necesidad da la medida en el proceso de la razón de la lógica; la necesidad de comprender más que de «conocer», de resumir, de esquematizar, dada la inteligencia del cálculo... (El arreglo, la interpretación de las cosas semejantes, iguales; igual proceso que experimenta la impresión de los sentidos es el desarrollo de la razón.) No es una idea preconcebida la que trabaja en este caso, sino la utilidad; las cosas no son valorizables y manejables para nosotros, sino cuando las vemos groseramente e iguales unas a otras... La finalidad en la razón es un efecto y no una causa: la vida disuade de toda otra especie de razón hacia la cual haga esfuerzos constantes; entonces se hace poco clara, demasiado desigual.

Las categorías no pueden considerarse «verdades» más que en el sentido de que son condiciones de existencia para nosotros; del mismo modo que el espacio de Euclides resulta una «verdad condicionada» de este género. (Como nadie mantendrá que haya necesidad absoluta de que haya precisamente hombres, la razón, lo mismo que el citado espacio de Euclides, es una simple idiosincrasia de ciertas especies animales, una sola idiosincrasia al lado de tantas otras...).

La coacción subjetiva que impide la contradicción aquí es una coacción biológica: el instinto de la utilidad que hay en terminar como terminamos se ha trocado para nosotros en una segunda naturaleza, puesto que «somos» ese instinto... Pero ¡qué ingenuidad querer alcanzar la demostración de que se posee una verdad en sí! El hecho de no poder contradecir prueba una incapacidad, no una «verdad».

## 510

No se puede afirmar al mismo tiempo y negar al mismo tiempo una cosa: este principio de experiencia subjetiva no es una «necesidad», sino una imposibilidad.

Si, como afirma Aristóteles, el «principium contradictionis» es el más cierto de todos los principios, también es el último, el situado en la cima y al que se refieren todas las demostraciones; por el hecho de que todos los axiomas residan en él, hemos de considerar más severamente cuantas afirmaciones «supone». O bien se afirma por él algo que concierne a la realidad, el ser, como si tuviéramos ya conocimiento de este por otros medios; es decir, que no se le deben añadir atributos contrarios. O bien, la proposición significa que no se le debe aplicar atributos contrarios. De esta manera la lógica es no un imperativo, no algo para el conocimiento de la verdad, sino para fijar y acomodar un mundo «que nosotros debemos llamar verdadero».

La cuestión, en resumen, queda en pie: los axiomas lógicos, ¿son adecuados a la realidad, o bien son medios y medidas para asimilar a nuestro uso las cosas reales, el concepto de «realidad»? Ahora bien: para poder afirmar lo primero sería preciso, como ya indiqué, conocer el ser; lo que no es el caso de que se trata. El principio no equivale, pues, a un criterio de verdad, sino a un imperativo sobre lo que debe entenderse por verdadero.

Admitiendo que esta A, idéntica a sí misma, tal como la admite todo principio de lógica (y también la matemática) no existe; admitiendo que esta A es en cierta manera una apariencia, hay que convenir que la lógica no tendría por condición más que un mundo: apariencia. En realidad, nosotros admitimos este principio, bajo la presión de un mundo infinito que pareciera confirmarlo en todo momento. El «ens» es la verdadera base de A; nuestra fe en las cosas es la primera condición para la fe en la lógica. El A de la lógica es como el átomo de una reconstitución de la «cosa»... Al no

comprender esto y hacer de la lógica un criterio del ser verdad, nos ponemos en la coyuntura de considerar realidades
todas estas hipótesis: *sustancia, atributo, objeto, sujeto, acción, etc.*, es decir, de imaginar un mundo metafísico, un
«mundo-verdad» (aunque este sea una repetición del mundo
de las apariencias...).

Las acciones primitivas del pensamiento: la afirmación y
la negación, el tener algo por verdadero, el tener algo por
falso, en cuanto no presumen solamente un hábito, están ya
bajo la creencia de que el conocimiento existe para nosotros,
que el juicio puede realmente alcanzar la verdad; en resumen: la lógica no puede anunciar algo con motivo de lo que
es verdadero en sí (es decir, que a lo que es verdadero en sí
no se le pueden añadir atributos contrarios).

Aquí reina el grosero prejuicio sensualista, que trata de
que las sensaciones nos descubran verdades sobre las cosas;
enseñándonos que no nos es posible decir al mismo tiempo
de un objeto que es duro y que es blando. (La demostración
instintiva «ya no puede tener al mismo tiempo dos sensaciones contrarias»: es grosera y totalmente falsa.)

La prohibición de contradecirse en los conceptos parte de
la creencia de que nosotros podemos formar conceptos, de
que un concepto, además, no designa solamente la esencia
de las cosas, sino que la abarca... De hecho, la lógica (como
la geometría y la aritmética) no se aplica más que a seres fi-
gurados que nosotros hemos creado. La lógica es la tentativa
de comprender el mundo verdadero valiéndonos de un esquema del ser fijado por nosotros; o más precisamente: poniéndonos en condiciones de formular y de determinar el
mundo verdadero...


511


Para poder pensar y razonar es obligado admitir la existencia del ser. La lógica no utiliza sino fórmulas correspon-

dientes a cosas estables. Por eso la citada admisión no tendría aún ninguna fuerza de demostración respecto de la realidad; lo que «es» forma parte de nuestra óptica. El «yo» admitido como «siendo», y no tocado por el devenir ni por la evolución.

El mundo imaginario del sujeto, de la sustancia, de la razón, etc., resulta necesario. Existe en nosotros una facultad ordenadora, simplificadora, que falsea y separa artificialmente. «Verdad» es la voluntad de hacerse dueño de la multiplicidad de las sensaciones —ordenar los fenómenos respecto a determinadas categorías—. En esto partimos de la creencia de que las cosas tienen un «en sí» (aceptando los fenómenos por reales).

El carácter del mundo que esté en su devenir no es «formulable», es falso, se contradice. El conocimiento y el devenir se excluyen. Por consiguiente, resulta obligado que el «conocimiento» sea otra cosa; es preciso que una voluntad de hacer conocible preceda: una especie de devenir debe producir la ilusión del ser.

## 512

¿Y si nuestro yo fuera el único ser a semejanza del cual creásemos o comprendiésemos todos los seres perfectamente? Surge entonces la duda de si no se producirá en esta ocasión un desenfoque de perspectiva —la aparente unidad en que nosotros resumimos todo como en la línea de un horizonte—. Esta guía que tenemos en nuestro cuerpo nos demuestra una infinita multiplicidad; metódicamente es lícito utilizar como guía los fenómenos más extraños para el estudio de los más triviales. Por último, si admitimos que todo es devenir, el conocimiento solo es posible en virtud de la creencia en el ser.

### 513

Si solo existe un ser, el «yo», y todos los demás seres están creados a su imagen y semejanza; si, por último, la creencia en el yo se confunde con la creencia de la lógica en el fondo, es decir, en la verdad metafísica de las categorías de la razón; si, además, el ser se nos brinda como algo en constante devenir, entonces...

### 514

El continuo devenir no nos permite hablar de individuo, etcétera; el número de los seres varía constantemente. No tendríamos una idea del tiempo ni del movimiento, si no creyéramos ver, por un error de apreciación, cosas inmóviles al lado de cosas que se mueven. Tampoco comprenderíamos la causa y el efecto, y sin la errónea idea de un espacio vacío no hubiéramos llegado jamás a la concepción del espacio. El principio de identidad tiene como fondo la apariencia de que hay cosas iguales. Un mundo en devenir no se podría inteligir en el sentido estricto de la palabra; solamente en cuanto la inteligencia que comprende y que conoce encuentra un mundo previamente creado por un procedimiento grosero, constituido de meras apariencias; solo en tanto este género de apariencias remansa la vida, hay algo como conocimiento; es decir, un mensurar los antiguos errores unos con otros.

### 515

*Para la apariencia lógica.*—Lo mismo la idea de «individuo» que la de «especie» son falsas y aparentes, la «especie» expresa solo el hecho de que una multitud de seres análogos se presentan al mismo tiempo y que la marcha en el desarrollo y la transformación está retardada durante largo tiempo: de suerte que los pequeños cambios y los pequeños alimentos que se realizan no entran casi en la línea de cuenta (una fase del desarrollo en que el hecho de desarrollarse no se hace visible, de suerte que parece existir un perfecto equilibrio, lo que proporciona la falsa idea de que el fin se ha alcanzado y que ha habido un fin en la evolución...).

La forma se presenta como algo duradero y, por consiguiente, como algo importante; pero la forma ha sido inventada por nosotros, y nada más que por nosotros; cualquiera que sea el número de veces en que se realiza la misma forma, no significa ni poco ni mucho que sea la misma —pues puede aparecer algo nuevo—, y nosotros, que comparamos, somos los únicos que descubrimos lo que es nuevo, en cuanto es semejante a lo antiguo, para añadirlo a la unidad de la forma. Como si debiera lograrse un tipo particular, como si este tipo sirviera de modelo y de ejemplo a la formación.

La forma, la especie, la ley, la idea, el fin —siempre suele cometerse el error de reemplazar una ficción por una falsa realidad, como si lo que llega se sintiese en la obligación de obedecer a una orden cualquiera—; se llega a una separación artificial entre lo que obra y aquello según lo cual se dirige la acción (pero el «qué», y el «según qué», que son hechos, no se fijan para obedecer a nuestra lógica metafisicodogmática).

No se debe interpretar la coacción que nos lleva a formar conceptos, especies, formas, fines y leyes («un mundo de casos idénticos»), llegando a formar el mundo-verdad; por el contrario, la necesidad de disponer para nuestro uso un mundo dentro del cual nuestra existencia sea posible, crea el que es determinable, simplificado, comprensible para nosotros.

La misma presión existe en la actividad de los sentidos que sostiene la razón —por la simplificación, el aumento de tamaño, la acentuación y la interpretación— sobre la que reposa todo «reconocimiento», toda posibilidad de hacerse inteligible. Nuestras necesidades han condicionado de tal modo nuestros sentidos que el mismo mundo de las apariencias reaparece siempre y toma así la apariencia de la realidad.

La coacción subjetiva que nos lleva a creer en la lógica explica simplemente que antes de haber tenido conciencia de ella misma, no hemos hecho otra cosa que utilizar sus postulados en lo que acaece; por ello, cuando nos encontramos en su presencia —no pudiendo hacer otra cosa—, nuestra imaginación considera esa coacción como un aval de la verdad. Nosotros somos los que hemos creado la «cosa», la «cosa igual», el sujeto, el atributo, la acción, el objeto, la sustancia, la forma, después de habernos contentado durante mucho tiempo con igualar, con hacer toscas y simples las cosas. El mundo se nos presenta como algo lógico, porque fuimos nosotros quienes empezamos previamente a logificarlo.

516

Solución fundamental: Nosotros creemos en la razón, pero esta es la filosofía del concepto más vago. El lenguaje está edificado sobre los prejuicios más ingenuos.

Posteriormente descubrimos inarmonías y problemas en las cosas porque discurrimos en forma lingüística; por lo que creemos en la «eterna verdad» de la «razón» (por ejemplo, sujeto, predicado, etcétera).

Dejamos de pensar; si no deseamos circunscribirnos en las normas lingüísticas, llegamos a dudar de ver en la ocasión un límite como límite.

El pensamiento racional es una interpretación con arreglo a un esquema del que nosotros no podemos prescindir.

e)  Conciencia

517

Nada tan equivocado como hacer de lo psíquico y lo físico dos espectros, dos manifestaciones de una misma sustancia. Con ella no se explica nada, si es que lo que se intenta es alguna explicación. La conciencia, situada en segundo término, casi indiferente, superflua, dispuesta a desaparecer deja su puesto a un automatismo más perfecto.

Si observamos exclusivamente los fenómenos interiores, podemos sentirnos comparados con los sordomudos, que deducen las palabras que no oyen del movimiento de los labios. Por nuestra parte, deducimos de los fenómenos del mundo interior otros fenómenos visibles, que percibiríamos si nuestros métodos de observación fuesen suficientes, y a los que se conocen por la corriente del sistema nervioso.

Para este mundo interior nos faltan toda serie de órganos, y así sucede que sentimos como unidad una complejidad múltiple, y creamos una casualidad cuando no conocemos seguramente la razón del movimiento y del cambio, siendo lo único que aparece en la conciencia la sucesión de ideas y de sentimientos. Sin embargo, es completamente inaceptable que esta sucesión tenga algo que ver con un encadenamiento casual: la conciencia no nos proporciona ningún ejemplo de causa y efecto.

## 518

*Del papel de la conciencia.*—Es importante no confundirse con el papel de la conciencia, desarrollada por nuestra relación con lo externo. La dirección, por el contrario, es decir, la guarda y previsión, por lo que concierne al juego uniforme de las funciones corporales, no nos entra en la conciencia; así como tampoco el almacenamiento intelectual: que para eso exista una causa suprema es cosa que se debe poner en duda; una especie de comité directivo en el que los diferentes apetitos hacen valer su voto y su poder.

Los conceptos «placer» y «desplacer» provienen de este plano: el acto de voluntad lo mismo; la idea, también.

En resumen: lo que se hace consciente se encuentra en relaciones de causalidad que nos son absolutamente desconocidas. La sucesión de pensamientos, de sentimientos, de ideas en la conciencia no nos da a entender que esta serie sea una serie causal, aunque sí lo parezca, y en grado altísimo. Sobre esta apariencia en realidad es sobre lo que tenemos fundada toda la representación del espíritu, razón, lógica, etc. (nada de esto existe: estas son síntesis y unidades simuladas), para proyectar luego esta representación en las cosas, tras las cosas.

De ordinario, tomamos la conciencia como conjunción sensorial y tribunal supremo; se ha desarrollado en las relaciones, teniendo en cuenta los intereses de relación... «Relación», entendida aquí también como influencia del mundo exterior y las reacciones que esta influencia necesita de nuestra parte; igualmente para el efecto que nosotros producimos por fuera. No es un conducto, en definitiva, sino un órgano conductor.

### 519

Mi proposición, condensada en una fórmula que huele algo a rancio, después del Cristianismo, de la Escolástica, etc.: en el concepto «Dios como espíritu», suele negarse al Dios como perfección...

### 520

Siempre que hay una cierta unidad organizativa suele verse al espíritu como causa de esta coordinación, careciéndose de razón en absoluto. ¿Por qué la idea de un hecho complejo ha de ser una de las condiciones de este hecho...?, o ¿por qué el hecho complejo ha de preceder la representación como causa...?

Debemos guardarnos de explicar la finalidad por el espíritu: falta toda razón para atribuir al espíritu la facultad de organizar y sistematizar. El sistema nervioso tiene un imperio mucho más vasto: el mundo de la conciencia es añadido. En el proceso general de adaptación y sistematización, la conciencia no desempeña ningún papel.

### 521

Los fisiólogos y los filósofos creen que la conciencia aumenta de valor a medida que se esclarece, por aquello de que la conciencia más clara, más lógica y el pensamiento más fino, merecen la primacía. Sin embargo, ¿de qué sirve este valor? Con respecto a la liberación de la voluntad, lo más útil es un pensamiento simplificado y superficial en grado máximo: podría por esto..., etc. (porque deja pocos motivos).

La precisión del acto está en antagonismo con la precisión demasiado clarividente y a menudo de juicio incierto: esta última está guiada por un instinto más profundo.

### 522

El error principal de los psicólogos: toman la representación confusa como un grado ínfimo al relacionarla con la clara: pero lo que se aleja de nuestra conciencia, oscureciéndola, puede sin embargo ser muy claro en sí. El oscurecimiento con lo que tiene que ver es con la perspectiva de la conciencia.

### 523

Grandes errores:

1)   La exageración desmedida en la estimación de la conciencia; se hace de esta una unidad, un ser: «el espíritu», «el alma», alguna cosa que piensa, que siente, que quiere.

2) El espíritu considerado como causa, sobre todo siempre que aparece la finalidad, el sistema, la coordinación.

3) La conciencia considerada como la forma más alta que se puede alcanzar, como el ser más elevado, como Dios.

4) La voluntad registrada allí donde hay efectos.

5) El mundo-verdad considerado como un mundo intelectual, accesible por el hecho de la conciencia.

6) El conocimiento absoluto estimado como facultad de la conciencia, allí donde existen conocimientos.

Consecuencias:

Cualquier progreso reside en el progreso hacia la conciencia; todo retroceso reside en la inconsciencia (el hecho de hacerse inconsciente era considerado como una decadencia, como abandono a los deseos de los sentidos, como una terminación...).

Nos aproximamos a la realidad del «ser verdadero» por la dialéctica. Mientras que nos alejamos por los instintos, los sentidos, el mecanismo...

Lanzar el hombre a que se fundiera en este espíritu sería intentar hacer de él un Dios: espíritu, voluntad, bondad, unidad.

Todo el bien debe provenir de la espiritualidad, ser un hecho de la conciencia.

El constante progreso hacia lo mejor no puede ser siempre otra cosa que un progreso hacia el hecho de ser consciente.

f) *Juicio verdadero-falso*

524

El prejuicio teológico en Kant, su dogmatismo inconsciente, su perspectiva moral como elementos dominantes, directivos, comparativos.

El πρῶτον ψεῦδος: ¿cómo es posible el hecho del conocimiento?, ¿qué es el conocimiento? ¡Si no sabemos en qué consiste, mal vamos a contestar a la pregunta de si hay co-

nocimiento! ¡Muy bien! Pero si yo no «sé» ya si hay conocimiento, si puede haberlo, yo no puedo proponer racional-
mente la cuestión de si hay conocimiento. Kant cree en el
hecho del conocimiento: pretende la ingenuidad de ¡el conocimiento del conocimiento!

«Conocimiento es juicio.» Pero el juicio equivale a una
creencia, la creencia de tal cosa es de este modo. ¡Y no conocimiento! Todo conocimiento consiste en juicios sintéticos con el carácter de universalidad (la cosa sucede de esta
manera en todos los casos; así, y nunca de otra forma), con
el carácter de necesidad (lo contrario de la afirmación nunca
puede acaecer).

La regularidad en la creencia en el conocimiento supone
siempre un postulado, así como la legitimidad del juicio de
creencia. Aquí la ontología moral es el prejuicio dominante.

Por consiguiente, el razonamiento es:

1) Hay afirmaciones que se tienen por universalmente
válidas y necesarias.

2) El carácter de universalidad y necesidad no puede
provenir de la experiencia.

3) Por tanto, tiene que fundarse en otra cosa que en la
experiencia, tiene que existir otra fuente de conocimiento.

Kant concluye:

1) Hay afirmaciones que solo son válidas bajo ciertos
supuestos.

2) Este supuesto es que no procede de la experiencia,
sino de la razón pura.

La cuestión, por consiguiente, es: ¡de dónde extrae su fundamento la creencia en la verdad de tales afirmaciones! Pero
el origen de una creencia, es decir, de una firme convicción,
es un problema psicológico, y esta creencia está fundamentada muchas veces en una experiencia estrecha y limitada.
Presupone ya que no solo hay «data a posteriori», sino también «data a priori», «antes de la experiencia». La universali-

dad y la necesidad no nos pueden nunca ser dadas por la experiencia, por lo que se deduce que están allí sin experiencia.

¡No hay juicios particulares!

Un juicio particular no equivale a una verdad; no equivale al conocimiento. Solo en la relación entre varios juicios hay una garantía.

¿Qué es lo que distingue la creencia verdadera de la falsa? ¿Qué es conocimiento? ¡El «lo sabe»; esto es divino!

Universalidad y necesidad nunca nos pueden ser dadas por la experiencia. Son independientes de la misma, anteriores a ella. Aquel juicio que se hace «a priori», es decir, independientemente de toda experiencia y por la propia razón, se convierte en un «conocimiento puro».

«Los fundamentos de la lógica, el principio de identidad y el de contradicción son conocimientos puros, porque preceden a toda experiencia». Pero estos principios no son conocimientos, sino artículos de fe reguladores.

Para demostrar la apriolidad (la racionalidad pura) de los juicios matemáticos, el espacio debe ser concebido como una forma de la razón pura.

Hume afirmó: «No hay juicios sintéticos a priori». Kant dice: «¡Sí los hay: los juicios matemáticos!». Y si tales juicios son posibles, también lo es la metafísica, como un conocimiento de las cosas por la razón pura.

Las matemáticas son posibles en condiciones que no son permitidas por la existencia de la metafísica. Todo conocimiento humano es o un conocimiento de experiencia o un conocimiento matemático.

Un juicio es sintético cuando reúne representaciones diversas.

Es «a priori», es decir, dicha reunión es universal y necesaria, cuando no procede de la percepción sensible, sino de la pura razón.

Si hay juicios sintéticos «a priori», la razón está en condiciones de enlazar: el enlace constituye una forma. La razón, por consiguiente, posee una facultad formal.

### 525

Juzgar es probablemente nuestra más vieja creencia, nuestra costumbre de considerar verdad o no una afirmación o una negación, la seguridad de que algo es así y no de otro modo, la creencia de haber conocido algo: ¿qué es lo creído en todos los juicios como verdadero?

¿Qué son predicados? Nuestras variaciones no las consideramos como tales variaciones, sino como «cosas en sí», como algo que resulta extraño a nosotros, como algo que percibimos; y lo admitimos no como un hecho, sino como un ser, como cualidad, e inventamos un sujeto al cual van unidas estas cualidades, es decir, que convertimos en causa un efecto y admitimos el efecto como un ser. Pero aun en esta fórmula el concepto «efecto» es arbitrario, pues de aquellas variaciones que pasan ante nosotros y de las que no queremos ser causa, inferimos que son efectos; según el razonamiento, «cada variación tiene un autor»; pero este razonamiento se convierte en mitología: separa lo que obra y lo conseguido. Si yo digo: «el relámpago ilumina», pongo el iluminar una vez como actividad y otra vez como sujeto; así pues, suponer un ser a lo que sucede, que no sea una misma cosa con lo que sucede, sino que permanece, que es y no que «llega a ser». Considerar lo que sucede como efecto, y el efecto como ser: este es el doble error o interpretación de que nos hacemos culpables.

### 526

*El juicio.*—Es la creencia, según la cual: «esto o aquello es así». Por tanto, en el interior del juicio se oculta la afirmación de un «caso idéntico», supone una comparación con la ayuda de la memoria. El juicio no crea el hecho de que aparezca un caso igual. Antes bien, cree percibirlo: trabaja bajo la suposición de que hay casos idénticos. Sin embargo,

¿cómo se llama la facultad que trabaja previamente y que iguala y generaliza casos desiguales? ¿Cómo se llama aquella segunda, que fundándose en esta primera, etc.? «Lo que produce percepciones iguales es igual; pero ¿cómo se llama aquello que produce impresiones iguales, que se toma por igual? No podría haber ningún juicio si no hubiera en nuestras impresiones una previa igualación: la memoria solo es posible mediante un constante subrayar de lo ya habitual, de lo vivido. Antes de juzgar debemos de haber hecho un proceso de habilitación; por consiguiente, aquí también hay una actividad individual previa que no aparece en la conciencia, como el dolor que nos produce una herida. Probablemente, todas las funciones orgánicas corresponden a un hecho interior, es decir, a una asimilación, a una secreción, a un crecimiento, etc.

Esencial: partir del cuerpo y utilizarlo como guía. Él es el fenómeno más rico que permite observaciones más claras. La creencia en el cuerpo está mejor fundamentada que la creencia en el espíritu.

«Por muy crecida que sea una cosa, esto no es un criterio de verdad.» Pero ¿qué es la verdad? Probablemente es una especie de creencia que se ha transmutado en condición vital. Entonces, efectivamente, la fortaleza sería un criterio, por ejemplo, en relación con la causalidad.


527


La precisión lógica, la transparencia, consideradas como criterio de la verdad («Omne illud verum est, quod clare et distincte percipitur», Descartes): de esta manera la hipótesis mecánica del mundo se hace deseable y creíble.

Pero esta es una tremenda confusión: como «simplex sigillum veri». ¿Por qué camino sabemos que la auténtica modalidad de las cosas tiene tal o cual relación con nuestro intelecto? ¿No sucederían las cosas de otro modo? ¿No sería que el intelecto favorece y aprecia más, y por consiguiente tiene por más legítima la hipótesis que le proporciona un mayor sentimiento de poder y de seguridad? El intelecto pone su poder y su saber más independientes como criterio de lo que hay más precioso, por consiguiente, de lo verdadero...

«Verdadero», desde el terreno del sentimiento, es lo que mueve el sentimiento con más fuerza («yo»).

Desde el punto de vista del intelecto, es lo que da al pensamiento mayor sentimiento de fuerza.

Desde el punto de vista de los sentidos, del tacto, de la vista, del oído, lo que fuerza a la mayor resistencia.

Por consiguiente, los grados superiores en las manifestaciones son los que despiertan para el objeto la creencia en su «verdad», es decir, en su realidad. El sentimiento de la fuerza, de la lucha, de la resistencia, persuade de que allí hay algo a lo cual resiste.


528


El criterio de la verdad está en razón directa del aumento del sentimiento de fuerza.


529


«Verdad»: esta idea, dentro de mi personal manera de pensar, no supone necesariamente una oposición al error, sino, en los casos más fundamentales, una oposición de diferentes errores, unos con respecto a otros: por ejemplo: que el uno es más antiguo, más profundo, quizá hasta indesarraigable, en cuanto un ser orgánico de nuestra especie no puede vivir sin él; mientras que otros errores no nos obligan, imperiosamente, como condiciones de vida: por el contrario, comparados con tales presiones, pueden ser abandonados y refutados.

## 530

Todo lo que es simple, es meramente imaginario, y, claro está, no «verdadero». Lo que es verdadero, lo que es real, ni es uno ni se puede reducir a unidad.

## 531

¿Qué es la verdad...? «Inertia»: la más satisfactoria de las hipótesis. O la hipótesis que necesita menor gasto de fuerza espiritual, etc.

## 532

Primera afirmación: la forma de pensar más ligera vence a la más pesada como dogma: «simplex sigillum veri». «Dico»: confundir la claridad por la verdad supone una absoluta niñería.

Segunda afirmación: la doctrina del ser, de la cosa, de las unidades fijas y puras es cien veces más fácil que la doctrina del devenir, de la evolución...

Tercera afirmación: la lógica fue pensada como facilitación, como medio de expresión, no como verdad...; más tarde intervino de verdad...

## 533

Parménides había dicho: «No se puede pensar lo que no es»; nosotros estamos en el otro extremo, y decimos: «Lo que es pensado debe ser seguramente una ficción».

## 534

Hay muchas especies de ojos. Nadie ignora que la esfinge tiene ojos; y, por tanto, existen varias verdades y, por consiguiente, ninguna verdad.

## 535

Frases de una casa de locos moderna:

«Las necesidades lógicas son necesidades morales» (Herbert Spencer).

«La última piedra de toque de la verdad de una afirmación es la incomprensibilidad de su negación» (Herbert Spencer).

Si el carácter de la existencia hubiera de ser falso —lo que sería probable—, ¿qué sería de la verdad, de toda nuestra verdad?... ¿Algo así como una falsificación inconsciente de lo falso? ¿Una potencia por encima de lo falso...?

## 536

En un mundo esencialmente falso, la veracidad se nos presentaría como una tendencia contra Natura: de tal mundo solamente tendría sentido como medio para una especial potencia superior de falsedad. Para que pueda ser fingido un mundo de lo verdadero, de lo existente, debería antes crearse la veracidad (suponiendo el que tal mundo se creyera sinceramente).

Sencillo, transparente, sin contradicción consigo mismo, duradero, igual a sí mismo siempre, sin dobles, sin gancho, sin cortina, sin forma: un hombre así concibe un mundo del ser como «Dios», a su imagen.

Para que sea posible la veracidad, toda la esfera humana debe ser limpia, pequeña y apreciable: el provecho de cada sentido debe favorecer la veracidad, la mentira, el engaño, la simulación, inspirar extrañeza...

## 537

La medida en que crece la «simulación» conforme el ser mejora de rango. En el mundo inorgánico suele faltar: fuerza contra fuerza, lucha grosera; en el orgánico se inicia la astucia: las plantas resultan maestras en ella. Los hombres superiores como César, Napoleón [lo que dice Stendhal sobre este, así como las razas superiores (italianos), los griegos («Odisea»); la astucia diversa es cosa de los hombres superiores...]. Problema del cómico. Mi ideal dionisíaco... La óptica de todas las funciones orgánicas, de todos los fuertes instintos vitales; la fuerza de la voluntad del error en toda vida; el error como supuesto mismo del pensar. Antes de pensar se debe ya «imaginar»; la suposición de casos iguales, la apariencia de casos iguales, es anterior al conocimiento del igual [1].

### g) *Contra el causalismo*

## 538

Yo creo en el espacio absoluto, como fundamento de la fuerza; esta limita y configura. El tiempo eterno. Pero en mí no hay espacio ni tiempo. «Los cambios son apariencias meramente» (o procesos de los sentidos para nosotros); si nosotros situamos entre estos cambios algunos retornos regulares, no conseguimos con ello nada sino el hecho de que siempre sucede así. El sentimiento de que el «post hoc» es

---

[1] La referencia a la frase de Stendhal corresponde a un pasaje de su *Vida de Napoleón*.

un «propter hoc» es fácil de deducir como error, es comprensible. Pero los fenómenos no pueden ser «causas».

### 539

Interpretar un hecho como acción o pasión (por consiguiente, toda acción, pasión) supone: todo cambio, todo llegar a ser otro implica una cosa que cambia y un autor del cambio.

### 540

Historia psicológica del concepto «sujeto». El cuerpo, la cosa, el «todo», construido por el ojo, establece la distinción entre un hecho y un actor; el actor, la causa de la acción, concebida cada vez más sutilmente, ha dejado el resto «sujeto».

### 541

El indudable vicio de tomar un signo nemotécnico, una fórmula de abreviación por un ser y, finalmente, por una causa: por ejemplo, decir del relámpago que «ilumina». O también la palabra «yo». Una especie de perspectiva en la visión es puesta luego como causa de la visión: este ha sido el artificio en la invención del «sujeto», del «yo».

### 542

«Sujeto», «objeto», «predicado»: estas separaciones se hacen, y pasan luego a ser esquemas sobre todos los hechos aparentes. La falsa observación fundamental es que yo creo que soy el que hace algo, el que sufre algo, el que tiene algo, el que tiene una cualidad.

## 543

En todo juicio se alberga la creencia total, plena y profunda, en el sujeto y predicado o en la causa y el efecto (es decir, como afirmación de que cada efecto es actividad y que cada actividad presupone un actor); y esta última creencia es solo un caso particular de la primera, de modo que es como la creencia fundamental de la creencia: hay sujeto, todo lo que sucede se conduce predicativamente con respecto a algún sujeto.

Yo percibo algo y busco en razón de este algo: esto quiere decir, originariamente: yo busco una intención y, ante todo, un sujeto, que es el que tiene esta intención; un sujeto, un actor: todo hecho una acción; hace tiempo se adivinaba en todo hecho una intención, convirtiéndose la cosa en nuestra más remota costumbre. ¿La tiene también el animal? ¿No se inclina él también, como ser vivo, a la interpretación según el mismo? La pregunta «¿por qué?» es siempre la pregunta según la «causa finalis», un para qué. Nada tenemos de una causa «efficiens»; aquí tiene razón Hume: el hábito (¡pero no el del individuo!) nos hace esperar que un proceso observado frecuentemente sigue a otro: ¡nada más! Lo que nos infunde una extraordinaria firmeza en la creencia de la causa no es la usual costumbre de ver aparecer un fenómeno después de otro, sino nuestra incapacidad de poder interpretar un hecho de otra manera que como un hecho intencional. Es la creencia de que lo que vive y piensa es lo único que puede producir efectos, la voluntad, la intención; es la creencia de que todo hecho es una acción, que toda acción supone una acción; es la creencia en el sujeto. ¿No será esta creencia, en el concepto sujeto-predicado, una perfecta tontería?

Preguntémonos: ¿es la intención la causa de un hecho? ¿O es, además, la ilusión? ¿No será el hecho mismo?

### 544

*Crítica del concepto de «causa».*—No tenemos la menor experiencia respecto a la causa; semejante concepto, si queremos rastrearlo desde el punto de vista psicológico, procede de la convicción subjetiva de que nosotros somos causas, vale decir, que el brazo se mueve... Pero esto no cabe la menor duda de que es un error. Nosotros nos distinguimos como los actores de la acción, y de este esquema nos servimos siempre: en todo lo que sucede buscamos un actor. ¿Qué hemos hecho? Hemos malinterpretado un sentimiento de fuerza, de tensión, de resistencia, un sentimiento muscular que es, en principio, un comienzo de acción, para hacer de él una causa; hemos tomado por causa la voluntad de hacer tal o cual cosa, porque la acción continúa.

No hay «causa» en absoluto; en algunos casos, en los que esta nos parece dada, y en que la proyectamos fuera de nosotros mismos para inteligir lo que sucede, está demostrado que nos convertimos en víctimas de una ilusión. Nuestra «inteligencia de lo que sucede» consistía en que inventábamos un sujeto, al que responsabilizábamos del hecho de que alguna cosa sucediese y de la manera como esta cosa sucedía. Hemos resumido nuestro sentimiento de voluntad, de libertad, de responsabilidad, y nuestro intento de acción, en el concepto de «causa»: «causa efficiens» y «causa finalis», en la concepción fundamental, es lo mismo.

Pensamos que un efecto era explicado cuando se podía demostrar una condición a la que era ya inherente. De hecho, creamos todas las causas de acuerdo con el esquema del efecto: este último no es conocido. Por el contrario, somos incapaces de adivinar, respecto a cualquier cosa, como «obrará». El ser, el sujeto, la voluntad, la intención: todo esto es inherente a la concepción de «causa». Buscamos a los seres para explicarnos por qué ha cambiado alguna cosa. El átomo mismo puede considerarse como uno de estos seres, uno de estos sujetos primitivos, que corporeizamos con la imaginación...

Por último, comprendemos que los seres —y los átomos, en consecuencia— no realizan ninguna acción, porque no existen en absoluto, y también que la idea de causalidad es absolutamente inútil. De una serie necesaria de condiciones no hay que concluir en modo alguno una relación de causalidad (esto sería lo mismo que extender su capacidad DE OBRAR de 1 a 2, a 3, a 4, a 5). No existen causas ni efectos. Desde el punto de vista de la lengua nos es imposible desembarazarnos de estas ideas. Pero esto no importa. Cuando a mí se me ocurre imaginar el músculo desvinculado de sus «efectos», estoy negándolo...

Una cosa que sucede, en resumen, no es algo provocado ni provocante: la causa es una facultad de provocar, que se inventa añadiéndola a lo que sucede.

La interpretación de causalidad es una ilusión... El árbol es una palabra; el árbol no es una causa. En «ser» es la suma de efectos que produce, ligados sintéticamente por un concepto, por una imagen... De hecho, la ciencia ha vaciado la idea de causalidad de su contenido y la ha guardado para hacer una fórmula alegórica, en la cual ya es indiferente de qué lado se encuentra la causa y de qué lado el efecto. Se afirma que, en diferentes sistemas de fuerzas, las cantidades de energía permanecen constantes.

La evaluabilidad de lo que sucede no procede de que obedezca a una regla o de que se continúe una necesidad, ni tampoco de que se proyecte una ley de causalidad en todo lo que ocurre: reside en la reproducción de casos idénticos.

No hay, como pretende Kant, un sentido de la causalidad. Nos extrañamos, nos desasosegamos, buscamos algo conocido a lo que agarrarnos. Desde el momento que lo nuevo nos brinda algo conocido, nos quedamos tranquilos. El supuesto instinto de causalidad es solamente el temor de lo desacostumbrado y la tentativa de encontrar en ello alguna cosa conocida, una investigación no de causas, sino de la cosa buscada..

545

*Contra el determinismo y la teleología.*—Aunque una cosa suceda indefectiblemente, de manera apreciable, no se deduce que la misma suceda «necesariamente». Si una cantidad de fuerza se determina y se comporta, en cada caso concreto, de una manera particular y única, no se puede deducir que «su voluntad no es libre». La «necesidad mecánica» es un estado de hecho: somos nosotros los que hemos querido servirnos de ella para explicar lo que sucede. Hemos explicado la posibilidad de enunciar lo que acaece como la consecuencia de una necesidad que rige los acontecimientos. Pero porque yo realice alguna cosa determinada no se debe colegir que yo la ejecute obligado. La coacción no es demostrable en las cosas: la regla demuestra solamente que una sola y misma cosa que sucede no es, al mismo tiempo, otra. Solo cuando hemos introducido sujetos, «agentes», en las cosas, es cuando nace este espejismo: todo lo que sucede es la consecuencia de una acción ejercida sobre los sujetos: ¿ejercida por quién? Por un «actor». Causa y efecto: nociones peligrosas en cuanto nos obligan a pensar en una cosa que ocasiona y en una cosa sobre la cual se actúa.

*a)* La necesidad no es un hecho, sino una interpretación.

*b)* Cuando hemos comprendido que el «sujeto» no es algo que obra, sino solamente una ficción, de aquí se deducen muchas consecuencias.

A imagen y semejanza del sujeto hemos inventado la causalidad, introduciéndola en el caos de las sensaciones. Si no creemos ya en el sujeto que obra, la creencia en los objetos que obran, en la acción recíproca, causa y efecto, entre estos fenómenos que llamamos cosas, cae igualmente.

Y desaparece, naturalmente, también el mundo de los átomos agentes, los cuales solo se admiten con una condición: con la de que se necesitan agentes.

Por último, desaparece asimismo la «cosa en sí», porque esta equivale, en suma, a la concepción del «sujeto en sí».

Pero hemos comprendido que el sujeto era imaginario. La antinomia entre la «cosa en sí» y la «apariencia» no puede ser defendida, puesto que con ella desaparece también la idea de la «apariencia».

*c)* Si abandonamos el sujeto que actúa, abandonamos también el sujeto sobre el que actúa. La duración, la igualdad consigo mismo, el ser, no son inherentes ni a lo que se llama sujeto ni a lo que se llama objeto: son complejidades de lo que sucede, con relación a otras complejidades duraderas en apariencia; se distinguen, por ejemplo, por una diferencia en la marcha de lo que sucede (reposo-movimiento; sólido-líquido), diferencias que no existen por sí mismas y por las cuales no se expresa, de hecho, más que diferencias de grados que, en una medida particular de la óptica, parecen contrastes. No existe contraste: la idea de contraste deriva de la lógica, transportándola falsamente de la lógica sobre las cosas.

*d)* Abandonando la idea del «sujeto» y de «objeto» abandonamos la idea de «sustancia», y, por consiguiente, sus diferentes modificaciones; por ejemplo: la «materia», el «espíritu» y otras realidades hipotéticas, «eternidad e invariabilidad de la materia», etc. Nos desentendemos de la materialidad.

Moralmente hablando, el mundo es absolutamente falso. Y además, si convenimos que la moral es un fragmento del mundo, la moral es falsa.

El afán de verdad es un anhelo de estabilización, el hecho de hacer verdadero y duradero, una supresión de ese carácter falso, una transposición de este al ser. La verdad no es en consecuencia algo que esté ahí y que haya que sorprender y encontrar, sino algo que hay que inventar, que dé su nombre a una operación. Mejor aún, a la voluntad de conseguir una victoria, voluntad que, por sí misma, carece de fin: admitir la verdad es iniciar un proceso «in infinitum», una determinada acción activa, y no la llegada a la conciencia de alguna cosa fija y determinada. En una palabra, para la «voluntad de poder».

La vida está fundada sobre la hipótesis de una creencia en una cosa duradera y que actúa de forma regular; cuanto más poderosa es la vida, más extenso debe ser el mundo adivinable, al cual, en cierto modo, se le ha prestado existencia. Logificar, racionalizar, sistematizar; estos son los problemas que plantea la vida.

El hombre, en cierto modo, proyecta fuera de sí su anhelo de verdad, su «fin», para hacer de él el mundo del ser, el mundo metafísico, la «cosa en sí», el mundo ya existente. Su necesidad de creador inventa de antemano el mundo en el que va a trabajar, anticipándolo; y esta anticipación, esta «fe» en la verdad, es su sostén particular.

Todo lo que sucede, todo, todo movimiento, todo devenir, debe ser considerado como la fijación de grados y de fuerzas, como una lucha...

Desde el momento que suponemos a alguien responsable del hecho de que estemos conformados de tal o cual manera (Dios, la Naturaleza), atribuyéndola nuestra existencia, nuestra felicidad y nuestra naturaleza, como si estas cosas fueran otras tantas intenciones por su parte, estropeamos, para nosotros, la inocencia del devenir. Entonces advertimos que alguien quiere alcanzar alguna cosa por nosotros y para nosotros.

El «bien del individuo» es tan imaginario como el «bien de la especie»: no se sacrifica el primero al segundo; la especie, vista de lejos, es algo tan inconsistente como el individuo. La llamada «conservación de la especie», resulta nada más que una consecuencia del crecimiento de la especie, lo que equivale a una victoria sobre la misma, dirigiéndose hacia una especie más vigorosa.

Tesis: la «finalidad» aparente («esta finalidad infinitamente superior a todo el arte humano») no es sino la consecuencia de esa voluntad de poder que se desarrolla en todo lo que sucede; el hecho de llegar a ser más fuerte arrastra consigo condiciones que se parecen a un bosquejo de finalidad: los fines aparentes no son intencionales, sino que, desde el momento en que hay preponderancia, sobre un poder más débil, de manera que este actúa en función del poder más fuerte, se crea una jerarquía, una organización que despierta forzosamente la idea de un orden en el que el fin y los medios desempeñan el principal papel.

Contra la aparente «necesidad».

La palabra entrecomillada no es más que un término con el que se expresa que una fuerza no es otra cosa todavía.

Contra la apariencia de «finalidad»:

«Finalidad» no es sino un término para expresar un orden de esferas de poder y el conjunto de estas.

### h) *Cosa en sí y fenómeno*

#### 546

Con el paso del tiempo, el lado endeble del criticismo kantiano se ha ido poniendo de manifiesto aun a los ojos más vulgares: Kant no tenía derecho alguno para su distinción entre «fenómeno» y «cosa en sí»; él mismo se había cercenado este derecho de continuar haciendo esta distinción arcaica al condenar como ilícito el razonamiento que derivaba del fenómeno una causa del fenómeno, y esto por su misma interpretación del concepto de causalidad, como únicamente aplicable a las relaciones entre los fenómenos: interpretación que, por otra parte, ya prescribía aquella distinción como si la «cosa en sí» fuera, más que derivada, dada.

#### 547

Resulta evidente que ni las cosas en sí, ni los fenómenos pueden estar en relación de causa y efecto: de lo que se deduce que el concepto de «causa y efecto» no es aplicable dentro de una filosofía que cree en cosas en sí y en fenómenos. La falta de Kant... El concepto de «causa y efecto», considerado psicológicamente, deriva siempre de una forma de pensar que ve en todas partes voluntades que obran unas sobre otras, que solo cree en seres vivos y, en último término, en «almas» más que en cosas. Ateniéndonos a la concepción mecánica del universo (que es lógica, y de su aplicación al espacio y al tiempo), redúcese aquel concepto a la fórmula matemática, con la que, y esto debemos subrayarlo constantemente, nunca se comprende nada, si no se dibuja, si no se simboliza en algo.

## 548

El conocimiento es una fábula evidente. Siempre quiere saberse cómo está fabricada la «cosa en sí»; pero es lo cierto que no hay ninguna «cosa en sí» en realidad. Y aun suponiendo que existiera un «en sí», un incondicionado, no podría ser jamás conocido. Nada absoluto puede conocerse: de lo contrario, no sería absoluto. Conocer significa siempre «poner algo bajo cierta condición»; tal conocedor quisiera que aquello que quiere conocer no se relacionase ni con él ni con nadie, actitud que, en principio, pone de manifiesto una contradicción, como es la de querer conocer, y al mismo tiempo, no querer entrar en relación con la cosa conocida (¿cómo sería posible, en este caso, el conocimiento?), y, en segundo lugar, la de lo que no tiene relación con nadie no existe, y, por lo tanto, tampoco puede ser conocido de nadie. Conocer quiere decir «ponerse en relación con algo», sentirse condicionado por algo y, al mismo tiempo, condicionar este algo por parte del que conoce; y, según los casos, por otra parte, una fijación, una designación, una conciencia de condiciones (no un discernimiento de seres, de cosas, de «cosas en sí»).

549

Una «cosa en sí» es tan absurda como un «sentido en sí», como una «significación en sí». No hay ningún «hecho en sí», porque para que pueda darse un hecho debe de interpretárselo de alguna manera.

El «¿qué es esto?», equivale a la atribución de un sentido derivado de otra cosa. La «esencia es algo de perspectiva, y supone ya una pluralidad. En el fondo, siempre se trata de un «¿qué es esto para mí?» (para nosotros, para todo el que vive, etc.).

Una cosa quedaría bien definida en el caso de que todos los seres se hubieran preguntado, respecto a ella, «¿qué es esto?» y hubieran obtenido una respuesta. Solo con que falte un ser particular con sus relaciones y perspectivas propias, la cosa no estaría «definida».

En resumen: la esencia de una cosa no es, en último término, más que una opinión sobre la «cosa». O, mejor dicho, el «tanto vale» es el propio «es», el único «esto es».

No se puede preguntar: «¿Quién es el que interpreta?», ya que el interpretar mismo, como una forma de la voluntad de poder, tiene existencia en cuanto afecto, pero no como un «ser», sino como un proceso, como un devenir.

Nacen las cosas como consecuencia exclusiva de que se las represente, se las piense, se las quiera o se las sienta. El concepto «cosa» implica un conjunto de cualidades. El mismo «sujeto» es una creación de este género, una «cosa» como todas las demás: una simplificación para nombrar a la fuerza que pone, que inventa, que piensa como tal, a diferencia de todas las demás posiciones, invenciones, pensamientos. Por consiguiente, la facultad, a diferencia de todos los particulares, concreta: en el fondo, la acción con respecto a todas las acciones que se esperan (acción y la probabilidad de semejantes acciones).

## 550

Las cualidades de una cosa son efectos sobre otras «cosas».

Si suprimimos con el pensamiento las demás «cosas», una cosa no tiene ya ninguna cualidad.

Esto quiere decir: no hay ninguna cosa sin otras cosas. O, lo que es lo mismo: no hay «cosa en sí».

## 551

La «cosa en sí» es absurda. Si todas las relaciones, todas las «propiedades», todas las actividades de una cosa desaparecen, no queda la cosa, porque la «coseidad» es algo añadido por nosotros, por necesidades lógicas, con el fin de definirla y comprenderla (para la unión de aquella pluralidad de relaciones, propiedades, actividades).

## 552

Hay una idea dogmática, que debe rechazarse en absoluto: la de que las «cosas tienen por sí una naturaleza».

## 553

Que las cosas acrediten una naturaleza por sí, independientemente de la interpretación y aparte la subjetividad, es una hipótesis muy poco válida, porque ello presupondría que el interpretar y el subjetivizar no es esencial y que una cosa existe con independencia absoluta de todas sus relaciones.

El aparente carácter objetivo de las cosas, por el contrario, ¿podría consistir en una diferencia de grado dentro de lo subjetivo; que algo que cambia lentamente nos lo representamos como «objetivo», como duradero, como existente «en sí»; que lo objetivo fuese solo un falso concepto específico y una oposición dentro de lo subjetivo?

### 554

¿Por qué no pensar que toda unidad sea solo unidad como organización? Porque la «cosa» en que nosotros creemos es una verdadera invención, a modo de fermento de diferentes predicados. El que la cosa actúe quiere decir: nosotros concebimos todas las restantes cualidades, que, por otra parte, aún quedan y por el momento están latentes, como causas que en determinado instante producen una cualidad determinada; es decir, nosotros concebimos la suma de esas cualidades, X, como causa de la cualidad X, ¡lo cual es completamente tonto y absurdo!

Toda unidad es unidad únicamente como organización y como estructura, en la misma manera que es unidad una comunidad de seres humanos; es decir, como oposición a la anarquía atómica y, por lo tanto, como un modelo de hegemonía, que significa lo mismo, pero que no es uno.

### 555

«En la formación del pensamiento debe haber un momento en que se adquiere la conciencia de que aquello que se considera como propiedades de las cosas son sensaciones del sujeto que se siente: con esto las propiedades dejan de pertenecer a las cosas.» Queda la «cosa en sí». La diferencia entre «cosa en sí» y cosa está fundada en la vieja e ingenua percepción que atribuye a las cosas energía; pero el análisis demuestra que también la fuerza es una cosa inventada, así como la sustancia. «¿La cosa afecta a un sujeto?» Raíces de la idea de sustancia en el lenguaje, no en lo que está fuera de nosotros. ¡La cosa en sí no es realmente un problema!

El ser debe ser pensado como sensación que no tiene por fundamento nada que no sea una sensación.

En el movimiento no se ofrece un nuevo contenido de la sensación. El ser no puede ser, en su contenido, movimiento; en consecuencia, el movimiento es forma del ser.

N. B.: La explicación del hecho es debida, primero: a la representación de imágenes del hecho que le preceden (fines); segundo: por representación de imágenes que le siguen (la explicación fisicomatemática).

No hay que confundir ambas. Por tanto, la explicación física, en la cual se perfila el mundo por sensaciones y pensamientos, no puede, a su vez, deducir de ella, hacer nacer de ella las sensaciones y los pensamientos; antes bien, la física debe, para ser consecuente, construir el mundo sensible sin sensaciones ni pensamientos, hasta llegar al hombre. Y la teleológica es solo una historia de los fines, pero nunca la física.

## 556

Nuestro «conocer», por otra parte, se limita a fijar cantidades: aunque no podamos menos de sentir estas cantidades-diferencias como cualidades. La cualidad es una verdad de carácter perspectivo para quienes la consideran, pero no nada «en sí».

Nuestros sentimientos están provistos de un determinado «quantum» como medio dentro del cual funcionan; es decir, sienten lo grande y lo pequeño en relación con nuestra existencia. Si pudiéramos aumentar o disminuir diez veces la agudeza de nuestros sentidos, moriríamos; es decir, que nosotros sentimos también relación de grandeza en relación con nuestra posible existencia como cualidades.

## 557

¿No serán todas las cantidades signos de cualidades? El poder más grande corresponde a otra conciencia, sentimiento, instinto, a otra mirada de perspectiva distinta; el crecimiento mismo es un deseo de ser más; de un «quale» nace el deseo de un más, de un «quantum»; en un mundo puramente cuantitativo todo estaría muerto, rígido, inmóvil. La reducción de todas las cualidades a cantidades es absurda: lo que se deduce es que Uno y Otro están juntos, una analogía.

Nuestros límites infranqueables son las cualidades; no podemos remediar de ningún modo el sentir las diferencias de cantidad como algo fundamentalmente distinto de la cantidad, esto es, como cualidades irreductibles unas a otras. Pero todo para lo que tiene sentido la palabra «conocimiento» se refiere al reino en que se puede medir, contar, pesar, a cantidades: mientras que, a la inversa, todas nuestras sensaciones de valor (es decir, todas nuestras sensaciones) consisten precisamente en cualidades, es decir, en nuestras «verdades» de perspectivas referentes a nosotros, que no pueden ser conocidas en absoluto. Es evidente que todo ser distinto a nosotros siente otras cualidades y, por consiguiente, vive en un mundo diferente al nuestro. Las cualidades son nuestra idiosincrasia humana propiamente dicha; pedir que estas interpretaciones y estos valores humanos sean generales y quizá constructivos es una de las más destacadas locuras del orgullo humano.

558

El «mundo verdadero», tal como siempre se ha concebido hasta nosotros, ha sido siempre el mundo de las apariencias, repetido.

559

El mundo-apariencia es un mundo calificado con relación a los valores; ordenado y escogido según ellos; que en este caso, hay que decirlo, se realiza desde el punto de vista de la utilidad, por lo que se refiere a la conservación y aumento de poder, en una especie animal particular.

El lado perspectivo, por consiguiente, es el que da el carácter de «apariencia». ¡Como si continuase todavía en el mundo después de haber suprimido la perspectiva! De esta forma se habría descontado la relatividad.

Cada centro de fuerza posee su perspectiva para todo el resto, es decir, su acción particular, su resistencia. El «mundo-apariencia» se reduce, por consiguiente, a una manera específica de obrar sobre el mundo, partiendo de un centro de referencia.

No existe otra manera de obrar, sin embargo, y lo que se llama «mundo» es solamente un vocablo para denominar el juego de conjunto de estas acciones. La realidad se reduce exactamente a esta acción y reacción particulares de cada individuo respecto al conjunto.

Por tanto, no existe el mínimo asidero para hablar en la ocasión de la apariencia.

La manera específica de reaccionar es la única forma de la reacción; no se sabe cuántas especies ni qué especies hay.

Pero no hay ser «diferente», «verdadero», esencial; de esta manera se expresaría un mundo sin acción ni reacción...

La oposición entre el mundo-apariencia y el mundo-verdad se reduce a la oposición entre el «mundo» y la «nada».

### 560

*Crítica de los conceptos «mundo-verdad» y «mundo-apariencia».*—De estos dos mundos a que vamos a referirnos, el primero no es sino una ficción, constituido de cosas totalmente imaginarias.

Lo que conocemos por «apariencia» pertenece también a la realidad; es una de las formas de su esencia. En un mundo en el que no hay ser, es preciso haber creado por la apariencia un mundo evaluable de estos casos idénticos: un «tempo» en el que la observación y la comparación serían posibles, etc...

... La «apariencia» es un mundo dispuesto y simplificado en el cual han trabajado nuestros instintos prácticos: para nosotros resulta perfectamente verdadero porque vivimos en él, podemos vivir en él: prueba de su verdad para nosotros...

... El mundo, abstracción hecha de nuestra condición de habitantes del mundo; el mundo que hemos ceñido a nuestro ser, a nuestra lógica y a nuestros prejuicios psicológicos, no existe como mundo en sí: es esencialmente un mundo de relaciones; mirado desde puntos distintos toma cada vez un nuevo cariz; su ser es esencialmente distinto desde cada punto; se sustenta sobre cada punto, cada punto lo sostiene, aunque estas adiciones son en cada uno de los casos absolutamente incongruentes.

La medida del poder determina cuál es el ser que posee la otra medida de poder; bajo qué forma, bajo qué fuerza, bajo qué coacción actúa o resiste.

Cada caso particular no puede ser más sugestivo: nosotros hemos creado una concepción que nos permite vivir en un mundo, que nos permite percibir muchas cosas para poder soportar el hecho de vivir en este mundo...

561

Nuestra óptica psicológica viene determinada del modo que sigue:

1) La comunicación es necesaria: para que la comunicación sea posible es preciso que una cosa sea dada, simplificada, perfilada (ante todo en lo que se conoce por «caso idénticos»). Mas para que una cosa pueda ser comunicable es preciso que dé la impresión de algo dispuesto, «reconocible». El material de los sentidos dispuesto por el entendimiento, reducido a groseros rasgos generales, hecho semejante, colo-

cado entre cosas similares. Por tanto, el infinito y el caos de
las impresiones sensoriales son, en cierto modo, logificados.

2)  El mundo de los «fenómenos» es el mundo preparado
que suscita en nosotros la impresión de la realidad. La «realidad» reside en el retorno continuo de las cosas parecidas,
conocidas, semejantes; en el carácter lógico de esta, en la
creencia de que aquí podremos calcular y determinar

3)  Lo opuesto de este mundo de los fenómeno: no es el
«mundo-verdad», sino el mundo sin forma e informulable
del caos de las sensaciones; por consiguiente, otra especie
del mundo de los fenómenos, un mundo que, para nosotros,
no es «cognoscible»

4)  Se hace preciso contestar las preguntas relativas a las
«cosas en sí», abstracción hecha de la receptividad de nuestros sentidos y de la actividad de nuestra razón, con otra pregunta: «¿cómo podemos nosotros saber que hay cosas?»: somos nosotros los que hemos creado la «existencia de las
cosas»; se trata de saber si no podrían existir aún muchas
maneras de crear un semejante mundo-apariencia; y si esta
forma de crear, de logificar, de disponer, de falsificar, no es
la realidad misma, la realidad mejor garantizada; en suma, si
lo que asigna a las cosas un lugar no es lo que solamente es
real, y si el efecto que produce en nosotros el mundo exterior no es el resultado de semejantes sucesos volantes... Los
otros «seres» obran ante nosotros; nuestro mundo preparado
de las apariencias es un ajuste, una victoria sobre las acciones de aquellos: una especie de medida defensiva. El sujeto
es lo único demostrable: se puede aventurar la hipótesis de
que no hay más que sujetos, pues el «objeto» no es sino una
especie de efecto del sujeto sobre el sujeto, un «modus» del
sujeto.

## k) *La necesidad metafísica*

### 562

Cuando se es filósofo, como siempre ha ocurrido con los filósofos, no se tienen ojos para lo que ha sido ni para lo que será: solo se ve lo que es. Pero como lo que es no existe, al filósofo no le queda más que lo «imaginario»: no le queda más que «su mundo».

### 563

Afirmar la existencia de cosas de las que nada se sabe, porque se siente como un provecho no sabiendo nada de ellas, fue una candidez de Kant, resultado de la presión de necesidades especialmente metafísicomorales.

### 564

Los artistas no soportan la realidad, pronto vuelven la vista a otro lado; su opinión es que lo que vale de una cosa es aquel residuo fantasmal que se compone de colores, figura, sonido, idea; creen que cuanto más sutilizado, adelgazado, volatilizado está un hombre o una cosa tanto más valen, tanto más reales son y, por lo tanto, poseen más valor. Esto es puro platonismo: criterio, sin embargo, que poseía más audacia en la inversión; que medía el grado de realidad por el grado de valor y decía: cuanto más «idea» más ser. Investía el concepto de realidad y aseguraba: «Lo que vosotros tenéis por real es un error, y cuanto más nos acercamos a la idea más nos acercamos a la realidad». ¿Se comprende? Esta fue la verdadera revolución; y, como fue adoptada por el cristianismo, no nos sorprende. Platón, como tal artista, prefirió la apariencia al ser, es decir, la mentira y la invención a la verdad; por lo demás, estaba tan persuadido del valor de la apariencia, que le colocó los atributos del «ser», «cosa primordial» y «bondad», «verdad» en suma: los atributos de valor.

El concepto de valor, pensado como causa: primera opinión.

El ideal pensado como todos los atributos que honran: segunda opinión.

### 565

La idea del «mundo-verdadero» o de «Dios» como absoluto suprasensible, espiritual, bondadoso, es una regla de medida en relación al hecho de que los instintos contrarios todavía son omnipotentes...

La moderación, la humanidad lograda, se hace evidente de una manera exacta en la deshumanización de los dioses: los griegos de los primeros tiempos, que no tenían miedo al hombre por estar contentos con su modo de ser, se acercaban a sus dioses con todas sus pasiones.

Por tanto, la espiritualización de la idea de Dios está muy lejos de significar un progreso; esto se advierte con facilidad en el caso de Goethe: en su caso se hace evidente el hecho de que la volatilización de Dios en virtud y espíritu es un estado grosero...

### 566

Absurdo de toda metafísica, como deducción de lo condicionado y de lo incondicionado.

Es propio de la naturaleza del pensamiento añadir a lo condicionado lo incondicionado por medio de la imaginación, como se añade el yo a la pluralidad de sus procesos; mide el mundo con arreglo a las dimensiones creadas por él mismo: a sus ficciones fundamentales, «absoluto», «fines y medios», «cosas», «sustancias», a las leyes lógicas, a los números, a las figuras.

De ninguna manera podría entenderse el conocimiento si antes el pensamiento no hubiera transformado el mundo en cosas iguales a ellas mismas. Solo en función del pensamiento hay verdad y falsedad.

El pensamiento por otra parte es inderivable, así como la sensación, aunque pasará mucho tiempo para que se demuestre su carácter originario o de «cosa en sí», afirmándose solamente que no podemos remontarnos a su origen porque no tenemos más que pensamiento y sensación.

### 567

«Conocer» es siempre referirse a algo pretérito: es fundamentalmente un «regressus in infinitum». Lo que nos lleva a detenernos (en una imaginada causa primera, en un absoluto, etc.), es la pereza, la fatiga...

### 568

Para la psicología de la metafísica. El influjo del miedo:

Todo lo más temido, el origen de los más importantes sufrimientos (afán de poder, voluptuosidad, etc.), ha sido tratado con más saña por el hombre y eliminado del «verdadero» mundo. Esta es la causa de que hayan sido borradas poco a poco las pasiones: han creado a Dios como la antítesis del mal, han hecho que la realidad suponga la negación de los deseos y de las pasiones (es decir, la nada).

De la misma manera ha sido odiado por ellos lo irracional, lo arbitrario, lo contingente (como causa de múltiples daños físicos). En consecuencia, negaron tal elemento en el «ser en sí» y lo concibieron como racionalidad y finalidad absolutas.

También han temido el cambio, lo perecedero; esto es expresión de un espíritu deprimido lleno de desconfianza y experiencias nocivas (caso Spinoza: una especie opuesta de hombres consideraría este cambio como estimulante).

Otra especie humana, rebosante de fuerza y jubilosa vería con gusto precisamente las pasiones, lo irracional y el cambio en sentido eudemonológico, sin eliminar sus consecuencias, peligro, contraste, muerte, etc.


### 569


Contra el valor de lo «eternamente igual a sí mismo» (v. la candidez de Spinoza y Descartes), el valor de lo pasajero y de lo efímero, reflejos seductores de la panza de la serpiente «vita».


### 570


*Los valores morales en la teoría del conocimiento.*—Lo mismo que sentimos confianza en la razón, ¿por qué no es posible sentir desconfianza?

¿Por qué el mundo-verdad debe ser siempre el mundo del bien?

La apariencia, el cambio, la contradicción, la lucha, considerados como cosas inmorales: deseo de un mundo en el que nada de esto existiese.

El mundo trascendente imaginado para dejar lugar a la «libertad moral» (en Kant).

La dialéctica estimada como camino de la virtud (en Platón y Sócrates: aparentemente porque la sofística se admitía como el camino de la inmoralidad).

El tiempo y el espacio admitidos de una manera ideal; en consecuencia, «la unidad» en la esencia de las cosas; en consecuencia también, nada de pecado, nada de males, nada de imperfecciones: una justificación absoluta de Dios.

Epicuro, con el fin de conservar los valores morales, negó la posibilidad del conocimiento (considerando valores morales a los hedonísticos). San Agustín insiste en lo mismo, y más tarde Pascal («la razón corrompida») realiza algo idéntico respecto a los valores cristianos.

El respeto de Spinoza y Descartes por todo lo que cambia.

571

*Para la psicología de la metafísica.*—Como este mundo es aparente, hay un mundo-verdad condicionado: por tanto, hay un mundo absoluto lleno de contradicciones; por tanto, hay un mundo sin contradicciones en posible devenir: por tanto, hay un mundo que es; pero estamos ante un conjunto de conclusiones falsas (resultado de una confianza ciega en la razón: si A existe, es preciso que exista su contrario B). El motivo inspirador de estas conclusiones resulta el sufrimiento; en el fondo, todo esto no es más que el deseo de un mundo semejante; de la misma manera, el odio de un mundo que hace sufrir se expresa en función de imaginar otro más precioso; el rencor de los metafísicos hacia la realidad se hace en este caso creador.

Segunda serie de cuestiones: ¿por qué sufre...? Comienza una conclusión sobre la relación del mundo-verdad con nuestro mundo de apariencia, de cambio, de sufrimiento, de contradicciones: 1) el sufrimiento como derivado del error, ¿cómo es posible el error?; 2) el sufrimiento como derivado de la culpa, ¿cómo es posible la culpa? (experiencias deducidas de la esfera de la Naturaleza a la que se universaliza y proyecta en el mundo «en sí»). Pero si el mundo condicionado está en relación de causalidad con el mundo absoluto, es preciso que la libertad de cometer el error y la falta esté igualmente condicionada por este, para de nuevo preguntares ¿para qué?... El mundo del error, del devenir, de la contradicción del sufrimiento, por consiguiente, ¿para qué fin es querido...?

El defecto de este silogismo: se crean dos conceptos contradictorios; porque una realidad corresponde a uno de los dos, es «preciso», igualmente, que exista una realidad para el otro. «¿Cómo se sacaría de lo contrario su noción opuesta?» La razón es, por consiguiente, una fuerza de revelación para lo que es en sí.

Pero el origen de estas antinomias no tiene necesidad de remontarse necesariamente a una fuente sobrenatural de la razón: es suficiente con oponer la verdadera génesis de las ideas: esta proviene de la esfera práctica, de la esfera de la utilidad, y, por esto, posee su fe viva (se parece, si no sacan conclusiones de acuerdo con esta razón; aunque por esto no quede demostrado lo que esta afirma).

El hacerse problema por el sufrimiento en el caso de los metafísicos es completamente ingenua. «Beatitud eterna», falta de sentido psicológico. Los hombres bravos y creadores no consideran nunca la alegría y el sufrimiento como problemas de valores íntimos, sino como fenómenos secundarios; es preciso quererlos a ambos, al dolor y al placer, si pretende conseguir algo. Algo de enfermizo y fatigado se demuestra en el hecho de que los metafísicos y los religiosos vean demasiado en primer plano los problemas del sufrimiento y de la alegría. La moral, tampoco tiene por sí tanta importancia, sino por considerarse como una de las condiciones importantes para suprimir el dolor.

De la misma manera, las preocupaciones ocasionadas por la apariencia y el error, causa del dolor, de la superstición que hay de unir la idea de felicidad a la de verdad (confusión: la felicidad en la «certidumbre», en la «fe»).


572


En qué medida las distintas teorías importantes del conocimiento (materialismo, sensualismo, idealismo) son una consecuencia de la apreciación de los valores: la fuente de los sufrimientos superiores de placer («sentimientos de los valores»), es igualmente decisiva para el problema de la realidad.

Indiferente o accesoria resulta la medida del saber positivo; basta considerar la evolución india.

La teoría budista, al negar la realidad de una manera íntegra (apariencia = sufrimiento), es el producto de una consecuencia absoluta: indemostrabilidad, inaccesibilidad, ausencia de categorías, no solo por un «mundo en sí», sino inteligencia de los procedimientos defectuosos por medio de los que se adquiere toda noción. «Realidad absoluta», «ser en sí», contradicción. En un mundo en devenir, la «realidad» no es sino una simplificación, a la vista de un fin práctico, de una ilusión fundada en órganos groseros, o una desviación en el desarrollo del devenir.

La negación del mundo, la nihilización lógica, derivan del hecho de que no es obligado oponer el ser al no-ser y de negarse la idea del devenir.

### 573

*Ser y devenir.*—La «razón» se cimenta en bases sensualistas sobre los prejuicios de los sentidos, es decir, creyendo en la verdad de los juicios de los sentidos.

«Ser», como generalización de la idea «viva» (respirar); «ser animado», «querer», «obrar», «devenir».

La antinomia se plantearía entonces: «ser inanimado», «no estar en su devenir», «no querer». Por consiguiente, no se opone al ser el no-ser, a la apariencia; tampoco se le opone la muerte (pues solo lo que puede vivir puede morir).

El «alma», el «yo», presentados como hecho primordial, e introducidos en todas partes en donde hay un devenir.

574

*El ser.*—No se tiene más representación del ser que el «vivir». Por tanto, ¿cómo es posible que haya algo que muera?

575

Asombra ver que la ciencia se reduce, por desgracia, al mundo de las apariencias; bien es verdad que no se tiene un órgano de conocimiento para un mundo-verdad, cualquiera que este sea.

Teniendo derecho a preguntarnos: ¿con qué órgano de conocimiento se llega a establecer semejante oposición...?

Aunque consideremos que un mundo accesible a nuestros órganos depende en cierta manera de estos órganos; aunque admitamos un mundo condicionado subjetivamente, no reconocemos de ningún modo la posibilidad de un mundo objetivo. ¿Qué es lo que nos impide pensar que la subjetividad sea real, esencial?

El «en sí» se convierte en una concepción absurda; una «modalidad en sí» es algo que no tiene sentido; el concepto del «ser», de la «cosa», no es, en el fondo, más que un concepto de relación...

Lo que equivoca es que, con la vieja antinomia «aparente» y «verdadera», se ha propagado el juicio correlativo de valor: «débil de valor» y de «valor absoluto».

El «mundo apariencia» no resulta ante nosotros un mundo más «precioso»; la apariencia debe ser una instancia contra el valor superior. Únicamente un mundo-verdad puede ser valioso en sí...

¡Prejuicio de los prejuicios! Sería posible en sí que la conformación verdadera de las cosas fuese peligrosa y opuesta a las condiciones primeras de la vida, a tal punto, que la apariencia resultase absolutamente necesaria para poder vivir... Esto es ya lo que sucede en situaciones tan varias como, por ejemplo, el matrimonio.

Nuestro mundo empírico estaría limitado por los instintos de conservación en los límites del conocimiento; tenemos por verdadero, por bueno, por precioso, lo que sirve para la conservación de la especie...

*a)* No disponemos de categorías según las cuales podríamos distinguir un mundo-verdad de un mundo-apariencia. (Podría, todo lo más, existir un mundo-apariencia, pero no sería solamente nuestro mundo-apariencia.)

*b)* Admitiendo que el mundo-verdad exista, podría suceder que fuese aún de menos valor para nosotros, pues la cantidad de ilusión podría ser de un orden superior para nosotros a causa de su valor de conservación. (A menos que la apariencia baste por sí misma para rechazar una cosa.)

*c)* Que existe una correlación entre los grados de valor y los grados de realidad (de modo que los valores superiores tengan también una realidad superior): este es un postulado metafísico que parte de la hipótesis de que nosotros conocemos la jerarquía de los valores; es decir, que nosotros sabemos que esta jerarquía es una jerarquía moral. Solo en esta hipótesis es necesaria la verdad para la definición de todo lo que supone un valor superior.


B


Es muy importante suprimir el mundo-verdad. Él es quien disminuye el valor del mundo que formamos y el que origina dudas contra él: el mundo-verdad ha sido hasta hoy el más grave atentado contra la vida.

Desconfiemos de todas las hipótesis sobre las que se ha imaginado un mundo-verdad. Entre otras cosas, porque la afirmación de que los valores morales son los valores morales constituye parte de esta hipótesis.

La valoración moral sería refutada en su carácter superior si se pudiese demostrar que es la consecuencia de una valorización inmoral; caso particular de la inmoralidad real: se reduce a una apariencia y, en tanto apariencia, no tendría el derecho de apoyarse en sí misma para condenar lo falso.

## C

Sería necesario examinar, desde el punto de vista psicológico, la «voluntad de lo verdadero»; esta no es un poder moral, sino una forma de la voluntad de poder. Podría demostrarse por el hecho de que se sirve de medios inmorales: particularmente, de los metafísicos. No se investiga de verdad más que cuando se superan todos los prejuicios morales: tal investigación delimita una victoria sobre la moral.

## 576

El error de los filósofos consiste en que, en vez de ver en la lógica y en las categorías de la razón medios para vincular al mundo a fines utilitarios (por consiguiente, «en principio», en vez de crear una falsa utilidad), se cree estar en posesión del criterio de la verdad, o lo que es lo mismo, de lo real. El «criterio de la verdad» no era, en efecto, más que la utilidad biológica de un semejante sistema de alteración por principio, atenido a que una especie animal no conoce nada más importante que conservarse, tendríamos, por consiguiente, el derecho de hablar aquí de «verdad». La ingenuidad estribaba simplemente en tomar la idiosincrasia antropocéntrica por la medida de las cosas, como norma de lo «real» y de lo irreal»; o lo que es lo mismo: en hacer absoluta una cosa condicionada. Mas de repente el mundo se divide en dos partes: un «mundo-verdad» y un «mundo-apariencia»; y, precisamente, el mundo en que el hombre había imaginado instalarse por su cuenta y riesgo comenzó a desacreditarse. En vez de utilizar las formas como instrumentos para hacer el mundo manejable y determinable para su uso, los filósofos y su locura descubrieron que, detrás de estas categorías, se ocultaba la concepción de este mundo, al cual no correspondía sino este en que vivimos. Se interpretaron mal los medios, considerados como medidas de valores y utilizados para condenar su primera intencion...

El proyecto consistía en engañarse de una manera útil, en medio de fórmulas y de signos por medio de los cuales se pudiese reducir la multiplicidad turbadora a un esquema útil y manejable.

Pero, lastimosamente, se puso en juego una categoría moral; ninguna criatura desea engañarse, ninguna criatura, mejor dicho, debe engañarse; y, por consiguiente, no hay más que una voluntad de lo verdadero. ¿Qué es la «verdad»?

La antinomia brindaba este esquema: el mundo-verdad, cuyo camino se busca, no puede vivir en contradicción consigo mismo, no puede cambiar, devenir, puesto que no tiene principio ni fin.

Se comete un gran error, la verdadera fatalidad del error sobre la tierra: en las formas de la razón se creía poseer un criterio de la realidad, aunque solo se mantuvieran estas formas para dominar a la realidad, para malentender la realidad de una manera inteligente...

Y he aquí que el mundo adquiere un tono falso, a causa. justamente de las cualidades que constituyen su realidad: el cambio, el devenir, la multiplicidad, los contrastes y las contradicciones, la guerra. Desde ese momento irrumpió la fatalidad.

1)  ¿Cómo nos podríamos desembarazar del mundo falso, del mundo que no es más que apariencia? (este era en realidad el mundo verdadero, el único).

2)  ¿Cómo adquirir, en lo posible, el carácter contrario al del mundo apariencia? (concepción del ser perfecto, el opuesto a todo ser real, más exactamente, lo opuesto a la vida...).

Toda la corriente de los valores incidía sobre la calumnia de la vida; se creó una confusión del dogmatismo ideal con el conocimiento en general: de suerte que el partido opuesto comenzó igualmente a detestar la ciencia.

Así es como el camino de la ciencia se vio obstruido doblemente: por la creencia en el «mundo-verdad», de una parte, y por los adversarios de esta creencia, por otra. Las ciencias naturales, la fisiología, estaban: 1) condenadas en su objeto, 2) privadas de sus ventajas.

En el mundo real, en donde todo se vincula y se constriñe en absoluto, condenar y alejar una cosa en la imaginación sería como alejar y condenarlo todo. Las expresiones «esto no debería ser o no hubiera debido ser así» son una farsa. Imaginando las consecuencias se destruiría la fuente de la vida, si se quisiera evitar lo que, en un sentido o en otro, es peligroso, destructor. ¡La fisiología demuestra lo dicho de mejor manera!

Vemos cómo la moral: *a)* envenena toda la concepción del mundo; *b)* detiene la marcha hacia el conocimiento, hacia la ciencia; *c)* disuelve y mina todos los verdaderos instintos, enseñando a considerar sus raíces como inmorales.

Ante nosotros se sitúa y trabaja un tremendo instrumento de decadencia, que llega a mantenerse bajo los nombres más sagrados, con las más santas actitudes.

### 577

La extraordinaria ilusión de ser consciente, no individualmente, sino como humanidad. Imaginemos a nosotros mismos, pensemos en nosotros: avancemos por los caminos pequeños y grandes.

### A

*a)* El hombre necesita la verdad, un mundo que no se contradiga, que no falsee nada y que no cambie, un mundo-verdad —un mundo en el que no se padezca contradición, ilusión, cambio—, causas del sufrimiento. No duda un instante de que haya un mundo así, que deba haberlo; querría dar con un camino que lo vinculase a este mundo. ¿Dónde busca el hombre en este caso la idea de la realidad? ¿Por qué hace derivar precisamente el sufrimiento del cambio, de la ilusión, de la contradicción? ¿Por qué no hace derivar de ellos su felicidad...?

El desprecio, el odio a todo lo que pasa, cambia y se transforma. ¿De dónde proviene esta evolución de lo que permanece? Visiblemente, la voluntad de lo verdadero no es en este caso más que un mundo en donde todo fuera duradero. Los sentidos engañan, la razón corrige los errores; por consiguiente (así se concluye), la razón es el camino hacia lo que es duradero; las ideas en las que hubiera menos sensualismo deberían ser las más próximas al mundo-verdad. De los sentidos es de donde viene la mayor parte de nuestra desgracia: son estos sobornadores, engañadores, destructores.

La felicidad no puede sentirse garantizada más que por lo que es: el cambio y la felicidad se excluyen uno a otro. Por consiguiente, la ambición más alta es conseguir la identificación con el ser. Esta es la fórmula que conduce al camino de la mayor felicidad.

En resumen: el mundo, tal como debería ser, existe; este mundo, el mundo en que vivimos, es un error: este mundo, el nuestro, no debería existir.

La creencia en el ser destaca solamente como una consecuencia: el verdadero móvil primero es la falta de fe en el devenir, la desconfianza respecto del devenir, el desprecio del devenir.

¿Cuál es el hombre que razona de esta manera? Una especie improductiva y doliente, una especie fatigada de la vida. Si imaginamos la especie de hombre contraria, nos encontraríamos con que la misma no tendría necesidad de la creencia en el ser: o más claro todavía, que despreciaría al ser como algo muerto, enojoso, indiferente...

La idea de que el mundo que debería ser, existe verdaderamente, es una creencia de los improductivos, que no anhelan crear un mundo tal y como debería ser. Consideran que existe ya, buscan los medios para llegar a él. «Voluntad de verdad»: impotencia de la voluntad creadora.

| | |
|---|---|
| Reconocer que una cosa está hecha de tal manera. | Antagonismo en los grados de fuerza de la naturaleza |
| Hacer lo posible para que alguna cosa esté hecha de tal manera. | |

Ficción de un mundo que corresponde a nuestros deseos, artificio e interpretaciones psicológicas, para ligar todo lo que veneramos y todo lo que nos es agradable con ese mundo-verdad.

«Voluntad de lo verdadero»; en este grado es esencialmente el arte de la interpretación, para lo cual es necesario igualmente la fuerza interpretativa.

La misma clase de hombres, de un grado menor todavía, no estando en la posesión de la fuerza de interpretar, de crear ficciones, conforma al nihilista. Un nihilista es el hombre que piensa que el mundo, tal como es, no tiene razón de ser, y que el mundo, tal como debería de ser, no existe. Por tanto, el hecho de existir (obrar, sufrir, querer, sentir) carece de sentido: la actitud del «en vano» es la actitud del nihilista: en cuanto actitud, es, además, una inconsciencia del mismo.

El que no debe poner su voluntad en las cosas, el que carece de fuerza y de voluntad, sabe por lo menos prescindir del sentido en las cosas, hasta qué punto se soporta vivir en el mundo que no tiene sentido: porque se organiza un pequeño trozo de sentido.

Tener mirada objetiva desde el punto de vista filosófico puede ser, por consiguiente, una prueba de pobreza de voluntad y de fuerza. Pues la fuerza aglutina todo lo que hay más cercano y más vecino; los «conocedores», que quieren fijar solamente lo que es, no pueden fijar nada, tal como esto debe ser.

Los artistas intervienen a manera de intermediarios; fijan por lo menos el símbolo de lo que debe ser, son productivos en cuanto cambian y transforman verdaderamente; no como hacen los conocedores, que dejan todo cual está.

Coincidencia entre los filósofos y las religiones pesimistas; se trata de la misma especie de hombres (confieren el más alto grado de realidad a las cosas de más alta valoración).

Coincidencia entre los filósofos y los hombres morales y sus evaluaciones (la interpretación moral del mundo estimada como sentido del mundo, después del envilecimiento del sentido religioso).

Derrumbamiento de los filósofos por la destrucción del mundo del ser: periodo intermediario del nihilismo, antes que la fuerza sea suficiente para volver los valores, para divinizar y aprobar el mundo del devenir y de la apariencia como el único mundo.


## B


El nihilismo, como fenómeno normal, símbolo de fuerza creciente o de debilidad creciente:

Bien que la fuerza de crear, de querer, haya evolucionado de tal forma que no tenga necesidad de esta interpretación general, de esta introducción de un sentido («Deberes presentes», Estado, etc.).

O bien que la fuerza creadora que supone el ser disminuya y que la desilusión llegue a ser el estado dominante. La dificultad de creer en su ser, la «incredulidad».

¿Qué significa la ciencia con relación a estas dos posibilidades?

1) Es un signo de fuerza y de dominación de sí mismo, sugiere que se puede prescindir de un mundo, de ilusiones que consuelan y curan las llagas.

2) Puede también minar sordamente, disecar, desilusionar, debilitar.

### C

La fe en la verdad, la urgencia de apoyarse en alguna cosa que sea admitida como verdadera: reducción psicológica con arreglo a todas las valoraciones que han ocurrido hasta el día. El temor, la pereza.

Igualmente la incredulidad: Reducción. En qué sentido adquiere un valor nuevo sin existir un mundo-verdad (de tal forma, los sentimientos de valor, desparramados hasta entonces por el mundo, se hacen libres).

### 578

j)  *El mundo «verdadero» y el mundo «aparente»*

### A

Las seducciones que dimanan de este concepto son de tres especies:

Un mundo desconocido: somos aventureros, curiosos; lo conocido llega a fatigarnos (lo que semejante idea tiene de peligroso es la insinuación de que «este» mundo nos resulta conocido...).

Otro mundo en el que todo es distinto: hay algo en nosotros que querría llegar a las comparaciones; quizá todo concluye bien y no hayamos esperado inútilmente.

Un mundo en el que todo fuese diferente, en el que... ¿por qué no?, quizá incluso nosotros pudiéramos ser también diferentes.

Un mundo-verdad: aquí nos encontramos con el atentado mayor contra nosotros; hay demasiadas cosas entrañadas en la palabra «verdadero»; impensadamente las atribuimos también al mundo-verdad; el mundo-verdad debe brindársenos como un mundo verídico, un mundo que no se engaña y no nos tiene por engañados: creer en él es sentirse forzados a creer por egoísmo, como ocurre entre los seres dignos de crédito.

Frente a la idea de un «mundo desconocido», se define este mundo «conocido» como algo «fastidioso».

Por la idea de otro mundo se insinúa que el mundo podía ser diferente —esta idea suprime la necesidad y la fatalidad— (es inútil someterse, asimilarse).

Ante la idea de un «mundo-verdad», se admite que este mundo resulta mentiroso, engañador, desleal, falso, inesencial, y, por consiguiente, no nos es útil (hay que conseguir no rendirse a él; es necesario oponerse).

De tres modos distintos nos libramos nosotros de este mundo:

Valiéndonos de la propia curiosidad, como si el interés estuviese en otra parte.

Resignándonos —como si no fuera obligado resignarse—, admitiendo que este mundo no consiste en una necesidad de último orden.

Por medio de nuestra simpatía y nuestra estimación —como si este mundo desleal y deshonesto con nosotros no las mereciese...

Nos rebelamos, en suma, de una triple manera, valiéndonos simplemente de una X para hacer la crítica del mundo que conocemos

### B

Primer paso en el camino del análisis: darnos cuenta que hemos sido seducidos. Porque las cosas podrían acaecer exactamente de una forma opuesta:

*a)* El mundo desconocido podría estar resuelto de tal suerte para que gocemos de este mundo; estamos ante la forma más vulgar y más necia de la existencia.

*b)* El otro mundo, desentendido por completo de nuestros deseos, que no llegan nunca a realizarse, podría considerarse formando parte de la masa de lo que este mundo hace atractivo para nosotros: intentar conocerlo equivale a satisfacerlo.

*e)* El mundo-verdad: ¿quién puede decirnos que el mundo-apariencia tiene menos valor que el mundo-verdad? Semejante juicio, ¿no contradice nuestro instinto? El hombre concretamente, ¿no crea siempre un mundo imaginario, deseoso de conseguir algo mejor que la realidad? Sobre todo, ¿cómo llegamos a la conclusión de que nuestro mundo no es el verdadero...? Entonces, el otro mundo podría ser al menos el mundo-apariencia (es un hecho que los griegos idearon un mundo de las sombras, una existencia ilusoria vecina de la existencia verdadera? En última instancia, ¿qué derecho tenemos a fijar en cierto aspecto grados de realidad? Esto ya es diferente a un mundo desconocido; se trata de un deseo de saber cosas del mundo desconocido. Que hay que intuir el otro mundo, el mundo desconocido, ¡perfectamente!; pero no puede ignorarse que cuando decimos «mundo-verdad» significamos que «conocemos algo sobre él»; todo lo contrario, por tanto, de suponer un mundo X...

En resumen: el mundo X imaginado, pretendido, podría llegar a ser, bajo muchos aspectos, mucho más enojoso, inhumano e indigno que este mundo.

No ocurriría igual si pretendiéramos que hay X mundos; vale decir, todos los mundos posibles además de este. Pero esto sería desenfocar lo pretendido.

## C

Es necesario preguntarse: ¿por qué la idea de otro mundo ha sido siempre empleada en detrimento, vale decir, como crítica evidente de este mundo? ¿Qué deducimos de esto?

Un pueblo que presume de sí mismo, que está en el inicio de su carrera progresiva, considera el hecho de ser otro fatalmente disminuyente; supone el mundo ajeno y desconocido casi como enemigo y desde luego como su contrario; no siente ningún interés por lo que le resulta extraño, y lo rechaza totalmente.

... Ningún pueblo aceptaría que otro pudiera ser el verdadero pueblo...

La posibilidad de poderse llegar a esta distinción —considerar este mundo como el de las apariencias y el otro como verdadero— supone un síntoma.

El núcleo de formación de la idea del «otro mundo»: el del filósofo que crea un mundo de la razón, en el que la razón y las funciones lógicas son adecuadas: de esta idea en definitiva procede el «mundo-verdad».

El hombre religioso, al inventar el «mundo divino», origina el mundo «desnaturalizado, «contranaturaleza

El hombre moral que propende a un mundo del «libre arbitrio», insinúa el mundo «bueno, perfecto, justo, sagrado».

Estos tres planteos tienen de común la equivocación psicológica, la confusión fisiológica.

El «otro mundo», tal como aparece verdaderamente en la historia, actúa sobre ella con algunos atributos. Con los estigmas del prejuicio filosófico, moral y religioso.

El otro mundo, tal y como se deduce de todo lo dicho, resulta sinónimo del no ser, de la no-vida, del deseo de no vivir.

Llegando a una visión de conjunto, el instinto del cansancio de vivir y no el de la vida, es que ha hecho posible la creación del «otro mundo».

La filosofía, en consecuencia, lo mismo que la religión y la moral, son síntomas de decadencia.

### k) *Valor biológico del conocimiento*

#### 579

Puede parecer que yo esquivo la cuestión de la «certeza». Ocurre sencillamente lo contrario; pero al preguntarme por el criterio de la verdad, he examinado con la balanza que, en general, se había sopesado, convirtiéndose la cuestión de la certeza en una cuestión «dependiente» y de segundo orden.

#### 580

El problema de los valores siempre es más importante que el de la certeza; este último se convierte en algo que importa, después de plantearse el problema de los valores.

Si se examina el ser y la apariencia desde un plano de cosas psicológico, no encontramos un «ser en sí» ni un concepto de la «realidad», sino un concepto de los grados de apariencia, estimados por la fuerza de la «parte» que solemos conceder a la apariencia.

Entre las imágenes y las perfecciones no se libra una lucha por la existencia, sino por el dominio; la imagen vencida no suele aniquilarse, sino rechazarse, porque en el campo espiritual no existen los aniquilamientos...

#### 581

«Fines y medios» . . . . .
«Causa y efecto» . . . . . .
«Sujeto y objeto» . . . . .
«Hacer y sufrir» . . . . . .
«Cosa en sí y fenómeno».

Estudiados como interpretaciones (y no como hechos), podemos preguntarnos: ¿en qué medida son necesarias aún las interpretaciones? (esto es, tales que «conserven la existencia»): todas en el sentido de una voluntad de poder.

### 582

Nuestros valores son interpretaciones nuestras, introducidas en las cosas. ¿Existe por tanto un sentido en el «en sí»?

Hablando de sentido, ¿no hablamos forzosamente de sentido de relación y de perspectiva?

Cualquier sentido es voluntad de poder en mi criterio (todos los sentidos de relación pueden resolverse en semejante voluntad).

### 583

El afán de los «hechos estables». Teoría del conocimiento: ¡qué enorme pesimismo hay en ella!

### 584

La oposición entre el «mundo real», según ha descubierto el pesimismo, y un mundo que tiene una posibilidad de vida (examínense los derechos de la verdad). Es obligado medir con la vida el sentido de todos estos «impulsos ideales» para comprender exactamente lo que es el antagonismo mencionado: la lucha entre la vida enfermiza, desesperada, en busca de un más allá, y la vida sana, más estúpida, más engañadora, más rica, menos descompuesta. Por tanto, no estamos ante una «verdad» en lucha con la vida, sino ante una especie de vida en lucha con otra vida. ¡Esta quiere ser la especie más destacada! Aquí es preciso introducir la demostración de la necesidad de una jerarquía; debe demostrarse que el problema esencial consiste en conferir una jerarquía a las varias especies de vida.

585

Hay que transformar la creencia: «una cosa es así» o «de esta otra manera» en la voluntad: la cosa debe devenir «así» o «de otra manera», por tanto.

I) *Ciencia*

586

La ciencia ha consistido siempre en un eliminador del total confusionismo de las cosas, por medio de «hipótesis» que lo «explican» todo, a partir de esa repugnancia evidente de la inteligencia por lo caótico. Idéntica repugnancia, sin embargo, se apodera de mí cuando me considero a mí mismo; también quisiera significar el mundo interior mediante un esquema para superar la confusión intelectual. La moral resultó siempre una simplificación del género: enseñó que el hombre es conocido, es reconocido. Pero nosotros, al destruir la moral, hemos coadyuvado a oscurecernos. Yo sé que no sé nada de mí. La física se convierte en un beneficio para el espíritu; la ciencia (como camino del conocimiento) adquiere como un mayor interés al ser eliminada la moral; y como nosotros encontramos coherencia en esta, desearíamos ordenar la vida conservando, en cierto sentido, la ciencia. De aquí podemos derivar una especie de reflexión práctica, como conocedores de nuestras condiciones existenciales.

587

Nuestras premisas se concretan en: ningún Dios; ningún fin, u objetivo final. ¡Queremos no caer en seleccionar y recomendar a los humildes, un modo de pensar que, sin embargo, pueda valerles!

### 588

Aunque no creemos en una «educación moral» del género humano, reconocemos la necesidad de una «escuela obligatoria de los errores científicos», porque la verdad entristece y acaba con la voluntad de vivir, suponiendo que el hombre no se haya lanzado ya, fatalmente, por su camino y encarne con soberbia trágica sus honestas opiniones.

### 589

Premisas del trabajo científico: una creencia, en primer lugar, en la ligazón y duración de los trabajos científicos, de modo que el particular pueda trabajar en un puesto más o menos humilde, confiado en que lo que hace no es inútil.

Nada paraliza más que trabajar «en vano», que luchar «en vano».

### o

Los tiempos acumuladores en que se crean fuerzas y medios de poder, de los que el porvenir tendrá que servirse: la ciencia considerada como un estado intermedio, en el que las criaturas también intermedias, complicadas, tienen su desquite lógico, su satisfacción correspondiente; todos aquellos a quienes repugna profundamente la acción.

### 590

Un filósofo suele divertirse de otra manera y con otros elementos: por ejemplo, con el nihilismo. La creencia de los nihilistas, de que no existe ninguna verdad, es un gran relajamiento para un hombre que, como preocupado por el conocimiento, se encuentra obligadamente en lucha con verdades sencillamente odiosas. Porque algo no puede negarse: la verdad siempre es fea.

### 591

La «carencia de sentido de lo que sucede»... Creer en esto resulta consecuencia de un claro juicio sobre la falsedad de las interpretaciones admitidas hasta el presente; es una generalización del desaliento y la debilidad; no es una creación necesaria.

El hombre, víctima de su inmodestia, niega el sentido donde no lo ve.

### 592

Infinita posibilidad de descifrar el mundo: cualquier interpretación equivale a un engrandecimiento o a una decadencia.

La unidad (el monismo) es una necesidad de la «inercia»; la pluralidad de la explicación es un síntoma de fuerza. ¡No deberíamos intentar apoderarnos del carácter misterioso y enigmático del mundo!

### 593

«Contra» el afán de conciliar y pacificar. De este criterio se deriva toda tentativa de monismo.

### 594

La perspectiva de este mundo creado para los ojos, para el tacto y para el oído, demuestra que el mismo es bastante falso, cuando el mismo se analiza con un aparato algo más delicado. Pero su inteligibilidad, su claridad, su practicabilidad, su belleza desaparecen en cuanto refinamos nuestros sentidos; de la misma manera desaparece la belleza en cuanto estudiamos los acontecimientos de la historia; la ordenación del fin es ya una ilusión. Cuanto más superficial y groseramente es comprendido tanto más precioso, determinado, bello, pleno de significado se nos muestra. Cuanto más profundamente nos consideramos o nos consideran, más disminuye nuestro valor y más se evidencia la falta de sentido. ¡Somos nosotros, los que hemos creado el mundo que valoriza! En consecuencia, mensurar la verdad tiene algo de ilusión, puesto que más que la verdad, deberíamos apreciar la fuerza que crea, simplifica, configura e inventa.

¡Todo es falso! ¡Todo es lícito!

Precisamente en virtud de los límites de la mirada y como consecuencia de una voluntad de simplificar, se introduce lo bello, lo «valioso»; suceso que yo mismo ignoro.


595


La pérdida de una ilusión no crea ninguna verdad, sino solo «un poco más de ignorancia», una amplificación de nuestro «espacio vacío», un ensanche de nuestro «desierto».


596


¿Qué puede ser el conocimiento, en suma? «Interpretación», oposición de un sentido, «no explicación» (en la mayoría de los casos se trata de una nueva interpretación, de una interpretación vieja que se ha hecho incomprensible, y que de repente no es más que un signo). No hay hechos: todo es fluido, inaprensible, huidizo; lo que más cura son nuestras opiniones.

## 597

El distinguir entre lo «verdadero» y lo «falso», el establecer hechos en general es radicalmente distinto del poder creador, del crear, del forjar, del dominar, del querer, como corresponde a la esencia de la filosofía. Dar un sentido a las cosas es una función que constituye siempre un residuo, incondicionalmente, supuesto que en dichas cosas no se encuentre nunca sentido. Así sucede con los sonidos, pero también con los destinos del pueblo; estos podían recibir las más distintas interpretaciones, las más diversas direcciones, para los fines más diversos.

Aunque el grado más alto sea fijar un fin y forjar sobre este la realidad efectiva: así la interpretación del hecho, y no solamente su planteamiento mental.

## 598

En último término, el hombre no encuentra en las cosas sino lo que él mismo suele poner en ellas: este volver a encontrar, este reencuentro, se llama ciencia, e introducir, arte, religión, amor, orgullo. En ambos casos, aunque fueran juegos de niños, se debería continuar con mucho ánimo, los unos para volver a encontrar, los otros —¡que somos nosotros!— para introducir.

## 599

Los dos lados de la conciencia:

En relación con el individuo.
En relación con los complejos culturales («niveles»).
Diversa evaluación, según el uno o el otro lado.

## 600

El desarrollo de la ciencia soluciona siempre, y cada vez más, lo «conocido» en algo nuevo; pero desea precisamente lo opuesto y parte del instinto de reconducir lo desconocido a lo conocido.

En total, la ciencia prepara una soberana ignorancia, un sentimiento de que no hay «conocer», que el soñar con conocer fue una forma del orgullo; y todavía más: que nosotros no conservamos la mínima noción que nos permita dejar el «conocimiento» ni el valor de una posibilidad; que «conocer» es una idea henchida de contradicciones. Traducimos en el duro hecho una antiquísima mitología y vanidad del hombre: como no es ya lícito pensar en una «cosa en sí», tampoco es ya lícito pensar en un «conocimiento en sí». Se trata de una seducción producida por el número y por la lógica, producida por las «leyes».

La «sabiduría» admitida como tentativa de superar las evaluaciones perspectivas (o sea «la voluntad de poder»); principio hostil y disolvente de la vida, síntoma, como en los indios, etc., debilidad de la facultad de asimilación.

## 601

No es preciso que te informes de la ignorancia en que viven el animal y el hombre; debes igualmente tener la voluntad de la ignorancia y aprenderla. Te es necesario comprender que, sin esta especie de ignorancia, la vida misma sería imposible, que es una condición en virtud de la cual únicamente prospera y se conserva lo que vive; debes rodearte de una grande, sólida campana de ignorancia.

## 602

Ciencia: transformación de la Naturaleza en conceptos con el fin de dominarla; esto forma parte de la rúbrica «medios».

Pero el fin y la voluntad del hombre deben asimismo crecer, su intención debe ser encaminada al todo.

## 603

Observamos que el pensamiento resulta la cosa más fuerte y más continuamente ejercida en todos los grados de la vida, ¡y también en todo percibir y aparente sufrir! Es evidente que en función de lo dicho el pensamiento se hace poderosísimo y pleno de exigencias, y al cabo del tiempo, tiraniza todas las demás fuerzas. Concluye por ser la «pasión en sí».

## 604

El que conoce, debe reconquistar el derecho a la gran pasión, cuando la desnaturalización y el culto a lo «objetivo» han creado también en esta esfera una falsa jerarquía. El error llegó a su colmo cuando Schopenhauer enseñó: precisamente en el desarrollo de la pasión por la voluntad puede verse el acceso a la «verdad», al conocimiento; el intelecto, carente de voluntad, no puede menos de ver la verdadera, la propia esencia de las cosas.

El mismo error ocurre en arte: todo resulta bello, en cuanto es mirado sin voluntad.

## 605

Lucha entre pasiones y tiranías de una pasión sobre el intelecto.

## 606

*Siempre que se habla de* «humanizar» el mundo, equivale a adueñarse más del mundo.

## 607

En una especie de hombres más depurada, el conocimiento alumbrará nuevas formas que en la actualidad no resultan necesarias.

## 608

Siempre he afirmado en mis escritos que el valor del mundo debe buscarse en nuestra interpretación (sabedor de que en cualquier otro lugar son posibles otras interpretaciones distintas de las simplemente humanas); que las interpretaciones reconocidas son evaluaciones perspectivas, en virtud de las cuales nos conservamos en la vida, o sea en la voluntad de poder, en el aumento del poder; que toda elevación del hombre determina la superación de interpretaciones más restringidas y supone creer en nuevos horizontes. El mundo que nos interesa es falso, vale decir, no es un hecho, sino una imaginación y una síntesis de una escasa suma de observaciones; es fluido, como cosa que deviene como una falsedad que continuamente se desvía, que no se aproxima nunca a la verdad, porque no hay «verdad» alguna.

## 609

Recapitulación:

El hecho de que se imprima al devenir la condición de ser, supone la más alta voluntad de poder.

Para conservar un mundo del ser, de la duración de la equivalencia, etc., se realiza una doble falsificación: una que parte de los sentidos y la otra del espíritu.

Todo retorno es la aproximación extrema de un mundo del devenir al mundo del ser: cima de la meditación.

La condenación y la insatisfacción del devenir derivan de los valores atribuidos al ser, después que se iba inventando semejante mundo.

La metamorfosis del ser (cuerpo, Dios, ideas, leyes naturales, fórmulas, etc.).

El ser como apariencia; inversión de los valores; el ser era lo que prestaba el valor.

¿Cómo es posible el conocimiento, cuando este es imposible en el devenir...? Como error sobre mí mismo, como voluntad de poder, como voluntad de ilusión.

El devenir considerado como invención, como negación de sí mismo, como superación de sí mismo; no hay sujeto, sino acción, supuestos sentados por la facultad creadora; no hay «causas ni efectos».

El arte entendido como voluntad de superar el devenir, como un «eternizar», pero de corto alcance, según las perspectivas; repitiéndose en lo pequeño —en cierta manera— la tendencia del todo.

Toda nuestra vida debe ser considerada como una fórmula reducida de la tendencia complexiva: por esto una nueva fijación del concepto de «vida», como voluntad de poder.

Poner en vez de la «causa y efecto» la lucha de los elementos del devenir entre sí, muchas veces con la absorción del adversario: no hay número constante en el devenir.

Los antiguos ideales no se pueden utilizar para interpretar todo lo que deviene, después de haber sido reconocido su origen animal y su utilidad; por el contrario, todos ellos contradicen la vida.

Es inservible la teoría mecanicista: produce la impresión de la falta de sentido.

Todo el idealismo humano existente hasta ahora debe transformares con el pensamiento en nihilismo, en la creencia en la absoluta falta de valor, o sea, en la falta de sentido. El aniquilamiento de los ideales, el nuevo desierto: las nuevas artes para soportarlo nosotros los anfibios.

Hipótesis: valor, paciencia, ningún «retorno atrás», ningún furor para avanzar.

(N. B.: Zaratustra se orienta constantemente en sentido parodístico hacia todos los viejos valores, partiendo de su abundancia.)

<br>

## III

## LA VOLUNTAD DE PODER EN LA NATURALEZA

### 1.  La interpretación mecánica del mundo

## 610

Entre las interpretaciones del mundo que se conocen hasta ahora, parece que hoy triunfa la que podría considerarse como «mecánica». En realidad, tiene de su parte la buena conciencia; y ninguna ciencia cree haber conseguido por sí misma un progreso y un éxito, si no lo ha conseguido con ayuda de los procedimientos mecánicos. De todos son conocidos estos procedimientos: dejando a un lado la «razón» y los «fines», cualquiera que sean las consecuencias que se deriven, se advierte que en un lapso determinado, todo puede devenir de todo; no se puede disimular cierta sonrisa cuando se llega a reducir a la pasión y al choque la «aparente intencionalidad en el destino» de una planta o de un huevo; en resumen: si en asunto tan serio es lícita una expresión burlona, se rinde homenaje evidente al principio de la mayor estupidez posible. Mientras, y en los espíritus más selectos que encontramos dentro de esta tendencia, hay un presentimiento de sentir una cierta angustia, como si la teoría tuviese una laguna que más o menos tarde podría llegar a ser su laguna extrema: quiero decir aquella laguna de que no nos cuidamos cuando estamos en una suprema necesidad. No se pueden «explicar» la presión y el choque al mismo tiempo; no hemos podido emanciparnos de la «actio in distans»: se ha perdido la fe en la misma posibilidad de explicar, y se concede, con semblante socarrón, que se puede descubrir, pero no explicar, que la interpretación dinámica del mundo, con su negación del «espacio vacío», de las pequeñas masas de átomos, dentro de poco gravitará sobre los físicos, atribuyéndose con lo dicho una cualidad interior al dinamismo.

611

El concepto triunfal de «fuerza» con que nuestros físicos crearon Dios y el mundo, no tiene necesidad de integración: se le debe añadir una voluntad interior definida por mí como «voluntad de poder», o sea, deseo insaciable de mostrar potencia, o empleo, ejercicio del poder, como instinto creador, etcétera. Los físicos no pueden desentenderse, con sus principios, de la «acción a distancia», ni, por otra parte, de una fuerza impelente (de atracción). No sirve de nada: todos los movimientos, todos los «fenómenos», todas las «leyes» se deben entender solo como síntomas de cosas que suceden «interiormente» y servirse de la analogía del hombre con semejante fin. Al animal le resulta posible derivar sus instintos de la voluntad de poder; y así también, de esta única fuente, todas las funciones de la vida orgánica.

612

Pero ¿ha sido hasta ahora comprobada una fuerza? No, sino solo efectos, traducidos en una lengua completamente extraña. Pero la realidad en la sucesión nos ha enviciado de tal modo, que no nos sorprendemos del carácter maravilloso de esta regularidad.

### 613

Existe una fuerza que no es posible representar con una palabra vacía, y que no puede tener derecho de ciudadanía como si dijéramos en la ciencia: ¡se trata de la fuerza puramente mecánica, de atracción y de repulsión, que quiere hacernos presentable nada menos que el mundo!

### 614

Presión y choque son algo inusitadamente tardío, derivado, no originario. Presupone, naturalmente, cosas compactas susceptibles de hacer presión y producir choques. ¿De dónde sacan su coherencia...?

### 615

Nada invariable hay en la química: la invariabilidad es una mera apariencia, cierto prejuicio escolástico. Nosotros hemos proclamado la invariabilidad de la metafísica, señores físicos. Es demasiado ingenuo afirmar, por el simple hecho de analizar su superficie, que el diamante, el grafito y el carbón son cosas idénticas. ¿Por qué? Porque no se puede comprobar mediante la balanza ninguna pérdida de sustancia. Quizá lo afirmado equivale a decir que aquellos cuerpos tienen algo de común; pero el trabajo molecular en la transformación, que no podemos ver ni pesar, es precisamente lo que de una materia hace otra, provista de propiedades particulares.

### 616

«Contra el átomo» de los físicos. Lo primero que se necesita para comprender el mundo es poder calcularlo y disponer de causas constantes; como en la realidad no encontramos causas semejantes, suponemos que tales causas son los átomos. Este es el origen de la atomística.

El cálculo del mundo, la posibilidad de expresar en fórmulas todo lo que ocurre, ¿es quizá comprender...? ¿Qué es lo que comprenderíamos de una música si calculásemos todo lo que en ella hay de calculable y puede ser reducido a fórmulas? Las «causas constantes», las cosas, las sustancias, son algo incondicionado, esto es, imaginado: ¿qué es lo que hemos obtenido?

### 617

La idea mecánica del «movimiento» es una traducción del proceso originario al lenguaje de los «ojos y el tacto».

La idea de «átomo», la distinción entre una «sede de la fuerza impelente y la fuerza misma» es un lenguaje derivado de nuestro mundo logicofísico.

No está en nuestro poder transformar nuestros medios de expresión; pero es posible entender hasta qué punto son una sencilla semiótica. Es absurdo reclamar una forma adecuada de expresión; expresar una simple relación... La idea de «verdad» es absurda. Todo el reino de la «verdad» y de la «falsedad» se refiere solamente a relaciones entre criaturas, no al «en sí»... No hay «esencia en sí» (las relaciones constituyen precisamente la esencia), como no puede admitirse un «conocimiento en sí».

## 618

«La sensación de fuerza no es posible derivarla del movimiento: la sensación en general no puede derivar del movimiento.»

«También en este punto habla solamente una experiencia aparente: en una sustancia (cerebro) se engendra la sensación en virtud de un movimiento transmitido (estímulo). Ahora bien: ¿engendrada? ¿Se demostraría así que la sensación no existe de modo que su surgir debiera ser entendido como un acto de creación del movimiento introducido? El estado privado de sensación es una propiedad de la sustancia; hay sustancias que experimentan sensaciones.»

«¿Sabemos a ciencia cierta que algunas sustancias no tienen sensaciones? No; lo único que nos ocurre es que carecemos de la experiencia de que las tienen. Es imposible deducir la sensación de la sustancia que no tiene sensaciones...»

¡Cosas de la precipitación!

## 619

«Atraer» y «rechazar», en sentido puramente mecánico, son ficciones completas, palabras. No es posible pensar un atraer que no tenga una intención. El deseo de apoderarse de algo o de defenderse de su poder y rechazarlo, es algo que «comprendemos» perfectamente; interpretación de la cual podríamos hacer perfecto uso.

Resumiendo: la necesidad psicológica de creer en una causalidad se encuentra en la imposibilidad de «imaginar un acontecimiento sin intenciones»; pero con esto, naturalmente, no se dice nada sobre la verdad o falsedad de tal creencia, sobre su justificación. La creencia en «causas» puede caer en la creencia en τελη (fines). (Contra Spinoza y su causalismo.)

### 620

Ilusiona pensar que se conoce alguna cosa cuando se tiene una formulación matemática de lo que acaece; solo se ha «indicado, descrito», nada más.

### 621

Cuando yo concreto en una fórmula un acontecimiento que se produce regularmente, se facilita la definición de todo el fenómeno, lo he resumido, etc. Sin embargo, no he comprobado ninguna ley; solo he planteado la pregunta de dónde proviene el hecho de que una cosa se repita; no supongo que a la fórmula responda un complejo de fuerza y de soluciones; de fuerzas primeramente ignoradas; es pura mitología pensar que se trata de fuerzas obedientes a una ley, y, que por tanto, en virtud de su obediencia, resulte siempre el mismo fenómeno.

### 622

Me guardo mucho de hablar de «leyes» químicas; esto sabe especialmente a moral. Se trata más bien de una fijación absoluta de relaciones de poder: lo más fuerte se apodera de lo más débil, en la medida en que esto no puede conservar su grado de autonomía. ¡No es posible la piedad ni la conciliación, y menos el respeto a las «leyes»!

### 623

La sucesión permanente de ciertos fenómenos, uno después de otro, no prueba una «ley», sino una relación de poder entre dos o más fuerzas. Decir, por ejemplo: «esta relación permanece igual a sí misma» equivale a decir: «una fuerza cualquiera no puede ser también otra fuerza». No es el caso de una sucesión, sino de una inserción de fenómenos unos dentro de otros, de un proceso en el cual los momentos que se suceden no se condicionan como causas y efectos...

Separar la «acción» del «agente», el acontecimiento de alguien que sea el autor del acontecimiento, el proceso de algo que no es proceso, sino algo duradero, sustancia, cosa, cuerpo, alma, etc., es la tentativa de comprender lo que sucede como una especie de desviación y de cambio de posición del «ser», de lo que perdura; esta vieja mitología estableció la creencia en «causas y efectos», cuando la tal creencia había encontrado una fórmula sólida en las funciones lingüisticogramaticales,

## 624

La «regularidad» de la sucesión es solo una expresión figurada, como si aquí se impusiese una regla; no se trata de un hecho. Así también la «conformidad a leyes». Inventamos una fórmula para expresar la forma de una sucesión que retorna siempre: con ello no hemos descubierto ninguna «ley», y aún menos una fuerza que sea la causa del retornar de las sucesiones. El hecho de que algo suceda de determinada forma se interpreta en este caso como si un ser, a consecuencia de una obediencia a una ley o a un legislador, obrase siempre de un cierto modo, mientras que, suprimiendo la ley, este ser habría logrado libertad para obrar de otra manera. Pero, naturalmente, este «así y no de otro modo» podría derivarse del ser mismo, el cual no se comportase de un modo determinado para obedecer a una ley, sino porque fuera, de hecho, de un cierto modo. Esto significa solamente: una cosa no puede ser también otra cosa; no puede hacer hoy esto, mañana aquello; no es ni no-libre, sino resulta de una determinada forma. El error consiste en inventar e introducir un sujeto.

## 625

Dos estados que se suceden «causa» el uno, «efecto» el otro: estamos ante una concepción falsa. El primer estado no tiene influencia que ejercer, no ha influido nada en el segundo.

Estamos en este caso ante la lucha de dos elementos de poder desigual: se consigue un nuevo ajuste de las fuerzas según la medida de la potencia de cada elemento. El segundo estado es algo fundamentalmente diverso del primero (no es efecto del primero); lo esencial es que los factores que contienden en la lucha salgan de la misma con otros valores de poder.

## 626

*Crítica del mecanismo.*—Desembaracémonos de los dos consejos populares de la «necesidad» y de «ley»: el primero crea una falsa obligación; el segundo, una falsa libertad en el mundo. Las «cosas» no se producen de un modo regular ni según una regla; no hay cosas (las cosas son una ficción nuestra); tampoco se realizan bajo el imperio de la necesidad. En suma: no se presta obediencia; porque el hecho de que las cosas «sean así como son», débiles o fuertes, no se debe a una obediencia, a una regla, o a una coacción...

## 627

El grado de superioridad es sencillamente el de resistencia en todo lo que sucede; si nosotros, para nuestros cálculos, llegamos a expresar lo dicho en fórmulas y en leyes, ¡tanto mejor, naturalmente! Aunque no hayamos puesto ninguna moralidad en el mundo por el hecho de suponerlo obediente.

No hay leyes: todo poder produce en cada instante sus últimas consecuencias. Es evidente de que en el hecho de que no hay un «poder hacer algo de otro modo» se basa el cálculo.

La cantidad de fuerza se define por la acción que realiza y por la que resiste. Falta la «adiaforia», la cual podría ser pensada en sí. Es importante una voluntad de violentar y defenderse de la violencia. No conservación de sí mismo: todo el átomo actúa sobre todo el ser, eliminando con el pensamiento este irradiar de voluntad de poder. Por eso yo lo considero como una cantidad de «voluntad de poder», así expreso el carácter que no se puede eliminar con el pensamiento del orden mecánico sin destruir con la imaginación ese mismo orden.

El concepto de «movimiento» es, como puede deducirse, una traducción del mundo de la acción, del efecto, en un mundo visible, hecho fatalmente para los ojos. Se sobrentiende en este caso que siempre hay una cosa movida; también, que la ficción de una masa pequeñísima de átomos o a pesar de la abstracción de esta, imaginamos siempre el átomo dinámico como una cosa que obra; vale decir, no hemos abandonado el hábito a que nos vemos atraídos por los sentidos y por la lengua. Sujeto, objeto, un agente para cada acción, la acción separada de aquello que la produce: no olvidamos que esto es una simple semiótica y no indica nada real. La mecánica como doctrina del movimiento es, en definitiva, una traducción en la lengua de los sentidos de los hombres.

628

Aunque se necesiten las «unidades» para poder contar, no quiere esto decir que tales unidades «existan». El concepto de unidad está derivado del concepto de nuestro «yo», que es nuestro más antiguo artículo de fe. De no considerarnos nosotros como unidades, no habríamos llegado al concepto de «cosa». Quizá bastante tarde hemos advertido que nuestra concepción del yo no garantiza nada que se refiera a una unidad real. Por tanto, para tener en pie teóricamente al mundo mecánico, tenemos que admitir que lo construimos con dos ficciones: con el concepto de «movimiento» (derivado de nuestro concepto de los sentidos) y con el concepto de «átomo» (unidad proveniente de nuestra experiencia física), el mundo mecánico tiene como premisa un prejuicio de los sentidos y un prejuicio psicológico.

La mecánica plantea fenómenos de sucesión, que en su gran mayoría son semióticos, mediante expresiones sensibles y psicológicas (dice que toda acción es movimiento, que donde hay movimiento hay algo movido); no se refiere a la fuerza causante.

El mundo mecánico, por tanto, es imaginado como el ojo y el tacto se representan únicamente el mundo (como «movido»), de manera que pueda ser calculado, que sean imaginadas unidades causales, «cosas» (átomos), cuya acción es la misma siempre. (El falso concepto de sujeto se transfiere al concepto de átomo.)

«Fenomenal» es, pues, la introducción del concepto de número, del concepto de cosa (concepto de sujeto), del concepto de actividad (separación del ser que origina el obrar), del concepto de movimiento; pero siempre tenemos aquí dentro nuestros ojos y nuestra psicología.

Al eliminar estos ingredientes, nos quedamos sin cosas, y solo con cantidades dinámicas, en una relación de tensión, hacia otras cantidades dinámicas, cuya esencia consiste en su relación con las demás cantidades, en su «obrar» sobre estas. La voluntad de poder no es un ser, no es un devenir, sino un «pathos»; es el hecho elemental, del cual resulta como consecuencia, un devenir, un obrar...

### 629

Los físicos no creen en un «mundo real» a su modo: una sistematización de átomos, fija, igual para todos los seres, sistematización en movimientos necesarios; así, para los físicos, el «mundo aparente» se reduce a aquel lado del ser general y generalmente necesario que es accesible a cada ser según su cualidad (accesible y también dispuesto: «hecho subjetivo»). Pero los físicos están en un error. El átomo que ellos suponen es derivado según la lógica de aquel perspectivismo de la conciencia; por consiguiente, es también una ficción subjetiva. Aquella imagen del mundo que esbozan no está completamente separada sustancialmente de la imagen subjetiva del mundo: no está más que construida con sentidos más refinados, pero siempre, con «nuestros» sentidos... Y, por último, han dejado una cosa fuera de la constelación, sin saberlo: precisamente el necesario perspectivismo en virtud del cual todo centro de fuerza —y no solamente el hombre— construye, partiendo de sí, todo el resto del mundo, o sea lo mide, lo palpa, lo forja según su propia fuerza... Han olvidado introducir en el cálculo del «verdadero ser» esta fuerza que pone una perspectiva, o, para hablar la lengua de las escuelas: el ser sujeto. Opinan que este ha «evolucionado», ha sobrevenido, aunque tampoco el químico tenga necesidad de él; es este el ser específico, el determinado obrar y reaccionar de este o aquel modo.

El perspectivismo es solamente una forma compleja de la especificidad. Mi concepto es que todo cuerpo específico se esfuerza por hacerse dueño de todo el espacio y por extender su propia fuerza (su voluntad de poder) y por rechazar todo lo que se opone a su expansión. Pero choca continuamente con esfuerzos iguales de otros cuerpos, y termina ajustándose («unificándose») con aquellos que le son suficientemente afines, y entonces conspiran juntos por el poder. Y el proceso continúa...

### 630

Para un átomo de fuerza en el mundo inorgánico solo tiene importancia su vecindad: las fuerzas a distancia se compensan. Aquí está el núcleo de la perspectiva y la razón por la que una criatura viviente es completamente «egoísta».

### 631

Suponiendo que el mundo dispone de una cierta cantidad de fuerza, es evidente que todo dispendio de fuerza en cualquier sitio condiciona el sistema; por tanto, además de la causalidad de cosas que suceden unas a otras, habría una dependencia de las cosas unas junto a otras y unas con otras.

### 632

La única posibilidad de conferir un sentido al concepto de «Dios» sería la siguiente: no entender a Dios como fuerza impelente, sino como «estado máximo», como una época: un punto en el desarrollo de la voluntad de poder, con lo cual se explicaría tanto la sucesiva evolución cuanto lo que ha precedido, lo que ha sucedido hasta aquel momento.

Considerada en sentido mecánico, la energía del devenir total subsiste constante; considerada desde un punto de vista económico, llega a un determinado punto y luego vuelve a caer en un círculo eterno. Esta «voluntad de poder» se expresa en la interpretación, en la manera de aplicar la fuerza; la transformación de la energía en vida y el vivir «elevado a la suprema potencia» aparece entonces como fin. La misma cantidad de energía significa cosas distintas en los diversos grados de la evolución.

Lo que significa el crecimiento en la vida y en la economía, cada vez más ahorrativa y calculadora, que cada vez con menos fuerza consigue resultados siempre mayores... Es un ideal el principio del mínimo gasto...

Lo único que está suficientemente demostrado es que el mundo no tiende a un estado duradero. Por tanto, debemos imaginar su estado más alto como si no fuera un estado de equilibrio...

La necesidad absoluta de que las cosas sucedan de modo igual en el camino del mundo como en todo lo demás no es un determinismo de lo que sucede, sino simplemente una expresión del hecho de que lo imposible no es posible; que una fuerza determinada no puede ser otra cosa que esta fuerza determinada; que esta no conduce, respecto de una cantidad de resistencia de fuerza, diversamente de como exige su propia dimensión: suceder y suceder necesariamente constituye una tautología.

## IV

## LA VOLUNTAD DE PODER COMO VIDA

### a)  *El proceso orgánico*

### 633

El hombre se supone presente en el nacimiento de los organismos: ¿qué es lo que podríamos comprobar con los ojos y con el tacto de aquel acontecimiento? ¿Qué es lo que podemos resumir en números? ¿Qué normas se revelan en los movimientos? Por tanto, el hombre quiere reducir cada acontecimiento a un acontecimiento para los ojos y para el tacto, por consiguiente, a movimientos; quiere buscar fórmulas para simplificar la enorme masa de estas experiencias. Reducción de todo lo que acontece a los hombres provistos de sentidos y a los matemáticos. Se trata de un inventario de las experiencias humanas, suponiendo que el hombre, o mejor, los ojos y la facultad de perspectiva del hombre, haya sido el testimonio eterno de todas las cosas.

### 634

Llamamos «vida» a una multiplicidad de fuerzas unidas por un mismo proceso de nutrición. A este proceso de nutrición, como medio de su posibilidad, corresponden los llamados sentimientos, imaginación, pensamiento, etc.: 1) una resistencia a todas las fuerzas restantes; 2) un poner en orden estas fuerzas según la forma y el ritmo; 3) un evaluar referente a la incorporación o a la separación.

### 635

La alianza entre lo inorgánico y lo orgánico debe encontrarse en la fuerza de repulsión que ejerce todo átomo de fuerza. «Vivir» debería ser definido como una forma duradera de procesos de las fijaciones de fuerza en que los diversos combatientes crecen desigualmente. Averiguar también en qué medida hay repugnancia en la obediencia; la propia fuerza no es completamente eliminada. Así también en el mando hay una confesión de que la fuerza absoluta del adversario no es vencida, no es incorporada, disuelta. El «obedecer» y el «mandar» resultan formas del juego de la lucha.

### 636

La voluntad de poder «interpretada», puesto que en la formación de un órgano se trata de interpretación: limita, determina grados, diversidades de poder. Las simples diversidades de poder no podrían todavía sentirse a sí mismas como tales; debe existir algo que quiere creer y que interpreta, con referencia a su propio valor, a todo lo que quiere crecer. En esto, igual. La interpretación, en realidad, es un medio de adquirir el dominio de una cosa. (El proceso orgánico admite continuamente el «interpretar».)

### 637

La mayor complejidad, la profunda separación, la acción colateral de los órganos y de las funciones perfeccionadas, con la desaparición de los miembros intermediarios: si todo esto es perfección, se desprende una voluntad de poder en el proceso orgánico, en virtud del cual fuerzas dominantes, plasmantes, imperiosas, aumentan constantemente el campo de su poder y, dentro de los límites de aquel, simplifican siempre de nuevo: el imperativo «creciente».

El «espíritu» resulta solamente un medio, un instrumento, al servicio de la vida superior, del enaltecimiento de la vida.

### 638

La «herencia», aun empleada del todo, no se aplica para la demostración, sino para indicar, para fijar un problema. Esto puede decirse igualmente de la «capacidad de adaptación». Efectivamente, con la representación morfológica, suponiéndola perfecta, no se explica nada, sino que se describe un hecho prodigioso. Cómo puede utilizarse un órgano para un fin es algo que no se explica. Tampoco satisfaría una explicación de *causae finales,* como no lo es tampoco la de *causae efficientes* en estos casos. El concepto de «causa» es solo un medio de expresión, pero no un medio de designar.

### 639

Entre nuestra memoria y otras existen analogías, manifestadas en la hereditariedad, en la evolución y en las formas. Por ejemplo: existe analogía entre nuestro inventar y experimentar una invención, en el empleo de instrumentos para nuevos fines, etc.

Lo que suele considerarse nuestra «conciencia» no es culpable de todas las vicisitudes esenciales a nuestra conservación y a nuestro crecimiento; y no habría cerebro tan fino que pudiera construir más que una máquina, y en esto todo proceso orgánico es muy superior.

### 640

*Contra el darwinismo.*—La actividad de un órgano no explica su formación; antes al contrario. Durante el tiempo que una propiedad tarda en formarse, *esta no conserva* al individuo ni le es útil, por lo menos en la lucha con las circunstancias externas y con enemigos.

En último término, ¿qué quiere decir «útil»? La pregunta debe de ser en realidad: «¿útil con relación a qué?». Por ejemplo: lo que es útil a la duración del individuo no puede convenirle a su esplendor y fuerza; lo que conserva al individuo podría al mismo tiempo tenerlo encerrado e inmovilizarlo en la evolución. De otra parte, un defecto, una degeneración, podrían resultar muy útiles, al convertirse en estimulantes de otros órganos. De la misma manera un estado de necesidad puede ser condición de existencia, en cuanto sitúa al individuo a un nivel en el que sosteniéndose no se gasta. El individuo mismo es una lucha de las partes (por la nutrición, el espacio, etc.): su desarrollo está unido a un «vencer», a un predominar de partes singulares, a un parecer, a una transformación de otras partes en órganos.

La influencia de las «circunstancias exteriores» suele exagerarse en Darwin de un modo absurdo: lo esencial en el proceso vital es precisamente la enorme fuerza plasmante, creadoras de formas del interior al exterior, que utiliza, disfruta las «circunstancias exteriores». Las nuevas formas creadas partiendo del interior no se encuentran formuladas para un fin; en cambio, en la lucha de las partes, una nueva forma no durará mucho tiempo sin relación con una utilidad parcial y, por consiguiente, en conformidad con el uso que de ˉllas se haga, se plasmará en forma cada vez más perfecta.

### 641

«Útil», en relación con la aceleración del ritmo de la evoˉución, es un «útil» distinto del que está en relación con la ˉayor fijación y duración posibles de lo que evoluciona.

### 642

«Útil», en el sentido de la biología darwiniana, significa: ˉ que en la lucha con otros seres se considera ventajoso. Pero ˉí me parece que ya el sentimiento de crecimiento, de deˉenir más fuerte, abstrayendo completamente la utilidad en la ˉcha, es el verdadero progreso: de este sentimiento nace preˉisamente la voluntad de lucha.

### 643

Los fisiólogos debían dudar en poner el «instinto de conˉrvación» como un instinto cardinal de un ser orgánico. Ante ˉdo, lo que vive quiere desplegar su fuerza: la «conservaˉión» es solamente una de las consecuencias de esto. ¡Precaˉerse contra los principios teleológicos superfluos! A estos ˉertenece todo el concepto de «instinto de conservación».

### 644

La más modesta y primordial actividad del protoplasma no ˉuede derivarse de una voluntad de autoconservación, porque ˉquel absorbe en sí, de modo insensato, más de cuanto puede condicionar la conservación, y, sobre todo, no se conserva con ello, sino que se disgrega. El instinto que en este caso domina debe precisamente explicar esta voluntad de no conservarse; el «hambre» es ya una interpretación, según organismos desigualmente complicados (el hambre es una forma especializada y más tardía del instinto, una expresión de la división del trabajo, puesta al servicio de un instinto más elevado, que domina a aquella).

### 645

No es posible considerar al hombre como *primun mobile*, ni tampoco la conservación de sí mismo. El hambre, comprendida como consecuencia de la subnutrición, significa: el hambre como consecuencia de una voluntad de poder que no es ya la dueña. No se trata en modo alguno de reparar una pérdida: solo más tarde, y a consecuencia de una división del trabajo, después que la voluntad de poder ha recorrido otras vías para satisfacerse, la necesidad de asimilación del organismo para satisfacerse, reduce el hambre a la necesidad de remediar las pérdidas.

### 646

En este caso, burlémonos del falso «altruismo» de los biólogos: la propagación de las amebas significa un arrojar lastre sencillamente, como pura ventaja. Se trata de la expulsión del material inútil.

### 647

La escisión de un protoplasma en dos partes se realiza cuando la potencia no es suficiente para dominar la propiedad incorporada: la generación es la derivación de una impotencia.

Cuando los hombres pequeños buscan por hambre las mujeres pequeñas, la generación es la consecuencia del hambre.

## 648

El más débil se adhiere al más fuerte para sus necesidades de nutrición; quiere cobijarse bajo aquel, hacerse en lo posible una misma cosa con el más fuerte. El más fuerte, por el contrario, se defiende de sí mismo, no quiere perecer de tal manera; antes bien, al crecer, se escinde en dos o más seres. Cuanto más fuerte es el estímulo de unidad, tanto más es de suponer que existe una debilidad; cuanto mayor es el impulso de variedad, de diferencia, de disgregación interna, tanto mayor fuerza existe.

El instinto de aproximación y el instinto de rechazar algo son el vínculo en el mundo orgánico y en el inorgánico. La separación completa es un prejuicio.

La voluntad de poder en toda combinación de fuerzas que se defiende del más fuerte y cae sobre el más débil es más exacta.

N. B.: Los «procesos» considerados como «seres».

## 649

La voluntad de poder suele manifestarse cuando encuentra resistencia; por tanto, busca lo que fatalmente resiste; siendo esta la tendencia primordial del protoplasma, cuando proyecta falsos pedúnculos y palpa a su alrededor. La apropiación y la incorporación es, ante todo, una voluntad de adueñarse, de dominar, un formar, un plasmar y transformar, hasta que el elemento dominado traspasa completamente el campo de fuerza del atacante y hace aumentar al mismo atacante.

Cuando esta incorporación no se consigue, la criatura se disgrega: y la duplicidad aparece como consecuencia de la voluntad de poder; para no dejar escapar lo conquistado, la voluntad de poder se escinde en dos voluntades (en algunos casos, sin necesidad de renunciar por completo a un vínculo entre sí).

El «hambre» es solamente una adaptación más estricta, cuando el impulso fundamental hacia el poder ha adquirido una forma más espíritu.

### 650

¿Qué es la pasión? Un ser paralizado en el momento en que se avanza. Un acto, por consiguiente, de resistencia y de reacción.

¿Qué cosa es la «acción»? Aquello que se extiende hacia el poder.

«Nutrición» es solo derivada: lo originario es como una voluntad de apoderarse de alguna cosa.

«Generación» es solo derivada; en su origen es esto: cuando una voluntad no es bastante para organizar todo lo que nos hemos apropiado, entra en vigor una contravoluntad, la cual se encarga de desembarazarse de lo superfluo; un nuevo centro de organización, después de una lucha con la voluntad originaria.

«Placer» es el sentimiento de poder (y presupone el desplacer).

### 651

1)  Reducir las funciones orgánicas a la voluntad fundamental, a la voluntad de poder, pero separadas de esta.

2) La voluntad de poder se especializa como voluntad de nutrición, de propiedad, de instrumentos, de sentidos (obedientes) y dueños: por ejemplo, en el cuerpo. La voluntad más fuerte dirige a la más débil. No hay otra causalidad que la de voluntad a voluntad. Con la explicación mecánica no se explica nada.

3) En todo ser viviente se destaca el sentir, pensar y querer. Un placer no es otra cosa que un estímulo del sentimiento de poder por parte de un obstáculo (estímulo aún más fuerte si es producido por obstáculos y resistencias rítmicas); de modo que aquel sentimiento se hincha, se pone tenso. En todo placer, por tanto, va comprendido un dolor. Si el placer es muy grande, los dolores serán muy largos y la tensión del arco enorme.

4) Las funciones espirituales. Voluntad de crear, de asimilar, etc.

b) *El hombre*

652

El hilo conductor del cuerpo. Aceptando que el «alma» haya sido un pensamiento activo y misterioso, del cual los filósofos se hayan separado con razón, pero solo a la fuerza, es posible que lo que los filósofos nos enseñan para suplir el alma sea aún más atractivo, más misterioso. El cuerpo humano, en el que repercute siempre, vivo y vivaz, el pasado más remoto y más próximo de todo el devenir orgánico, a través del cual, por encima y por fuera del cual parece correr un prodigioso e inaudito río: el cuerpo es una noción más sorprendente que la antigua «alma». En cualquier tiempo se creyó más en el tiempo como una propiedad nuestra, como nuestro verdadero ser, en suma, como nuestro «ego», que en el espíritu (o en el «alma» o en el sujeto, como se dice ahora, en vez de alma, en el lenguaje de las escuelas). No ha habido nadie que haya considerado el estómago propio como un estómago extraño, o quizá divino; pero considerar los propios pensamientos como «inspirados», las propias valoraciones como «inspiradas por un dios», los propios instintos como actividades que se ejercitan casi crepusculares, es una inclinación y un gusto del hombre de que hallamos testimonios en todas las épocas de la humanidad. Aun hoy podemos encontrar en abundancia una especie de asombro y de respetuosa vacilación al decidir cuando se les pregunta de qué modo han conseguido su mejor gesto y de qué modo se les ha ocurrido su idea creadora; cuando plantean esta pregunta, adoptan casi un aire inocente y una vergüenza infantil, sin atreverse apenas a decir: «la idea procede de mí mismo; mi mano fue la que lanzó el dado». Viceversa, incluso aquellos filósofos y religiosos que tuvieron en su lógica y en su piedad los motivos más fuertes para considerar como ilusión lo corpóreo (y, en verdad, como una ilusión superada y suprimida), no pudieron menos de reconocer la estúpida realidad de que el cuerpo no tuvo en este caso parte; y sobre esto pueden encontrarse los más raros testimonios, bien en San Pablo, bien en la filosofía de los Vedas. Pero ¿qué significa en última instancia «firmeza en la creencia»? Una firme creencia podría también ser una estúpida creencia. Conviene considerarlo.

Y, por último, si la creencia en el cuerpo es solo la consecuencia de una conclusión, suponiendo también que fuese una conclusión falsa, según sostienen los idealistas, ¿no es un interrogante a la credibilidad del espíritu mismo, el hecho de que este sea de tal modo la causa de falsas conclusiones...? Admitiendo como tales errores la multiplicidad y el tiempo y el movimiento (y todas las demás premisas posibles de la creencia en la corporeidad), ¿qué desconfianza no determinaría lo dicho contra el espíritu que nos ha introducido a tales premisas? Basta: la creencia en el cuerpo resulta mientras tanto y siempre una creencia más fuerte que la del espíritu, y quien la quiere minar, mina al mismo tiempo del modo más profundo la creencia en la autoridad del espíritu.

653

## EL CUERPO COMO CREACIÓN DE DOMINIO

La aristocracia en el cuerpo, la pluralidad de los dominadores (lucha de las células y de los tejidos).

La esclavitud y la división del trabajo; el tipo más elevado solo es posible mediante el envilecimiento de un tipo más bajo y la reducción de este a función.

Placer y dolor no suponen contraste. El sentimiento de poder.

La nutrición es solamente una consecuencia de la insaciable apropiación de la voluntad de poder.

La «generación» es la disgregación que sobreviene cuando las células dominantes son impotentes para organizar aquello de que se han adueñado.

La fuerza plasmante, creadora, es la que ahnela tener siempre preparado nuevo «material» (y también mayor «fuerza»). ¡Qué obra maestra la construcción de un organismo partiendo del huevo!

«Concepción mecánica»: no equivale a decir nada fuera de la cantidad: la fuerza se encuentra en la cualidad. Así, la mecánica solo puede describir, no explicar los hechos.

En «fin»: partir de la «sagacidad» de las plantas.

Concepto del «perfeccionamiento»: no solo una mayor complejidad, sino una mayor potencia (no es necesario que sea una masa mayor).

Conclusión sobre la evolución de la humanidad: el perfeccionamiento radica en la producción de individuos más poderosos, y la gran multitud sirve de instrumento a estos (como el instrumento más inteligente y ágil).

654

¿Por qué toda actividad, aun la de un sentido, está ligada al placer? ¿Quizá porque antes hubo un obstáculo, una presión? ¿O acaso porque toda acción es una pretensión de superar, de dominar y proporcionar, en consecuencia, un aumento del sentimiento de poder? El placer en el pensar. Y, por último, no es ya solamente el sentimiento de poder, sino el gozo de crear y de lo creado: porque toda actividad entra en nuestra conciencia como conciencia de una «obra».

### 655

El crear, interpretando cómo elegir y ordenar lo elegido (cosa esencial en todo acto de voluntad).

### 656

Todo lo que sucede y toda intención se pueden reducir a la intención de aumentar el poder.

### 657

Siempre que se hace una cosa, crece en nosotros un sentimiento de fuerza, muchas veces antes de hacerla, al imaginar lo que hemos de hacer (como a la vista de un enemigo, de un obstáculo, que creemos conseguir superar); este sentimiento acompaña siempre a la acción. Nosotros creemos instintivamente que este sentimiento de fuerza es causa de la acción, es «la fuerza» misma. Nuestra creencia en la causalidad es la creencia en la fuerza y en su acción, una transferencia de nuestras vicisitudes, por la cual identificamos fuerza y sentimientos de fuerza. Pero en ninguna parte es la fuerza la que mueve las cosas; la fuerza que nosotros sentimos «no pone en movimiento nuestros músculos». «De semejante proceso no tenemos idea alguna, experiencia alguna». «Tan lejos estamos de experimentar la necesidad de movimiento como de experimentar la necesidad de un movimiento.» «La fuerza debe ser lo que constriñe.» «Lo único que entendemos nosotros es que una cosa sigue a la otra; pero la experiencia no nos brinda ni una coacción ni un arbitrio en el caso de que una cosa siga a la otra.» La causalidad se crea precisamente por el pensamiento, el cual introduce una constricción en el hecho de la sucesión. De esta manera surge una cierta «comprensión», es decir, hemos humanizado el hecho, lo hemos hecho «más conocido»; lo conocido es lo que conocemos habitualmente de la constricción efectuada por el hombre, vinculada al sentimiento de la fuerza.

658

Cuando se tiene la intención de extender un brazo, y admitiendo que se sepa tan poco de la fisiología del cuerpo humano y de las leyes mecánicas de su movimiento como un hombre popular, ¿qué es lo que hay más difuso, más incoloro, más vago que esta intención si se la compara con lo que sucede después de esta? Admitiendo que se sea el más perspicaz mecánico y se tenga un conocimiento especial de las fórmulas que en este caso se deben emplear, no por eso se extenderá mejor o peor el brazo. Nuestro «saber» y nuestro «hacer», en este caso, son entre sí indiferentes: como si se encontrasen en campos distintos. Por otro lado, Napoleón desarrolla el plan de una batalla, ¿qué significa esto? En este caso se sabe lo que forma parte de la ejecución del plan, porque todo debe ser ordenado; pero también se presuponen dependientes que interpreten el plan general, lo adapten a las necesidades del momento, a la medida de la fuerza, etc.

659

Desde tiempos remotos los hombres situamos el valor de una acción, de un carácter, de una existencia, en la intención, en el fin por amor al cual se han hecho las cosas, se ha obrado y se ha vivido: esta antigua idiosincrasia del gusto termina por tomar un giro peligroso, suponiendo que la falta de intención y de fin en lo que sucede entra cada vez más en primera línea en la conciencia. Parecería que con esto se prepase una desvalorización general: «Todo carece de sentido»; esta melancólica sentencia significa: «todo sentido se encuentra en la intención y, suponiendo que la intención falte completamente, falta también completamente el sentido». De acuerdo con esta apreciación, nos vemos forzados a transferir el valor de la vida a una «vida después de la muerte», o a la progresiva evolución de las ideas, o de la humanidad, o del pueblo, o más allá del hombre; pero de este modo se llegó a un *progressus in infinitum* del fin; se acabó por tener necesidad de hacerse un lugar en el «proceso del mundo» (con la demoníaca intención de que aquello supusiera un proceso hacia la nada).

Frente a esto, el fin creyó necesaria una crítica más severa: se debía ver que una acción no es nunca producida por un fin; que fin y medios son interpretaciones mediante las cuales ciertos puntos de un hecho son subrayados y elegidos a expensas de otros, y precisamente del mayor número; que siempre que una cosa se realiza en función de un fin, sucede algo profundamente distinto; que en relación con cualquier acto encaminado a un fin, las cosas están como están con la pretendida finalidad del calor irradiado por el sol; la masa mayor dilapidada: una parte calculable tiene «fin», tiene «sentido»; que un fin, con sus medios, es un diseño completamente indeterminado, que puede verdaderamente mandar como prescripción, como «voluntad», pero presupone un sistema de instrumentos obedientes y educados, que, en vez de lo indeterminado, crean simples dimensiones fijas (o sea, imaginamos un sistema de inteligencias más sabias, pero más limitadas, que ponen fin y medios para poder medir nuestro fin, al único objeto conocido de nosotros, la función de la «causa de una acción», cosa a que propiamente no tenemos ningún derecho; esto sería un colocar, para resolver un problema, la solución de este en un mundo inaccesible a nuestra observación).

Finalmente, como nunca un fin podría ser un fenómeno concomitante, secundario, en la serie de las fuerzas operantes de variaciones, las cuales provocan la acción conforme al fin: una pálida imagen anticipadamente proyectada en la conciencia, que nos sirve para orientarnos en lo que sucede, como un síntoma mismo del hecho, no la causa de este. Mas con esto hemos hecho la crítica de la voluntad misma: ¿no es una ilusión el tomar como causa lo que emerge en la conciencia como acto de voluntad? Y todos los fenómenos de la conciencia, ¿son acaso otra cosa que fenómenos vitales, postreros anillos de una cadena, condicionado aparentemente en su sucederse dentro de un plano de la conciencia? Esto podría constituir una ilusión.

660

La ciencia, en vez de preguntarnos qué es lo que nos obliga a querer, niega más bien que se «quiera» y cree que sucede otra cosa completamente distinta; en suma, que la creencia en la «voluntad» y en el «fin» se convierte en una ilusión. La ciencia no pregunta cuáles son los motivos de la acción, como si estos antes de la acción estuvieran ya en nuestra conciencia, sino que descompone la acción en un grupo mecánico de fenómenos y busca la prehistoria de este movimiento mecánico, pero no en el sentir, en el percibir, en el pensar. La ciencia no llega nunca a conseguir la explicación de todo este problema: la sensación es su materia, que debe ser explicada. Su problema es precisamente este: explicar el mundo sin poner mano en las sensaciones como causa, porque esto supondría: considerar las sensaciones como causa de las sensaciones. De ningún modo su misión resulta cumplida.

Por tanto, o ninguna voluntad (hipótesis de la ciencia), o libre voluntad. Esta última hipótesis responde al sentir dominante, del cual no podemos desentendernos, aunque la hipótesis fuera demostrada.

La creencia popular en la causa y el efecto está fundada en la hipótesis de que la libre voluntad es causa de toda acción: precisamente de la que nosotros traemos el sentimiento de la causalidad. Por tanto, aquí subyace también el sentimiento de que toda causa no es acción, sino simple mera causa, si la voluntad es la causa. «Nuestros actos de voluntad no son necesarios»: esto está contenido en el concepto de «voluntad». Necesario es el efecto después de la causa: así sentimos nosotros. Es una hipótesis, por tanto, que aun nuestro querer es, en cualquier caso, un deber.

### 661

«Querer» no es «aspirar», anhelar, desear; todo esto se eleva gracias a la pasión del mando.

No hay un «querer», sino solo un querer alguna cosa; no se debe escindir el fin del estado de ánimo, como suelen hacer los teóricos del conocimiento. «Querer», según estos entienden, existe casi tan poco como «pensar»: es una pura ficción.

Pertenece a la voluntad el hecho de que una cosa es mandada (naturalmente, con esto no se dice que la voluntad se «efectúe»).

Todo estado general de tensión, en virtud del cual una fuerza tiende a disolverse, no es una «voluntad».

### 662

«Desplacer» y «placer» son las palabras más estúpidas, los medios menos imaginables para expresar juicios; con esto, naturalmente, no quiero decir que los juicios que se manifiestan de tal manera deban de ser estúpidos. La supresión de todo fundamento y logicidad, una afirmación o una negación en el reducir a un deseo o a una repulsión apasionada, una abreviación imperativa cuya utilidad no se suele desconocer: esto es placer y desplacer. Su origen está en la esfera central del intelecto: su premisa es un percibir infinitamente acelerado, un resumir, un calcular, un concluir: placer y desplacer son siempre fenómenos finales, no «causas».

La decisión acerca de lo que debe suscitar placer y desplacer depende del grado de potencia; la misma cosa que, en relación con una pequeña cantidad de potencia, aparece como peligro y necesidad de defenderse lo más pronto posible, puede, cuando hay conciencia de una gran plenitud de potencia, tener la consecuencia de una excitación voluptuosa, un sentimiento de placer.

Todos los sentimientos de placer y de desplacer suponen ya una medida tomada con el criterio de la utilidad general o de la nocividad general; por consiguiente, una esfera en la que se verifica el querer, un fin (un estado) y una selección de los medios oportunos para conseguirlo. Placer y desplacer no son nunca «hechos originarios».

Los sentimientos de placer y desplacer son reacciones de la voluntad (afectos), en las que el centro intelectual marca como valor general, el de ciertas variaciones acaecidas, para introducir al mismo tiempo acciones contrarias.

663

*La creencia en las pasiones.*—Las pasiones son una construcción de la inteligencia: la invención de causas inexistentes. Todos los sentimientos comunes del cuerpo que nosotros comprendemos son interpretados intelectualmente, esto es, se busca una causa por la cual nos sentimos de este o del otro modo, en personas, hechos, etc. Por tanto, algo de nocivo, de peligroso, de extraño, se destaca como si fuese la causa de nuestro mal humor; en realidad, la cosa se busca, como incremento al mal humor, para hacer inteligible, pensable nuestro estado de ánimo. Frecuentes aflujos de sangre al cerebro, con el sentimiento de la sofocación, son interpretados como cólera; las personas y las cosas excitan en nosotros la cólera y son liberaciones de estados fisiológicos. Posteriormente, después de una larga costumbre, ciertos hechos y ciertos sentimientos comunes se ligan de tal modo, que la vista de ciertos hechos provoca aquel estado de sentimiento común y, especialmente, aporta consigo un insulto de sangre, una producción de esperma, etc.: mediante la proximidad. Entonces afirmamos: «Ha sido excitada la pasión».

En el «placer» y el «desplacer» ya hay juicios: los estímulos se distinguen según resulten favorables o no al sentimiento de poder.

La creencia en la voluntad. Es una creencia maravillosa la que pone un pensamiento como origen de un movimiento mecánico. La coherencia de la ciencia exige que, después de habernos hecho pensable el mundo por medio de las imágenes, hagamos pensables también las pasiones, las aspiraciones, la voluntad, etc., lo que significa negarlas y tratarlas como errores del intelecto.

664

¿Es libre o no es libre la voluntad? No existe en realidad voluntad: se trata de una concepción simplista del intelecto, como «materia».

Todas las acciones deben ser en lo posible organizadas mecánicamente, antes de ser deseadas. O también: el «fin» surge, por lo común, en el cerebro, cuando todo está dispuesto para ser realizado. El fin, en definitiva, es un «estímulo interno».

## 665

La prehistoria inmediata de una acción se refiere a esta; pero mucho más atrás se encuentra una prehistoria que se refiere a sucesos mucho más lejanos: la acción singular es, al mismo tiempo, un elemento de un hecho más tardío, mucho más extenso. Los procesos más breves y los más largos no están nunca separados.

## 666

Teoría del acaso. El alma se considera como un ser que elige y se nutre, extraordinariamente sabia y continuamente creadora (esta fuerza creadora se olvida, entendiéndose como meramente pasiva).

Yo reconocí la fuerza activa, creadora, junto a la accidental: el acaso es solamente el choque recíproco de los instintos creadores.

## 667

En la diversa multiplicidad de los acontecimientos que acaecen dentro de un organismo, la parte de que somos conscientes es un simple medio, y aquel fragmento de virtud, de desinterés y ficciones semejantes, está de modo radicalísimo, acusado de mentira por todo el resto de lo que sucede. No es incorrecto, por tanto, estudiar nuestro organismo en su completa inmoralidad...

Las funciones animales resultan, de manera general, mucho más importantes que todos los bellos estados de ánimo y la altura de la conciencia; estas son cosas superfluas, en cuanto no deben ser instrumentos de aquellas funciones animales. Toda la vida consciente, el espíritu juntamente con el alma, con el corazón, con la bondad, con la virtud, ¿al servi-

cio de quiénes trabajan? Trabajan en favor del mayor perfeccionamiento de los medios de nutrición y educación de
las fundamentales funciones animales: sobre todo del incremento de la vida.

Por tanto, la parte incalculablemente mayor se encuentra
en lo que se llama «cuerpo» y «carne»; el resto resulta accesorio. El deber de continuar tejiendo toda la trama de la vida
y tejerla de modo que el hilo sea cada vez más fuerte, se convierte en el verdadero deber.

Obsérvese, sin embargo, cómo el corazón, el alma, la virtud, el espíritu se conjuran para invertir este deber fundamental, ¡como si ellos mismos fueran los fines!... La degeneración, de la vida está sustancialmente determinada por la
extraordinaria capacidad de errar de la conciencia: es muy
débilmente refrenada por el instinto, y por esto mismo desbarra largamente y del modo más profundo.

Medir por el sentimiento de placer o de desplacer de esta
conciencia el valor de la existencia: ¿puede imaginarse más
loca extravagancia de la vanidad? Aquí se trata solo de un
medio; ¡y también los sentimientos placenteros o desplacenteros son solamente medios!

¿Cómo se mide objetivamente el valor? Únicamente por
la cantidad de fuerza aumentada y organizada.


668


*Valor de toda evaluación.*—Pretendo que se vuelva a admitir el agente en la acción una vez suprimido con el pensamiento, aislando de esta manera la acción; que se vuelva a
admitir en la acción el hacer alguna cosa, el «fin», la «intención», la «meta», después de haberlos quitado artificiosamente de la acción, dejando así vacía la acción.

Todos los «fines» y las «metas», los «sentidos», son solamente modos de expresión y metamorfosis de la única voluntad que es inherente a todo lo que ocurre: de la voluntad de poder. Tener fines, metas, intenciones, «querer» en líneas generales, es un tratar de devenir más fuerte, un querer crecer y querer también los medios necesarios para ello.

El instinto más general y profundo en toda acción y voluntad ha sido lo que más desconocido y oculto ha quedado precisamente por esto: porque en la práctica seguimos siempre su mandato, porque somos esencialmente ese mandato...

Todas las valoraciones son únicamente consecuencias y perspectivas más estrechas al servicio de esta voluntad única: el valorar mismo no es sino esta voluntad de poder.

Una crítica del ser que para que parta de uno cualquiera de estos valores es cosa absurda e imposible de comprender. Aun suponiendo que en aquella crítica se introduzca un proceso de destrucción, ese proceso se encuentra siempre al servicio de esta voluntad.

¡Valuar el ser mismo! ¡Pero si ya el valuar es este ser! Y aun cuando neguemos, hacemos siempre lo que somos.

Es necesario comprender, pues, el absurdo de estos gestos judicatores de la existencia, y luego tratar además de adivinar qué es lo que sucede realmente con ellos. Es cosa muy sintomática.

669

SOBRE EL ORIGEN DE NUESTRAS VALORACIONES

Si intentamos la descomposición de nuestro cuerpo en el espacio, llegamos a tener de él una imagen parecida a la de los sistemas de estrellas, encontrándonos con que la distinción entre lo orgánico y lo inorgánico no hiere nuestros ojos. Hace tiempo, se explicaban los movimientos de las estrellas como honra de un Ser consciente de sus fines; hoy, no hay ya necesidad de ello, y aun por lo referente a los movimientos del cuerpo y a las variaciones del cuerpo, hace ya algún tiempo que no los referimos a una conciencia que supone fines. La mayor parte de los movimientos no tienen nada que ver con la ciencia, y mucho menos con la sensación. Las sensaciones y los pensamientos son cosa extraordinariamente pequeña y extraña, frente a los innúmeros acontecimientos de cada momento.

Contrariamente, nosotros descubrimos que en los más pequeños acontecimientos reina una finalidad que se oculta a todo nuestro saber: una previsión, una elección, un conectar, un hacer bueno de nuevo, etc. En resumen, encontramos una actividad que se debe atribuir a un intelecto enormemente más elevado y comprensivo que el que nosotros conocemos. Comenzamos a pensar «pobremente» de todo aquello de lo que somos conscientes; no sabemos hacernos responsables de nosotros mismos, porque nosotros, como criaturas conscientes y forjadoras de fines, no somos sino una mínima parte de nosotros mismos. De las numerosas influencias que se ejercen en todo momento, por ejemplo: de las influencias del aire, de la electricidad, no nos damos cuenta de casi ninguna; pudiendo haber bastantes fuerzas que, sin llegar nunca a hacerse perceptibles por nosotros, ejercieran una continua influencia. Placer y dolor son fenómenos muy raros y escasos, frente a los innumerables estímulos que una celula, un órgano, ejerce sobre otra célula, sobre otro órgano.

Esta es la frase de la modestia de la conciencia. Terminando así por entender el mismo «yo» consciente como un instrumento único al servicio de aquel más alto entendimiento que entiende todas las cosas; pudiendo entonces preguntarnos si todo querer consciente, todos los fines conscientes, todas las valoraciones no serán acaso únicamente medios por los que se debe conseguir algo sustancialmente diverso de lo que aparece dentro de la conciencia. Nosotros creemos que se trata de nuestro placer o desplacer; mas placer y desplacer podrían ser medios en virtud de los cuales deberíamos proporcionar algo que se encuentra fuera de nuestra consciencia. Hay que demostrar que todo aquello de que somos conscientes se queda en la superficie; que las acciones y las imágenes

de las acciones son cosas diversas, y que no se sabe demasiado de cuanto precede a una acción; que nuestros sentimientos de la «libertad de la voluntad», «causa y efecto», son
fantásticos; que las imágenes y los pensamientos y las palabras son solamente signos de pensamiento: mostrar que toda
acción tiene poca profundidad; que toda alabanza o censura
son superficiales; que todo aquello que constituye nuestra
vida consciente es invención e imaginación; que nosotros, en
todas nuestras palabras, hablamos de descubrimientos (también de pasiones), y que la unificación de la humanidad se
basa en una transfiguración de estos descubrimientos, mientras que en el fondo la profunda evolución continúa por un
camino oscuro (por la generación). ¿Altera las cosas, en realidad, semejante creencia en los descubrimientos comunes de
los hombres? Todo el conjunto de las ideas y de las valoraciones, ¿no será otra cosa que la misma expresión de cambios
no conocidos? ¿Hay realmente voluntades, fines, pensamientos, valores? ¿O acaso la vida consciente, toda ella, no es más
que un espejismo? Aun cuando parece que las valoraciones
determinan a un hombre, ¡en el fondo sucede algo muy distinto! Suponiendo, en resumidas cuentas, que se llegue a explicar la finalidad en la obra de la Naturaleza sin admitir un
«yo» que ponga un fin, ¿no podría, en último término, poner
fines también nuestro pensamiento, nuestra voluntad, etcétera, ser solamente un lenguaje para indicar algo sustancialmente diverso, esto es, algo no deseado ni consciente? ¿No
podría ser sino la más fina apariencia de aquella finalidad natural de lo orgánico, pero no distinta de ella?

En pocas palabras: quizá en todo el desarrollo del espíritu
no se trate de otra cosa que del cuerpo; es la historia, que se
hace sensible, del hecho de que se forma un cuerpo más elevado. Lo orgánico se eleva a grados más altos. Nuestra avidez por conocer la Naturaleza es un medio que el cuerpo emplea para perfeccionarse. O mejor dicho: se hacen centenares
de miles de experiencias para cambiar la nutrición, el modo
de vivir, el tenor de vida del cuerpo: la conciencia y las valo-

raciones que hay en todo esto, toda clase de placeres y de desplaceres son signos de este cambio y de estos experimentos.
Por último, no se trata del hombre; este debe ser superado.


### 670

## EN QUÉ MEDIDA LAS INTERPRETACIONES DEL MUNDO SON SÍNTOMAS DE UN INSTINTO DOMINADOR

La concepción artística del mundo: problema de colocarse
frente a la vida. Pero en este caso falta el análisis de la visión
estética, su reducción a la crueldad, al sentido de la seguridad, del ser jueces y del estar fuera, etc. Se debe examinar al
artista mismo y su psicología. (Hacer la crítica del instinto
del juego, como descarga de fuerza, como gusto del cambio,
de imprimir nuestra propia alma en lo que resulta extraño a
nosotros; crítica del egoísmo absoluto del artista, etc.).
Comprender también, qué instintos sublima.

La concepción científica del mundo; crítica de la necesidad
psicología de ciencia. Intentar hacer comprensibles las cosas,
intentar hacer las prácticas útiles, utilizables; hasta qué punto
es esto antiestético. Atribuir valor solo a lo que puede ser nu-
merado y calculado. En qué medida una especie de hombres
mediocres trata de conseguir el predominio por la ciencia. Es
tremendo observar que la historia misma suele conquistarse
de semejante forma, la historia, que es el reino, en definitiva,
de lo superior, de lo judicial. Qué instintos sublima la ciencia.

La concepción religiosa del mundo; crítica del hombre religioso. Es menos necesario el hombre moral que el hombre
de las importantes elevaciones y de las tremendas depresio-
nes, que interpreta las primeras con gratitud o con sospechas
y no las deriva de sí mismo (ni tampoco las segundas). Esencialmente, el hombre religioso es el que se siente «no-libre»
y sublima sus estados de ánimo, sus instintos de sumisión.

La concepción del mundo moral. Los sentimientos de jerarquía social son transferidos al universo: la constancia, la ley, el orden y la coordinación, al ser valoradas en el más alto grado, son buscadas también en el lugar más alto, sobre el Todo, o detrás del Todo.

Lo que es común a todas estas concepciones: querer hacer de los instintos dominadores las supremas instancias de valor en general, considerarlos como fuerzas creadoras y gobernadoras. Se entiende que estos instintos, o son recíprocamente enemigos, o se someten los unos a los otros (sintéticamente también se asocian o se truecan en el dominio). Pero su profundo antagonismo es tan grande, que allí donde quieren satisfacerse todos se debe suponer un hombre de absoluta mediocridad.

671

¿No sería necesario buscar nuestro aparente «conocimiento» en viejas valoraciones, incorporadas sólidamente a nosotros, hasta el punto de que constituyen algo muy importante de nuestra esencia fundamental, hasta el punto de que realmente solo necesidades más apremiantes aparecen en lucha con el resultado de necesidades más antiguas?

Ver, percibir, interpretar el mundo de manera que la vida orgánica se conserve en esta perspectiva de interpretación. El hombre no es solamente un individuo, sino el conjunto de lo que es orgánico y pervive dentro de una determinada línea. Por el hecho de que existe, se demuestra que también ha existido una especie de interpretaciones (si bien siempre permanentemente construidas), que el sistema de la interpretación no ha cambiado. «Adaptación.»

Nuestra «insuficiencia», nuestro «ideal», etc., es acaso la consecuencia de este fragmento incorporado de interpretación, desde nuestro punto de vista o enfoque; quizá con esto la vida orgánica concluye por perecer, así como la división del trabajo de los organismos trae consigo una debilitación y destrucción de las partes, y, por último, la muerte para el organismo entero. El crepúsculo de la vida orgánica, aun en su forma más elevada, debe ser imaginado también como el ocaso del individuo.

### 672

La individualización, enfocada desde el punto de vista de la teoría de la descendencia, subraya el constante escindirse de lo uno en lo dúplice y el consiguiente morir de individuos «en provecho de pocos individuos que continúan el desarrollo»: la gran masa muere siempre («el cuerpo»).

El fenómeno fundamental: innumerables individuos sacrificados por amor de unos pocos, para hacer posibles los pocos. Es necesario no dejarse engañar: las cosas están perfectamente, así como los pueblos y las razas: estas forman el «cuerpo» para producir individuos de valor altísimo, los cuales continúan el gran proceso.

### 673

Nos situamos en oposición a la teoría según la que el individuo se propone el provecho o mejoría de la especie, de su propia posteridad, a costa de su propio sacrificio: esto es solo apariencia.

La enorme importancia que el individuo atribuye al instinto sexual no es una consecuencia de la importancia de aquel instinto para la especie; por el contrario, el engendrar es el aporte esencial del individuo y, por consiguiente, su más alto interés, su más alta expresión de poder (no partiendo, claro está, de la conciencia al juzgar, sino del centro de toda la individuación).

### 674

Errores garrafales cometidos por los biólogos: no se trata de la especie, sino de obtener individuos más fuertes. (Los muchos son solamente un medio.)

La vida no es una adaptación de condiciones internas o externas, sino voluntad de poder, que, partiendo del interior, se somete y se incorpora siempre mayor cantidad de «exterior».

Estos biólogos continúan las valoraciones morales (el «valor», más alto en sí, del altruismo; la hostilidad contra la avidez de dominio, contra la guerra, contra la inutilidad, contra la jerarquía y la clasificación de las capas sociales).

### 675

Con la degradación moral del «ego» camina de la mano en la ciencia de la Naturaleza una sobrestimación de la «especie». Pero la «especie» es algo tan ilusorio como el «ego»: se ha hecho una falsa distinción. El «ego» es cien veces «más» que una simple unidad en la cadena de los miembros de la especie: es la cadena misma, completamente; y la especie es una pura abstracción de la multiplicidad de esta cadena y de sus parciales semejanzas. No es exacto, según se afirma frecuentemente, que el individuo se sacrifique por la especie: tal aserto tiene algo de modelo de interpretación equivocada.

### 676

Fórmula de la superstición del «progreso» en un famoso fisiólogo de la actividad cerebral: «*L'animal ne fait jamais de progrés comme espéce. L'homme seul fait de progrés comme espéce*».

¡No!

677

*Anti-Darwin.*—La domesticación de los hombres, ¿qué valor puede tener en definitiva? Cualquier domesticación, ¿tiene un valor definitivo? Existen diversas razones para negar la última hipótesis.

En realidad, la escuela de Darwin hace grandes esfuerzos para persuadirnos de lo contrario: sostiene la citada escuela que la influencia de la domesticación puede llegar a ser muy profunda, y hasta fundamental. Nosotros, sin embargo, seguimos con la creencia antigua: nada hasta el momento ha puesto de manifiesto que la domesticación actúe más que superficialmente, aunque acaso produzca la degeneración. Y todo lo que se aparta de la mano y de la educación del hombre vuelve casi automáticamente a su estado natural. El tipo permanece inalterable; no es posible «*desnaturer la nature*».

Al contarse con la lucha por la existencia, con la muerte de los seres más débiles y con la supervivencia de los más robustos y mejor dotados, se admite un crecimiento constante, un perfeccionamiento permanente de las criaturas. Por el contrario, se admite como cierta que en la lucha por la existencia el azar es lo mismo para débiles que fuertes; que en la mayoría de las ocasiones la astucia suple con ventaja a la fuerza; que la fecundidad de la especie se relaciona maravillosamente con las probabilidades de destrucción...

A la selección natural se atribuyen transformaciones contemporáneamente lentas e interminables; se quiere creer que toda ventaja se transmite por herencia y se manifiesta cada vez con más fuerza en las generaciones sucesivas (mientras que la herencia no puede ser más caprichosa...); se reconocerán las felices adaptaciones de ciertos individuos a condiciones de vida muy particulares y se explica que aquellas adaptaciones se obtuvieran mediante la influencia ambiental.

Pero no hay forma de encontrar en ninguna parte ejemplos de selección inconsciente. Los individuos más dispares se unen, los extremos se mezclan en la masa. Todo confluye a conservar el tipo propio; seres que poseen signos exteriores que los protegen de ciertos peligros, no los pierden cuando llegan a encontrarse en circunstancias en las que viven sin peligro... Cuando habitan lugares en los que su ropaje deja de ampararlos, no se aproximan en ningún modo al color del ambiente.

Se ha exagerado tanto la selección de los más bellos, que se la hace superar en mucho al instinto de belleza de nuestra propia raza. En realidad, el más bello se empareja con individuos bastante desheredados, el más grande con el más pequeño. Casi siempre vemos hombres y mujeres aprovecharse de cualquier encuentro ocasional y no se muestran muy difíciles en la elección. El clima y la nutrición coadyuvan con modificaciones que, en realidad, resultan indiferentes.

No existen formas de transición.

Se afirma que la evolución de los seres va madurando continuamente. Sin embargo, semejante afirmación carece de fundamento. Cada tipo tiene unos límites; fuera de estos no hay evolución. Se consiguen tipos superiores, eso sí; pero no se conservan. El nivel de la especie jamás se eleva.

Segunda proposición: el hombre como especie no supone un progreso frente a cualquier animal. Todo el mundo animal y vegetal no se desarrolla desde lo más bajo a lo más alto... Por el contrario, todo se desarrolla contemporáneamente, una cosa sobre otra y a través de la otra y contra la otra. Las formas más ricas y más complicadas —puesto que la palabra «tipo superior» no quiere decir más que esto— perecen con facilidad, solo las más inferiores conservan una aparente inmortalidad. Nada tan difícil como conseguir los tipos superiores y mucho más mantenerlos; los más inferiores tienen la virtud de una comprometedora fecundidad. También en la humanidad perecen más fácilmente, con alternancias de fortuna y desgracia, los tipos superiores, los casos excepcionales de la evolución. Estos están expuestos a cualquier decadencia: sin extremos, y casi por esto son ya decadentes... La breve duración de la belleza, del genio, de

un César, es «sui géneris»: semejantes cualidades no se trans-
miten por herencia. Se hereda el tipo: un tipo no es cosa extrema, no es un «caso feliz...» Esto no depende de una especial
fatalidad o «mala voluntad» de la Naturaleza, sino simplemente del concepto de «tipo superior»; el tipo superior representa una complejidad incomparablemente mayor, una suma
mayor de elementos coordinados; por consiguiente, también
la disgregación es incomparablemente más probable. El
«genio» es la máquina más sublime que existe; por consiguiente, la más frágil.

Tercera proposición: la «civilización» o domesticación
del hombre no alcanza demasiada profundidad... Allí donde
penetra en profundidad se convierte súbitamente en degeneración (tipo: el cristiano). El hombre «salvaje» (o el hombre
malo. expresándonos en lenguaje moral) es una regresión a
la Naturaleza, y, en un cierto sentido, su restablecimiento, su
salvación de la «civilización»...

678

*Antidarwin.*—Nada me sorprende tanto, al lanzar una mirada sobre los grandes destinos de los hombres, como en-
contrarme delante de mí lo contrario de lo que hoy ven Darwin y su escuela, o de lo que quieren ver: la selección a favor
de los más fuertes, de los mejor logrados, el progreso de la
especie. Precisamente es lo contrario lo que se toca con la
mano: la supresión de los casos felices, la inutilización de
los tipos mejor logrados, el inevitable gravitar de los tipos
medios y hasta de los tipos inferiores a la medida. A menos
que se nos dé la razón por la que el hombre ha de constituir
una excepción entre las criaturas, yo me inclino a pensar que
la escuela de Darwin se equivoca totalmente. Aquella voluntad de poder en que yo he reconocido el último motivo y
carácter de toda variación, nos pone en la mano el medio de
explicar por qué precisamente la selección no se verifica en

provecho de las excepciones y de los casos singulares: los más fuertes y los más afortunados no son mucho cuando tienen en contra suya los instintos del rebaño, la pusilanimidad de los débiles y la preponderancia del número. Mi concepción complexiva del mundo de los valores demuestra que en los valores superiores hoy colocados sobre la humanidad no prevalecen los casos singulares, los tipos de selección, sino más bien los tipos de decadencia; probablemente, nada tan interesante como este tipo de espectáculo no deseado...

Por raro que resulte, siempre se deben poner en valor los fuertes contra los débiles, los afortunados contra los desgraciados, los sanos contra los enfermos, así como los que tienen defectos hereditarios. Si se quiere convertir la realidad en una fórmula moral, esta moral puede decir: los tipos medios tienen más valor que las excepciones; los seres de decadencia, más que los medios; la voluntad de la nada sobre la voluntad de vencer; y el objeto complexivo es, para expresarnos en términos cristianos, budísticos, schopenhauerianos: «antes "no" ser que ser».

Yo me rebelo contra la idea de dar a la realidad una fórmula moral; abomino de manera mortal al cristianismo por haber creado las palabras y los gestos sublimes para dar aire de derecho a una terrible realidad, aires de virtud y de divinidad...

Veo a todos los filósofos y a la ciencia de rodillas ante la realidad de una lucha por la vida opuesta a la enseñada por la escuela de Darwin; veo, en fin, predominar a los que comprometen la vida, el valor de la vida. El error de la escuela de Darwin ha llegado a ser para mí un problema: ¿cómo se puede estar tan ciego para ver en falso precisamente en este punto?

La afirmación más absurda del mundo es la de que las especies representen un progreso, cuando, por ahora, suponen un «nivel». Nadie ha demostrado hasta ahora que los organismos más altos hayan derivado de los más bajos. Yo veo que la cantidad hace preponderantes a los inferiores, así como la prudencia y la astucia; pero no veo cómo una variación ac-

cidental atribuya una ventaja, al menos por tiempo suficientemente largo: esto sería, por otra parte, un nuevo motivo para explicar por qué una variación accidental se ha hecho tan fuerte.

Yo sitúo la «crueldad de la Naturaleza» de que suele hablarse en otro sitio: la Naturaleza es cruel contra los favoritos de la suerte, ahorra y protege y ama a los humildes.

Resumiendo: el poder creciente de una especie se encuentra menos garantizado por los favoritos de la fortuna,
por los fuertes, que por la preponderancia de los tipos medios e ínfimos... En los últimos se encuentra la gran fecundidad, la duración; con los primeros crece el peligro, la rápida destrucción, la rápida disminución del número.

### 679

El hombre que hasta ahora ha existido es, por así decirlo,
el hombre del hombre futuro; todas las formas creadoras que
proyectan el hombre porvenir palpitan en el hombre del presente; y como estas son enormes, hay sufrimiento para el individuo del presente, sufrimiento tanto mayor cuanto más
determina el porvenir. La más profunda concepción del sufrir son las fuerzas plasmadoras entrechocándose. No debe
engañarnos nunca el aislamiento del hombre, porque alguna
cosa fluye constantemente entre los individuos. El hecho de
que él mismo se sienta aislado, es un estímulo que tiende a
metas lejanas dentro del proceso; su búsqueda de la felicidad
es el medio que mantiene unidas y modera las fuerzas plasmadoras, para que no se destruyan entre sí.

### 680

La fuerza superflua en la intelectualidad se fija a sí misma
nuevos caminos, aunque no simplemente como comandante

y dirigente del mundo inferior o para conservar el organismo llamado «individuo».

No solo somos más que el individuo, sino toda la cadena, con los deberes naturalmente de todo su porvenir.


IV

## TEORÍA DE LA VOLUNTAD DE PODER
## Y DE LOS VALORES

*Concepción unitaria de la psicología.*—Algo a lo que estamos habituados es a considerar el hecho de ser forjadas una multitud de formas como compartibles con el origen de una unidad.

En mi concepto, la voluntad de poder es la forma primitiva de pasión, y todas las otras pasiones son solamente configuraciones de aquella.

Se obtiene un importante esclarecimiento situando el poder en lugar de la felicidad individual (a la cual debe tender todo ser viviente): «aspirar al poder, a un aumento de poder» —el placer es solo un síntoma del sentimiento del poder alcanzado, la comprobación de una diferencia—; no se busca la consecución del goce, el goce sobreviene cuando se logra lo que se pretende: el goce acompaña, pero no mueve.

Toda fuerza impelente resulta voluntad de poder, y que fuera de esta no hay fuerza física, dinámica ni psíquica.

En nuestra ciencia, en la que la idea de causa y efecto está reducida a una relación de igualdad, con la ambición de demostrar que de todos lados hay la misma cantidad de fuerza, falta la fuerza impelente: consideramos solo resultados, los consideramos iguales en relación con el contenido de fuerza...

Supone algo así como un simple negocio experimental, decir que la variación no cesa: en realidad, no tenemos ningún motivo para creer que a una variación haya de seguir otra. Parecería por el contrario que un estado logrado debe-

ría conservarse, si no hubiese en él una facultad de no que-
rerse conservar... La tesis de Spinoza, de la «conservación de sí»,
debería, en realidad, cerrar el cambio; pero la tesis es falsa,
lo contrario es la verdad. Puede demostrarse clarísimamente
que cada ser vivo hace todo lo posible, no solo para conservarse, sino para llegar a ser más...

682

*«Voluntad de poder» y causalismo.*—El concepto de
«causa» en sentido psicológico es nuestro sentimiento de poder en la citada voluntad; nuestra idea de «efecto», la superstición de que este sentimiento de poder es el poder mismo
que mueve...

Un estado de ánimo que acompaña al hecho y es ya un
efecto del hecho es proyectado como «causa suficiente» del
mismo —la relación de tensión de nuestro sentimiento de
poder (el goce como sentimiento de poder) y el de la resistencia superada—, ¿son estas ilusiones?

Si trasladamos el concepto de causa a la única esfera conocida por nosotros y de la cual lo habíamos quitado, no
podemos suponer ningún cambio en que no se encuentre
representada una voluntad de poder. Nosotros no sabemos
valorar un cambio si no observamos la acción de una fuerza
sobre otra.

La mecánica nos muestra consecuencias solamente y en
imágenes (el movimiento es un lenguaje figurado). La misma
gravitación no tiene causa mecánica, porque es, precisamente, el motivo de consecuencias mecánicas.

La voluntad de acumular fuerzas es algo indispensable
para el fenómeno de la vida, para la nutrición, la generación,
la herencia, para la sociedad, el Estado, las costumbres, la
autoridad. ¿No podría admitirse que esta voluntad sea la
causa motriz igualmente en la química y en el plano de la ordenación cósmica?

No simplemente constancia de la energía, sino economía máxima en el consumo: de manera que el querer devenir más fuerte a partir de cualquier punto de fuerza, es la única realidad: no conservación de sí mismo, sino voluntad de apropiarse, de adueñarse, de ser más, de hacerse más fuerte. El hecho de que la ciencia sea posible, ¿debe evidenciarnos un principio de causalidad: «De causas iguales, efectos iguales», «una ley permanente de las cosas», «un orden invariable»? ¿Es también necesaria una cosa, por el hecho de que sea calculable...?

Si una cosa se realiza de una manera concreta, este hecho no quiere decir que haya ningún «principio», ninguna «ley», ningún «orden», sino cierta cantidad de fuerzas que actúan, cuya esencia consiste en ejercitar poderes sobre todas las cantidades de fuerza.

Nosotros admitimos una aspiración al poder sin una sensación de placer o desplacer, o sea, sin el sentimiento del aumento o de la disminución del poder. ¿Es solo un lenguaje el mecanismo para indicar el mundo interno de los hechos, un mundo que remansa cierta cantidad de voluntad, que lucha y que vence? Todas las hipótesis del mecanismo, materia, átomo, gravedad y choque no son «hechos en sí», sino interpretaciones realizadas con la ayuda de ficciones psíquicas.

La vida, como la forma del ser conocida por nosotros, es, específicamente, una voluntad de acumular fuerza; todos los procesos de la vida tienen en este caso su palanca: nada quiere conservarse, todo debe ser sumado y acumulado.

La vida, como caso particular (la hipótesis que, partiendo de una realidad determinada, se eleva al carácter general de la existencia), tiende a un sentimiento máximo de poder; el esfuerzo no es otra cosa que un esfuerzo hacia el poder; esta voluntad es la más íntima y la más inferior. (La mecánica es una simple semiótica de las consecuencias.)

### 683

Por la vía de la investigación sobre la evolución, no se puede encontrar lo que es motivo del hecho de que exista evolución en general: no se la debe considerar como «cosa que deviene» y aún menos como cosa devenida.

### 684

¿Cómo se comporta todo el proceso orgánico con el resto de la Naturaleza? En esto se evidencia su «voluntad fundamental».

### 685

La «voluntad de poder», ¿es una especie de voluntad o puede identificarse con el concepto de voluntad? ¿Significa lo mismo que aspirar o mandar? ¿Es la misma «voluntad» con que Schopenhauer define el «en sí de las cosas»?

### 686

Si la naturaleza íntima del ser es voluntad de poder; si el goce equivale a todo aumento de poder, y el desplacer a todo sentimiento de no poder resistir, de no poder hacerse el amo, ¿no deberíamos considerar entonces el placer y el desplacer como hechos cardinales? ¿Puede existir la voluntad sin estas dos oscilaciones del sí y del no? Pero ¿quién siente el goce? ¿Quién ansía el poder...? Semejantes preguntas son totalmente absurdas, porque la criatura es voluntad de poder en sí misma, y por consiguiente, sentimiento del gozo y la tristeza. Sin embargo, la criatura tiene necesidad de los contrastes, de las resistencias; por consiguiente, de las unidades relativamente que «se sobreponen en poder»...

## 687

Con arreglo a las resistencias que una fuerza busca para dominarlas, crece la medida del fracaso y de la catástrofe cuando ellas se provocan; y en cuanto cualquier fuerza solo puede descargarse contra resistencias, es necesario en toda acción un ingrediente de desplacer. No obstante, este desplacer actúa como estímulo vital, reforzando la voluntad de poder.

## 688

Si referimos el placer y el desplacer al sentimiento de poder, la vida debería presumirse como un aumento de poder, de modo que la diferencia del «más» entra en la conciencia...

Si se marca un nivel de poder, el goce solo debería medirse por un rebajamiento de aquel nivel, por estados de desplacer, no por estados de placer...; la voluntad de un «más» se encuentra en la naturaleza del goce: la voluntad de que el poder aumente, de que la diferencia entre en la conciencia.

A partir de un cierto punto, en la decadencia, entra en la conciencia la diferencia opuesta, la sustracción: el recuerdo de los momentos fuertes de otro tiempo rebaja los sentimientos presentes de goce: el parangón debilita en este caso el contento.

## 689

La causa del placer no es la satisfacción de la voluntad (me interesa combatir especialmente esta superficial teoría, la absurda moneda falsa psicológica de las cosas cercanas), sino el hecho de que la voluntad quiere avanzar y es siempre nuevamente dueña de lo que se encuentra a su paso. El sentimiento gozoso se encuentra precisamente en la insatisfacción de la voluntad, en el hecho de que la voluntad no vive satisfecha si no tiene enfrente un adversario y una resistencia. El «hombre feliz»: ideal del rebaño.

### 690

La normal insatisfacción de nuestros instintos, por ejemplo, del hambre, del instinto sexual, del instinto de movimiento, no contiene en sí nada deprimente; irrita, en realidad, el sentimiento de la vida, como todo ritmo de pequeños estímulos dolorosos refuerza aquel sentimiento, digan lo que quieran los pesimistas. Dicha insatisfacción, lejos de entristecerse con la vida, es su gran estimulante.

(En general, podría definirse el placer en general como un ritmo de pequeños estímulos de desplacer.)

### 691

Kant dice: «Esta proposición del conde Berri (*Sobre la índole del placer y del dolor*, 1781) yo la transcribo con absoluta convicción: "El único estimulo del hombre es el dolor. El dolor precede a todo placer. El placer no es un ser positivo"».

### 692

El dolor es algo distinto del goce, y no precisamente su contrario. Si la esencia del goce quedó definida como un aumento del sentimiento de poder (como un sentimiento por consiguiente de diferencia, que permite el parangón), no queda aún definida la esencia del desplacer. Los falsos contrastes preferidos por el pueblo, y, lo que es lo mismo, la lengua, resultaron siempre grilletes nocivos para la marcha de la verdad. Existen casos en que una especie de placer está condicionada por una cierta sucesión rítmica de pequeños estímulos de desplacer: con estos se logra un incremento rápido del sentimiento de poder, del sentimiento de placer. Así sucede, por ejemplo, en las cosquillas y en el cosquilleo sexual del acto del coito: vemos en estos casos actuar al desplacer como ingrediente del placer. Parece que en este caso existe un pequeño obstáculo que es superado y luego seguido por otro pequeño obstáculo, que, a su vez, es vencido; este juego de resistencia y de victoria excita aquel sentimiento complejo de poder superfluo y excesivo en el más alto tono, sentimiento que constituye lo esencial del placer.

Lo contrario, vale decir, un aumento del sentimiento de dolor mediante la introducción de pequeños estímulos de placer, falta: placer y dolor no son cosas opuestas.

El dolor es un fenómeno intelectual, en el que se manifiesta evidentemente un juicio: el juicio de «cosa nociva», en el que se resume una larga experiencia. En sí, el dolor no existe. No es la herida lo que hace sufrir: es la experiencia de las malas consecuencias que una herida puede tener para el conjunto del organismo, es aquella experiencia que habla en forma de esa agitación profunda que se llama disgusto (por las influencias nocivas que fueron conocidas por la más antigua humanidad, por ejemplo, la de los productos químicos venenosos combinados de un modo nuevo: falta también la expresión del dolor, y, sin embargo, por efecto de aquellos venenos perecemos).

Lo propio del dolor es siempre la larga sacudida, el temblor subsiguiente a un choque en el centro del sistema nervioso que excita el terror: se sufre propiamente, no por causa del dolor (por una herida, por ejemplo), sino por la larga ruptura de equilibrio que sobreviene a causa de dicho choque. El dolor es una enfermedad de los centros nerviosos del cerebro; el placer, por el contrario, no es ninguna enfermedad...

Que el dolor resulte el motivo de movimientos reflejos es cosa que tiene en favor suyo la apariencia y, a veces, la prevención de los filósofos; pero, en casos imprevistos, el movimiento reflejo, si se observa con exactitud, aparece visiblemente antes que la sensación de dolor. No lo pasaría muy bien yo si, cuando estoy dispuesto a dar un paso en falso, tuviese que esperar hasta que este hecho llamase a la campana de la conciencia y me telegrafiase una señal de lo que debo hacer. Antes bien, yo distingo lo más claramente posible que primero se realiza el movimiento reflejo del pie para evitar la caída, y luego, con un espacio de tiempo apreciable, una especie de onda dolorosa se hace bruscamente sentir en la parte anterior de la cabeza. Por tanto, no se reacciona al dolor. El dolor se proyecta posteriormente en la parte herida; pero la esencia de este dolor local no es la expresión de la especie de la herida local: es un simple signo local, cuya fuerza y cuyo grado están de acuerdo con la herida que los centros nerviosos han recibido. Si como consecuencia de aquel choque la fuerza muscular del organismo disminuye en forma ostensible, no permite todavía buscar la esencia del dolor en una disminución del sentimiento de poder.

No se reacciona, digámoslo de nuevo, al dolor; el desplacer no es «causa» de acciones. El dolor mismo es una reacción; el movimiento reflejo es otra y anterior reacción: ambas tienen su punto de partida en lugares diversos.

693

Intelectualidad del dolor: este no indica en sí lo que momentáneamente ha recibido daño, sino qué valor tiene el daño en relación con el individuo en general.

¿Hay acaso dolores en los que sufre la «especie» y no el individuo?

## 694

«La suma de desplaceres supera a la de los placeres: por lo que la no existencia del mundo sería preferible a su existencia.» «Sería más racional que el mundo no existiese por causar más dolor que placer al sujeto que siente»: ¡estas charlatanerías se llaman entre nosotros pesimismo!

Placer y desplacer son cosas secundarias, no son causas: son juicios de valor de segundo orden que se deducen de un valor dominante; son un «útil» y un «nocivo» que hablan en forma de sentimiento y, por tanto, en forma totalmente fugaz e independiente, porque en todo «útil» y «nocivo» hay siempre que preguntar aún cien cosas distintas: ¿útil para qué?, ¿nocivo para qué?

Desprecio este pesimismo de la sensibilidad: es un signo de profundo empobrecimiento vital.

## 695

El hombre no anhela el placer, ni esquiva el desplacer: espero se comprenda el inveterado prejuicio que combato con estas palabras. Placer y desplacer son simples consecuencias, simples fenómenos concomitantes; lo que el hombre quiere, lo que quiere la más pequeña parte de cualquier organismo vivo, es un aumento de poder. En el esfuerzo en pos de tal aumento se busca tanto el placer como el desplacer; el hombre, a partir de aquella voluntad, busca una resistencia, tiene necesidad de algo que se le oponga... El desplacer, como obstáculo a su voluntad de poder, es, pues, un hecho normal, el ingrediente normal de todo hecho orgánico; el hombre no lo evita: por el contrario, tiene constantemente necesidad del desplacer; toda victoria, todo sentimiento de gozo, todo acontecimiento supone una resistencia vencida.

Analicemos el caso más sencillo, el de la nutrición primitiva: el protoplasma extiende sus falsos pedúnculos para buscar algo que le resista, no por hambre, como pudiera creerse, sino por voluntad de poder. Luego hace la tentativa de vencer dicha resistencia, de apropiársela, de incorporársela; lo que se llama nutrición es simplemente un fenómeno subsiguiente, una aplicación de aquella primitiva voluntad de hacerse más fuerte. El desplacer, por consiguiente, está tan lejos de producir consecuencias como una disminución de nuestro sentimiento de poder, que, en los casos medios, obra precisamente como estímulo sobre esta voluntad de poder: el obstáculo es precisamente el estímulo de la tal voluntad.

696

Suele confundirse el desplacer, en general, con una forma particular del desplacer, la del agotamiento: este representa efectivamente una profunda disminución y un rebajamiento de la voluntad de poder, una pérdida de fuerza mensurable. Tales palabras quieren decir que existe: *a)* desplacer como medio para excitar el refuerzo del poder, y *b)* el desplacer que proviene del despilfarro del poder; en el primer caso, estamos claramente ante un estímulo; en el segundo, la consecuencia de una irritación excesiva... La incapacidad de resistencia es propia de este segundo desplacer: el reto a lo que resiste es propio del primero...; el único placer que se experimenta en el estado de agotamiento es el de adormecerse; el placer, en el otro caso, es la victoria... Los psicólogos son muy dados a confusiones por no separar estas dos formas de placer: la del adormecerse y la del vencer. Los agotados ansían reposo, bostezos, paz, silencio: esta es la felicidad de las religiones y de las filosofías nihilistas; los vivos y los ricos quieren la victoria, quieren adversarios vencidos, quieren extender su poder sobre territorios más extensos que los que ocupan en la actualidad. Todas las funciones sanas del organismo tienen esta necesidad, y todo el organismo resulta un complejo de sistemas que luchan entre sí por el aumento de los sentimientos de poder.

697

¿Por qué los artículos fundamentales de la psicología acusan la peor deformación y como acuñación de moneda falsa? «El hombre tiende a la felicidad», por ejemplo; ¿qué hay de verdad en semejante afirmación? Para comprender qué es vivir, qué especie de esfuerzo y de tensión es la vida, la fórmula debe valer para los árboles, las hierbas y los animales. Cuando nos preguntamos: «¿A qué tiende la planta?», inventamos una falsa unidad que no existe: el hecho de un múltiple crecimiento con iniciativas propias y semipropias resulta desconocido y negado cuando suponemos antes una grosera unidad, una «planta». Que los últimos pequeñísimos «individuos» no se puedan comprender como se comprende un «individuo metafísico», un átomo; que su esfera de poder se desplace constantemente, es algo explicable. Pero ¿tiende a la felicidad cada uno de estos cuando se transforma de tal manera? Todo expandirse, sin embargo, sabido es que resulta un tender a una resistencia: el movimiento es esencialmente una cosa vinculada con los estados de desplacer; lo que aquí impulsa debe, en todo caso, querer alguna cosa más, cuando quiere en tal forma el desplacer y lo busca continuamente. ¿Por qué combaten entre ellos los árboles de una selva virgen? ¿Por la «felicidad»...? ¡No; por el poder!

El hombre que se ha adueñado de las fuerzas naturales, que se ha hecho dueño de su propio salvajismo y desenfreno (las aspiraciones vienen después, han aprendido a ser útiles); el hombre frente a un prehombre, representa una enorme cantidad de poder, no un aumento de «felicidad». ¿Cómo se puede pretender que haya aspirado a la felicidad?

698

Por culpa de las últimas cuestiones veo resplandecer sobre mí, entre las estrellas, la enorme escuela de errores que hasta aquí ha sido considerada como la más alta inspiración de la humanidad: «toda felicidad dimana de la virtud: toda virtud, de la libre voluntad».

Si se invierten los valores: toda bravura es resultado de una feliz organización, toda libertad es consecuencia de la bravura. (Aquí libertad significa facilidad en dirigirse a sí mismo. Cualquier artista puede comprenderme.)

699

«El valor de la vida.» La vida es un caso particular: debe justificarse no solo la vida, sino cualquier existencia; el principio justificador es un principio por el cual se desarrolla la vida.

La vida, medio siempre para alguna cosa, es la expresión de formas de aumento del poder.

700

Como el «mundo consciente» no sirve de punto de arranque del valor se hace precisa, como es lógico, una valorización «objetiva».

En relación con el gran volumen y la multiplicidad del trabajo realizado en provecho o daño recíprocos, representada por la vida complexiva de cualquier organismo, el mundo consciente de sentimientos, intenciones, evaluaciones de aquel organismo es una pequeña fracción. Hacer de este fragmento de conciencia el fin, el porqué de cada fenómeno complexivo de la vida, es algo a que no tenemos el menor de los derechos: es un hecho que llegar a ser consciente resulta solo un medio más en el desarrollo y en el aumento del poder de la vida. Por esto es una ingenuidad poner como valores supremos el placer, o la espiritualidad, o la moralidad, o cualquiera otra singularidad de la esfera de la conciencia, y el justificar acaso en ellos el «mundo».

Estamos ante mi objección fundamental contra todas las cosmodiceas y teodiceas fisicomorales, contra todos los porqués y los valores supremos en la filosofía y en la filosofía religiosa, hasta ahora existentes. Una especie de medios fueron entendidos como fines: la vida y su aumento de fuerzas fueron, por el contrario, rebajados al nivel de medios.

Si tratásemos de alejar un fin de la vida, deberíamos intentar que no coincidiera con ninguna categoría de la vida consciente como medio para llegar a él.

¡La «negación de la vida», estimada como meta de la vida, como meta de la evolución! ¡La existencia como una gran estupidez! Tan gratuita interpretación es solamente consecuencia de una mensuración de la vida con los factores de la conciencia (placer y desplacer, bien y mal). En este caso se valorizan los medios contra el fin: los medios «insanos», absurdos, sobre todo desagradables; ¿para qué puede servir una cosa que tiene necesidad de tales medios? Pero el error está en que nosotros, en vez de buscar el fin que disculpa precisamente semejantes medios, suponemos «a priori» un fin que excluye precisamente semejantes medios, o sea, adoptamos una deseabilidad en relación con ciertos medios (con medios placenteros, racionales, virtuosos), como norma según la cual precisamente establecemos qué objetivo de conjunto es deseable.

El error fundamental consiste precisamente en que nosotros, en vez de comprender la conciencia como instrumento y particularidad en la vida contemplativa, la ponemos como criterio de la vida, como supremo estado de valor de la vida: esta es la errónea perspectiva del «a parte ad totum»; por esto instintivamente todos los filósofos llegan a concluir por imaginar una conciencia complexiva de todo lo que acontece a la vida y a la voluntad, un «espíritu», «Dios». Pero debe decírseles que, precisamente por esto, hacen de la vida una monstruosidad; que un Dios y un sensorio complexivo sería en absoluto una cosa por la cual la existencia merecería ser condenada... Precisamente el hecho de que nosotros hayamos eliminado la conciencia complexiva, que pone fines

y medios, es nuestro gran alivio; con esto debemos dejar de
ser pesimistas... Nuestro gran reproche contra la existencia
era «la existencia de Dios»...

### 701

*Del valor de devenir.—Si* el movimiento del mundo se
marcase una meta, la misma debería ser alcanzada. Pero el
hecho esencial es el siguiente: que aquel movimiento no
tiene una meta, y toda filosofía o hipótesis científica (por
ejemplo, el mecanismo), en la cual una meta se hace necesaria, es refutada por este hecho fundamental.

Yo persigo una concepción del mundo de acuerdo con este
hecho. El devenir debe explicarse sin recurrir a estas intenciones finales: el devenir debe aparecer justificado en todo
momento (o bien debe aparecer no valorable; lo que nos lleva
a la misma conclusión): no podemos de ningún modo justificar el presente por un futuro o el pasado con un presente. La
«necesidad» no presenta la forma de una fuerza complexiva
invasora, dominante, o de un primer motor; y no debe entenderse como la necesidad de condicionar algo valioso. Debe
negarse una conciencia complexiva del devenir, un «Dios»,
para no situar todo lo que ocurre en el punto de vista de un
ser que tiene con nosotros comunes sentimientos y sabiduría,
y, sin embargo, no desea nada: «Dios» es inútil cuando no
quiere algo, y, por otra parte, con Dios se pone una suma de
desplacer y de ilogismo que rebaja el valor complexivo del
«devenir»; por fortuna, falta precisamente tal poder aditivo
(un Dios que sufre y vigila, un sensorio complexivo»: y
«todo espíritu» sería la mayor objeción contra el Ser).

### 702

Apurando un poco más: no se debe aumentar ningún ser
en general, porque, si admitimos semejante cosa, el devenir

pierde su valor, y precisamente por esto aparece como privado de sentido y superfluo.

Por tanto, es necesario preguntarse: ¿cómo pudo (o debió) surgir la ilusión del ser?

Y también: ¿cómo se han desvalorizado todos los juicios de valor que se basan en la hipótesis del ser?

Pero con esto reconocemos que esta hipótesis del Ser es el origen de todas las calumnias del mundo (el «mundo mejor», el «mundo real», el «mas allá», la «cosa en sí»).

1) El devenir no tiende hacia ninguna meta, no desagua en un «ser».

2) El devenir no es un estado aparente, mientras que el mundo existente acaso es una apariencia.

3) El devenir tiene en todo momento igual valor: la suma de su valor queda siempre igual; en otros términos: el devenir no tiene ningún valor, porque falta una cosa con la cual se pudiera medir y en relación a la cual la palabra «valor» tenga sentido. El valor complexivo del mundo no es valorizable; el pesimismo filosófico, por consiguiente, resulta algo cómico.


## 703

¡Procuremos no hacer a nuestras «deseabilidades» jueces del ser!

¡Hay que colocar de nuevo como un «en sí» tras de la evolución, las formas finales de la evolución!


## 704

Nuestra consecuencia ha llegado a ser científica en la proporción que pueden emplearse el número y la medida. Debería intentarse construir un orden científico de los valores simplemente sobre una escala de número y medida de la

fuerza... Todos los demás «valores» son prejuicios, ingenuidades, errores. Son siempre reducibles a aquella escala de
número y medida de la fuerza. El ascenso en esta escala significa disminución del valor.

En este caso actúan contra nosotros la apariencia y el prejuicio. (Los valores morales son solamente valores aparentes, confrontados con los fisiológicos.)

705

Veamos dónde es inadmisible el punto de vista «valor».
En el «proceso del todo», el trabajo de la humanidad no se
toma en consideración, porque no existe de ningún modo un
proceso de conjunto (pensando como sistema):

— no existe ningún «todo»; no podemos plantear ninguna valoración de la existencia humana, de los fines humanos, en relación a lo que no existe;

— la «necesidad», la «causalidad», la «finalidad», son
apariencias útiles;

— el fin no es el «aumento de la conciencia», sino el aumento de poder; en este aumento queda incluida la utilidad
de la conciencia; igualmente están las cosas con los placeres
y con el desplacer;

— no se deben tomar los medios como suprema medida
del valor (por consiguiente, no se deben tomar los actos de
la conciencia como goce y dolor, porque el mismo devenir
consciente es solamente un medio);

— el mundo, en vez de un organismo, es un caos; la evolución de la «inteligencia» es solo un medio para la relativa
duración de la organización;

— toda «aspiración» carece de sentido con relación al
carácter complejo del ser.

## 706

A «Dios» debe entendérsele, como un momento cimero:
la existencia es un eterno divinizarse y desdivinizarse. Pero
en esto no hay ningún punto elevado del valor, sino un punto
álgido de poder.

Deben excluirse por completo el mecanismo y la materia,
desde el momento que ambos son términos exclusivos para
expresar grados inferiores; la forma menos espiritual de la
pasión (de la «voluntad del poder»). El retroceso del punto
de vista de altura en el devenir (de la más alta espiritualización del poder sobre la base del mayor número de esclavos)
se debe representar como derivación de esta fuerza más alta,
que, volviéndose contra sí misma, cuando no tiene nada que
organizar, emplea en desorganizar su fuerza propia y auténtica...

*a)* La victoria cada vez más absoluta contra la sociedad
y su sometimiento a una minoría de hombres fuertes.

*b)* La victoria cada vez más completa de los privilegiados y de los más fuertes y, por consiguiente, el advenimiento
de la democracia y, por último, de la anarquía de los elementos.

## 707

Valor es la mayor cantidad de poder que el hombre puede
asumir: ¡el hombre, aclaremos, no la humanidad! La humanidad, en vez de un fin, es un medio. Nos preocupa el tipo,
puesto que la humanidad resulta simplemente el material
con el que se intenta llegar a él, o la enorme superabundancia de los fracasados: un campo ruinoso.

## 708

Las palabras del «valor» son banderas que suelen enarbolarse donde se inventa una nueva beatitud o un nuevo sentimiento.

## 709

El punto de vista del «valor» es el punto de vista de condiciones de conservación y de crecimiento en relación con seres complejos, que tienen una vida de duración relativa dentro del devenir.

No hay unidades últimas inmutables, ni átomos, ni mónadas; también aquí el «ser» fue precisamente introducido por nosotros (por razones prácticas, útiles, de perspectiva).

## 710

«Seres de dominio»; la esfera del dominador crece continuamente, o también, según el favor o disfavor de las circunstancias (de la nutrición), disminuye o crece periódicamente.

«Valor» es esencialmente el punto de vista para el aumento o la disminución de estos centros patronales («multiplicidad» en todo caso; pero la «unidad» no se encuentra de ningún modo en la naturaleza del devenir).

## 711

Los medios expresivos del lenguaje no se utilizan para significar el devenir; propio de nuestra inevitable necesidad de conservación es suponer permanentemente un mundo grosero de elementos permanentes, de «cosas», etc. Relativamente, podríamos hablar de átomos y de mónadas; y es cierto que el mundo que tiene menor duración es el más duradero... No existe voluntad: hay puntuaciones de voluntad, las cuales constantemente aumentan o disminuyen su poder.

## V

## LA VOLUNTAD DE PODER COMO SOCIEDAD Y COMO INDIVIDUO

### 1. Sociedad y Estado

### 712

Proposición fundamental: solamente los individuos se sienten «responsables». Las multitudes en realidad han sido creadas para hacer aquello para lo cual no tienen valor los individuos. Quizá por esto todas las comunidades, sociedades, etcétera, son cien veces mas sinceras y más instructivas sobre la esencia del hombre que el individuo, que es demasiado débil para tener el valor de sus instintos...

Todo «altruismo» se nos revela como prudencia del «hombre-privado»: las sociedades no son «altruistas» entre sí... El precepto del amor al prójimo no ha sido nunca reemplazado por el precepto del amor al vecino. Mas resulta correcto decir que en este plan todavía está en vigor el precepto de Manu: «Todos los reinos limítrofes, incluso los aliados, deben ser considerados como enemigos. Por la misma razón debemos considerar a los vecinos de estos pueblos como amigos».

Por esta razón es tan precioso el estudio de la sociedad, dado que el hombre, como sociedad, es mucho más ingenuo que el hombre como «unidad». La «sociedad» tiene la virtud de no considerarse nunca más que como medio de los fuertes, del poder, del orden.

¡Qué sencillez y dignidad palpitan en las palabras de
Manu!: «Por su propia fuerza, difícilmente se sostendría la
virtud. En el fondo, solo el temor al castigo es lo que reduce
al hombre a ciertos límites y cada individuo puede gozar en
paz de lo suyo».

### 713

*El Estado o la inmoralidad organizada.*—Interiormente,
como policía, derecho penal, clases sociales, comercio, familia; exteriormente, como voluntad de dominio, de guerra,
de conquista, de venganza.

¿Cómo es posible que una gran multitud humana realice
empresas que no podrían realizar nunca los individuos por
su cuenta? Por la difusión de la responsabilidad, de las órdenes y de la ejecución. Por el carácter indirecto de las
virtudes, de la obediencia, de los deberes, del amor a la patria y al príncipe. Por el sentimiento de orgullo, de rigor, de
fortaleza, de odio, de venganza; en una palabra: por todos
los rasgos especiales que contradicen la mentalidad del
rebaño.

### 714

Ninguno de vosotros tiene el valor suficiente para matar
a un hombre, para azotarlo, para... La gran máquina del Estado, sin embargo, aventaja en esto a los individuos, porque
aleja de sí la responsabilidad de lo que realiza (obediencia,
juramentos, etc.).

Todo lo que los hombres hacen al servicio del Estado contraría su carácter; del mismo modo, todo lo que aprende en el
servicio futuro del Estado es contrario a su carácter.

Semejante fin se logra con la división del trabajo, en virtud de la cual nadie tiene ya la total responsabilidad.

El legislador y el que ejecuta la ley; el maestro de disciplina y los que se han forjado y dispuesto en la disciplina.

## 715

Una división del trabajo de las pasiones dentro de la sociedad: de modo que los individuos y las clases educan las almas incompletas, que en definitiva resultan las más útiles. De qué manera, en cada tipo incluido en una sociedad, algunos afectos han llegado a ser casi rudimentarios (por el mayor desarrollo de otras pasiones).

Para la justificación de la moral:

La económica (la intención de una posible utilización de la fuerza individual contra la dilapidación de toda excepción).

La estética (la estructuración de tipos fijos juntamente con el gozo en el propio tipo).

La política (como arte de soportar las difíciles relaciones de tensión de los diferentes grados de poder).

La fisiológica (como predominio imaginario de la valoración a favor de aquellos que han fracasado, para la conservación de los débiles).

## 716

El más importante, esencial apetito del hombre —su voluntad de dominio a este instinto recibe el nombre de «libertad»—, debe mantenerse en los más vastos límites. Por esto la ética, hasta el momento, con sus inconscientes instintos de educación y de disciplina, se ha aplicado a refrenar el instinto de dominación; tiene a prueba al tiránico individuo y subraya, con su agigantamiento de los cuidados por la comunidad y del amor a la patria, el instinto de dominación del rebaño.

### 717

Incapacidad para la dominación: su hipocresía y astucia: como obediencia (subordinación, orgullo del deber, moralidad...); como abnegación, altruismo, amor (idealización, divinización de los que mandan como sustitutivo de la agresividad y apoteosis de sí mismo); como fatalismo, resignación; como «objetividad»; como tiranización de sí mismo (estoicismo, ascetismo, «renunciación a sí mismo», «santificación»); como crítica, pesimismo, indignación, tortura del espíritu; como «belleza del alma», «virtud», «divinización de sí mismo», «más allá», «apartamiento del mundo», etc. (la comprensión de la incapacidad para la dominación disfrazada de «dédain»). Por dondequiera se manifiesta la necesidad de encarnar algún poder, o de proporcionar a sí mismo la apariencia de un poder; como embriaguez.

Los hombres que ansían el poder por el placer que el poder proporciona: los partidos políticos.

Los que desean el poder, con evidente sacrificio de su bienestar y felicidad: los ambiciosos.

Los que quieren el poder para quitarlo de esas manos de las que no desean depender.

### 718

Crítica de la «justicia» y de la «igualdad ante la ley»: ¿qué es lo que debemos rechazar de este problema? La tensión, la enemistad, el odio. Pero es equivocado creer que de este modo se aumenta la felicidad: los corsos, por ejemplo, son más felices que los continentales.

### 719

Una de las formas más engañosas del envilecimiento del hombre es su afán de reciprocidad, el deseo de querer ser pagado. Arrastra aquella «igualdad» que desprestigia el abismo de la distancia como inmoral...

### 720

Lo que puede considerarse «útil» depende por completo de la intención, del «para qué»; la intención, la meta, depende a su vez del grado de poder por otro lado. Por todo, el utilitarismo no puede considerarse como una base, sino solo una doctrina secundaria y de poca validez en suma.

### 721

La teoría del Estado fue considerada alguna vez de una utilidad calculadora. Hoy día se tiene otra perspectiva. El tiempo de los reyes pasó, porque los pueblos son indignos de ellos, no quieren ver en los monarcas el símbolo de su ideal, sino un medio para su beneficio.

Esta es la simple y total verdad.

### 722

Intento de comprender por mi parte la absoluta irracionalidad del juzgar y del valorar (libre de voluntad, naturalmente, y con intención de resultados morales):

El grado de falsedad psicológica y de turbiedad para la consagración de las pasiones esenciales al aumento de espíritu de conservación y de poder (con el fin de crearse una buena conciencia).

El grado de estupidez que es necesario para que subsista una regulación y valoración común (educación, vigilancia de los elementos formativos, domesticación).

El grado de inquisición, desconfianza e impaciencia para tratar a las excepciones como criminales y oprimidas, para darles la mala conciencia con que enfermen interiormente en función de su excepcionalidad.

723

La moral, esencialmente como defensa, como medio de defensa, en cuanto resulta un signo de hombres no desarrollados (acorazados, estoicos).

El hombre desarrollado tiene ante todo armas: es agresivo.

Convierte los instrumentos de guerra en instrumentos de paz (de escamas y planchas, plumas y pelo).

724

Es inherente al concepto de un ser vivo, su crecimiento, el ensanchamiento de su esfera de poder, para lo cual tiene que valerse de fuerzas extrañas. Se habla, bajo las nieblas debidas al efecto narcótico de la moral, del derecho a defenderse de los individuos; de la misma manera podía hablarse de un derecho a atacar, pues ambos —y el segundo aún más que el primero— le resultan necesarios al ser humano: el egoísmo agresivo y defensivo no son cosas de elección o de «libre voluntad», sino la «fatalidad» de la vida misma.

Al respecto, da lo mismo considerar un individuo, un cuerpo viviente o una sociedad progresiva. El derecho al castigo (o de defensa social) no es en esencia más que un abuso de la palabra «derecho»: un derecho se adquiere por un pacto; pero el defenderse y el guardarse no se apoya en ningún pacto.

De la misma manera y con parecido sentido, podría hablarse de la necesidad de conquistar, de un deseo de poder, bien mediante las armas, bien por la colonización o el comercio; derecho de crecimiento, por ejemplo. Una sociedad está en decadencia cuando renuncia a la conquista y a la guerra, aunque se muestre madura para la democracia y el régimen mercantilista... Las seguridades de paz en la mayoría de los casos suelen ser medios para aturdirse.

## 725

El establecimiento del Estado militar significa el más poderoso medio de asegurar y conservar la gran tradición respecto al tipo humano superior, al tipo del hombre fuerte. Y todos los conceptos que mantienen la enemistad y jerarquía social de los Estados necesitan ser sancionados (nacionalismo, proteccionismo, por ejemplo).

## 726

Para defender la subsistencia de algo superior a un individuo; para que pueda conservarse una cosa que quizá resulte una creación individual, hay que exigir toda clase de limitaciones individuales, de mutilaciones, etc. ¿De qué manera...? El amor, la veneración, la gratitud hacia la persona que creó la obra es un alivio; o bien, que nuestros antepasados hayan luchado por ella; o que mi posteridad esté garantizada cuando yo por mi parte garantizo dicha obra (por ejemplo, la πολις). La moral, en definitiva, es la creación de algo que se hace durable a costa de los individuos, o por su escolarización. Se comprende que la perspectiva de abajo arriba dará otra impresión completamente distinta que la de arriba abajo.

¿De qué manera conservaremos un complejo de poderes? Sacrificando muchas generaciones.

## 516

El «continuum»: «Matrimonio, propiedad, lengua, tradición, estirpe, familia, pueblo, Estado», son continuos de orden inferior o superior. La economía de estas entidades consiste en la superabundancia de las ventajas del trabajo ininterrumpido, así como de la multiplicación sobre los prejuicios: las máximas costas de los cambios de las partes o de la durabilidad de esta. (Multiplicación de las partes eficientes que, sin embargo, muchas veces están desocupadas; así pues, máximo coste de reacción y coste no insignificante de conservación.) La ventaja se deduce al evitar interrupciones y las pérdidas consiguientes. Nada resulta más costoso que comenzar.

«Cuanto mayor es el provecho de una existencia, tanto mayores son los gastos de conservación y de producción (alimentación y propagación); tanto más grandes son los peligros y las probabilidades de caer en la sima desde la altura alcanzada.»

### 728

El matrimonio, en el sentido burgués de la palabra, en el más precioso sentido, por tanto, de la palabra «matrimonio», no tiene que ver demasiado con el amor, ni con el dinero. En el amor, no es posible fundar una institución. Se trata de un permiso social para que dos personas satisfagan su instinto sexual en ciertas condiciones, como es natural, condiciones que, en definitiva, salvaguarden los intereses sociales. Como es natural, entre estas condiciones figuran cierto bienestar para los contrayentes y bastante buena voluntad: voluntad de paciencia, de fidelidad, de cuidados mutuos; pero no debe abusarse de la palabra amor en este asunto. Para dos enamorados, en el sentido profundo y serio de la palabra, la satisfacción del instinto sexual no es esencial, sino un mero símbolo; para una parte, según se ha dicho, símbolo de una dependencia incondicional; para otra, símbolo de adhesión, de posesión. En el matrimonio, según el sentido noble y tradicional de la palabra, se trata de la disciplina de una raza

(¿existe todavía la nobleza?). «Quareritur»; es decir, de la creación de un tipo fijo y determinado de hombre dominador, a cuyo punto de vista se sacrifican hombre y mujer. Se comprende que para esto el amor no es de primera necesidad; por el contrario; y ni siquiera aquella cantidad de buena voluntad del uno para con el otro que justifica el buen matrimonio burgués. Lo que en última instancia vale es el interés de una generación, y sobre él, de una clase. Nosotros, los modernos animales de sangre caliente, de corazón susceptible, nos sentiremos un poco helados ante este frío y severo concepto del matrimonio, tal como ha existido en toda sociedad aristocrática, desde la antigua Atenas hasta la Europa del siglo XVIII. Precisamente como consecuencia, el amor como pasión —ateniéndonos al profundo sentido de la palabra— se ha inventado en y para el mundo aristocrático: para un mundo donde la coacción y la carencia del mismo era mayor.

## 516

*Para el porvenir del matrimonio.*—Un recargo en la contribución (en las herencias), y un impuesto militar de los solteros de una determinada edad y creciendo según la edad (dentro de la comunidad).

Ventajas de muy diversa índole para los padres prolíficos bajo las circunstancias de una pluralidad de votos.

Un registro médico anterior a todo matrimonio, suscrito por una autoridad responsable, en el que figuren ciertas respuestas de los desposados y hechas por el médico *(Historia de una familia).*

Para atacar la prostitución (o para su ennoblecimiento), matrimonio provisional legalizado (por años o meses), con garantías para los hijos.

Cada matrimonio garantizado y abonado por un determinado número de hombres respetables de un municipio, como asunto municipal.

730

*Un nuevo criterio de amor al prójimo.*—En muchos casos, tener un hijo resulta un delito: en las enfermedades crónicas y en las neurastenias de tercer grado. ¿Qué hay que hacer en tales casos...? Resultaría apropiado cultivar la castidad con ayuda de la músifa de *Parsifal*, dado que este tipo idiota tenía razón que le sobraba para no propagarse. El inconveniente radica en que la consecuencia ordinaria de un estado general de agotamiento es la incapacidad de dominarse (de reacción a los estímulos sexuales por pequeños que sean). No cabe duda que nos engañaríamos si eligiéramos, por ejemplo, a un Leopardi como casto. El sacerdote, el moralista, tienen en este caso todas las de perder; preferible resulta ir a la botica. Últimamente, la sociedad en este asunto tiene algo que atender; hay pocas exigencias apremiantes y fundamentales en ella. La sociedad, como representante de la vida, debe responder de cada vida perdida ante la vida misma, y hasta debe expiarla; por tanto, debe evitar semejante pérdida. La sociedad debe evitar la procreación en gran número de ocasiones; en este punto no debe detener la estirpe, rango ni espíritu de clase, imponiendo las más duras prohibiciones y restricciones a la libertad, y hasta si es preciso, castraciones. El mandamiento bíblico «no matarás» es algo demasiado ingenuo comparado con la seriedad de la prohibición que impone la vida a los decadentes: «no engendrarás»... La vida, en realidad, no reconoce solidaridad alguna, ninguna «igualdad de derechos» entre las partes sanas y las partes enfermas de un organismo; estas últimas deben ser amputadas, o el todo sucumbe. Compasión con los decadentes, iguales derechos para los fracasados; si esta fuera la más honda inmoralidad, sería la contra-naturaleza misma como moral.

### 731

Hay naturalezas delicadas y enfermizas, como las de los llamados idealistas, que no pueden llegar sino a un delito, *cru, vert. Se* trata de la gran justificación de su pequeña y pálida existencia; un desquite de una larga cobardía y falacia, un momento al menos de fortaleza; después, perecen.

### 732

En nuestro civilizado mundo apenas conocemos más que al criminal amargado, humillado por la maldición y el desprecio de la sociedad, desconfiado de sí mismo, a menudo calumniador o reductor de su acto, un tipo fracasado de delincuente, y nos resistimos a la idea de que todos los grandes hombres han sido criminales (si bien en el grande estilo y no en el estilo despreciable), de que el crimen es cosa de grandes (así lo han declarado los examinadores de riñones y todos aquellos que han buceado en las grandes almas). La «libertad de pájaro» del tradicional, la conciencia del deber: cada gran hombre reconoce aquí su peligro. Pero lo acepta, acepta su gran meta y, por tanto, el método también de llegar a ella.

### 733

Las épocas en que se dirige a los hombres por medio de premios y castigos tiene ante sí a una clase de hombres inferior, primitiva; sucede en este caso como con los niños...

En nuestra pobre cultura, la fatalidad y la degeneración resultan algo que suprimen radicalmente el sentido de premio y castigo... Esta efectiva determinación de los actos por la perspectiva de un castigo o de una recompensa supone razas jóvenes, fuertes, poderosas. En las razas viejas, los impulsos son tan irresistibles, que una mera representación carece realmente de fuerza; no puede oponer resistencia a un estimulo, sino que tiene que seguirlo ciegamente; esta extrema irritabilidad de los decadentes hace que el sistema de castigos y recompensas carezca en absoluto de fuerza.


o

El concepto «mejoramiento» se funda en la suposición de hombres normales y fuertes, cuya acción individual debe ser compensada de algún modo para no perderlos para la comunidad, para no hacerlos sus enemigos.


## 734

*Efecto de la prohibición.*—Todo poder prohibitivo despierta la susceptibilidad en aquel a quien le prohíbe alguna cosa, engendrando la «mala conciencia» (es decir, el apetito de algo con la conciencia de los peligros de su satisfacción, con la exigencia del secreto, del camino torcido, de la prudencia). Toda prohibición estropea el carácter en aquellos que no se someten a ella voluntariamente, sino a la fuerza.


## 735

*«Premio* y *castigo».*—Ambas cosas nacen y mueren juntas. Hoy no se quiere ser recompensado, ni quiere reconocerse a nadie el poder de castigar... Se ha establecido el estado de guerra; se quiere algo, y con este motivo se tienen enemigos, se procede quizá razonablemente cuando se hacen alianzas.

Una sociedad moderna, en la que cada individuo ha realizado su alianza: el criminal es uno que rompe esta alianza...

Esto sería un concepto claro. Pero entonces no se deberían tolerar dentro de la sociedad anarquistas ni enemigos por principio de una forma social...

## 736

El delito se inscribe dentro del concepto de «atentado» contra el orden social. A un rebelde no se le «castiga», se le somete. Un rebelde puede ser un hombre despreciable y digno de compasión; en sí, ninguna rebelión tiene nada de despreciable, por lo que el ser rebelde no rebaja a nadie. Hay cosas, por el contrario, en que las rebeldías honran al individuo, descubridor de un motivo social de combate y despabilador, diríamos, de nuestro sueño.

El hecho de que el criminal cometa un atentado contra un particular no quiere decir que su instinto no esté contra todo el orden social; el hecho es meramente sintomático.

El concepto «castigo» debe limitarse a ser un concepto: abatimiento de un rebelde, medidas de seguridad contra los abatidos (prisión o media prisión). Pero los castigos no deben expresar desprecio; un criminal será siempre un hombre, un hombre precisamente de valor. Tampoco debe considerarse la pena como expiación, o como indemnización, cual si hubiera una relación de cambio entre culpa y castigo; la pena no purifica, pues el delito no mancha.

No se debe impedir al criminal la posibilidad de congraciarse algún día con la sociedad, suponiendo que no pertenezca a la raza de los criminales. En tal caso hay que hacerle la guerra, aun antes de que haya cometido algún acto de hostilidad contra la sociedad (en cuyo caso las autoridades deben realizar una primera operación: castrarlo).

No se deben utilizar contra el criminal sus malas maneras ni el bajo nivel de su inteligencia. Nada más frecuente que desconocer (especialmente su instinto de revuelta, el odio del *déclassé* no ha llegado a su conciencia, *faute de lecture*), que bajo la impresión del miedo, del fracaso, calumnie su acto y lo deshonre. Aun prescindiendo de aquellos casos en que, desde el punto de vista fisiológico, el criminal se haya entregado a un inaceptable impulso y desfigure su acto por una acción episódica, haciendo que aparezca determinado por un falso motivo (por ejemplo, un delito sangriento atribuido al robo).

Hay que procurar no juzgar el valor de un hombre por un solo hecho. Ya lo advirtió Napoleón. Los hechos —altos relieves— son especialmente insignificantes en este caso. Si uno de nosotros no tiene en su conciencia un delito, por ejemplo, ¿a qué se debe un homicidio? Quizá a que nos han faltado unas circunstancias favorables. Y si estas circunstancias hubiesen concurrido, ¿qué hubieran indicado en nuestro favor? En el fondo es posible que se nos despreciara si no tuviéramos valor para matar a cualquiera en determinadas circunstancias. En casi todos los delincuentes se revelan cualidades que no deben faltar en un hombre. Por eso Dostoyevski dijo, de los huéspedes de una cárcel de Siberia, que formaban la parte más fuerte y valiosa del pueblo ruso. Si entre nosotros el delincuente es una planta poco alimentada y desmedrada, es por defecto de nuestra organización social; en la época renacentista el criminal prosperaba y conseguía valores propios, virtud al estilo del Renacimiento, es cierto, *virtú,* virtud exenta claro es de moralidad.

Solo se pueden elevar los hombres a quienes no se trata con menosprecio: el desprecio moral es un deshonor y un perjuicio mayor que cualquier crimen.

Lo infamante se ha admitido en la pena, por culpa de que ciertas expiaciones solo se aplicaban a ciertos individuos despreciados (esclavos, por ejemplo). Los que con más frecuencia resultaban castigados eran hombres despreciables, y finalmente se consideró el castigo como algo infamante.

### 737

En el antiguo derecho penal dominaba un concepto religioso: el de la fuerza expiatoria de la pena. La pena purificaba a quien la sufría; mientras que en el mundo moderno mancha. La pena tiene algo de indemnización: por ella se encuentra alguien absuelto de aquello por lo que ha *querido* sufrir tanto. Admitiendo el concepto de pena, advertimos tras la misma un alivio y un respiro, que realmente está muy cerca de una nueva salud, de un restablecimiento. No solo se han hecho las paces con la sociedad, sino que se ha recobrado la propia estimación convirtiéndose en un «puro»... Actualmente, la pena aísla mucho más que el delito; lo fatal que tiene tras sí cualquier delito es de tal índole que ha llegado a ser incurable. De la pena salimos como enemigos de la sociedad... Desde que somos sus víctimas, esta cuenta con un enemigo más.

### 738

Mi pregunta, quizá demasiado radical ante todo nuevo código penal, es esta: que las penas deben ser proporcionadas en su rigor a la magnitud del delito —¡cosa que quiere todo el mundo en el fondo!—, y proporcionales a la sensibilidad de cada criminal. Es decir: ¿debe haber una determinación previa de los castigos para un delito, debe hacer un código penal? Pero teniendo en cuenta que no sería fácil fijar el grado de la pena para un criminal, ¿deberíamos en la práctica renunciar al castigo? ¡Qué grave daño! ¿Verdad? Por consiguiente...

### 739

¡Oh la Filosofía del Derecho! Se trata de una ciencia que, como cualquier ciencia moral, apenas si está en pañales.

Se desconoce, por ejemplo, aun por los juristas que se consideran libres de prejuicios, la significación más antigua y más preciosa de la pena, o mejor dicho, no se la conoce; y mientras la ciencia del derecho no se coloque en un nuevo terreno, a saber, en la historia comparada de los pueblos, seguirá produciéndose en el campo estéril de las abstracciones esencialmente falsas que hoy suelen considerarse «Filosofía del Derecho», en completo divorcio con el hombre actual. Aunque este hombre actual sea un tejido tan complicado, aun en el plano de sus valoraciones jurídicas, que permite las más distintas interpretaciones.

### 740

Un viejo chino decía haber oído que cuando los imperios están hundiéndose, cuentan con muchas leyes.

### 741

Schopenhauer aconsejaba que se castrase a los pillos y se encerrase conventualmente a los gansos. ¿Desde qué punto de vista resultaba su consejo aceptable? El pillo tiene sobre tantos hombres la ventaja de que no es una medianía; y el estúpido tiene sobre sus semejantes la ventaja de que no sufre al contacto con la mediocridad.

Sería deseable que el abismo fuera más hondo, es decir, que la pillería y la estupidez creciesen. De esta manera se engrandecería la naturaleza humana... Pero últimamente semejante crecimiento resulta necesario; ello sucede sin consideración previa, sin que lo deseemos o no. La estupidez, la pillería crecen, como consecuencia fatal del «progreso».

## 742

Actualmente existe en la sociedad una gran cantidad de consideración, de tacto y de espíritu conciliador, de benevolencia para con los hechos ajenos, y aun para las aspiraciones humanas; y aunque se descubre un cierto sentido benevolente de estimación del valor humano que se manifiesta en toda clase de confianza y de crédito —la estimación al hombre; y por cierto, no solo del hombre virtuoso, es quizá el elemento que más nos distancia de una valoración cristiana—. Cuando oímos hablar de moral no podemos librarnos de la ironía, porque el que predica moral se disminuye a nuestra vista, obligándonos a bromear.

El liberalismo moral supone uno de los signos más positivos de nuestro tiempo. En los casos donde en definitiva falta, admitimos que se trata de algo morboso (el caso de Carlyle en Inglaterra; el caso de Ibsen en Noruega, el caso del pesimismo de Schopenhauer en toda Europa). Si hay algo que nos reconcilia con la época, es la cantidad de inmoralidad de que hace gala, sin pensar ni por un momento mal de sí misma. Por el contrario. ¿Qué es lo que constituye la superioridad de la cultura sobre la incultura, del Renacimiento contra la Edad Media? Una cosa: la gran cantidad de inmoralidad concedida. De aquí se deduce cómo debe representarse el fanático moralista los más altos grados de la evolución humana: como el *non plus ultra* de la corrupción (recordemos el juicio de Savonarola sobre Florencia, el juicio de Platón sobre la Atenas de Pericles, el juicio de Lutero sobre Roma, el juicio de Rousseau sobre la sociedad del tiempo de Voltaire, el juicio alemán contra Goethe).

## 743

¡Respiremos aire puro! Este absurdo estado de Europa no puede prolongarse por mas tiempo. ¿Existe alguna idea tras de esta bestia astada del nacionalismo? ¿Qué valor puede tener, en un momento que todo nos hace pensar en intereses más altos y comunes, exaltar esos ruines sentimientos de amor propio? Y esto ocurre en una época en la que la interdependencia intelectual y la desnacionalización espiritual salta a la vista y el verdadero valor y sentido de una cultura suele consistir en una adaptación y fecundación recíprocas... Y el «nuevo imperio» está fundado sobre la idea mas usada y desvalorizada: la igualdad de derechos y de votos.

La lucha por la influencia dentro de un Estado que nada vale; esa cultura de las grandes ciudades, de los periódicos, de la fiebre y de la «falta de fines».

La unificación económica de Europa va lográndose inevitablemente, y, al mismo tiempo, como reacción, el partido de la paz...

Un partido de la paz, sin sentimentalidad, que se impone la prohibición de la guerra a sí mismo y para sus hijos; que renuncia a servirse de la justicia; que conjura contra sí la contradicción, la lucha, la persecución; un partido de los oprimidos, al menos para un cierto tiempo; pronto el gran partido victorioso del sentimiento de venganza y rivalidad.

Un partido de la guerra que aparece con los mismos principios y rigores contra sí, en dirección inversa.


744


Los príncipes europeos necesitan considerar si pueden prescindir de nuestro apoyo. Nosotros los inmoralistas somos hoy la única fuerza que no necesita aliados para conseguir la victoria: somos, con mucho, para este fin, los más fuertes entre los fuertes. No necesitamos ni siquiera la mentira: ¿qué poder sería capaz de pasarse sin ella? Una gran seducción lucha a favor nuestro, la mas poderosa de cuantas existen: la seducción de la verdad... ¿De la verdad? ¿Quién sitúa esta palabra en mis labios? Pues bien, yo la rechazo; yo me avergüenzo de esa orgullosa palabra; no, nosotros no la necesitamos; alcanzaremos la victoria y aun el poder sin el auxilio de la verdad. El hechizo que nos favorece, la mirada de Venus que hechiza y deja ciego a nuestro adversario, es la magia de «lo extremo», el encanto que ejerce todo lo extremado: los inmoralistas, nosotros naturalmente, somos los mas extremistas.

## 745

La corrupción de nuestras clases dominantes ha estropeado el tipo del dominador. El «Estado» como administrador de la justicia es una cobardía, porque falta el gran hombre que pueda servir de referencia. Últimamente, la inseguridad es tan grande, que los hombres, ante cualquier fuerza de voluntad que manda, caen en el polvo.

## 746

«La voluntad de dominio» resulta tan odiada en las épocas democráticas, de toda la psicología de estos tiempos se encamina a su disminución y calumnia. El tipo de gran ambicioso tiene como modelo a Napoleón. ¡Y a César! ¡Y a Alejandro! ¡Como si los citados no fueran los mas despreciadores del honor!...

Y Helvecio os enseña que se aspira al poder para gozar los placeres destinados al poderoso: él interpreta esta aspiración al poder como voluntad de gozar, como simple hedonismo.

## 747

Según sienta un pueblo: «en los pocos está el derecho, el juicio, las dotes de gobierno, etc.», o «en los muchos», habrá un gobierno oligárquico o un gobierno democrático.

La realeza significa la creencia en la superioridad de un guía, de un mesías, de un semidiós.

La aristocracia representa la creencia de una raza elegida, en una casta superior.

La democracia significa la no creencia en hombres superiores, en clases elegidas: «todos somos iguales». «En el fondo todos somos un rebaño egoísta y plebeyo.»


### 748

Me considero contrario: 1) Al socialismo, porque sueña ingenuamente con el «Bien, la Verdad y la Belleza» y con «derechos iguales. (También el anarquismo lucha por un ideal semejante, si bien de un modo brutal.) 2) Al parlamentarismo y al periodismo, porque son los medios por los cuales se eleva la bestia de rebaño.

El armamento del pueblo es, en última instancia, el armamento de la plebe.


### 749

Qué ridículos me parecen los socialistas con su pueril optimismo del «hombre bueno», emboscado y dispuesto a la abolición de todo el orden actual y el licenciamiento de todos los «instintos naturales».

Y el partido contrario es igualmente ridículo, porque no admite la violencia en la ley, la crueldad y el egoísmo en toda clase de autoridad. «Yo y mi especie queremos dominar y conservarnos: el que degenera es rechazado o aniquilado», es el sentimiento básico de todas las legislaciones antiguas.

La idea de una raza de hombre superiores es más odiada que los mismos reyes. Lo antiaristocrático manifiesta su odio a los reyes como máscara.

## 750

¡*Todos los partidos son unos traidores!* Sacan a la luz algo de sus jefes que estos desearían esconder con gran arte en el fondo del cofre.

## 751

El socialismo moderno intenta crear la forma laica del jesuitismo: cada individuo se convierte en un instrumento incondicional. Pero el fin, el para qué, todavía no se ha descubierto.

## 752

La esclavitud en la actualidad: ¡nueva barbarie! ¿Dónde residen aquellos por los cuales se lucha...? No es posible que coexistan las dos castas complementarias.

La utilidad y el placer son teorías de la vida de esclavos: la «santidad del trabajo» se convierte en la magnificación de estos. Incapacidad para el «otium».

## 753

No hay derecho ninguno ni a la existencia, ni al trabajo, ni a la felicidad: el destino del hombre no se distingue del destino del más vil gusano.

## 754

De las masas debemos pensar tan desdeñosamente como la Naturaleza: conservar la especie.

### 755

Miramos siempre con irónica tristeza la miseria de las masas: quieren algo que nosotros conocemos. ¡Ah!

### 756

La democracia europea, aun en sus partes mínimas, resulta un desencadenamiento de fuerzas. Por lo pronto, es un desencadenamiento de cobardía, de fatiga, de debilidad.

### 757

*Sobre el porvenir de los trabajadores.*—Los trabajadores deben llegar a sentir como los soldados. Un horario, un sueldo, ¡pero no una paga!

Ninguna relación existe entre prestación y pago. ¡El individuo, según su capacidad, debe colocársele de manera que pueda rendir lo más posible dentro de su campo!

### 758

Los obreros vivirán un día como viven los burgueses; aunque sobre ellos, destacando por su falta de necesidades, se encuentren las castas superiores. Vivirán, por consiguiente, más pobres y más sencillamente, pero en la posesión del Poder.

Como entre los hombres inferiores, se necesita propagar las «virtudes», son válidas las valoraciones invertidas. El mando absoluto; terrible tiranía; arrebatarlos a la vida fácil. Los demás deben obedecer, obligándoles su vanidad a que no resulten dependientes de los grandes hombres, sino de «principios».

759

## LA REDENCIÓN DE TODA CULPA

Se habla de la «profunda injusticia» en el plano social, como si el hecho de que un hombre haya nacido bajo condiciones favorables y otros en situación desfavorable fuese una injusticia; o también que hasta haya nacido con tales cualidades y aquel con otras. A fuer de sinceros, estos impugnadores de la organización social decretan: «incluso nosotros, con nuestras cualidades negativas, enfermizas, criminales, que forzosamente reconocemos, no somos sino la inevitable consecuencia de una secular opresión de los débiles por los fuertes». Culpan de las características de su carácter a las clases dominadoras. Amenazan, gruñen, maldicen; se hacen virtuosos por indignación; quieren no en vano haber llegado a ser hombres malos, canalla.

Esta actitud, debida un poco a nuestro último siglo, tiene un nombre: pesimismo, y pesimismo por indignación. Se intenta juzgar la historia, despojándola de su fatalidad y haciéndola responsable, culpable. Pues a los que se trata de buscar es a los que tienen la culpa. Los desheredados, los decadentes de toda clase, sublevados, reclaman víctimas para su sed de destrucción, para no saciarla en ellos mismos, gesto que podría elogiarse. Para esto tienen necesidad de una apariencia de derechos, es decir, de una teoría mediante la cual puedan descargar sobre la correspondiente cabeza de turco el hecho de su existencia, de su modo de ser. Esta cabeza de turco puede ser Dios (en Rusia existen tales ateos por rencor), o el orden social, o la educación, o la instrucción, o los judíos, o los aristócratas, o, en general, los bien nacidos de toda clase. «Es un crimen haber nacido en buenas condiciones: pues de ese modo se deshereda a los demás, se les arrincona, se les condena al trabajo... ¿Qué culpa tengo yo de ser un miserable? Alguien, sin embargo, debe tener la culpa; porque, si no, resultaría insoportable serlo.» En

En una palabra: el pesimismo indignado crea responsabilidades para crear un sentimiento agradable: la venganza..., a la
que Homero consideraba «más dulce que la miel».


o


Que la comentada teoría no sea comprendida, o, mejor dicho, no sea despreciada, es obra de ese cristianismo que todos llevamos disuelto en la masa de la sangre. La cosa resulta cierta hasta tal punto, que siempre somos tolerantes en
todo aquello que aun de lejos sabe a cristianismo... Los socialistas recurren siempre al instinto cristiano: este es su más
fino ardid... Desde la aparición del cristianismo estamos habituados al concepto supersticioso de «alma», del «alma inmortal», de las almas nómadas, habitantes de otros mundos
por su naturaleza, que casualmente caen, por así decirlo, en
la tierra y encarnan; pero sin que su esencia sea mancillada
ni mucho menos condicionada. Las relaciones sociales, lo
mismo las de parentesco que las de historia, son solo ocasiones para las almas, quizá trances apurados; en todo caso,
el alma no es nunca «obra» suya. Con semejante idea, el individuo adquiere un valor trascendental; puede atribuirse
una importancia absurda.

El cristianismo, sin duda alguna, ha enaltecido al individuo haciéndolo juez de todas y cada una de las cosas, convirtiendo casi en un deber este gran desvarío: ha hecho valer
derechos «eternos» contra todo lo temporal y condicionado.
¿Qué es el Estado? ¿Qué es la sociedad? ¿Qué son las leyes
históricas? ¿Qué es la psicología? En este momento toma la
palabra un más allá del devenir, un inmutable en toda la historia; aquí habla algo inmortal, algo divino: ¡un alma!

Otra idea que también tenemos incrustada por la herencia,
en las carnes de la modernidad, tremendamente absurda: el
concepto de la «igualdad de las almas ante Dios». En ella
encontramos el prototipo de todas las teorías de la «igualdad

derechos»: primero se enseñó a la humanidad el principio de la igualdad de una manera religiosa, después vino la construcción de una moral sobre semejante idea: qué milagro, ¡qué milagro que el hombre termine por tomarla en serio, intentando practicarla!; intentando llevarla a la práctica política, democrática, socialista, pesimista por indignación.

La busca de responsabilidades, en la mayoría de las ocasiones, corre a cargo del instinto de venganza. Este instinto de venganza ha dominado de tal forma sobre la humanidad, que toda la metafísica, la psicología, la historia, y sobre todo la moral, acusan la huella de su sello. Todo lo que ha pensado el hombre lleva en sí el bacilo de la venganza. El hombre, al pensar, ha contaminado al mismo Dios, restándole inocencia a la vida, sobre todo, en cuanto ha referido toda modalidad del ser a voluntades, a intenciones, a actos de responsabilidad. Toda la doctrina de la voluntad, triste falsificación de la psicología moderna, ha sido inventada con propósitos fatales de castigo. La utilidad social de la pena es lo que garantizaba la dignidad, el poder y la verdad de este concepto. Los autores de aquella psicología, de la psicogía de la voluntad, se buscaron en las clases que tenían a su alcance el derecho de castigar, y a cuyo frente se encontraba el sacerdote, puesto que los sacerdotes desearon la creación de un derecho, del derecho de tomar venganza, concediendo a Dios el derecho de vengarse. Con este propósito se inventó la teoría del hombre «libre»; con este fin también, había que suponer que toda acción es deseada, que el origen de cualquier acción está en la conciencia. Pero con estos principios se refuta la antigua psicología.

Cuando parece iniciarse el movimiento contrario en toda Europa; cuando nosotros, aleccionados, queremos arrojar del mundo el concepto de culpa y el concepto de castigo, nuestra mayor seriedad debe consistir en purificar la psicología de lodo semejante, de la misma manera que la moral, la historia, las instituciones y sanciones sociales y hasta Dios mismo, en quien debemos reconocer nuestro más natural antagonista. Probablemente en aquellos apóstoles de la venganza y el rencor, en aquellos pesimistas que se consagran a santificar su lodo con el hombre de «indignación». Nosotros que, por el contrario, queremos devolver su inocencia al devenir, queremos ser los misioneros de una idea más pura: la de que nadie ha dado sus cualidades al hombre, ni Dios ni la sociedad, ni sus padres, ni sus antepasados, ni él mismo; que nadie tiene la culpa de ello... No puede encontrarse un ser al que hacer responsable de que otro ser exista, de que un individuo sea de una forma determinada, de que haya nacido en tal o cual situación o ambiente. Y nos resulta consolador que no se encuentre semejante ser... Nosotros no somos resultado de una intención eterna, de una voluntad, de un deseo; con nosotros no se ha hecho ninguna tentativa de realizar un «ideal» de perfección o un «ideal» de felicidad o un «ideal de virtud»; nosotros no somos un error de Dios del que este tenga la obligación de arrepentirse. (Sabido es que el Antiguo Testamento arranca de esta idea.) No se encuentra lugar, fin, sentido, sobre el cual pueda descargarse el hecho de que existimos, de que estemos hechos de un cierto modo. Sobre todo, nadie podría hacer esto: no se puede juzgar, medir, parangonar, ni siquiera negar el Todo. ¿Y por qué no se puede? Por cinco razones absolutamente accesibles a cualquier inteligencia: porque no existe nada fuera del Todo, por ejemplo... Y porque, repitámoslo, en el hecho de que esto ocurra así, aparte un gran consuelo, encontramos la inocencia de toda la existencia.

## 2. EL INDIVIDUO

### 760

Uno de los errores fundamentales es poner las ilusiones en el rebaño en vez de en los individuos. El rebaño no es más que un medio. Pero hoy se interpreta al rebaño como individuo y asignarle aún un rango más alto... ¡Profundísimo error! Igualmente que es otro error considerar como la parte más preciosa de nuestra naturaleza lo que nos hace animales de rebaño.

### 761

El individuo no solo es completamente nuevo, sino creador de cosas nuevas, algo absoluto la totalidad de sus acciones le pertenecen.

En última instancia, extrae de sí mismo los valores con que aprecia las acciones propias porque se siente obligado a dar una interpretación absolutamente individual a las palabras tradicionales. La interpretación de la fórmula, al menos, es personal; puesto que, como es sabido, aunque el individuo no crea fórmulas como intérprete es siempre creador.

### 762

El «yo» subyuga y mata: trabaja como las células orgánicas, roba y usa de violencia. Quiere regenerarse: gestación. Quiere alumbrar su Dios y ver a los pies de este toda la humanidad.

### 763

A base de su propia fuerza, todo ser vivo se propaga, sujetándose al más débil: encuentra así goce en sí mismo: la «creciente» «humanización» de esta tendencia consiste en que siempre se siente más sutilmente cuando difícil resulta incorporar realmente a otro: cómo nuestro grosero daño revela nuestro poder sobre este otro, pero nos enajena siempre su voluntad y, por tanto, lo hace menos dominable.

### 764

Es tremendo el grado de resistencia que hay que vencer para mantenerse en la superficie; se trata de la medida de la libertad lo mismo en lo que se refiere a la sociedad que a los individuos; poniendo la libertad como un poder positivo, como voluntad de poder. La más alta forma de la libertad individual, de la soberanía, probablemente no aumentaría lo más mínimo en favor del contrario allí donde el peligro de la esclavitud pendiese de la existencia como cien espadas de Damocles. Repásese al respecto la historia o los tiempos en que el «individuo» se hace maduro, esto es, libre, hasta llegar a la perfección en que se cuaja el tipo clásico del hombre soberano; no, no fueron nunca tiempos humanos.

Es preciso no tener facultad de elección; o en alto o en bajo; como gusano, avergonzado, aniquilado, destrozado. Hay que tener contra sí a los tiranos para ser tirano; esto es, libre. No es pequeña ventaja tener sobre la propia cabeza cien espadas de Damocles: así se «aprende a bailar» y se llega a la «libertad de movimientos».

### 765

Por naturaleza, el hombre es más altruista que cualquier otro animal. Por ello, su lento desarrollo «de niño» y su mas alto perfeccionamiento; de aquí también la gigantesca dimensión de su egoísmo. Los animales de presa son mucho más personales.

### 766

*Para la crítica del «egoísmo».*—La involuntaria ingenuidad de La Rochefoucauld, cuando cree afirmar algo atrevido, libre, paradójico —entonces la verdad en psicología provocaba sorpresa—, se revela en su máxima: «Les grandes âmes ne sont pas celles qui ont moins de passions et plus de vertu que les ames communes, mais seulement celles qui ont de plus grands desseins». Es John Stuart Mill (para quien Chamfort fue el La Rochefoucauld más noble y más filosófico del siglo XVIII, quien ve en él solamente al más agudo observador de todo lo que en el corazón humano significa «egoísmo habitual». Y añade: «Un espíritu noble no logrará nunca obligarse a contemplar duramente lo vulgar y lo bajo, a menos que ello sea necesario para demostrar contra cuáles influencias corruptoras sabe conservarse victorioso el espíritu elevado y el carácter noble».

767

## MORFOLOGÍA DE LOS SENTIMIENTOS DEL PROPIO VALER

*Primer punto de vista.*—En qué forma los sentimientos de simpatía y de solidaridad son el grado más bajo y el preparatorio en una época en que el sentimiento de valor personal, la iniciativa de fijar los valores en el individuo no es aún posible.

*Segundo punto de vista.*—En qué sentido la alteza del sentimiento colectivo del valor personal, el orgullo de clase, el sentirse desigual, la aversión a comunicarse con los semejantes a la igualdad de derechos, a la conciliación, en suma, son una escuela del sentimiento individual del valor; especialmente en cuanto constriñen al individuo a representar el orgullo del conjunto: debe hablar y obrar con una alta estimación personal por cuanto significa la comunidad en su persona. Igual resulta cuando el individuo presume de ser instrumento y portavoz de la divinidad.

*Tercer punto de vista.*—En qué sentido estos aspectos de la despersonalización confieren a la persona una importancia considerable; en qué sentido las fuerzas superiores se sirven de esta; temor religioso ante sí mismo, estado de ánimo del profeta, del poeta.

*Cuarto punto de vista.*—En qué sentido la responsabilidad por el conjunto atribuye y permite a la persona una mirada amplia, una mano severa y fecunda, un juicio y una imaginación, una grandiosidad en la actitud y en los gestos, cosa que no podría ocurrir si obrase solo por cuenta propia.

En suma: los sentimientos colectivos egoístas son la gran escuela primaria de la soberanía personal. La clase noble hereda siempre esta disciplina.

## 768

Las formas disimuladas de la voluntad de poder:

1) Deseo de libertad, de independencia, al mismo tiempo que de equilibrio, de paz, de coordinación. En la forma más baja: voluntad general de existir, «instinto de conservación».

2) Ponerse en cola para satisfacer la voluntad de poder del conjunto: la sumisión, el hacerse indispensable, el plegarse al que detenta el poder, el «amor» como un camino oblicuo para llegar al corazón del poderoso, a los fines de dominar al poderoso.

3) El sentimiento del deber, la conciencia, el consuelo imaginario de pertenecer a un rango más elevado que el de los legítimos detentadores del poder; el reconocimiento de una jerarquía que permite juzgar, hasta a los más poderosos; la condenación de sí mismo; la invención de nuevas tablas de valores (los hebreos son el ejemplo clásico de esto último).

## 769

*El elogio, la gratitud, como voluntad de poder.*—Elogio y reconocimiento por una buena cosecha, por el buen tiempo, por una victoria, por la boda, por la paz: todas las fiestas tienen necesidad de un sujeto sobre el cual se descargue el sentimiento. Se quiere que todo el bien que le ocurre a un hombre sea hecho a este hombre: se busca a un autor. Lo mismo sucede ante una obra de arte, que alabamos a su autor, en vez de contentarnos con ella.

¿Qué es alabar, por consiguiente? Una especie de compensación en relación con los beneficios recibidos, una restitución, una prueba de nuestro poder, porque el que alaba aprueba, valora, juzga, atribuyéndose el derecho de aprobación. El sentimiento intensificado de felicidad y de vida es también un sentimiento intensificado de poder: partiendo de este, el hombre alaba (inventa y busca un autor, un «sujeto»). El reconocimiento es la buena venganza: más seriamente reclamada a ser ejercida allí donde se deben conservar a un tiempo la igualdad y el orgullo, allí donde mejor se ejerce la venganza.

770

### PARA EL «MAQUIAVELISMO» DEL DOMINIO

La voluntad de dominio es algo manifiesto:

*a)* En los oprimidos, en los esclavos de toda especie, como voluntad de «libertad»: simplemente la liberación aparece como fin (en sentido moral-religioso: «responsabilidad solo ante la propia conciencia», «libertad evangélica», etc.).

*b)* En una especie de hombres más fuertes, madurada para el poder como deseo de preponderancia; cuando no alcanza éxito se restringe a la voluntad de «justicia» (por ejemplo, a la voluntad de derechos iguales a los de la clase dominante).

*c)* En los más fuertes, más ricos, más independientes, más valerosos, como «amor a la humanidad», al «pueblo», al Evangelio, a la verdad, a Dios; como compasión: como «sacrificio de sí mismo», etc.; como un dominar, como un to-

mar a su servicio; como un cálculo instintivo de una sola
cosa; como una gran cantidad de poder al que se puede dar
una dirección; el héroe, el profeta, el César, el Salvador,
el pastor (de esto forma parte también el amor sexual, que
quiere sojuzgar, poseer, y aparece como una entrega de sí
mismo. En el fondo, es solamente el amor al propio instrumento, al propio caballo, la convicción de que una cosa nos
pertenece y que nos podemos servir de ella).

¡«Libertad», «justicia» y «amor»!

### 771

*Amor.*—Contempla tu interior. ¿Existe algo más egoísta
que este amor, esta compasión de la mujer? Y cuando se sacrifican a sí mismas, cuando sacrifican su honor, su reputación, ¿a quien lo sacrifican? ¿A un hombre? ¿No será a una
necesidad desenfrenada? Se trata, sin duda alguna, de deseos muy egoístas, aunque ayuden a otro y le inspiren gratitud...

¡Hasta dónde semejante superfetación de una sola valoración puede santificar a todo el resto!

### 772

*«Sentidos», «pasiones».*—El temor de los sentidos, de los
deseos, de las pasiones, cuando va tan lejos que los extravía,
es ya un síntoma de debilidad: los medios extremos caracterizan siempre estados de ánimo anormales. Lo que falta, o es
destrozado, es la fuerza para paralizar un impulso; cuando se
debe ceder instintivamente, esto es, reaccionar, entonces ha-
remos bien en rehuir las ocasiones («las seducciones»).

«Un estímulo de los sentidos» es una seducción solamente
cuando se trata de seres cuyo sistema nervioso es demasiado
movible y determinable; en el caso contrario, que el sistema

resulta bastante lento y duro, se necesitan mayores estímulos para iniciar las funciones.

La disolución es una objeción solamente contra el que no tiene derecho a ella, y casi todas las pasiones tienen mala reputación para aquellos que no son bastante fuertes para convertirlas en su propia utilidad.

Es preciso entenderse sobre el hecho de que se puede emplear contra la pasión lo que se debe emplear contra la enfermedad; sin embargo, no es posible prescindir de las enfermedades, y menos aún de las pasiones. Tenemos necesidad de lo anormal, sufrimos un gran «shock» en la vida mediante estas grandes enfermedades.

Es imprescindible distinguir en un enemigo:

1)  La pasión dominante, que, en general, lleva consigo también la forma suprema de la salud; en este caso se consigue mejor la coordinación de los sistemas internos y su colaborar en un solo servicio; ¡pero esta es, cosa curiosa, casi la definición de la salud!

2)  El contraste de las pasiones, la existencia de dos, tres, muchas «almas en un solo pecho»: cosa bastante malsana, ruina interior, cosa disolvente, que traiciona y aumenta un divorcio interior, una anarquía interior, a menos que una sola pasión sea la que domine. Retorno de la salud...

3)  La coexistencia de las pasiones, sin que estas se contrasten o se favorezcan entre sí; suele ser periódica, y entonces, una vez restablecido el orden, es también sanada. A este grupo de pasionales se adscriben los hombres más interesantes, los camaleones; estos no están en contradicción con ellos mismos, son felices y seguros, pero no tienen ningún desarrollo: sus estados de ánimo se encuentran próximos unos a otros, aunque se les separe siete veces. Estos cambios no devienen.

## 773

Efectos de la «cantidad» en el «fin» sobre la óptica de la evaluación: el «grande» y el «pequeño» delincuente. La cantidad en el fin de la cosa querida decide también sobre el que la quiere, decide si este tiene estimación de sí mismo o resulta víctima de sentimientos mezquinos o miserables.

El grado de «intelectualidad» en los medios trasciende sobre la óptica de la valoración. ¡Qué papel tan distinto realizan el novador filosófico, el tentador y el hombre violento frente al brigante, a los bárbaros y a los aventureros! Apariencia del «desinterés».

Finalmente, ¡de qué modo las «maneras» nobles, la buena actitud, la bravura, la confianza en sí mismo alteran las valoraciones de lo que por estos caminos se consigue!

o

Para la óptica de la valorización: influencia de la «cantidad» (grande o pequeña) del fin.

Influencia de la «intelectualidad» en los medios.

Influencia de las «maneras» en la acción.

Influencia del «éxito» o del «fracaso».

Influencia de las fuerzas «adversas» y su valor.

Influencia de lo «lícito» y de lo «ilícito».

## 774

Los medios utilizados para hacer posibles acciones, medidas, afectos que, medidos individualmente, no son ya «admisibles», ni son tampoco «saboreables», son:

— el arte que «los hace sabrosos», el arte que nos hace penetrar en estos mundos «extraños»;

— lo «histórico» muestra la especie de derechos y la razón propia de aquellas acciones y aquellos afectos; a esto coadyuvan también los viajes, el exotismo, la psicología, el derecho penal, el manicomio, los delincuentes, la sociología;

— la «impersonalidad» (de modo que nosotros, como agentes de una colectividad, nos permitamos aquellos afectos y aquellas acciones: colegios de jueces, jurado, ciudadano, soldado, ministro, príncipe, sociedad, «crítico»), esto nos da la sensación de hacer un sacrificio...

### 775

Preocuparse de sí mismo y de la propia «salvación eterna» no supone la expresión de una naturaleza rica y segura de sí misma, porque esta interroga al diablo para saber si será feliz —no tiene el mismo interés en la felicidad de cualquier forma, es fuerza, acción, deseo—, pone su sello a las cosas, se comprende en las mismas. El cristianismo es una hipocondría romántica de los que no se sostienen firmemente sobre sus piernas.

Dondequiera que la perspectiva «hedonística» está en el primer plano deducimos que se trata de criaturas que sufren y que han «fracasado».

### 776

De «la creciente autonomía del individuo» hablan ciertos filósofos franceses como Fouillée, y, no obstante, deberían darse cuenta de la «raza borreguil» que constituyen ellos mismos. ¡Abrid los ojos, filósofos del futuro! ¡El individuo ha llegado a alcanzar una fuerza determinada en condiciones «opuestas»; vosotros describís el progresivo debilitamiento del hombre; lo queréis, y para ello tenéis necesidad de todo el engañoso aparato del viejo ideal! ¡Estáis hechos de tal manera que admitís realmente como ideal vuestras necesidades de animales de rebaño!

777

Los rasgos principales que caracterizan al europeo moderno —el individualista y el que consiste en reclamar iguales derechos— resultan aparentemente opuestos; llegué a comprenderlo. El individuo resulta una vanidad extraordinariamente vulnerable, que exige (porque tiene conciencia de la rapidez con que sufre) que cualquier otro individuo sea igualado a ella, que ella se encuentre solamente «inter pares». De esta manera se caracteriza una raza social en la que, efectivamente, las dotes y las fuerzas no se distinguen notablemente entre sí. Ese orgullo, que necesita soledad y muy pocos espectadores, está completamente fuera de comprensión: los grandes «éxitos» se obtienen únicamente por medio de masas, y no se comprende que un éxito de masas es siempre un pequeño éxito, porque «pulcrum est paucorum hominum».

Todas las morales desconocen lo que es una «jerarquía» entre los hombres; los maestros del derecho ignoran todo lo que se refiere a la conciencia colectiva. El principio individual niega los hombres eminentes, y exige, entre hombres casi iguales, el ojo más fino y el más agudo reconocimiento de un ingenio; y como cada uno tiene alguna parte de ingenio en las civilizaciones tardías y cultas, y, por consiguiente, cada uno puede esperar que recibirá una parte de honor, hoy se opera una acentuación de los pequeños méritos como no la hubo nunca; esto proporciona a nuestra época una característica de ilimitada equidad. Su iniquidad consiste en su furor ilimitado, no contra los tiranos y los aduladores del pueblo en sus artes, sino contra los individuos nobles que no se interesan por las alabanzas de la juventud. La exigencia de iguales derechos (por ejemplo, del derecho de tomar parte en los juicios de todo y de todos) es antiaristocrática.

También resulta indiferente a nuestra época el desaparecer del individuo, su sumersión en un gran tipo de voluntad de no ser una persona; en lo que en otro tiempo consistió la distinción y el celo de muchos hombres elevados (entre los cuales figuran los más grandes poetas), y es también extraño el «ser una ciudad» como en Grecia; el jesuitismo, el cuerpo de los oficiales y de los funcionarios prusianos, o el ser discípulos y continuadores de grandes maestros; para todo esto es necesario un estado de ánimo antisocial y la falta de la «pequeña vanidad».

778

El individualismo resulta una forma sencilla e inconsciente de la «voluntad de poder»; en este caso al individuo le resulta suficiente desembarazarse de una preponderancia de la sociedad (sea del Estado, sea de la Iglesia). Se pone en contraste no como persona, sino solamente como particular; representa todos los particulares contra la colectividad.

El socialismo, en definitiva, es un simple medio de agitación del individuo; él mismo comprende que, para conseguir cualquier cosa, tiene que organizarse dentro de una organización colectiva en un «poder». Lo que él quiere, sin embargo, no es la sociedad como fin del individuo, sino como medio de hacer posibles muchos individuos: este es el instinto de los socialistas, respecto al cual se equivocan demasiadas veces (aparte que, para realizar sus planes, tengan que valerse en muchos ocasiones del engaño). La prédica moral altruista, al servicio de la exigencia individual, es una de las más peligrosas falsedades del siglo XIX.

El anarquismo, por otra parte, es, simplemente, un medio de agitación del socialismo que, con su colaboración excita el medio, del que se vale para fascinar y aterrorizar, atrayendo a su partido a los hombres valerosos y audaces, aun en el campo espiritual.

A pesar de todo lo dicho, el individualismo es como el primer peldaño de la voluntad de poder.

o

Después de cierta independencia se anhela más: se realiza una selección según el grado de fuerza; el ser humano no se sitúa, desde luego, como igual, sino que busca sus iguales, separando de sí a otros. Al individualismo sigue la formación de los miembros y de los órganos, las tendencias afines se reúnen y actúan como poder; entre semejantes centros de poder hay fricción, guerra, reconocimiento de fuerzas recíprocas, compensación, aproximación, fijación de un cambio de prestaciones. En conclusión: una jerarquía.

Resumiendo:

1)   Los individuos se hacen libres.

2)   Entran en lucha, se ponen de acuerdo sobre la «igualdad de derechos» (la «justicia» como fin).

3)   Cuando esta se alcanza, las desigualdades reales de fuerza producen efectos mayores (porque, en grande, reina la paz, y muchas pequeñas cantidades de fuerza producen ya diferencias que antes eran casi iguales a cero). Ahora bien: los individuos se congregan en grupos organizados; los grupos intentan alcanzar privilegios y predominio. La lucha, en forma más suave, vuelve a reiniciarse.

Se quiere la libertad mientras no se tiene todavía el poder. Cuando se alcanza el poder, se desea el predominio; cuando no se consigue (porque se es, a lo mejor, demasiado débil para alcanzarlo), se quiere la «justicia»; esto es: un poder igual.

779

*Rectificación del concepto de egoísmo.*—Cuando se ha comprendido en qué sentido es un error el individuo, y que todo ser individual es, precisamente, todo el proceso en línea recta (no solo por «herencia», sino por él mismo), el ser individual adquiere una tremenda importancia. En este asunto el instinto habla muy claramente. Cuando este instinto cede, cuando el individuo encuentra un valor absoluto para servir a otros, puede seguramente concluirse que hay estancamiento y degeneración. El altruismo del sentimiento, fundamental y sin hipocresía, es un instinto que sirve para crearse por lo menos un segundo valor, al servicio de otros egoísmo. Mas, por lo general, esto es solo aparente: se trata de un sendero oblicuo para conservar el propio sentimiento vital, el propio sentimiento del valor.

780

## HISTORIA DE LA MORALIZACIÓN
## Y DE LA DESMORALIZACIÓN

Primer principio: no existen acciones morales: estas son completamente imaginarias. No solo no son demostrables (y Kant, por ejemplo, además del cristianismo, ya lo admitieron), sino que resultan completamente imposibles. Se ha creado un método opuesto a las fuerzas impelentes por un error psicológico, y se cree haber designado una especie de tales fuerzas; se ha puesto un «primum mobile» que no existe en modo alguno. Según la valoración que han introducido los contrarios, se debe decir «moral» o «inmoral»: solo hay intenciones y actos inmorales.

Segundo principio: toda esta distinción «moral» e «inmoral» parte de la suposición de que, tanto las acciones morales como las inmorales, son actos de libre espontaneidad; en suma, que esta existe. O, en otros términos: que el juicio moral en general se refiere a una sola especie de intenciones y de acciones, a la de las intenciones y de las acciones libres. Pero toda esta clase de intenciones y de acciones es puramente imaginaria: el mundo al cual se puede aplicar únicamente la escala moral no existe. «No hay acciones morales ni inmorales.»

o

«El error psicológico» del que se ha partido al plantear
el problema entre lo moral y lo inmoral: los conceptos de
«desinteresado», «no egoísta», «renunciación a sí mismo», son
todos «irreales», «fingidos».

El dogmatismo equivocado con relación al «ego» es el
que lo toma en sentido atomístico, en un falso contrario del
«no-yo»: está divorciado del devenir, como cosa que es. La
falsa sustancialización del yo: especialmente (en la creencia
en la inmortalidad individual) bajo la presión de la educación religiosa y moral, esta sustancialización llega a ser artículo
de fe. Después de esta separación artificial y de esta declaración del «ego», de ser por sí y para sí, se llegaba ante un
contraste de valores que parecía irreductible: el «ego» individual y el enorme «no-yo». Parecía evidente que el valor
del «ego» individual solo podía consistir en la referencia al
enorme «no-yo», en el subordinarse a este y en el existir por
amor a este. En este caso los instintos del rebaño eran determinados: nada repugna tanto a estos instintos como la soberanía del individuo. Pero comprendiendo que el ego es
comprendido como una cosa en sí y por sí, su valor debe encontrarse en la negación de sí.

En consecuencia, tendremos:

1) La falsa autonomización del «individuo» como átomo».

2) La apariencia del rebaño, que tiene horror a seguir
siendo átomo y lo siente como hostil a él.

3) Una consecuencia: victoria sobre el individuo, mediante el desplazamiento de su fin.

4) Entonces, parece que existen acciones que se «niegan»
a sí mismas; en torno de estas se fantaseó toda una esfera de
contrastes.

5) Se preguntó: ¿cuáles son las acciones en que se afirma
el hombre con mayor fuerza? Alrededor de estas (sexualidad, deseo de atesorar y de dominio, crueldad, etc.) se acumuló

el destierro, el odio, el desprecio; se creyó que existían instintos no egoístas.

6)  ¿Qué se había hecho como consecuencia de esto...? Se habían proscrito los instintos más fuertes, más naturales; es más, los únicos instintos reales —para encontrar, posteriormente, una acción laudable se debía negar la presencia en esta de tales instintos—; enorme falsificación en materia psicológica. Incluso toda especie de «satisfacción de sí mismo» debería hacerse posible solamente por el hecho de que los hombres la interpretaban «sub specie boni». Viceversa: aquella especie que conseguía ventaja quitando al hombre el consejo de sí mismo (los representantes del instinto del rebaño, esto es, los sacerdotes y los filósofos) se hizo sutil y psicológicamente aguda al mostrar cómo triunfa en todas partes el egoísmo. Conclusión cristiana: «Todo es pecado, incluida nuestra virtud. El hombre es absolutamente reprobable. La acción desinteresada no es posible». Pecado original. En resumen: cuando el hombre hubo puesto su instinto en contradicción con el mundo del bien puramente imaginario, terminó por despreciarse a sí mismo, sintiéndose incapaz de realizar acciones que fueran «buenas».

N. B.: El cristianismo representa un progreso al agudizar psicológicamente la mirada: La Rochefoucauld y Pascal. Comprendió la sustancial igualdad de las acciones humanas y su igualdad de valor en el punto esencial (todas son inmorales).

o

Desde ese momento, se tomó en serio la idea de formar hombres en los que el egoísmo hubiese desaparecido, incluidos sacerdotes y santos. Y se dudaba de la posibilidad de devenir perfectos, aunque no de que se supiera qué cosas eran perfectas.

La psicología del santo, del sacerdote, del «hombre bueno» debía lógicamente resultar como una fantasmagoría. Se habían declarado nocivos los motivos reales de la acción: para poder obrar en general, para poder prescribir acciones, se debía describir como posibles acciones que no son posible de ninguna manera, y, en cierto modo, había que santificarlas. Con la misma falsedad con que se había calumniado, se veneró y se idealizó.

La furia contra los instintos de la vida fue considerada como «santa», como venerable. La castidad absoluta, la obediencia absoluta, la pobreza absoluta, ideales propios de sacerdotes. La limosna, la compasión, el sacrificio, la negación de lo bello, de la razón, de la sensualidad, una mirada morosa para todas las cualidades fuertes que se poseen: este fue el ideal del laico.

o

Se llegó incluso a más: los instintos calumniados trataron de crearse un derecho (por ejemplo, la Reforma de Lutero: la forma más grosera de la mentira moral con el nombre de «libertad del Evangelio»), se bautizaron dichos instintos para darles nombres santos:

Los instintos calumniados tratan de mostrarse necesarios para que los instintos virtuosos, en general, sean posibles; se debe «vivre, pour vivre pour autrui»: el egoísmo es un buen medio para conseguir un fin.

Se va más lejos, se trata de dar, tanto a las emociones egoístas como a las altruistas, un derecho a la existencia: igualdad de derechos para los unos como para los otros desde el punto de vista de la utilidad).

Se va aún más lejos, se busca la utilidad más completa al preferir el punto de vista egoísta en vez del altruista: aquel es más practico en relación con la felicidad del mayor número o el progreso de la humanidad, etc. Por consiguiente, una preponderancia de los derechos del egoísmo, pero bajo una perspectiva extraordinariamente altruista («la utilidad general de la humanidad».

Se trata de conjugar la manera de obrar altruista con la naturaleza, se busca la parte altruista en el seno de la vida, se buscan lo egoísta y lo altruista como igualmente fundados en la esencia de la vida y de la naturaleza.

Se sueña con la desaparición del contraste en cualquier porvenir, en que, mediante una adaptación continua, lo egoísta sea, al mismo tiempo, altruista.

Finalmente, se considera que las acciones altruistas son solamente una parte de las egoístas, y que la medida en que se ama, en que se prodiga uno, es una prueba de la medida del poder individual y de la personalidad. Resumiendo: se comprende que, maleando al hombre, se le hace mejor, y que no se puede ser esto sin aquello. Con lo dicho, se alza el telón sobre la enorme falsificación de la psicología como nunca fue practicada entre los hombres.

o

En conclusión: solo existen intenciones y acciones inmorales; las llamadas inmorales, no deben ser definidas sino como inmoralidades. Todas las pasiones deben deducirse de una única voluntad de poder; son sustancialmente iguales. Concepto de la vida: en un contraste aparente (entre «bien y mal»), se expresan grados de poder, de instintos; a veces, una jerarquía, bajo la cual ciertos instintos se sienten frenados y a disposición de algo. Justificación de la moral: economía, etcétera.

o

Contra el segundo principio: el determinismo es una tentativa para salvar el mundo moral, transfiriéndolo al mundo desconocido. El determinismo es solamente un «modus» para poder hacer desaparecer nuestras valoraciones cuando pierden su puesto en el mundo, pensando mecánicamente. Por esto se debe combatir y analizar el determinismo, y también defender nuestro derecho de separar un mundo en sí de un mundo de fenómenos.

781

Hay que liberar completamente de los fines la absoluta necesidad; por lo demás, no debemos intentar sacrificarnos, y debemos dejarnos llevar. ¡Únicamente la inocencia del devenir nos da el gran valor y la gran libertad!

782

Restituir a buena conciencia al hombre malo. Este ha sido mi esfuerzo involuntario. Y precisamente al hombre malo, en cuanto es el hombre fuerte. (Conviene recordar aquí la opinión de Dostoyevski sobre los delincuentes carcelarios.)

783

*Nuestra nueva «libertad».*—¡Qué sentimiento de libertad se descubre en el sentir, cómo sentimos nosotros los espíritus liberados, que no estamos encuadrados en un sistema de «fines»! ¡Y también que el concepto de «premio» y «castigo» no tiene asiento en la esencia misma de la existencia! Y también que las acciones buena y mala se deben llamar buena o mala, no en sí, sino en la perspectiva de las tendencias de conservación de ciertas formas de comunidades humanas! ¡Y también que nuestras consecuencias respecto al placer y al dolor no tienen una importancia cósmica, y mucho menos metafísica! (Aquel pesimismo, por ejemplo, del señor Hartmann, empeñado en poner en la balanza el placer y el desplacer de la existencia, con su arbitrario encerrarse en la prisión precopernicana y en el punto de vista precopernicano, sería algo de atrasado y retógrado, si no fuese únicamente un mal rasgo del espíritu de un berlinés.)

### 784

No se da demasiada importancia al cómo de la vida, cuando queda muy claro el «porqué» de la misma. Por el contrario, es ya un signo de incredulidad en el porqué, en el fin y en el sentido de la vida, una falta de voluntad, el que el valor del hacer y del desplacer entre en primera línea y encuentren partidarios las teorías hedonísticas; y renuncia, resignación, virtud, «objetividad» pueden, por lo menos, ser un signo de que se comienza a carecer de lo principal.

### 785

Hasta ahora no ha habido una cultura alemana. No invalida lo dicho la realidad de que en Alemania hubiera grandes solitarios (por ejemplo, Goethe), grandes solitarios en posesión de una cultura propia. Pero precisamente a su alrededor, como en torno de rocas ingentes, fieras aisladas, el resto de la naturaleza alemana aparece en el otro extremo, esto es, como un valle blandengue, palúdico, inseguro, sobre el cual cada paso extranjero imprimía «huella» y creaba «formas»; la cultura alemana careció de carácter, fue un ceder casi ilimitado.

### 786

Alemania, rica en sabios hábiles y bien preparados, carece hace mucho tiempo de espíritus importantes, poderosos, hasta tal punto, que parece haberse olvidado qué cosa es un alma grande y un espíritu poderoso; por lo que actualmente, hombres mediocres y, por otra parte, mal formados, se exhiben en el mercado, casi con buena conciencia y sin ningún escrúpulo, y se creen grandes hombres, reformadores, como hace, por ejemplo, Eugenio Dühring, que es verdaderamente un sabio hábil y bien formado, aunque revele en casi todas sus palabras un alma mezquina, atormentado por sentimientos de envidia; y revela también que no responde a un espíritu poderoso, espumoso, benéficamente pródigo, ¡sino a la ambición! ¡Y ambicionar honores en nuestra época, que domina la plebe y que es la plebe la que los dispensa, es mas indigno de un filósofo que en cualquier época!

### 787

Mi «porvenir» se cifra en una rígida educación politécnica. Servicio militar; de manera que, de ordinario, de todo hombre perteneciente a las clases superiores sea oficial, aunque por otra parte es cualquier cosa.

## VI

## LA VOLUNTAD DE PODER COMO ARTE

### 788

Nuestra religión, nuestra moral y nuestra filosofía son formas de la decadencia del hombre. El «movimiento opuesto» es el «arte».

### 789

El «filósofo-artista». Concepto elevado del arte. ¿Puede el hombre situarse tan lejos de sus semejantes como para «crear formas con ellos»? (Ejercicios posibles: 1, el hombre que se autoforja, el solitario; 2, el artista como siempre ha sido, vale decir, el pequeño elaborador de una materia exclusiva.)

### 790

Existe una obra de arte, al parecer sin artista: la que aparece como cuerpo, como organización (el cuerpo de los oficiales prusianos, de la Compañía de Jesús). En semejante sentido, el artista no es sino un escalón premilitar.

El mundo puede considerarse como una obra de arte que se engendra a sí misma.

### 791

La realidad llamada «artista» es por demás transparente: partir de él para mirar a los instintos fundamentales del poder, de la Naturaleza, etc.; y también de las religiones y de la moral.

«El juego», lo que es inútil, puede considerarse como ideal del hombre sobrecargado de fuerza, como cosa «infantil». La «infantilidad» de Dios.

### 792

*Apolíneo-Dionisíaco.*—De dos estados de ánimo surge el arte del hombre como una fuerza natural, disponiendo de él por completo: como síntesis de la visión y como consecuencia de lo orgiástico. Ambos estados de ánimo, aunque más débilmente; suelen encontrarse en la vida normal: en el sueño y en la embriaguez.

Pero entre el sueño y la embriaguez hay una diferencia, aunque los dos desencadenan en nosotros fuerzas artísticas, lo hacen de manera diferente. El sueño dispone a ver, a entrelazar, a poetizar; la embriaguez, a la pasión, a los gestos, al canto, a la danza.

### 793

En la embriaguez dionisíaca descubrimos la sexualidad, la voluptuosidad, que tampoco faltan en la apolínea. Pero existe como una diferencia de ritmo en los dos estados... El extremo reposo de ciertas sensaciones de embriaguez (más exactamente: el retardo del sentimiento del tiempo y del espacio) se refleja voluntariamente en la visión de los gestos y de las almas más tranquilas. El estilo clásico representa exactamente este reposo, esta simplificación, esta abreviación, esta concentración; significando el más alto sentimiento de poder. Reaccionar difícilmente, poseer una gran conciencia, no tener ningún sentimiento de lucha.

### 794

El sentimiento de embriaguez suele determinarlo un aumento de fuerza: es más fuerte en las épocas en que los sexos se acoplan: nuevos órganos, nuevas facultades, colores y formas nuevas; el «embellecimiento» es una consecuencia de la elevación de su fuerza. El embellecimiento es expresión de una voluntad victoriosa, de una coordinación más fuerte, de una armonización de todos los deseos violentos, de un equilibrio infaliblemente perpendicular. La simplificación lógica y geométrica deriva del aumento de fuerzas; por el contrario, el percibir semejante simplificación aumenta a su vez el sentimiento de fuerza... El gran estilo es el vértice de la evolución.

La fealdad significa decadencia en un tipo, contradicción y defectuosa coordinación de los deseos profundos; significa un rebajamiento de fuerza organizadora, de voluntad, hablando psicológicamente...

El estado de placer que conocemos por embriaguez es exactamente un alto sentimiento del poder... Las sensaciones de tiempo y de lugar han cambiado; se abarcan con la mirada lejanías enormes y, por decirlo así, se comprueban: el ojo se extiende sobre grandes multitudes y grandes espacios; el órgano se afina para percibir muchas cosas pequeñas y fugaces; es la adivinación, la fuerza de comprender mediante la mínima ayuda, la mínima sugestión: la sensualidad «inteligente»; la fuerza se manifiesta como sentimiento de soberanía en los músculos, como agilidad y placer en los movimientos, como danza, ligereza, ritmo rápido; la fuerza deviene del gozo de mostrar esta fuerza, convirtiéndose en un «golpe de bravura», una aventura, una intrepidez, una indiferencia hacia la vida y la muerte... Todos estos elevados momentos de la vida se interrelacionan: el mundo de las imágenes y de las representaciones propio del uno basta, como sugestión, para los otros...; así, terminan por mezclarse estados de ánimo que acaso tendrían motivos para permanecer recíprocamente extraños. Por ejemplo: el sentimiento de embriaguez religiosa y la excitación sexual, dos sentimientos de gran profundidad que se coordinan de manera casi maravillosa. ¿Qué es lo que les gusta a todas las mujeres, devotas, viejas o jóvenes? Un santo con piernas bonitas, bastante joven y bastante idiota. Otro ejemplo: la crueldad en la tragedia y la compasión (normalmente coordinadas). Primavera, danza, música; todo esto es la realidad de los sexos, y aquella «infinitud dentro del pecho» de que se habla en el *Fausto*.

Los artistas de valor son consecuencia de un temperamento fuerte, exuberante; se trata de animales vigorosos, sensuales; no se puede pensar —sin un cierto estado de enardecimiento del sistema sexual— en Rafael... Hacer música es también un modo de hacer hijos; la castidad es solamente la economía de un artista; en todo caso, en los artistas la fecundidad cesa al mismo tiempo la fuerza generativa... Los artistas no suelen ver ninguna cosa como es sino más plena, más simple, más fuerte; para esto tienen que disfrutar de una especie de juventud y de primavera, de una especie de embriaguez habitual en la vida.

### 795

En ciertos estados de ánimo ponemos, transfiguramos y comunicamos plenitud a las cosas, y las elaboramos con el pensamiento mientras reflejan nuestra propia plenitud y alegría de vivir; tales estados son: el impulso sexual, la embriaguez, el yantar, la primavera, la victoria sobre el enemigo, el sarcasmo, el rasgo de bravura, la crueldad, el éxtasis del sentimiento religioso. Tres elementos sobre todo, el impulso sexual, la embriaguez y la crueldad, pertenecen a la más antigua alegría de la fiesta en el hombre, y todos predominan en el artista que comienza.

Por el contrario, cuando descubrimos cosas que brindan esta transfiguración y plenitud, el ser animal responde con una irritación de aquellas esferas en que tienen su asiento todos aquellos estados de placer; y una mezcla de estas delicadísimas gradaciones de sentimientos de bienestar animal con deseos constituye el estado estético. Este se presenta solamente en una naturaleza capaz, por lo general, de aquella generosa y desbordante plenitud del vigor corporal; en esta se encuentra siempre el *primum mobile*. El hombre frío, cansado, agotado, disecado (por ejemplo, un docto), no puede recibir absolutamente nada de arte, porque no posee la fuerza primordial artística, la constricción de la riqueza: el que no puede dar, no recibe nada.

«Perfección.» Esta, en aquellos estados de ánimo (particularmente en el amor sexual), se revela de modo ingenuo, esto lo acusa el instinto más profundo como la cosa más ta, más deseable, más preciosa en general, como el moviiento ascensional de su tipo; y revela igualmente a qué esdo aspira realmente. La perfección es el ensanchamiento traordinario del propio sentimiento de poder, la riqueza, el cesario desbordamiento de todas las riberas...

### 796

El arte nos recuerda con frecuencia estados de vigor anial; por un lado, hace gala de una superabundancia y exceso : corporalidad floreciente en el mundo de las imágenes y : los deseos; por otro lado, encarna una excitación de las nciones animales, por obra de imágenes y deseos de la da más intensa: una elevación del sentimiento vital, y, por nsiguiente, un estimulante de este sentimiento.

¿En qué medida puede tener también el bruto esta fuerza?

En la medida en que se inicia algo de la triunfal energía l artista que ha dominado las cosas feas y espantables; o cuanto el bruto excita fácilmente en nosotros el gusto de crueldad (y, en ciertos casos, hasta el gusto de hacernos al, a nosotros, de usar violencia contra nosotros mismos; y, r consiguiente, el sentimiento del poder sobre nosotros ismos).

### 797

La «belleza» es, por consiguiente, para el artista, algo que tá por encima de todas las jerarquías, porque en la belleza n superados los contrastes, y esta es la más alta idea de po- r, del poder sobre cosas opuestas; además, este poder se nsigue sin tensión, y esto es signo también de que no es necesario usar ya de violencia, que todo sigue y obedece fácilmente y muestra la faz más amable a la obediencia; esto diviniza la fuerza de voluntad del artista.

798

*Valor biológico de lo «bello» y de lo «feo».*—Lo que nos resulta repugnante en estricto sentido estético es, por larguísima experiencia, dañoso al hombre, como peligroso, como acreedor a la desconfianza; el instinto estético que habla de improviso (por ejemplo, en el disgusto) equivale a un juicio. En tal sentido, lo bello está en la categoría general de los valores biológicos de lo útil, de lo benéfico, de lo que intensifica la vida; pero es que por una cantidad de irritaciones, que muy de lejos recuerdan cosas y estados de ánimo útiles y se enlazan con ellas, nos proporcionan el sentimiento de lo bello, esto es, del aumento del sentimiento del poder (por consiguiente, no solo cosas, sino también las sensaciones que acompañan a tales cosas, o sus símbolos).

De este modo lo bello y lo feo son reconocidos como condicionados; en relación con nuestros valores de conservación, inferiores. Querer establecer una belleza y una fealdad abstrayendo de este caso, es absurdo. Lo bello no existe, como no existen el bien y la verdad. En el individuo se trata aún de condiciones de conservación de una determinada especie de hombres; así, el hombre del rebaño disfrutará el sentimiento del valor de lo bello por cosas distintas de aquellas por las que el hombre de excepción y el superhombre le experimentan.

La óptica de la primera línea es la que toma en consideración solamente las consecuencias más próximas de donde nace el valor de lo bello (así como de lo bueno y de lo verdadero).

Todos los juicios instintivos tienen la vista corta para la cadena de las consecuencias: aconsejan lo que se debe hacer en primer lugar. El intelecto en esencia es un aparato retardador contra la inmediata reacción fundada en el juicio del instinto; distrae, refleja más despacio, ve más lejos y más larga la cadena de las consecuencias.

Los juicios sobre lo bello y lo feo tienen la vista corta (cuentan con la oposición del intelecto), pero son persuasivos en grado sumo; apelan a nuestros instintos allí donde estos se deciden más rápidamente y dicen su sí o su no antes que el intelecto tome la palabra.

Las más frecuentes afirmaciones de belleza se provocan y se excitan recíprocamente; una vez que el instinto estético entra en funciones, una cantidad de otras perfecciones, derivadas de los más diversos lugares, se cristaliza alrededor de la «belleza particular». No es posible mantenerse objetivos, esto es, suspender la fuerza que interpreta, añade, llena, inventa (esta fuerza es el mismo concatenamiento de las afirmaciones de la belleza). El aspecto de una «mujer bella»...

Por consiguiente:

1) El juicio de belleza es miope; solo adivina las consecuencias próximas.

2) Colma el objeto que determina este juicio de un encanto determinado por la asociación de diversos juicios de belleza; pero esta fascinación es completamente extraña a la esencia de aquel objeto. Sentir como algo bello una cosa significa sentirla de una manera necesariamente falsa (por esto, dicho sea de paso, el matrimonio por amor es la clase de matrimonio más irracional, socialmente hablando).

### 799

*Para la génesis del arte.*—Aquel hacer perfectos, ver perfectos, que es propio del sistema cerebral sobrecargado de fuerza sexual (pasar la noche con la mujer amada, la transfiguración de los más pequeños detalles, la vida considerada como una sucesión de cosas sublimes, el atribuir mayor valor que a cualquier otra cosa a la «infelicidad del desgraciado en amores»), contribuye al nacimiento del arte; por otro lado, toda perfección y belleza obra como inconsciente recuerdo de aquel estado del alma enamorada y de su modo de ver; cada perfección, toda la belleza de las cosas, despierta por *contiguity* la idea de la beatitud afrodisíaca. (En términos fisiológicos: el instinto creador del artista y la difusión del semen por la sangre...) La pretensión del arte y la belleza es una indirecta aspiración a los raptos del instinto sexual que este comunica al cerebro. El mundo se ha hecho perfecto en virtud del «amor».

800

La sensualidad en sus disfraces: 1) Se disfraza del idealismo propio de la juventud («Platón»), creando la misma especie de espejo cóncavo que la mujer amada parece en el caso especial, poniendo una incrustación, un aumento, una transfiguración, una infinidad en torno a cada cosa; 2) se disfraza en la religión del amor: «un hermoso joven, una mujer bella», es algo divino; un novio, una novia del alma; 3) se disfraza de arte como de una fuerza que «adorna»; como el hombre ve la mujer, haciéndole, por decirlo así, un don de todos los presentes que existen; así la sensualidad del artista coloca en un solo objeto todas las demás cosas que estima y valora, y de este modo perfecciona un objeto, idealizándolo. La mujer, conocedora de las sensaciones que el hombre experimenta ante ella, estimula sus esfuerzos de idealización, adornándose, danzando, expresando pensamientos delicados; y así manifiesta pudor, reserva y conserva distancias con el instinto de que así crece la tendencia idealizante del hombre. (Dada la acreditada finura del instinto femenino, el pudor no debe considerarse una hipocresía consciente: revela que precisamente la inocencia real ingenua seduce más al hombre y lo eleva a valoraciones superiores. Por eso, la mujer es ingenua por finura de instinto, que le revela la utilidad de la inocencia. Es un voluntario cerrar los ojos sobre sí misma... Siempre la ficción obra más fuertemente; si es inconsciente, «deviene inconsciente.)

## 801

¡Cuántas cosas puede hacer lo que llamamos «amor» y que es muchas veces más que amor! Pero sobre este tema cada uno de nosotros tenemos un criterio particular. La fuerza muscular de una muchacha crece tan pronto como un hombre se acerca a ella; existen instrumentos con los que se mide este fenómeno. En relaciones más intensas entre los sexos, como es, por ejemplo, el baile y otros usos sociales, esta fuerza aumenta de tal forma, que las hace capaces de verdaderos alardes. Se acaba por no dar crédito, ni a los ojos ni al reloj. Pero en este caso es necesario tener en cuenta el hecho de que la danza, como cualquier movimiento rápido, aporta una especie de embriaguez a todo el sistema vascular, nervioso y muscular. En este caso es preciso tener en cuenta los efectos combinados de una doble embriaguez.

¡Qué importante es sentir algunas veces un pequeño conato de embriaguez! Hay realidades que no deberíamos confesarnos nunca; en esto, como las mujeres, contamos con todos los pudores femeninos... Aquellas jóvenes que danzan, viven visiblemente fuera de cualquier realidad; danzan solamente con ideales tangibles; hasta ven, y esto es más grave, ideales que se sientan cerca de ellas: las madres. Buena ocasión para citar a Fausto. Tienen un aspecto bastante mejor cuando se sienten un poco embriagadas semejantes criaturas —y, ¡oh qué bien lo saben!—, quizá son amables porque lo saben. Por último, también su atavío las inspira; su atavío es su tercera pequeña embriaguez; creen en su modista como en Dios. ¿Quién se atrevería a quitarles esa fe? ¡Esta fe las hace felices! Y la inspiración que se inspiran a sí mismas es cosa sana. La propia admiración de sí las protege contra los enfriamientos. ¿Se constipó alguna vez una mujer hermosa que se imaginase bien vestida? ¡Nunca! Ni aun en el caso en que apenas estuviese vestida.

802

¿Se necesita la prueba incontrovertible de lo lejos a que llega la fuerza de transfiguración de la embriaguez? El «amor» es esta prueba: lo que se llama amor en todos los idiomas y en todos los silencios del mundo. Aquella embriaguez se aparta de la realidad de tal modo, que en la conciencia del amante la causa desaparece, creyéndose que puede encontrarse cualquier otra cosa en vez de ella: un tremolar y un brillar de todos los espejos encantados de Circe. En este caso, no existe diferencia ostensible entre el hombre y el animal, ni toman parte el espíritu, la bondad, la probidad... La burla es delicada cuando se es delicado, es grosera cuando se es grosero; pero el amor, y hasta el amor de Dios, el amor santo de las «almas redimidas», en su raíz es la misma cosa: una fiebre que tiene motivos para transfigurarse, una embriaguez que hace bien en mentir sobre sí misma... Y en todo caso, se miente bien cuando se ama, se miente bien y ante sí y a propósito de sí; nos presentamos ante nosotros mismos transfigurados, más fuertes, más ricos, más perfectos, somos más perfectos... Aquí encontramos el arte como función orgánica; lo encontramos inscrito sobre el angélico instinto «amor»; lo encontramos como el mayor estimulante vivo; el arte tiene, por tanto, una finalidad sublime aun en su propia mentira... Pero nos engañaríamos si nos ajustásemos a su fuerza cautivadora; hace más que imaginar simplemente; llega a desplazar los valores. No solo desplaza el sentimiento de los valores; el que ama, vale más, es más fuerte. Semejante estado produce en los animales nuevas armas, nuevos pigmentos, colores, formas; sobre todo, nuevos movimientos, nuevos sonidos de seducción, nuevos encantos. No sucede más en el hombre. Su economía general se convierte en algo más rico que nunca, más poderoso, más completo que en el hombre que no ama. El que ama se prodiga: se siente rico para serlo. En función de esta riqueza se atreve, se siente aventurero, se convierte en un asno de valor y de inocencia; cree de nuevo en Dios, cree en la virtud, porque cree en el amor; por otra parte, a ese idiota de la felicidad le salen alas y nuevas facultades, y hasta se le abren las puertas del arte. Si del lirismo en el tono y en la palabra deducimos la sugestión de aquella fiebre intestinal, ¿qué queda entonces del lirismo y de la música...? Quizá *l'art pour l'art;* el virtuosismo de rana tiritona que se aburre en su pantano... Todo lo demás fue creado por el amor.

## 804

Todas las artes actúan como sugestiones sobre los músculos y sobre los sentidos que en el hombre artístico tienen una actividad primordial; pero nunca hablan más que a los artistas, hablan a esta especie de delicada movilidad del cuerpo. La concepción de «profano» es un error. El sordo no supone una categoría entre los oyentes.

Todas las artes también tienen un efecto tónico, aumentan la fuerza, aumentan el placer (el sentimiento de fuerza), excitan todos los más sutiles recuerdos de la embriaguez; hay una memoria particular que desciende en tales estados de ánimo; entonces retorna un lejano y fugitivo mundo de sensaciones.

Lo feo se convierte en la contradicción del arte, puesto que este lo excluye, la negación artística; siempre que la degeneración, el empobrecimiento de la vida, la impotencia, la disolución, la descomposición son provocados aunque sea solo de lejos, el hombre estético reacciona diciendo su «no». Lo feo tiene efecto depresivo; es la expresión de una depre sión. Quita fuerza, depaupera, oprime... Lo feo sugiere lo feo; en los mismos estados de salud podremos advertir cómo varía al encontrarse mal la capacidad de fantasear lo feo. La elección se hace de otro modo; la elección de cosas, de intereses, de problemas. Hay un estado muy afín a lo feo también en la lógica: la pesantez del espíritu, la sordidez. En este caso falta, para hablar en términos de mecánica, el equilibrio; lo feo, cojea; lo feo, tropieza; contrasta con la divina ligereza del bailarín.

El estado de ánimo estético se diferencia por una extraordinaria riqueza de medios con qué comunicarse, al mismo tiempo, con la extrema susceptibilidad para los estímulos y los signos. Este es el punto más alto de la comunicabilidad y de la transmisibilidad entre criaturas vivas; es la fuente del lenguaje. Aquí las lenguas tienen su solar nativo; tanto las lenguas de los sonidos como las de los gestos y las de las miradas. El fenómeno de plenitud es siempre el principio, nuestras facultades han sido utilizadas por facultades más plenas. Pero aún hoy se oye con los músculos, y también puede leerse.

Todo arte maduro acepta como algo básico una gran cantidad de convencionalismos; por ejemplo, el lenguaje. El convencionalismo, en definitiva, es una condición del arte grande, no su obstáculo... Toda elevación de la vida aumenta la fuerza comunicativa, y también la fuerza de comprensión del hombre. Vivir dentro de otra alma no es su origen nada moral, sino una excitabilidad fisiológica de la sugestión; la «simpatía» o el llamado «altruismo» son simples figuraciones de aquella relación psicomotora perteneciente a la espiritualidad («Induction psychomotrice», dice Ch. Feré.) Lo que nos comunicamos no son pensamientos, sino movimientos, signos mímicos, que leemos y reducimos a pensamientos.

## 805

Comparándola con la música, toda comunicación de palabra tiene una forma en cierto aspecto desvergonzada. La palabra diluye y entontece. La palabra despersonaliza, haciendo más vulgar lo que suele ser extraordinario.

## 806

Al artista lo forjan los estados excepcionales; todos los estados que son profundamente afines y van ligados a fenómenos morbosos; tanto, que no parece lógico ser artista sin estar enfermo.

Los siguientes estados fisiológicos han llegado a ser, por decirlo así, una segunda naturaleza artística, y en cierto aspecto pueden encontrarse en el hombre en general:

1) La embriaguez: el aumento de sentimiento de poder; la interior necesidad de hacer de las cosas un reflejo de la propia plenitud y perfección;

2) La extrema acuidad de ciertos sentidos: de modo que los sentidos entienden un lenguaje de los signos totalmente diverso; lo crean aquella misma acuidad que parece adscrita a muchas enfermedades nerviosas; la extrema movilidad, de la que nace una extrema comunicabilidad; la voluntad de hablar en todo lo que sabe hacer signos; una necesidad de desentenderse de sí mismo con signos y con gestos; la capacidad de hablar de sí con cien medios de lenguaje, un estado explosivo. Aquí se debe imaginar este estado como, en primer lugar, una constricción y un impulso a desembarazarse, con cualquier clase de trabajo muscular y de movilidad, de la exuberancia de la tensión interior; luego, como una coordinación involuntaria de este movimiento con las vicisitudes interiores (imágenes, ideas, deseos); como una especie de automatismo de todo el sistema muscular bajo el impulso de fuertes estímulos que obran interiormente; incapacidad

para impedir la reacción; el aparato inhibitorio está, por así decirlo, suspendido. Todo movimiento interior (sentimiento, pensamiento, pasión) va acompañado de variaciones musculares y, por consiguiente, de variaciones de color, de temperatura, de secreción. La fuerza sugestiva de la música, su «sugestión mental».

3) La necesidad de imitar: una extrema irritabilidad en la cual una imagen dada se comunica por contagio; un estado de ánimo es ya adivinado y representado por signos... Una imagen interior, actúa como movimiento de los miembros, se produce una cierta suspensión de la intimidad... (¡¡Schopenhauer!!). Una especie de sordera, de ceguera para lo que es exterior; el reino de los estímulos permitidos está estrechamente limitado.

Esto es lo que distingue al artista del profano (de quien es susceptible de sentir el arte); este último tiene el colmo de su excitabilidad en la recepción; el primero en la entrega, de modo que un antagonismo entre esas dos cualidades no solo es natural, sino que es deseable. Cada uno de estos dos estados tienen una óptica contraria; exigir que el artista se ejercite en la óptica del espectador o crítico significa exigirle que se empobrezca, lo mismo en sí mismo que en su fuerza creadora. Sucede en este caso como en la diferencia de los sexos: del artista que da no se debe pretender que se convierta en mujer; del artista que reciba...

Nuestra estética en realidad ha sido hasta ahora una estética de mujeres en el sentido de que solo los capaces de recibir el arte han formulado sus experiencias acerca de lo bello. Esto, como se desprende de lo que queda expuesto anteriormente, es un error necesario; porque el artista que comenzase a comprender con esto se engañaría a sí mismo...; no debe mirar atrás, no debe, en general, mirar; debe dar. Hacer honor a un artista, sentirse negado para la crítica; de lo contrario, por no ser ni carne ni pescado, sería «moderno».

807

Señalo en este caso, como signo de una vida plena y floreciente, una serie de estados psicológicos que actualmente se estiman morbosos. Mientras tanto, nos hemos olvidado un poco del contraste entre lo sano y lo enfermo; se trata solo de grados; en este caso yo sostengo que hoy se llama «sano» a lo situado por debajo de lo que en situaciones favorables sería realmente lo sano; sostengo que estamos relativamente enfermos... El artista pertenece a una raza aún más fuerte. Lo que para nosotros resultaría nocivo, morboso, en él es naturaleza... Pero precisamente, el empobrecimiento de la maquinaria determina la extravagante fuerza de comprensión, como se demuestra en el caso de las mujercitas histéricas.

Pueden originar síntomas de falta de libertad parcial, de alucinaciones de los sentidos, de refinamientos de la sugestión, así como determinar un empobrecimiento de vida, la superabundancia de linfa y de fuerzas; el estímulo se crea diversamente, pero el efecto es idéntico... Pero, sobre todo, no es el mismo efecto sucesivo; el extraordinario relajamiento de todas las naturalezas morbosas después de su excentricidad nerviosa no se refiere en nada a los estados de ánimo del artista, el cual no debe expiar sus buenos momentos; es bastante rico; puede dilapidar sin empobrecerse.

Así como actualmente podría entenderse el genio como una forma de neurosis, podríamos considerar de la misma manera la fuerza del artista; y, efectivamente, nuestros artistas tienen rara afinidad con las mujeres histéricas. Aunque esto hable contra la actualidad, no contra los «artistas».

Los estados de ánimo no artísticos son: los de la objetividad, los del reflejo, los de la voluntad paralizada (escandaloso error el de Schopenhauer, que toma el arte por un puente hacia la negación de la vida)... Otros estados no artísticos: los de los empobrecedores, de los que desaparecen, palidecen, bajo cuya mirada sufre la vida; el estado de ánimo del cristiano.

## 808

El artista moderno, cuya fisiología tan emparentada se encuentra con el histerismo, está sellado aun como carácter por esta enfermedad. El histérico, como ser falso, miente por el gusto de mentir, y es admirable en todas las artes simulatorias, como no sea que su vanidad morbosa le gaste una mala pasada. Esta vanidad es como una fiebre continua, necesitada de narcóticos, que no retrocede ante ningún engaño; ante ninguna frase que augure un alivio momentáneo (incapacidad de orgullo y necesidad constante de venganza por un desprecio de sí mismo profundamente arraigado: esta es casi la definición de esta clase de vanidad).

La absurda irritabilidad de su sistema, convirtiendo en crisis cualquier acontecimiento y haciendo que lo «dramático» aparezca aun en los casos minúsculos de su vida, le quita toda posibilidad de cálculo; no parece una persona; todo lo más es un sentido de conducta para diversas personas, de las cuales, unas veces unas y otras veces otras, saltan el exterior con impúdica seguridad. Como consecuencia, es admirable como comediante; todos estos pobres seres privados de voluntad, que los médicos estudian de cerca, sorprenden por su virtuosismo en la mímica, en la transfiguración, en el arte de introducirse en casi todos los caracteres que interesan.

## 809

Los artistas no son los hombres de la gran pasión pese a que pretendan convencernos. Por dos razones: porque carecen de pudor propio (se observan mientras viven; se expían; son demasiado curiosos...). Y porque, en segundo lugar, su vampiro, esto es, su talento, les envidia casi siempre ese despilfarro de fuerza que se llama pasión. El que tiene talento resulta víctima del mismo, al vivir bajo el vampirismo de su propio talento.

No nos libramos de nuestras pasiones por el hecho de representarlas; por el contrario, nos sentimos libres de ellas cuando las representamos (Goethe enseña que las cosas pasan de otro modo; parece que en esta ocasión quiso equivocarse por «delicatezza»).

## 810

*La razón de la vida.*—Una castidad relativa, una discreción sistemática en el plano erótico, incluido el pensamiento, puede formar parte de la gran región de la vida en caracteres importantes. Este principio a quienes mejor se aplica es a los artistas, correspondiéndole a su mejor sabiduría en el vivir. Voces imprevisibles se han hecho oír en este sentido: Stendhal, Gautier, igualmente Flaubert. El artista es, probablemente por naturaleza, un hombre necesariamente sensual, muy emotivo, accesible en todos sentidos, ya que en todo momento busca emociones, muy abierto a toda clase de ellas. Sin embargo, de ordinario, bajo la violencia que ejerce su tarea, su voluntad de dignificarse, lo convierte en un hombre moderado, a veces casto. Su instinto dominante le obliga a conducirse de este modo; no le permite que se prodigue en exceso. Una sola y misma fuerza experimenta desgaste en el acto creador y el sexual: solo existe una especie de fuerza. Sucumbir, prodigarse en este caso, es cosa para él ruinosa: revela no ya solo su falta de instinto, sino de voluntad; puede ser, además, un signo de decadencia; y en todo caso, desvaloriza su arte de manera incalculable.

## 811

El nivel de la vida del hombre científico, comparado con el del artista, acusa un estancamiento y envilecimiento (aunque también acuse un esfuerzo, una severidad, una dureza, una fuerza de voluntad por otra parte).

Buscar en este sentido la falsedad, la indiferencia ante la verdad y la utilidad, puede ser en un artista un síntoma de juventud, de «infantilidad»... Examinar su maniobra habitual, su falta de racionalidad, su ignorancia de sí mismo, su indiferencia hacia los «valores eternos», su seriedad en el «juego», su falta de dignidad, sitúan juntos al Dios y al payaso, al santo y al canalla... La imitación domina al hacerse instinto. Los artistas de épocas positivas y los de épocas decadentes, ¿no actualizan todas aquellas fases? ¡Sí!...

### 812

¿No faltaría un anillo en la cadena del arte y de la ciencia, por ausencia de la mujer, si faltase la obra de la mujer?... Admitida la excepción, que comprueba la regla, la mujer lleva a la perfección todo lo que no es una obra: las cartas, las memorias y aun los más delicados trabajos manuales que existen; en suma, todo lo que no es realmente un oficio, exactamente por la razón de que en estos trabajos se completa a sí misma, obedeciendo al único impulso artístico que posee; quiere placer... Pero ¿qué tiene que ver la mujer con la pasional indiferencia del verdadero artista, capaz de conceder a un sonido, a un soplo, a un acento, mayor importancia que a sí mismo?... ¿Qué es lo que agarra con sus cinco dedos de lo que hay en él de más secreto, de más íntimo?... ¿Por qué no atribuye valor a una cosa que no pueda llegar a ser forma, a una cosa que no pueda abandonarse al artista y hacerse patente? El arte, como el artista lo profesa, ¿no lo consideráis como un atentado a todos los «pudeurs»?... Solamente en nuestro siglo llegó la mujer a ocuparse de la literatura («vers la canaille plumiére écrivassiére», según dijo Mirabeau); se hace la escritora, la artista, pierde el instinto. ¿Con qué fin, en resumidas cuentas, si nos es lícito preguntarlo?

## 813

Se es artista, con la condición de considerar y sentir como contenido, como «la cosa misma», aquello que los no artistas llaman «forma». Como consecuencia, se pertenecen a un mundo invertido; porque desde que lo dicho ocurre, el contenido es para un hombre algo puramente formal, incluida nuestra vida.

## 814

El sentido y el gusto por lo inefable (verdadera modernidad), por lo que no es común, resulta opuesto al instinto que pone su gozo y su fuerza en comprender lo típico, cosa que ocurrió en los mejores tiempos de Grecia. En él hay una plenitud de la criatura viva, la medida domina; en la base hallamos aquella fase del alma fuerte que se mueve lentamente y que experimenta repugnancia frente a lo que resulta demasiado vivo. El caso general, la ley, es honrado y puesto de relieve; al contrario, la excepción se descarta y el matiz se borra. Lo que es sólido, poderoso, fijo, la vida, reposa amplia y poderosamente y conserva la fuerza, «place»; o sea, corresponde a lo que se piensa de sí mismo.

## 815

En las cosas importantes yo concedo a los artistas mayores derechos que a todos los filósofos que hayan existido; estos no perdieron los grandes rieles por los que camina la vida, amaron las cosas «de este mundo», amaron sus sentidos. Tratan de «suprimir la sensualidad»; esto me parece una incomprensión, o una enfermedad, o una cura, cuando no simplemente hipocresía y engaño de sí mismo. Yo me auguro a mí mismo, y a todos los que pueden vivir sin la amenaza de una conciencia puritana, una espiritualización y una multiplicación de sus sentidos cada vez mayores; nosotros queremos ser gratos a los sentidos por su finura, por su plenitud y su fuerza, y por eso les ofrecemos nuestro mejor espíritu. ¿Qué importan, en definitiva, las excomuniones sacerdotales o metafísicas de los sentidos? Ya no se tiene necesidad de estas excomuniones; es sino de buena constitución el hecho de que un espíritu como Goethe se pliegue con fruición y cordialidad cada vez más a las «cosas del mundo». Quizá por conservar la concepción más importante del hombre, según la cual, el hombre se convierte en el transfigurador de la existencia cuando llega a transfigurarse a sí mismo.

### 816

*¿Pesimismo en arte?*—El artista ama progresivamente los medios donde se manifiesta el estado de embriaguez: la extraordinaria finura y esplendor de los colores, la claridad de la línea, la gradación de los sonidos, lo que es distinguido, mientras que en el estado normal carece de toda distinción. Todas las cosas distinguidas, todos los matices, en cuanto actualizan las extremas tensiones de fuerza que la embriaguez crea, despiertan retrospectivamente este estado de embriaguez, teniendo en cuenta que el propósito de las obras de arte debe ser provocar el estado de ánimo que determina la obra de arte: la embriaguez en suma.

Lo que es esencial en el arte es su perfeccionamiento de la existencia, su provocar, la perfección y la plenitud; el arte es esencialmente la afirmación, la bendición, la divinización de la existencia... ¿Qué significa un arte pesimista? ¿No es hasta cierto punto una contradicción? Claro que lo es. Schopenhauer se equivoca cuando pone ciertas obras de arte al servicio del pesimismo. La tragedia, precisamente, no enseña «resignación»... Representar las cosas terribles y enigmáticas, a las que no teme, es ya en el artista un instinto de poder y de soberanía. No existe un arte pesimista. El arte debe ser afirmativo. Job afirma. Pero ¿y Zola? ¿Y Goncourt? Todo lo que pintan es feo; y el hecho de mostrarlo denuncia cierto gusto por la fealdad... No sirve, y se engañan los que sostienen lo contrario. ¡Cómo redime, sin embargo, Dostoyevski!...

## 817

Si mis lectores reconocen que también «el hombre bueno» representa una forma de agotamiento en la gran comedia total de la vida, honraremos aquella consecuencia del cristianismo que concibe como odioso al hombre bueno. En semejante cosa el cristianismo tuvo razón.

Para un filósofo es algo indigno decir que «lo bueno y lo bello son una misma cosa»; y si además añade «y también lo verdadero», se le debe apalear. La verdad es fea.

Precisamente el arte intenta siempre «que no perezcamos a causa de la verdad».

## 818

*Combatir la moralización por medio del arte.*—Considerar el arte como liberación de la estrechez moral y de la óptica de los ángulos, o como burla de estos. Huir de la naturaleza, donde la belleza suele ir acompañada de su propio terror. Concepción del grande hombre.

Las almas de lujo, frágiles e inútiles, a quienes basta un soplo para turbarlas, «las bellas almas».

Despertar los ideales poco sentidos en su implacable brutalidad y dureza, como los monstruos más espléndidos de cuantos existen.

Experimentar un goce fascinador lanzando una mirada psicológica en la sinuosidad y en la histrionería inconsciente que hay en todos los artistas que moralizan.

Poner en evidencia la falsedad del arte.

Poner en evidencia las «fuerzas fundamentales idealizado-
ras» («sensualidad, embriaguez, animalidad superabundante»).


### 819

La moderna acuñación de la moneda falsa en las artes, supuesta como necesaria, vale decir, de acuerdo con la verdadera necesidad del alma moderna.

Se llenan las lagunas de las cualidades naturales, y aún
más las lagunas de la educación, de la tradición, de la experiencia.

Primero.—Nos valdremos de un público poco artístico,
que sea absuelto en su amor (y que se arrodille pronto ante
las personas). Para esto sirve la superstición del «genio»,
que es la superstición de nuestro siglo.

Segundo.—Se concitan los oscuros instintos de los disconformes, de los ambiciosos, de los que se ignoran a sí mismos en una época democrática: importancia del gesto.

Tercero.—Se transfieren los procedimientos de un arte a
los de otro; se mezclan las intenciones del arte con las de la
ciencia o de la Iglesia, o del interés de clase (nacionalismo)
o de la filosofía; se tocan todas las campanas a la vez y se
suscita la oscura sospecha de ser un Dios.

Cuarto.—Se adula a la mujer, al que sufre, al que se indigna; se hacen que prevalezcan en el arte los narcóticos y
los opiáceos. Se lisonjea a los cultos, a los lectores de poesías y de historias antiguas.


### 820

Diferencia entre «público» y «cenáculo»: con el primero,
hay que intentar ser charlatán; en el segundo, se hace preciso
pretender ser virtuoso. Esta distinción pueden superarla nues-

tros específicos «genios» del siglo, grandes para ambos: la gran charlatanería de Víctor Hugo y Ricardo Wagner, al lado del virtuosismo que satisficieron para sí, los más refinados amadores del arte. De aquí la falta de grandeza; tienen una óptica cambiante, unas veces en vista de las necesidades más groseras, otras como consecuencia de las más refinadas.

821

*El falso «esfuerzo».*—1) En el romanticismo: ese constante «expresivo» no es signo de fuerza, sino un sentimiento de falta de fuerza.

2) La música pintoresca, la llamada música dramática, es fundamentalmente ligera (así como la bárbara exposición y desplazamiento de los hechos y los rasgos en la novela naturalista).

3) La «pasión» es asunto de los nervios y de las almas fatigadas, como el gusto de las altas montañas, de los tiempos tempestuosos, de los desiertos, de las orgías, de las monstruosidades, de las cosas macizas (por ejemplo, en los historiadores); efectivamente, hay un culto a la extravagancia del sentimiento. (¿Cómo sucede que las épocas fuertes tengan artísticamente una necesidad opuesta, la necesidad de un más allá de la pasión?)

4) La preferencia de las materias excitantes (erótica, o socialista, o patológica), signos todos del género de personas para las que hoy se trabaja; esto es, personas agotadas por el trabajo y destruidas o debilitadas.

Es necesario tiranizar para producir en general un efecto.

822

*El arte moderno como un arte de «tiranizar».*—Una lógica grotesca y con líneas forzadamente pronunciadas: el motivo simplificado hasta reducirlo a fórmula: la fórmula tiraniza. Dentro de las líneas, una salvaje multiplicidad, una masa preponderante, frente a la cual los sentidos se extravían; la brutalidad de los colores, del asunto, de los deseos. Ejemplos: Zola, Wagner; en un orden más espiritual, Taine. Por tanto, lógica, masa y brutalidad.

### 823

A propósito de los pintores. «Tous ces modernes sont des poétes qui ont étre "peintres". L'un a cherché des drames dans l'histoire, l'autre des scénes de mœurs, celui-ci traduit des religions, celui-lá une philosophie». Este imita a Rafael; este otro a los primeros maestros italianos; los pintores de paisajes emplean árboles y nubes para componer odas y elegías. Ninguno es simple y totalmente pintor; todos son arqueólogos, psicólogos, directores de escena de cualquier recuerdo o teoría. Se complacen en nuestra erudición, en nuestra filosofía. Están como nosotros: colmados, rebosantes de ideas generales. Aman una forma, no por lo que es, sino por lo que expresa. Son hijos de una generación erudita, atormentada y reflexiva; a muchas leguas de distancia de los antiguos maestros, que no leían y pensaban solamente en dar un festín a sus ojos.

### 824

La música de Wagner, como todo el romanticismo francés, también en el fondo son literatura; el encanto del exotismo (de épocas, costumbres y pasiones extranjeras) actuando sobre horteras sensibles. El rapto experimentado al entrar en aquel prodigioso país lejano, extranjero y antiquísimo, al cual se entra por libros que pintan todo el horizonte con nuevos colores y nuevas posibilidades... El presentimiento de mundos aún más lejanos, y no descubiertos aún; el «dédain» hacia los «boulevards»... El nacionalismo, y nadie debe engañarse, no es sino una forma particular del exotismo... Los músicos románticos transcriben lo que aprendieron en los libros exóticos; se querría vivir hechos exóticos, experimentar pasiones de gusto florentino o veneciano y se acaba por contentarse con buscarlas en la imaginación... Lo esencial es el género de deseos nuevos, una voluntad de imitar y de vivir imitando, el disfraz, la transposición del alma... El arte romántico es solamente un último recurso en vez de una «realidad» fracasada.

Tentativa para hacer nuevas cosas: revolución, Napoleón. Napoleón fue algo así como la pasión de nuevas posibilidades del alma, un ensanchamiento de los espacios del alma.

Extenuación de la voluntad; tanta mayor extravagancia en los deseos de sentir cosas nuevas, de exponerlas, de soñarlas; todo esto es consecuencia de las cosas excesivas que se han visto: hambre rabiosa de sentimientos excesivos... Las literaturas extranjeras proporcionan las drogas más intensas.

### 825

Los griegos de Winckelmann y de Goethe, los orientales de Hugo, los personajes del «Edda», puestos en música por Wagner; los ingleses del siglo XIII, de Walter Scott; cualquier día se descubrirá toda la comedia. Todo eso fue, históricamente, falso por encima de todo, pero moderno.

### 826

Para caracterizar el «genio nacional» en relación con lo que es extranjero y tomado a préstamo.

El genio inglés hace grosero y resta carácter a lo que incorpora.

El genio francés diluye, simplifica, logifica, adorna.

El genio alemán mezcla, hace de mediador, embrolla, moraliza.

El genio italiano ha hecho desde siempre el uso más libre y fino de las cosas tomadas en préstamo y ha dado cien veces más de todo lo que ha recibido, por ser el genio más rico, el que podía dar más que los otros.

### 827

Los hebreos, en la esfera artística, han desflorado el genio con Heine y Offenbach, sátiro este último lleno de ingenio y de petulancia que, como músico, se atiene a la gran tradición, y que para los que no tienen solamente orejas, es una verdadera liberación de los músicos sentimentales y, en el fondo, degenerados, del romanticismo alemán.

### 828

*Offenbach.*—Música francesa con espíritu volteriano, libre, petulante, con un cierto guiño sardónico, pero claro, pleno de espíritu hasta la trivialidad (no se pone afeites) y sin la «mignardise» de una sensualidad morbosa o blondamente vienesa.

### 829

Si por genio de artista entendemos la más amplia libertad bajo la ley, la divina ligereza y facilidad en las cosas más difíciles, Offenbach tiene más derecho al calificativo de «genio» que Wagner. Wagner es pesado, tardo; nada le es más ajeno que los momentos de petulante perfección como los que Offenbach, a lo payaso, consigue cinco o seis veces en cada una de sus «bouffonneries». Pero quizá por «genio» se deba entender algo distinto.

### 830

*Para el capítulo «música».*—Música alemana, italiana y francesa. Nuestros tiempos, que políticamente son tan bajos, resultan los más fecundos. ¿Los eslavos? El «ballet» histórico-cultural ha vencido al melodrama. Música de comediantes y música de músicos. Es un error creer que lo que Wagner ha creado sea una forma: es una carencia de forma. Todavía no se ha encontrado la posibilidad de la construcción dramática. Rítmica. La «expresión» por encima de todo. Instrumentación de prostíbulo. En honor de Heinrich Schütz. En honor de Mendelssohn; en este, y en ningún otro, hay un elemento de Goethe (otro elemento goethiano alcanza su perfección en la Raquel; un tercero, en Heinrich Heine).

### 831

La música «descriptiva»; conviene dejar que la realidad produzca «efecto»... Todas estas formas de arte son más ligeras, más imitables; en ellas ponen su mano los que tienen menores dones naturales. Apelación a los instintos; arte sugestivo.

### 832

*Sobre nuestra «música moderna».*—La decadencia de la melodía tiene algo que se relaciona con la decadencia de la idea, de la dialéctica, de la libertad del movimiento espiritual; es una estupidez y un colmo que se desarrollan en nuevas audacias y hasta en principios; en conclusión: hay solamente los principios de las propias cualidades, de las propias mezquindades de cualidades naturales.

La «música dramática» es un absurdo. Es simplemente mala música... El «sentimiento», la «pasión», son usados como sustitutos cuando no se sabe llegar a la alta espiritualidad y a la beatitud de esta (por ejemplo, la de Voltaire). En términos técnicos, el «sentimiento» y la «pasión» son más fáciles; presuponen artistas mucho más pobres. El dirigirse al drama revela que un artista sabe que es más dueño de los medios aparentes que de los medios verdaderos y puros. Tenemos una pintura dramática, una lírica dramática, etcétera.

### 833

Carecemos en la música de una estética que imponga leyes a los músicos y les cree una conciencia; y como consecuencia, carecemos de una verdadera lucha por los principios; porque nosotros, como músicos, nos reímos de las veleidades de Herbert en este campo, como nos reímos de las de Schopenhauer. Derívase de lo dicho una gran dificultad: no sabemos ya dar fundamento a los conceptos de «modelo», «maestría», «perfección»; tanteamos alrededor nuestro, con el instinto de un antiguo amor, y con admiración ciega, en el reino de los valores, y creemos casi que es bueno lo que nos gusta a nosotros... Mi desconfianza se produce cuando con toda inocencia Beethoven suele suponerse un «clásico»; yo querría dejar sentado que en otras artes se entiende por clásico el tipo opuesto al de Beethoven. Pero cuando la misma completa descomposición del estilo de Wagner, que salta a los ojos, lo que suele llamarse estilo dramático, es mostrado y venerado como «modelo», como «maestría», como «progreso», mi impaciencia llega al colmo. El estilo dramático en la música, tal como lo entiende Wagner, es la renuncia al estilo general, partiendo de la suposición de que hay otra cosa que tiene cien veces más valor que la música; esto es, el drama. Wagner está en situación de pintar, no utiliza la música en pro de la música, refuerza los gestos, se convierte en poeta; en fin, él, como todos los artistas de teatro, apela a «los bellos sentimientos» y a los «espíritus elevados»; con todo lo cual se ha atraído a las mujeres y también a los que tienen necesidad de cultura; pero ¿qué importa la música a las mujeres y a los necesitados de cultura? Ninguno de estos tiene conciencia para el arte; no sufren cuando ven destruidas y pisoteadas todas las primeras e indispensables virtudes de un arte en beneficio de intenciones accesorias (como «ancilla dramatúrgica»). ¿Qué importa toda extensión de los medios de expresión, si lo que se expresa, el arte mismo en suma, ha perdido su propia ley? El esplendor y la fuerza pintoresca del tono, el simbolismo del sonido, del ritmo, los tonos de color de la armonía y de la inarmonía, el significado sugestivo de la música, toda su sensualidad llega con Wagner a dominar. Todo esto Wagner lo ha reconocido en la música, lo ha puesto de manifiesto, lo ha desarrollado. Victor Hugo ha hecho una cosa parecidísima con el lenguaje; pero hoy en Francia, con el caso de Hugo, se preguntan las gentes si no ha llegado a arruinar el idioma, y si, con el aumento de la sensualidad en el lenguaje, no ha sido desterrada de este la razón, la espiritualidad, la profunda conformidad con las leyes. ¿No es acaso un signo de decadencia el hecho de que en Francia los poetas hayan llegado a ser escultores, y los músicos alemanes comediantes y pintores de la cultura?

834

También hay que tener en cuenta un pesimismo de músicos que se contagia a los no músicos. ¿Quién no ha sufrido, quién no ha maldecido al infeliz jovenzuelo que aporrea su piano hasta hacerle gritar de desesperación, que con sus manos agita el lodo de las armonías más siniestras y grises? Con esto se ha hecho reconocer como pesimista... Pero también se ha hecho reconocer como musical. No lo creeríamos. El wagnerianismo pura sangre no es musical; está por debajo de las fuerzas elementales de la música de la misma manera que la mujer está bajo la voluntad que la hipnotiza; y para tener este poder no debe haber introducido en él la desconfianza «in rebus municis et musicantibus», una conciencia severa y fina. Considérense los medios de producir efecto de que Wagner se sirve con predilección (y que, en gran parte, tuvo que inventar él para su propio uso): se parecen de un modo extraordinario a los medios con que el hipnotizador consigue sus efectos (elección de movimientos y color de los sonidos de su orquesta; los horribles desvíos de la lógica y de la cuadratura del ritmo; el elemento insinuante, vago, misterioso, el histerismo de su «melodía infinita»). Y el estado de ánimo en que, por ejemplo, el preludio de *Lohengrin* sume a los oyentes y aún más a las oyentes, ¿es algo demasiado distinto del estado sonambúlico?

Yo escuché a una italiana, después de haber oído el citado preludio, decir casi en éxtasis, propio de los wagnerianos:

¡Come si dorme con queste musica!»

## 835

*La religión en la música.*—¡Cuán inconfesable y hasta incomprendida satisfacción de todas las necesidades religiosas hallamos en la música de Wagner! ¡Cuánta plegaria, virtud, unción, «virginidad» nos habla todavía en ella! Del hecho de que la música abstraiga de la palabra y de la idea saca importante ventaja esa astuta santa que reconduce, seduce nuevamente con todo lo que una vez fue creído... Nuestra conciencia intelectual no debe avergonzarse (queda fuera) de que algún viejo instinto beba con labios trémulos en copas prohibidas... Esto es sabio, sano, y, en cuanto revela pudor frente a la satisfacción del instinto religioso, es hasta un buen síntoma... La cristiandad astuta: tipo de la música del último Wagner.

## 836

Yo distingo tres clases de valores: el valor ante las personas, ante las cosas y ante el papel. Este último fue concretamente el valor de David Strauss. También diferencio el valor ante los testimonios del valor sin testigos; el valor de un cristiano, de un creyente en Dios en general, no puede nunca ser valor sin testigos, y ya con solo esto está degradado. Finalmente, distingo el valor por temperamento y el que nace del miedo al miedo; el valor moral es un caso de esta última especie. Añádese luego el valor que nace de la desesperación.

Este valor fue el de Wagner. Su posición ante la música no era sino desesperada. Le faltaban las dos cosas que hacen falta para ser buen músico: naturaleza y cultura, la predestinación a la música y la instrucción y la educación musical. Tuvo valor: de sus límites hizo principio, inventó para sí mismo un género de música. La «música dramática», tal y como Wagner la inventó, es la música que él podía hacer; su concepto en cierta medida crea los límites wagnerianos.

¡Y no lo entendieron! ¿No lo entendieron, realmente?

De seis músicos modernos, a cinco les ocurre lo mismo. Wagner es su salvador; y estos cinco sextos son, por otra parte, el número mínimo. Siempre que la Naturaleza se muestra implacable, y, por otro lado, la cultura es una casualidad, una tentativa, un «dilettantismo», el artista se vuelve, como si dijéramos, con entusiasmo a Wagner: «A medias lo atrajo y a medias lo echó al fondo», como dice el poeta.

## 837

*La música y el gran estilo.*—La grandeza musical no está en función de los «bellos sentimientos» (cosa que creen las mujercillas), sino en la medida que se acerca al gran estilo, que es capaz, en definitiva, de suponer un gran estilo. Este estilo tiene de común con la gran pasión el hecho de aver-

gonzarse del placer; de olvidar persuadir; de mandar, de querer... Hacerse dueño del caos propio; integrar el propio caos
hasta que devenga forma; devenir lógicos, simples, claros,
matemáticos; devenir leyes; tal es en este caso la gran ambición. Con ella se impresiona a la gente; ya nada suscita amor
hacia semejantes hombres poderosos; a su alrededor se extiende un desierto, un silencio, un miedo, como ante el espectáculo de un gran sacrilegio... Todas las artes conocen
semejantes ambiciosos del gran estilo: ¿Por qué falta, sin
embargo, en la música? No tenemos músicos que constru-
yan un edificio como el Palazzo Pitti... Y es que estamos
ante un evidente problema. ¿Pertenece acaso la música a
aquella cultura en que ya ha terminado el reino de todas
las especies de hombres violentos? ¿Es probable, por otro
lado, que el concepto de gran estilo esté en contradicción con el alma de la música, con la «mujer» en nuestra
música?...

Desembocamos en un problema cardinal: ¿Cuál es el
puesto de toda nuestra música? Las épocas del gusto clásico
no conocen nada que se pueda parangonar: floreció cuando
el mundo del Renacimiento tocó a su fin, cuando la «libertad» se había ausentado de las costumbres y hasta de los
hombres: ¿Constituye acaso, parte de su carácter, ser un contrarrenacimiento? ¿Es la hermana del estilo barroco, ya que
en todo caso es su contemporánea? La música moderna, ¿es
algo más que decadencia?...

Anteriormente puse el dedo en la llaga: nuestra música,
¿no será un fragmento de contrarrenacimiento en el arte?
¿No será parienta muy próxima del estilo barroco? ¿No se
habrá formado en contradicción con todo el gusto clásico,
tanto que en ella se prohíba toda ambición de clasicismo?

Sobre este problema, de valor de primer orden, la respuesta no podría ser más clara si se valorizase exactamente
el hecho de que la música consigue su más perfecta madurez y plenitud como romanticismo, como movimiento de reacción contra lo clásico.

Mozart fue un alma tierna y enamorada, toda siglo XVIII, aun en su seriedad... Beethoven fue el primer gran romántico, en el sentido del concepto francés del romanticismo, como Wagner es el último gran romántico..., ambos adversarios instintivos del gusto clásico, del estilo severo, para no hablar en este caso del «gran» estilo.

### 838

El romanticismo resulta un problema equívoco, como todo lo moderno.

Los estados de ánimo estéticos son dobles.

Los hombres cabales y generosos en contradicción con los que buscan y desean.

### 839

Un romántico es un artista que convierte en fuerza creadora su descontento de sí mismo, que mira lejos y mira detrás de sí y de su mundo.

### 840

¿Es el arte una consecuencia del descontento que produce la realidad? ¿Es la expresión del reconocimiento por una felicidad gozada? En el primer caso, estamos ante el romanticismo; en el segundo, esplendor de gloria y ditirambo, es el arte de la apoteosis. De esta manera última forma parte también Rafael, que cometió el pecado de divinizar la apariencia de la interpretación cristiana del mundo; fue reconocido a la existencia en obras en las que no se mostró totalmente cristiano.

Con la interpretación moral del mundo resulta insoportable. El cristianismo fue la tentativa para «dominarlo» con aquella interpretación, o sea, de negarlo. En la práctica, tal atentado, el atentado de una tremenda sobrestimación del hombre con el resto de las cosas, puso fin al oscurecimiento, al envilecimiento, a su depauperación: la especie más mediocre e inocua, la especie del hombre de rebaño, es la única que encontró con él su cuenta, su provecho si se prefiere...

Homero y Rubens como artistas de las apoteosis. La música no ha tenido aún ningún representante en este plano.

La idealización del gran delincuente (el sentido de su grandeza) es griega; el desvalorizar, el calumniar, el hacer despreciable al pecador es judaico-cristiano.

### 841

*El romanticismo y su contrario.*—En un terreno particular, en el plano de los valores estéticos, suelo a veces preguntarme: ¿han llegado alguna vez a ser creadoras el hambre y la superabundancia? Desde otro punto de vista, una nueva distinción salta a primer plano: el motivo de crear es el deseo de rigor, de alcanzar la eternidad, de «ser», o el deseo de destrucción, de cambio, de devenir. Ambos modos de desear, sin embargo, se revelan, mirando al fondo, como meros equívocos, solo explicables con arreglo al esquema mencionado, preferible a mi juicio.

El deseo de destrucción, de cambio, de devenir puede ser la expresión de una fuerza demasiado preñada de porvenir (concretada por mí en la palabra «dionisíaco»); pero puede ser también el odio de los fracasados, de los renunciadores, de los mal formados, que destruye, debe destruir, porque lo que existe, toda existencia y hasta cada ser, los indigna y los excita.

El deseo de «eternizar» puede, por otra parte, derivar también de la gratitud y del amor; un arte que tiene tal origen será siempre un arte de apoteosis, ditirámbica con Rubens, feliz con Hafis, clara y bondadosa con Goethe, difundiendo un homérico resplandor de gloria sobre todas las cosas; pero puede también ser aquella tiránica voluntad de quien sufre gravemente, que sobre la particular idiosincrasia de su propio sufrimiento, sobre lo que es más personal, particular, restringido, querría imprimir el sello de una ley y construcción obligatoria y que, por así decirlo, se vincula sobre todas las cosas sellándolas con su propia imagen, con la imagen de su propia tortura, marcándola con el hierro candente. Este último es el pesimismo romántico en la forma más expresiva, ya sea como filosofía schopenhaueriana de la voluntad, ya como música wagneriana.

### 842

Tras la antinomia clásico-romántico, ¿no se ocultará la oposición entre lo activo y lo reactivo?

### 843

Para ser clásico se deben poseer todas las dotes y deseos fuertes y aparentemente contradictorios: pero de modo que vayan juntos bajo un mismo yugo; se debe de gastar el tiempo justo para llevar a la máxima perfección un género de literatura o de arte o de política (no después de haber ocurrido este hecho); reflejar en su propia alma más íntima y más profunda un estado de ánimo colectivo (de un pueblo o de una cultura); llegar en una época en que este estado de ánimo existe todavía y no está aún coloreado de la imitación de los extranjeros (o depende aún de ella); ser no un espíritu reactivo, sino un espíritu que concluye y guía en el avance, que afirma en todos los casos, incluso con su propio odio.

«¿No formó parte de esto el altísimo valor personal?»... Habrá que preguntar si en este caso los prejuicios morales no cumplen su papel, y si una gran elevación moral no es acaso

en sí una contradicción del clasicismo: si estos monstruos
morales no deben necesariamente ser románticos, en la palabra y en la acción... semejante preponderancia de una sola
virtud (como la que encontramos en el monstruo moral) es
hostil al poder clásico de equilibrio; suponiendo que se posea esta elevación, y, sin embargo, se sea clásico, se podría
audazmente concluir que se posee también la inmoralidad en
la misma medida; este es quizá el caso de Shakespeare (admitiendo que sea realmente lord Bacon).

844

*Cosas del porvenir.*—Contra el romanticismo de la gran
«pasión».

Compréndase que a todo gusto clásico corresponde una
cantidad de frialdad, de lucidez, de dureza; sobre todo la lógica, la felicidad en las cosas intelectuales, las «tres unidades», la concentración, el odio contra el sentimiento, la sensibilidad, el «sprit», el odio contra lo múltiple, contra lo
incierto, contra lo vago, contra el presentimiento, así como
contra lo que es breve, agudo, ligero, bueno. No es conveniente jugar con las fórmulas artísticas. Hay que forjar la
vida de manera que se deba formular después.

Es esta una alegre comedia, ante la cual solo ahora sabemos reír, y que solo ahora vemos: esta, que los contemporá-
neos de Herder, de Winckelmann, de Goethe y de Hegel pre-
tendieron haber descubierto de nuevo el ideal clásico... ¡y al
mismo tiempo a Shakespeare! ¡Y la misma generación se
había separado con desprecio de la escuela clásica de los
franceses, como si no se hubiera podido aprender lo esencial
tanto en un caso como en otro...! Pero se quería la «natura»,
la «naturaleza». ¡Qué estupidez! ¡Se creía que el clasicismo
era una especie de naturaleza!

Reflexionemos hasta el fin, sin prejuicios ni blanduras, en
qué terreno puede florecer un gusto clásico. Lograr que el

hombre sea más duro, más sencillo, más fuerte, más malo, son cosas que se relacionan entre sí. La simplificación lógico-psicológica. El desprecio del detalle, de lo complicado, de lo incierto.

Los románticos en Alemania no protestaron contra el clasicismo, sino contra la razón, el progreso, el gusto, el siglo XVIII.

La sensibilidad de la música romántico-wagneriana: contraste con la sensibilidad clásica.

La voluntad de la unidad (por qué la unidad tiraniza a los oyentes y a los espectadores, aunque sea incapaz de tiranizarse a sí misma en el punto principal: esto es, en relación con la obra misma), la facultad de renunciar, de abreviar, de aclarar, de simplificar. La victoria obtenida por medio de las masas (Wagner, Hugo, Zola, Taine).

845

*El nihilismo de los artistas.*—La Naturaleza es cruel con su serenidad y cínica con sus auroras. Nosotros somos hostiles a las emociones. Nosotros huimos allí donde la naturaleza conmueve nuestros sentidos y nuestra fuerza de imaginación; allí donde no tenemos nada que amar, donde nada nos recuerda las apariencias morales y las delicadezas de nuestra naturaleza septentrional; cosa que ocurre también en el arte. Preferimos lo que no nos recuerda el «bien» y el «mal». Nuestra excitabilidad moral y nuestra capacidad de sufrimiento están un tanto disueltas en una naturaleza fecunda y feliz, en el fatalismo de los sentidos y de las fuerzas. La vida sin bondad.

El beneficio consiste en el espectáculo de la grandiosa indiferencia de la Naturaleza hacia el bien y el mal.

Nada de justicia en la historia, nada de bondad en la naturaleza; por esto el pesimista, cuando es artista sobre todo, va en materia histórica por los terrenos donde la ausencia de justicia se muestra con grandiosa ingenuidad, donde precisamente la perfección llega a expresarse, y también va en la

Naturaleza por donde el carácter malo o indiferente no se oculta, donde la Naturaleza equivale al carácter de la perfección... El artista nihilista se revela en el querer y preferir la historia cínica, la Naturaleza cínica...

846

*¿Qué es lo trágico?* Yo he puesto muchas veces el dedo en el gran error de Aristóteles, que creyó reconocer en el error y en la compasión, emociones deprimentes, nada menos que las emociones trágicas. Si tuviese razón, la tragedia se habría convertido en un arte peligroso para la vida: habría que ponerse en guardia contra ella como contra un peligro público y un escándalo. El arte, que, por lo general, es el gran estimulante de la vida, una embriaguez de vivir, una voluntad de vivir, que, al servicio de un movimiento descendente, llegaría a ser como sierva del pesimismo, peligrosa para la salud (sencillamente porque no es verdad que mediante la excitación de estas emociones logremos «purificarnos» de ellas como parece creer Aristóteles). Lo que habitualmente provoca terror o compasión, desorganiza, debilita, desalienta; y suponiendo que tuviese razón Schopenhauer cuando mantiene que de la tragedia debe derivarse la resignación (esto es, una dulce renuncia a la felicidad, a la esperanza, a la voluntad de vivir), se concebiría de esa forma un arte que se negase a sí mismo. En semejante caso, la tragedia supondría un proceso de disolución, el instinto de la vida destruyéndose a sí mismo en el instinto del arte. Cristianismo, nihilismo, arte trágico, decadencia fisiológica, todo esto iría de la mano, llegaría a la preponderancia en el mismo momento, se empujaría recíprocamente hacia delante... ¿Y si lo hiciese hacia abajo? La tragedia se convertiría en un síntoma de la decadencia.

Puede refutarse esta doctrina con la mayor frialdad, esto es, midiendo con el dinamómetro el efecto de una emoción trágica. Así se llega a una consecuencia que solo puede desconocer la absoluta cobardía de un sistemático: a la consecuencia de que la tragedia es un «tónico». Si en este caso Schopenhauer no quiere comprender, si considera la depresión colectiva como un estado de ánimo trágico, si hace comprender a los griegos (no resignados con su desgracia) que no se encontraron a la altura de la concepción del mundo, incurre en prejuicio, lógica de sistema, moneda falsa que estropearon, poco a poco, toda la filosofía de Schopenhauer (él, que arbitraria y violentamente interpretó mal el genio, el arte, la moral, la religión pagana, la belleza, la ciencia y casi todo).

### 847

*El artista trágico.*—En un individuo o en un pueblo, la cuestión de formar y situar el juicio de «belleza», es un problema de fuerza. El sentimiento de plenitud, de fuerza acumulada (que permite aceptar con valor y serenidad muchas cosas ante las cuales el débil tiembla), el sentimiento de poder expresa el juicio de «belleza» sobre realidades y estados de ánimo que el instinto de impotencia solo puede estimar como odiosas o feas. La deducción de cuanto sobre esto podríamos hacer, si nos viésemos ante un peligro, ante un problema, ante una tentación, determina, en cierta manera, nuestra aprobación estética. (Porque decir «esto es bello» es plantear una afirmación.)

Considerando el problema en general, resulta que la predilección por las cosas enigmáticas y terribles es un síntoma de fuerza, mientras que el gusto por lo gracioso y lo decorativo es patrimonio de los débiles y los delicados. El gusto por la tragedia distingue a las épocas y a los caracteres fuertes: su «non plus ultra» es acaso la *Divina Comedia*. Son los espíritus heroicos los que se afirman a sí mismos en la crueldad trágica: son lo suficientemente duros como para sentir el sufrimiento como placer.

Admitiendo, por el contrario, que los débiles pretendan el goce de un arte que no fue creado para ellos, ¿qué harán para adaptar a su gusto la tragedia? Introduciremos en ella para interpretarlas «sus propias apreciaciones», por ejemplo, el «triunfo del orden moral en el mundo», o la doctrina de la «falta de valor de la existencia», o «la invitación a la resignación» (o, igualmente, una descarga de emociones, mitad médica, mitad moral, a la manera de Aristóteles). Finalmente, el arte de lo terrible, excitando los nervios, puede adquirir valor como estimulante en los débiles y en los agotados: tal es hoy, por ejemplo, la razón por la que es tan apreciado el arte de Wagner. Es signo de bienestar y de sentimiento de poder la medida en que cada uno puede conceder a las cosas su carácter terrible y enigmático, y el hecho de que tenga en general necesidad de «soluciones» finales.

Este género de pesimismo de los artistas es justamente lo contrario del pesimismo religioso-moral, que lamenta la «corrupción» del hombre, del enigma de la existencia: este quiere absolutamente una solución, o, por lo menos, una esperanza de solución. Los que sufren, los desesperados, los que desconfían de sí, en una palabra, los enfermos, tuvieron en todos los tiempos necesidad de visiones fascinadoras para soportar la vida (el concepto de «beatitud» tiene precisamente este origen). Un caso semejante: los artistas de la decadencia, que en el fondo toman una posición nihilista frente a la vida, se refugian en la belleza de la forma, en las cosas elegidas, en las que la naturaleza ha llegado a su perfección, y es indiferente, grande y bella.

(El «amor de lo bello» puede, por tanto, ser algo distinto que la facultad de ver una cosa bella, de crear una cosa bella: puede ser precisamente expresión de la incapacidad de hacer esto.)

Los artistas que subyugan, que en todo conflicto hacen resonar un acorde consonante, son los que hacen también aprovechar las cosas de su propio poder y de su redención personal: expresan su más íntima experiencia en el simbolismo de la obra de arte, su crear es algo así como el reconocimiento por el hecho de ser.

La profundidad del artista trágico, consiste, en suma, en que su instinto estético otea las consecuencias más lejanas, que no se encierra por miopía en la observación de las cosas próximas; que afirma la economía en grande, que justifica lo terrible, lo malo, lo enigmático, y no se contenta, sin embargo, con justificarlo.

848

## EL ARTE EN *EL ORIGEN DE LA TRAGEDIA*

La concepción de la obra a que tiende este libro, en última instancia, es particularmente hosca y desagradable: parece que entre los tipos de pesimismo conocidos, ninguno ha llegado a este grado de malignidad. En este caso falta el contraste entre un mundo real y un mundo aparente: no hay más que un solo mundo, y este es falso, cruel, contradictorio, seductor, sin sentido... Un mundo semejante es un mundo verdadero. Por nuestra parte necesitamos de la mentira para conseguir la victoria sobre esta realidad, sobre esta «verdad», o sea, para vivir... El hecho de que la mentira se necesite para vivir forma parte de este terrible y enigmático carácter de la existencia.

La metafísica, la moral, la religión, la ciencia, son consideradas en este libro como diversas formas de la mentira: por ayuda de la misma, podemos creer en la vida. «La vida debe inspirar confianza»: el tema, enfocado de esta manera, agobia con su magnitud. Para cumplirlo, el hombre debe ser ya por naturaleza embustero, debe ser artista ante todo. Y lo es: metafísica, moral, religión, ciencia, son partes de su voluntad de arte, de mentira, de miedo de la «verdad», de negación de la «verdad». La misma facultad en virtud de la cual fuerza a la realidad con la mentira, esta facultad artística del hombre por excelencia, la tiene de común con todo lo que existe. Si él mismo es un fragmento de realidad, de verdad, de Naturaleza, ¿cómo podría no ser un fragmento del genio de la mentira?

Que el carácter de la existencia sea desconocido, determina la más profunda visión secreta detrás de todo lo que es virtud, ciencia, devoción, oficio del artista. No ver nunca muchas cosas, verlas falsamente, alegar cosas que no existen: ¡qué sabio es considerarse sabio en estados de ánimo en que se está muy lejos de la sabiduría! El amor, el entusiasmo, «Dios», son simples refinamientos del extraño engaño de sí mismo, simples seducciones para la vida, simples creencias en la vida. En momentos en que el hombre se sintió engañado, en que se ha embaucado a sí mismo, en que cree en la vida, ¡qué exuberancia se produce en él! ¡Qué éxtasis! ¡Qué sentimiento de poder! ¡Qué triunfo de artista hay en el sentimiento de poder! ¡El hombre ha llegado a ser nuevamente dueño de la «materia», dueño de la «verdad»...! Y cualquiera que sea el momento en que se alegre, siempre es igual en su gozo; se alegra como artista, goza como poder, goza con la mentira como con una nueva facultad.

## II

El arte y nada más que el arte. ¡Es el que hace posible la vida, gran seductor de la vida, el gran estimulante de la vida!

El arte es la única fuerza superior opuesta a toda voluntad de negar la vida, es la fuerza anticristiana, la antibudística, la antinihilista por excelencia.

El arte como redención del hombre del conocimiento, de aquel que ve el carácter terrible y enigmático de la existencia, del que quiere verlo, del que investiga trágicamente.

El arte es la única fuerza superior opuesta a toda voluntad, que no solamente percibe el carácter terrible y enigmático de la existencia, sino que lo vive y lo desea vivir; del hombre trágico y guerrero, del héroe.

El arte es la redención del que sufre, como camino hacia estados de ánimo en que el sufrimiento es querido, transfigurado, divinizado: en que el sufrimiento es una forma del gran encanto.

## III

Se observará cómo en este libro el pesimismo o, más claramente, el nihilismo, tiene valor de «verdad». Pero la verdad no es la más alta medida de valor y aún menos la más alta potencia. Aquí la voluntad de la apariencia, de la ilusión del engaño, del devenir y del variar (por engaño objetivo) es considerada como más profunda, más original, más «metafísica» que la voluntad de verdad, de realidad, de apariencia; esta última, por el contrario, es simplemente un aspecto de la voluntad de ilusión. Igualmente, el placer es considerado más originario que el dolor y el dolor es considerado como condicionado, como un fenómeno consiguiente de la voluntad de placer (de la voluntad de devenir, de crecer, de configurar, etc., de crear: pero en el crear va incluido también el destruir). Es concebido un estado supremo de afirmación de la existencia, del cual no se puede distraer ni siquiera el supremo dolor: el estado tragicodionisíaco.

## IV

Por tanto, este libro es incluso antipesimista: en el sentido de que enseña algo más fuerte que el pesimismo, más «divino» que la verdad: esto es, el Arte. Nadie, a lo que parece, más que el autor de este libro, otorgaría seriamente la palabra a una radical negación de la vida, a una real acción negativa de la vida aún más que a una palabra negativa sobre ella. Pero conoce, porque lo ha experimentado (y acaso no ha experimentado nada mejor), que el arte tiene más valor que la verdad.

Ya en el prefacio, donde Ricardo Wagner es invitado como a un coloquio, aparece semejante profesión de fe, este Evangelio artístico: «El arte es la auténtica misión de la vida, el arte es la actividad metafísica de la vida...».

# LIBRO CUARTO

# DISCIPLINA Y EDUCACIÓN

## I

## JERARQUÍA

### 1. LA DOCTRINA DE LA JERARQUÍA

#### 849

Me veo inclinado a restablecer la jerarquía en una época de sufragio universal, esto es, en la época en que cada cual tiene el derecho de enjuiciar a cada individuo y a cada cosa.

#### 850

Lo que caracteriza el rango, lo que quita, por otra parte, el rango, son únicamente las cualidades de poder y nada más.

#### 851

*La voluntad de dominio.*—¿De qué forma deberíamos estar constituidos los hombres que iniciamos esta transmutación de valores? La jerarquía como ordenamiento del poder:

la guerra y el peligro han sido creados para que una clase conserve sus condiciones. El grandioso modelo: el hombre de la Naturaleza, la criatura más débil, más hábil, adquiere el dominio, sometiendo a los poderes más estúpidos.

852

Yo distingo entre un tipo de vida ascendente y otro de decadencia, de fragmentación, de debilidad. ¿Hay que creer que el problema del rango solo se puede poner, en general, entre estos dos tipos?

853

Del rango depende la cantidad de poder que puedes alcanzar; el resto es poltronería.

854

*Ventajas de alejarse de la propia época.*—Situarse fuera de estos dos movimientos, del de la moral individual y del de la moral colectiva, porque tampoco la primera conoce la jerarquía y quiere dar a todos una libertad por el estilo. Mis pensamientos no consideran el grado de libertad que se debe conceder a todo el mundo, sino el grado de poder que uno u otro deben ejercer sobre otros o sobre todos; o sea, sobre la medida en que un sacrificio de libertad, y hasta un hacerse esclavo, ofrecen la base a la producción de un tipo superior. Atrevámonos a preguntarnos: ¿cómo se podría sacrificar la evolución de la humanidad para contribuir a la existencia de una especie más alta que la del hombre...?

## 855

*Del rango.*—La «igualdad» lleva a creer que todo el mundo tiene derecho a cualquier problema. Desaparece, como consecuencia, cualquier jerarquía.

## 856

Resulta inevitable una declaración de guerra de los hombres superiores a la masa. Por todas partes, la mediocridad se coaliga para hacerse dueña. Todo lo que reblandece, suaviza, valoriza al «pueblo» o a lo «femenino» obra a favor del sufragio universal, o sea, del dominio de los hombres inferiores. Pero nosotros queremos plantear represalias y sacar a la luz para llevar al tribunal toda esta economía, que en Europa, por otra parte, va aneja al cristianismo.

## 857

Existe la necesidad de una doctrina bastante importante para alentar a los fuertes, producir efectos educativos, para paralizar y destruir por otra parte a los cansados del mundo.

El aniquilamiento de las razas decadentes. Decadencia de Europa. El aniquilamiento de la valoración de los esclavos. El dominio sobre la tierra para producir el tipo superior. El aniquilamiento de esa hipocresía que se llama «moral» (el cristianismo considerado como una forma histórica de honestidad. Agustín, Bunyan). La conclusión del sufragio universal, del sistema en virtud del cual las naturalezas más bajas se imponen a las superiores y más contrastadas. El aniquilamiento de la mediocridad y de su valor. (Los unilaterales, individuos y pueblos; tender a la plenitud de la Naturaleza uniendo los contrarios; mezcla de razas con semejante fin.) Que el nuevo valor no implique ninguna verdad apriorística (puesto que así los buscan los habituados a creer), pero libre subordinación a una idea dominante, que tiene su propio tiempo; por ejemplo, la del tiempo considerado como una propiedad del espacio, etc.

## 2.  Los fuertes y los débiles

### 858

El concepto de «hombre fuerte y hombre débil», en definitiva, se reduce a esto: el hombre del primer caso ha heredado mucha fuerza, es una suma; el hombre del segundo ha heredado mucha menos (herencia insuficiente o dilapidación de la herencia). La debilidad puede ser un fenómeno inicial: se tiene aún poca fuerza, o en el caso extremo «no más fuerza».

Lo importante es saber dónde hay gran fuerza y dónde se debe gastar la fuerza. La masa, por ser la suma de los débiles, reacciona muy lentamente; se preserva de muchas cosas para las cuales es demasiado débil, de las cuales no puede obtener ninguna utilidad; no crea, no avanza.

Esto atenta contra la teoría que niega al enemigo fuerte, convencida de que la masa es la que hace las cosas. Es la misma diferencia que hay entre generaciones separadas: cinco o seis generaciones pueden encontrarse entre el hombre activo y la masa: es una diferencia cronológica.

Los valores de los débiles son los más apreciados, porque los fuertes se los han apropiado para dirigir con ellos.

### 859

*Por qué los débiles son los victoriosos.*—Los débiles y los enfermos, en suma, despiertan mayor simpatía, son más variables, son más múltiples, más distraídos, más malignos:

únicamente los enfermos han inventado «la maldad». (Con frecuencia, hay una madurez morbosa precoz en los raquíticos, en los escrupulosos y en los tuberculosos.) El «esprit» es una propiedad de las razas tardías: hebreos, franceses, chinos. (Los antisemitas no perdonan a los hebreos que tengan «sprit» y dinero. Antisemita es uno de los nombres de los «fracasados».)

Los enfermos y los débiles tienen en su haber cierta fascinación: son más interesantes que los sanos: el loco y el santo son las dos especies humanas más interesantes... logran un extraño parentesco con el «genio». Los grandes «aventureros y delincuentes» y todos los hombres, sobre todo los más sanos, están enfermos en ciertas épocas de su vida: los grandes movimientos del sentimiento, la pasión del poder, el amor, la venganza, van acompañados de profundas perturbaciones. En cuanto a la decadencia, todo hombre que no muere demasiado joven la representa casi en todos los sentidos: conoce, pues, por experiencia, los instintos propios de lo decadente: casi la mitad de la vida humana es decadencia.

Por último, la mujer. Una mitad de la humanidad es débil, típicamente enferma, variable, inconstante; la mujer tiene necesidad de la fuerza para agarrarse a ella, para inventar una religión de la debilidad que venere como a cosas divinas a los seres débiles, el amar, el ser humildes; o, mejor: la mujer hace débiles a los fuertes, y reina, claro está, cuando consigue dominarlos. La mujer se ha aliado siempre con los decadentes, con los sacerdotes, contra los «poderosos», contra los «fuertes», contra los «hombres». La mujer pone de su parte a los niños por el culto de la piedad, de la compasión, del amor: la madre representa el altruismo del modo más convincente.

Finalmente, la creciente civilización, que trae consigo, por necesidad, el aumento de los elementos morbosos, de los neurasténicos, de los psicopáticos y de la criminalidad. Hay una clase intermedia: el artista; separado de la criminalidad por lo débil de su voluntad y el miedo a la sociedad; inmatura para el manicomio, pesca con sus redes en todos los mares. El artista moderno es una planta representativa de la civilización; lo mismo el pintor, el músico, y, principalmente, aquel novelista que emplea la impropia palabra de «naturalismo»... Aumentan los locos, los delincuentes y los «naturalistas»: signo de una cultura creciente y que velozmente avanza; el desecho, los dementes, la escoria adquiere importancia, la corriente descendiente va al mismo paso.

Finalmente, la mezcla social, lógica de la revolución, de la igualdad de derechos, de la supersticiosa creencia en la «igualdad de los hombres». Los representantes de los instintos decadentes (del resentimiento, del desconcierto, del instinto de destrucción, de la anarquía y del socialismo), comprendidos los instintos de esclavitud, los instintos de holgazanería, de astucia y de la canallería de los estratos sociales tenidos durante mucho tiempo en sujeción, se mezclan en la sangre de todas las clases: después de dos o tres generaciones la raza ha llegado a ser imposible de reconocer, todo se ha convertido en plebe. De aquí resulta un instinto colectivo contra la selección, contra el privilegio de cualquier género, tan fuerte y seguro, duro, cruel en la práctica, que bien pronto, en efecto, se someten hasta los privilegiados: todos los que quieren conservar el poder adulan a la plebe, trabajan con la plebe, deben tener al público de su parte, y, ante todo, deben hacer los «genios»: estos se hacen los heraldos de los sentimientos con que se entusiasma a las masas; de la nota sentimental, del respeto de quienes vienen sufriendo, humildemente, despreciados, perseguidos, suena por encima de todas las demás notas. (Tipos: Victor Hugo y Ricardo Wagner.) La ascensión de la plebe significa, una vez más, la ascensión de los antiguos valores.

Con un movimiento tan intenso en el ritmo y en los medios como el que representa nuestra civilización, se desplaza el centro de gravedad de los hombres: de aquellos hombres que importan más que todos, a los cuales corresponde, en cierto aspecto, el deber de compensar todo el gran peligro de semejante movimiento morboso: ellos serán los retardatarios por excelencia, los que asumen lentamente y abandonan difícilmente, los relativamente duraderos en medio de este prodigioso cambiar y mezclares. Necesariamente, en tales circunstancias, el centro de gravedad va a caer en los mediocres: contra el dominio de la plebe y de los excéntricos (generalmente aliados entre ellos) se consolida la mediocridad como garantía y depositaria del porvenir. De aquí nace para los hombres de excepción un nuevo adversario o una nueva seducción. Admitiendo que no se sumen a la plebe ni entonen himnos en homenaje al instinto de los «desheredados», deberán, por necesidad, ser «mediocres» y «positivos». Ellos lo saben: la «mediocritas» es también «aurea», solo dispone del dinero y del oro (de todo lo que brilla...). Y de nuevo, una vez más, la vieja virtud, y, en general, todo el mundo del ideal superado, conquista intérpretes bien dotados... Resultado: la mediocridad adquiere espíritu, agudeza, genio, se hace divertida, seduce.

Resultado: una alta cultura solo puede elevarse sobre un amplio terreno, sobre una mediocridad suficientemente consolidada de manera fuerte y sana. A su servicio y servida al mismo tiempo por ella trabaja la ciencia y también el arte. La ciencia no puede soñar una situación mejor: la ciencia, como tal, es propia de una especie intermedia de hombres; entre las excepciones está desplazada: no tiene nada de aristocrática y aún menos de anárquica en sus instintos. El poder de la clase media se conserva por el comercio, sobre todo por el comercio del dinero: el instinto de los grandes financieros es contrario a todos los extremos; por esto los hebreos son, actualmente, la potencia más conservadora en nuestro Europa, tan amenazada y expuesta. Ellos no tienen necesidad de revoluciones ni de socialismo, ni de militarismos; si anhelan tener poder y tienen necesidad de él, aun sobre el partido revolucionario, ello es solo una consecuencia y no una contradicción de cuanto antes se dijo. Tienen necesidad de excitar eventualmente el pavor contra otras tendencias extremas, mostrando todo aquello que se encuentre en sus manos. Pero su propio instinto es fatalmente conservador y «mediocre»... Saber ser poderosos en todas partes en donde hay poder; pero el disfrute de su poder sigue siempre una sola dirección. La palabra más digna para designar lo mediocre es, como se sabe, la palabra «liberal».

o

*Reflexión.*—Resulta disparatado suponer que toda esta victoria de valores es antibiológica; por ello, debe tratar de explicarse con un interés muy vivo el deseo de conservar el tipo «hombre» aun mediante este sistema del predominio de los débiles o los fracasados; en caso contrario, el hombre no existiría ya. Este es un problema.

La elevación del tipo, ¿es funesta para la elevación de la especie? ¿Por qué?

Las experiencias de la historia ponen de manifiesto que las razas fuertes se diezman recíprocamente: mediante la guerra, las aspiraciones al poder, las aventuras, las pasiones fuertes, la disipación (no se capitaliza más fuerza, surgen perturbaciones intelectuales a causa de la excesiva tensión); su existencia es costosa; en suma, chocan entre sí: sobrevienen periodos de profundo retardo y somnolencia; todas las grandes épocas se pagan... Luego, los fuertes se hacen más débiles, menos voluntariosos, más absurdos que el término medio de los débiles.

Estamos ante las llamadas razas pródigas. La «duración» en sí no tendría valor: se preferiría una existencia más breve de la raza, pero más rica en valor. Quedaría por demostrar que también ahora se consigue mayor cantidad de valor que en el caso de la existencia más breve; esto es, que el hombre, admitido como una suma de fuerza, adquiere una cantidad de valor que en el caso de la existencia más breve; esto es, que el hombre, considerado como una suma de fuerza,

adquiere una cantidad bastante más elevada de dominio sobre las cosas que cuando las cosas van como van ahora...
Aquí nos encontramos frente a un problema de economía.

## 860

¡Exaltemos un modo de pensar que se llama «idealismo»,
que no permite a la mediocridad ser mediocre, ni a la mujer
ser mujer! ¡Se debe evitar la uniformación! Debemos darnos
cuenta de lo caro que cuesta establecer una virtud, y que la
virtud no es nada deseable por lo general, sino que es una
noble locura, una bella excepción, que goza del privilegio de
tener grandes exigencias.

## 861

Urge demostrar que, a un consumo cada vez más limitado
de hombres y de humanidad, a un «maquinismo» de intereses y prestaciones cada vez más sólidamente enlazados,
debe responder un movimiento contrario. Yo lo defino como
una sangría de un exceso de lujo de la humanidad: aquí debe
aparecer una especie más fuerte, un tipo más alto, que acredita condiciones de nacimiento y de conservación diferentes
de las del hombre medio. Mi concepto, mi símbolo» de este
tipo es, como se sabe, la palabra «superhombre».

En este primer camino, que hoy se puede abarcar completamente con la mirada, nace la adaptación, el aplanamiento,
la poquedad en grado máximo, la modestia del instinto, la satisfacción en el empequeñecimiento del hombre, una especie
de nivel de inmovilidad del hombre. Cuando lleguemos a
alcanzar aquella administración colectiva de la tierra que
inevitablemente nos aguarda, la humanidad encontrará, como
mecanismo al servicio de aquella, su más alto significado:
porque será entonces un enorme sistema de ruedas, de ruedas

cada vez más pequeñas, cada vez más sutilmente adaptables; serán cada vez más superfluos todos los elementos que dominan y que mandan; será un todo de fuerza prodigiosa, cuyos singulares factores representarán fuerzas mínimas, valores mínimos.

En oposición al empequeñecimiento y adaptación del hombre a una utilidad especializada, es necesario el movimiento opuesto, la producción del hombre sintético, aglutinador, justificador, para el cual aquella mecanización de la humanidad es una condición preliminar de la existencia, como una base sobre la cual puede encontrar su más alta forma de ser.

Necesita tener en contra a la multitud, a los «nivelados»; tiene necesidad del sentimiento de la distancia respecto de estos; está sobre ellos, vive de ellos. Esta forma superior de lo aristocrático es en mi criterio la forma del porvenir. En sentido moral, aquel mecanismo colectivo, la solidaridad de todas las ruedas, representa un máximo en el disfrute del hombre; pero presupone hombres por amor a los cuales este disfrute adquiere un sentido. En el otro caso sería en realidad simplemente el envilecimiento colectivo, la disminución del valor del tipo «hombre», un fenómeno de regresión en gran escala.

Como puede observarse, lo que yo combato es el optimismo económico: ese optimismo que considera que con el aumento de los gastos de todos debe necesariamente crecer también la utilidad de todos. Me parece que la verdad es lo contrario: los gastos de todos se adicionan en una pérdida general: el hombre se hace menor; de tal manera, que no se entiende para lo que, en definitiva, ha podido servir proceso tan tremendo. Podemos preguntarnos, ¿a qué fin? ¿Es preciso un nuevo a qué fin?... Quizá la humanidad necesite plantearse semejantes preguntas.

862

Juicio sobre el aumento de poder colectivo: calcular en qué medida el ocaso de individuos, de clases, de épocas, de pueblos, se comprende en este aumento.

Desplazamiento del centro de gravedad de una civilización. Los gastos de todo crecimiento, ¿quién los soporta? En qué sentido estos gastos deben ser hoy tan enormes.

863

Aspecto general del europeo del porvenir: considerado como el más inteligente entre los animales esclavizados, muy laborioso, modesto en el fondo y curioso en extremo, múltiple, ablandado, débil de voluntad; un caos cosmopolita de pasiones y de inteligencias. ¿Cómo podría resultar de aquí una especie más fuerte? ¿Una especie de gusto clásico? El gusto clásico es la voluntad de simplificación, de refuerzo, de visibilidad de la felicidad, de cosas terribles, el valor de la desnudez psicológica (la simplificación es una consecuencia de la voluntad de refuerzos: el hacer visible la felicidad y la desnudez es una consecuencia de la voluntad de cosas terribles...). Para elevarse, luchando, de este caos a esta configuración surge una necesidad, hay que elegir: o perecer o imponerse. Una raza dominante solo puede desarrollarse en virtud de principios terribles y violentos. Debiendo preguntarnos: ¿dónde están los bárbaros del siglo XX? Se harán visibles y se consolidarán después de enormes crisis socialistas; serán los elementos capaces de la mayor dureza para consigo mismo, los que puedan garantizar la voluntad más prolongada.

864

Las pasiones más violentas y peligrosas del hombre, las que llevan fatalmente a la ruina, están tan sistemáticamente perseguidas, que los hombres más poderosos se han hecho imposibles, y deben sentirse malos, «nocivos e ilícitos». Esta pérdida es grande, pero ha sido necesaria en nuestros tiempos, en los que una gran cantidad de fuerzas contrarias se cultiva mediante la represión temporal de aquellas pasiones (de las pasiones de dominio, del gusto de la transformación y de la ilusión) hace posible su desencadenamiento, exento de su antiguo salvajismo. Nosotros aceptamos una barbarie domesticada, si nos acordamos de nuestros artistas y hombres de Estado.

865

La raíz de todos los males es que la moral de los esclavos, la moral de la humildad, de la castidad, del desinterés, de la obediencia absoluta haya remitido. Por ello, las naturalezas dominadoras fueron: 1) condenadas a la hipocresía; 2) condenadas a los tormentos de la conciencia; las naturalezas creadoras se sentirán rebeldes a Dios, inseguras y paralizadas por los valores eternos.

Los bárbaros dieron pruebas que la facultad de conservar, la medida no residía en ellos; temían y difamaban las pasiones y los impulsos de la Naturaleza, así como el montaje de los césares y de las clases dominantes. Surgió, por otra parte, la sospecha de que cualquier moderación era una debilidad, un envejecimiento o acaso cansancio (hasta llegar La Rochefoucauld a sospechar que la «virtud» es una bella palabra para aquellos a quienes el vicio ya no divierte). El mismo sentido de la medida fue cosa de la debilidad, de la constricción de sí mismo, siendo descrito como un sentimiento ascético, como lucha con el diablo, etcétera. El natural bienestar de la Naturaleza estética al espectáculo de la miseria, el goce en la belleza de la medida fue descuidado o despreciado, porque se pretendía una moral antieudemonística.

¡Faltó hasta el momento la fe en la alegría de conservar la medida, el goce de quien cabalga en un fogoso corcel! La mediocridad de las naturalezas débiles se trocó por la mesura de las naturalezas fuertes.

En resumen: las cosas mejores se difamaron porque los débiles o los cerdos desenfrenados proyectaron sobre ellas una luz sombría, y los mejores hombres permanecieron desconocidos y con frecuencia se desconocieron ellos mismos.

866

Los viciosos y los desenfrenados llegan a ejercer una influencia depresiva sobre los valores de los deseos. Hay una barbarie horrible de las costumbres, que, principalmente en la Edad Media, logró que se constituyese una auténtica «liga de la virtud», complementada por otras tantas horribles exageraciones sobre lo que forma el valor del hombre. La «civilización» combatiente (en la domesticación) reclama toda clase de hierros y tormentos para defenderse de la violencia y la naturaleza de los animales de presa.

Se hace, por tanto, natural una confusión de consecuencias imprevisibles: lo que hombres de poder y de voluntad pueden exigir de sí mismos, corresponde en cierta medida a lo que estos se pueden permitir. Semejantes naturalezas no tienen que ver nada con los viciosos y los desenfrenados; si bien en ocasiones realizan hechos en virtud de los cuales un hombre, menor que ellos, sería culpado de vicio y de intemperancia.

En este caso resulta muy nocivo el concepto de la igualdad de valor de los hombres ante Dios: se prohibieron acciones y pensamientos que, en sí, formaban parte de las prerrogativas de las constituciones fuertes, como si fuesen en sí indignas del hombre. Se desacreditó toda la tendencia de los hombres fuertes, mientras que se instituían como normas de valor los medios de defensa de los débiles (débiles también contra ellos mismos).

La confusión llegó tan lejos, que llegó a estigmatizarse con los nombres más injuriosos precisamente a los grandes virtuosos de la vida (cuyo dominio de sí mismos forma el más agudo contraste con el vicio y el desenfreno). Aun hoy se estima obligado censurar a César Borgia, por lo que, sencillamente, hace reír. La Iglesia proscribió a algunos emperadores alemanes con motivo de sus vicios, como si un monje o un sacerdote tuviese derecho a hablar de lo que un Federico II puede exigirse a sí mismo. Don Juan fue condenado al infierno, cosa un poco inocente. ¿Se observó alguna vez que en el cielo no hay hombres interesantes...? La cosa se convierte en una referencia para las mujerzuelas, acerca del lugar en que encontrarán más fácilmente su salvación.

Si se piensa con alguna coherencia y se tiene la visión exacta de lo que es un «gran hombre», no cabe la menor duda que la Iglesia tiene que mandar al infierno a todos los «grandes hombres», puesto que combate toda «grandeza en el hombre».

## 867

Los derechos que un hombre adquiere están en relación con los deberes que acepta, con las empresas para las que se supone dispuesto. El mayor número de los hombres no tiene derecho a la existencia, y se convierte en una desgracia para los hombres superiores.

## 868

Falsa comprensión del egoísmo: por parte de las naturalezas vulgares, que no saben nada del goce de la conquista y de la insaciabilidad del gran amor, así como de los torrenciales sentimientos de fuerza que subyugan, constriñen, quieren implantarse en el corazón, del impulso del artista hacia su materia. Con frecuencia, el sentido de la actividad busca solamente un terreno. En el «egoísmo» común, precisamente el «non-ego», la criatura media, el hombre de la especie quiere su propia conservación; esto indigna, cuando no se percibe por los más raros, por los más finos y por los menos mediocres. Porque estos suelen juzgar así: «¡Nosotros somos los más nobles! ¡Importa más nuestra propia conservación que la del rebaño!».

869

¡La degeneración de los dominadores y de las clases dominantes ha creado el mayor abuso de la historia! Sin los césares romanos y la sociedad romana, el cristianismo no habría triunfado.

¡Desde el momento que a los hombres inferiores les asalta la duda de que existan hombres superiores, el peligro se amplia! Y se llega a descubrir que hay virtud aún entre los hombres inferiores, subyugados, pobres de espíritu; y que respecto a Dios, todos los hombres son iguales: ¡lo que ha sido hasta ahora el *non plus ultra* del cretinismo sobre la tierra! Porque los hombres superiores terminaron por medirse a sí mismos con la medida de las virtudes de los esclavos, se entendieron a sí mismos «soberbios», etc.; encontraron despreciables todas sus cualidades superiores.

Cuando Nerón y Caracalla ocuparon el solio, se produjo la paradoja de que «el hombre más humilde tiene más valor que el que está más alto». Y se abrió camino una idea de Dios. ¡O más alejada posible de la imagen de los poderosos: ¡el Dios crucificado!

870

El hombre superior y el hombre del rebaño. Cuando faltan los grandes hombres, se hacen semidioses o dioses interinos de los hombres del pasado: el crecimiento de las religiones demuestra que el hombre no saca gusto de los hombres («y ni siquiera de las mujeres», según dice Hamlet»). O bien: se reúnen muchos hombres en montón, como parlamentos, y se desea que obren tiránicamente de igual modo.

El «tiranizar» es cosa de los grandes hombres. Vuelven estúpido al hombre inferior.


871


Buckle constituye el más alto grado a que puede llegar la incapacidad de un agitador vulgar, al formarse claro concepto de «naturaleza superior». La opinión, propugnada por él de forma tan apasionada —la de que los «grandes hombres», como ciertos individuos, príncipes, estadistas, genios, capitanes, son la palanca o la causa de todos los grandes movimientos—, es instintivamente mal entendida por él, como si con ella se sostuviese que lo más precioso y fundamental en semejante «hombre superior» consistiese precisamente en la capacidad de poner masas en movimiento, o sea en su efecto... Pero la «naturaleza superior» del gran hombre consiste en ser diverso para los demás, en su incomunicabilidad, en la distancia de clase, no en cualquier efecto, aunque conmoviese al globo terráqueo.


872


Nada justifica tanto a Napoleón, como que la revolución lo hiciera posible. A tal precio, se debería desear el estallido anárquico de toda nuestra civilización. Napoleón hizo posible el nacionalismo; esta es su disculpa.

El valor de un hombre (aparte, como es natural, de moralidad e inmoralidad, porque con estos conceptos no se aquilata el valor de un hombre) no consiste en su utilidad, ya que su valor persistiría aun cuando este valor no resultara útil a nadie. ¿Y por qué no podría precisamente, el hombre del cual salieron los efectos más ruinosos, ser el vértice de toda la especie humana, situándose tan alto, tan superior, que todo se arruinase al envidiarlo...?

873

Valorizar a un hombre por la utilidad o el daño que ha producido a los demás significa tanto y tan poco como apreciar una obra de arte por los efectos que produce. En esta apreciación quedan intacto el valor de un hombre en comparación con otros hombres. La «valoración moral», en cuanto es una valoración social, mide al hombre en realidad por sus efectos. Un hombre con gusto, envuelto y defendido por su aislamiento, incomunicable, poco expansivo; un hombre no calculado y, por consiguiente, un hombre de una especie más alta y en todo caso diferente, ¿cómo es posible valorizarlo si no es posible conocerlo, si no puede comparársela...?

La valoración moral tuvo, en definitiva, una influencia disminuyente en el juicio: el valor de un hombre en sí es desvalorado, casi despreciado, en cierta medida negado. Es un residuo de la ingenua teleología: el valor del hombre considerado solamente en relación con los hombres.

874

La preocupación moral degrada a un hombre respecto a la jerarquía, al «aparte», al sentimiento de libertad de las naturalezas creadoras, de los «hijos de Dios» (o del diablo). Es indiferente que predique la moral dominante: con ello pertenece al rebaño, aunque sea en calidad de suprema necesidad del rebaño, en calidad de «pastor».

875

Debe sustituirse la moral con la voluntad de nuestro fin; y, por tanto, los medios para conseguirlo.


876

*Jerarquía.*—¿Qué es lo mediocre en el hombre común y corriente? No considerar como algo muy necesario el reverso de las cosas; combatir las calamidades como si estas se pudieran evitar; no querer tomar una cosa juntamente con la otra; querer borrar y extinguir el típico carácter de algo, de un estado de ánimo, de una época, de una persona, aprobando solo una parte de sus cualidades propias y tratando de suprimir las demás. Las cosas deseables para los mediocres son las que combatimos gentes de otra naturaleza: el ideal comprendido como cosa a la que no debe quedar adherido nada de dañoso, de malo, de peligroso, de enigmático, de destructor. Nuestro modo de ver, en definitiva, es el opuesto: nosotros creemos que con la mejoría del hombre, mejora también su reverso; que el hombre más alto, si se acepta como lícito tal concepto, sería el que representase más plenamente el carácter contradictorio de la existencia, como gloria y única justificación de la existencia misma... Los hombres comunes pueden representar solamente una pequeñísima parte y un escaso ángulo de este carácter de la Naturaleza; perecen pronto cuando crece la multiplicidad de los elementos y la tensión de los contrastes, o sea, la condición preliminar de la grandeza del hombre. Que el hombre deba llegar a ser mejor y peor es mi fórmula para enunciar esta inexcusabilidad.

Una gran mayoría representa al hombre en calidad de fragmentos o de detalles; sumándolos solamente sale un hombre. Épocas enteras, pueblos enteros tienen en tal sentido algo de fragmentario; quizá forme parte de la economía de

la evolución humana que el hombre se desarrolle por fragmentos. Por esto no se debe desconocer absolutamente que,
a pesar de ello, se trata únicamente de la producción del
hombre sintético; que los hombres viles, mucho más numerosos, son simplemente preludios y ensayos, de cuyo juego
de conjunto nace a veces el hombre completo, el hombre
piedra miliar, el cual muestra hasta qué punto ha llegado entonces la humanidad. Esta no avanza de un solo golpe; con
frecuencia el tipo ya realizado se pierde de nuevo (nosotros,
por ejemplo, con tensión de tres siglos, no hemos llegado todavía al hombre del Renacimiento, y, a su vez, el hombre del
Renacimiento se queda detrás del hombre de la Antigüedad).

### 877

Una cosa es reconocer la superioridad del hombre griego,
del hombre del Renacimiento, y otra querer conseguirla sin
sus causas y sus condiciones.

### 878

La «purificación del gusto» solo puede ser consecuencia
de un robustecimiento del tipo. Nuestra sociedad moderna
representa solamente la cultura; falta el hombre culto, falta
el grande hombre sintético, mientras las diversas fuerzas son
sujetas sin escrúpulo al yugo para un solo fin. Del que nosotros disponemos es del hombre múltiple, el caso más interesante quizá que ha existido; pero no el caos anterior a la
creación del mundo, sino el subsiguiente: Goethe es la más
bella expresión del tipo (¡que no es de ninguna manera
olímpico!).

## 879

Haendel, Leibniz, Goethe, Bismarck son característicos del fuerte estilo alemán. Vivieron entre contradicciones sin saberlo; estuvieron poseídos de aquella ágil fuerza que proporcionan las convenciones y las doctrinas, empleando las unas contra las otras y conservando su libertad.

## 880

Yo he comprendido esto: si el nacimiento de los hombres grandes y raros dependiese del consentimiento multitudinario (admitiendo que la muchedumbre supiera cuáles son las cualidades propias de la grandeza y a costa de qué se desarrolla la misma), no habría logrado conseguirse un hombre de valor.

Gracias a que la marcha de las cosas se realiza sin necesidad del consentimiento de los más, en la tierra se han producido sucesos sorprendentes.

## 881

La jerarquía de los valores humanos:

*a)* No se debe valorar un hombre por hechos particulares. Muchas de sus acciones son epidérmicas. Nada más raro que una acción personal. Una clase, un rango, una estirpe, un ambiente, un caso; todo esto queda expresado mejor en una obra o acción que en una «persona».

*b)* En general, no debe suponerse demasiado que muchos hombres son «personas». Hay hombres que lo son, pero no los más. En todas partes donde abundan las cualidades medias, de las cuales depende la persistencia de un tipo, ser persona es un lujo, un despilfarro, por lo que carece de sentido encontrarse una «persona». Lo único que encontramos, que hay, son portadores e instrumentos de transmisión.

*c)* La «persona» es un hecho relativamente aislado; en relación con la mucha mayor importancia de lo continuo y de lo mediano, es casi algo contranatural. Para el nacimiento de una persona se necesita el aislamiento temporal, verse forzado a una existencia armada y de defensa, una especie de enmurallamiento, una gran fuerza de segregación y, sobre todo, una impresionabilidad mucho menor que la del hombre medio, cuya humanidad es contagiosa.

Primera cuestión respecto a la jerarquía: hasta qué punto un hombre es solitario o tiene instintos de rebaño. (En el último caso, su valor consiste en las cualidades que aseguran la existencia de su rebaño, de su tipo; en el primer caso, en lo que lo enaltece, lo aísla, lo defiende y hace posible que sea solitario.)

Consecuencia: no se debe valorizar el tipo solitario, comparándolo con el del rebaño, ni el del rebaño según el solitario.

Bien mirado, ambos son necesarios igualmente, también es necesario su antagonismo, y nada tan condenable como desear que de aquellos tipos surja un tercero (la «virtud» considerada como un hermafroditismo). Esto es tan poco deseable como la aproximación y la conciliación de los sexos. Desarrollar lo que es típico, socavar cada vez más profundamente el abismo...

Concepto de la degeneración en ambos casos: cuando el rebaño se acerca a las cualidades de la criatura solitaria y esta a las cualidades del rebaño: en suma, cuando el hombre solitario y el rebaño se aproximan. Este concepto de la degeneración está más allá del juicio moral.

### 882

*Dónde se deben buscar las naturalezas más fuertes.*—La desaparición y la degeneración de las especies solitarias es mucho más grande y terrible, puesto que estas tienen en su contra los instintos del rebaño, la tradición de los valores;

sus instrumentos de defensa, sus instintos protectores no son, «a priori», fuertes ni bastante seguros; necesitan circunstancias muy favorables para prosperar (prosperan las más de las veces entre los elementos ínfimos y socialmente más sacrificados; si se encuentran personas, se encuentran allí más seguramente que en las clases medias).

Cuando la lucha de clases, dirigida hacia la igualdad de derechos, está casi terminada, la lucha se desencadena contra la persona solitaria. (En cierto sentido, esta se puede fácilmente conservar y desarrollar en una sociedad democrática; cuando los medios defensivos más groseros no son tan necesarios y un cierto hábito de orden, de elocuencia, de justicia, de confianza, forma parte de los medios ambientales.)

Los más fuertes deben ser aherrojados, vigilados, encarcelados; pues así lo quiere el instinto rebañiego. Para aquellos, un régimen de dominio sobre sí mismos, de aislamiento ascético o del «deber» en un trabajo inútil, por medio del cual no vuelven ya a encontrarse a sí mismos.

883

*Intento de justificar económicamente la virtud.*—El deber es este: hacer al hombre todo lo más útil que sea posible y convertirlo, en todo lo que realmente importa, en una máquina indefectible, para lo cual debe de estar dotado de cualidades de máquina. (Debe saber estimar como preciosos los estados de ánimo en que trabaja de un modo maquinal y útil; con tal motivo, es necesario que las otras virtudes le sean indeseables y le parezcan peligrosas y desacreditadas.)

Aquí la primera piedra de choque es el aburrimiento, la uniformidad que toda actividad maquinal trae consigo. Aprender a soportar estas —y no solo a soportarlas—, aprender a ver el aburrimiento circundado de un nimbo superior, este ha sido hasta ahora el empeño de toda educación escolástica elevada. Aprender una cosa que no nos importa, y considerar que nuestro «deber» consiste precisamente en esta actividad «objetiva», aprender a estimar el placer y el deber separados entre sí, este es el inapreciable empeño de las escuelas, su ventaja. Por eso hasta este momento, el filólogo fue el educador en sí, porque su actitud ofrece el modelo de una monotonía de la actividad que llega hasta lo grandioso; bajo su bandera, el joven aprende a «encelarse»; primera condición de una futura capacidad para llenar maquinalmente sus propios deberes (como funcionario del Estado, esposo, esclavo burocrático, lector de periódicos y soldado). Acaso una existencia semejante tiene mayor necesidad de una justificación y de una transfiguración filosófica que cualquier otra; los sentimientos placenteros deben ser desvalorados, como sentimientos de ínfimo orden, por un tribunal infalible; debe haber el «deber en sí», acaso también el «pathos» del respeto de todo lo que es desagradable, y esta exigencia debe hablar como desde más allá de toda utilidad, afición, finalidad, imperativamente... la forma maquinal de existencia debe ser considerada como la más alta, la más venerable, como la más estimada de sí misma. (Tipo: Kant como fanático del concepto formal «tú debes».)

884

La valoración económica de los ideales conocidos, o sea, la elección de ciertos afectos y estados de ánimo, elegidos y cultivados a expensas de otro. El legislador (o el instinto de la sociedad) elige un cierto número de afectos y estados de ánimo, cuya actividad garantiza una producción regular (esto es, se consigue un maquinismo de prestaciones como consecuencia de las necesidades regulares de aquellos afectos y estados de ánimo).

Suponiendo que estos estados de ánimo y afectos contengan ingredientes penosos, hay que arbitrar un procedimiento para superar el elemento penoso mediante una representación de valores, tendente a considerar el desplacer como precioso y, por consiguiente, como apetecible en sentido superior. Para encerrar esto en una fórmula, preguntemos: «¿Cómo una cosa desagradable puede convertirse en una cosa agradable?». Puede convertirse cuando, por ejemplo, en la fuerza, en el poder, en la victoria de sí mismo se honra nuestra obediencia, nuestra inserción en la ley. Y también, si se honra nuestro sentido del bien público, nuestro amor del prójimo, nuestro amor a la patria, nuestra «humanización», nuestro «altruismo» y «heroísmo».

Que se hagan voluntariamente las cosas desagradables, esta es la intención de los ideales.

### 885

El empequeñecimiento debe ser considerado durante bastante tiempo como único fin, porque es necesario crear previamente una amplia base, para que sobre ella pueda sustentarse una especie de hombres más fuertes. (¿En qué medida hasta ahora esta especie de hombres fuertes se encuentra al nivel de los hombres inferiores...?)

### 886

Una forma absurda y despreciable del idealismo, no quiere aceptar lo mediocre de la mediocridad, y en vez de sentir el triunfo de un modo de ser excepcional, se indigna ante la pereza, la falsedad, la mezquindad y la miseria. ¡No se debe querer que las cosas marchen de otra manera! ¡Se debe cavar más profundamente el abismo! Se debe obligar a la especie superior a apartarse, con los sacrificios que debe de hacer, a su existencia.

Punto de vista principal: crear distancias sin crear contrastes. Separar a las criaturas mediocres y disminuir su influencia, medio esencial para conservar las distancias.

### 887

¿Cómo es posible conseguir que los mediocres renuncien a su mediocridad? Yo, según puede observarse, hago todo lo contrario: yo enseño que todo paso para alejarse de aquella, conduce a la inmoralidad.

### 888

El odio contra la mediocridad es indigno de un filósofo, es casi un punto de interrogación sobre su «derecho a la filosofía». Precisamente porque él es la excepción debe tomar bajo su protección la regla, y debe respetar a todo mediocre su valor.

### 889

*Lo que yo combato.*—Yo combato el hecho de que una especie excepcional haga la guerra a la regla, en lugar de admitir que la prosecución de la existencia de la regla sea la premisa del valor de la excepción. Por ejemplo, las mujeres cultas, que en lugar de sentir la distinción de sus necesidades normales de erudición, tratan de desplazar a la mujer de su posición.

### 890

## EL AUMENTO DE LA FUERZA, A PESAR DEL ENVILECIMIENTO TEMPORAL DEL INDIVIDUO

Se debe fundar un nuevo nivel, un método de integración de fuerzas para conservar las pequeñas prestaciones, en contraste con una disipación antieconómica.

Se debe conservar a los débiles coadyuvando a la creación de una mentalidad por la que sea factible la existencia de los débiles y de los que sufren.

Se debe instaurar la solidaridad como instinto, contra el instinto del miedo y del servilismo.

Se debe luchar contra el «acaso», aun contra el acaso del «gran hombre».

### 891

La lucha contra los grandes hombres se justifica fundamentalmente por razones económicas. Los grandes hombres son peligrosos, son casos, excepciones, cataclismos bastante fuertes para poner en peligro lo que fue lentamente fundado y construido. Se debe no solo descargar el explosivo de modo que no haga daño, sino prevenir de su estallido si es posible, instinto fundamental de toda sociedad civilizada.

### 892

Quien medite sobre el modo de elevar a su mayor esplendor y a su mayor potencialidad el tipo «hombre», comprenderá que tiene que situarse ante todo al margen de la moral, porque la moral ha tenido como objetivo lo contrario, esto es, paralizar y destruir todo desarrollo del esplendor allí donde se produjera. Porque, en realidad, todo desarrollo esplendoroso consume tal cantidad de hombres a su servicio, que es muy natural que se produzca el movimiento opuesto: las existencias débiles, más delicadas, mediocres, tienen necesidad de tomar partido en contra de todo lo que glorifica la fuerza y la vida, necesitando por ello alcanzar una nueva valoración de sí mismas, para condenar y, si es posible, destruir la vida en esta suprema plenitud. Por lo dicho, es propio de la moral encarnar una concepción hostil a la vida, con el fin de sojuzgar a los representantes máximos de lo vivo.

893

*Los fuertes del porvenir.*—Lo que la necesidad y el azar han conseguido, basándose en las condiciones para la producción de una especie más fuerte, podemos ahora comprenderlo y quererlo conscientemente: podemos crear, mejor dicho, las condiciones en que es viable semejante elevación.

Hasta nosotros, la sociedad ha intentado conseguir la utilidad de la sociedad existente, sin preocuparse de una posible utilidad del porvenir. Se han deseado siempre «instrumentos» para esa sociedad. Admitiendo que la riqueza de fuerzas fuese mayor, podría pensarse en el desglosamiento de una parte de esas fuerzas, no tanto para ayudar a la sociedad actual como para ser útiles a la futura.

Habría que aceptar lo dicho como deber, cuanto más se comprendiese que la fuerza actual de la sociedad se encuentra en un momento de fuerte transformación; de esta manera no existiríamos tanto por amor a esta sociedad, sino sintiéndonos en manos de una raza más fuerte.

El creciente empequeñecimiento del hombre es precisamente la fuerza que impulsa a pensar en formar una raza más fuerte, una raza que tuviera su exceso precisamente como una consecuencia de que la especie empequeñecida sería cada vez más débil (esto es, en la voluntad, en la responsabilidad, en la seguridad, en la facultad de proponerse fines).

Los medios nos los enseña la historia: un aislamiento mediante intereses de conservación, opuestos a los actuales intereses medios, el ejercitarse en valoraciones opuestas; la distancia entendida como un «pathos»; la libre conciencia en lo que resulta poco apreciado y vedado.

La nivelación del hombre europeo es el gran proceso que no se debe dificultar, aunque se debiera frenar. De aquí que, sin retardar semejante proceso, sea necesario abrir un abismo, crear distancias y jerarquías.

Una vez nivelada esta especie, tiene necesidad de una justificación; esta se encuentra en sus servicios con una especie más alta y soberana que se basa sobre ella, y que solo elevándose sobre la misma puede realizar su misión. Se tendrá no solamente una raza de señores cuya misión se agote gobernando, sino una raza que tenga una propia esfera de vida, un exceso de fuerza para la belleza, el valor, la cultura, las maneras, hasta en el sentido más espiritual; una raza afirmadora que se pueda conceder todos los lujos, bastante fuerte para no aguantar la tiranía del imperativo de la virtud, bastante rica para no tener necesidad de la parsimonia y de la pedantería, más allá del bien y del mal; una estufa destinada a las plantas más extrañas y elegidas.

## 894

Nuestros psicólogos, cuya mirada se reduce a registrar los síntomas de la decadencia, fecundan insistentemente nuestra desconfianza contra el espíritu. Solamente se analizan los efectos del espíritu que debilitan, que nos tornan delicados, enfermos; puesto que solamente aparecen:

| Nuevos bárbaros | los cínicos los tentadores los conquistadores | Unión de la superioridad intelectual con el bienestar y con el exceso de fuerza. |

## 895

Yo sugiero algo nuevo: para semejante criatura democrática, ciertamente, existe el peligro de los bárbaros; pero se indaga exclusivamente en la profundidad. Hay también otra especie de bárbaros, que provienen de las alturas: una especie de naturalezas conquistadoras que buscan una materia para poder trabajarla. A esta especie perteneció, como un bárbaro, Prometeo.

896

Punto de vista principal: no hay que valorizar el deber de la especie superior por el hecho de dirigir a la inferior (cosa que hace, por ejemplo, Comte); hay que considerarla inferior como base, gracias a la cual una especie superior cumple el deber que le es propio, gracias al que puede, en definitiva, vivir.

Las condiciones en que una especie fuerte y noble se conserva (respecto de una educación espiritual) son opuestas a las que constituyen la vida de las «masas industriales», los especieros, en opinión de Spencer.

Aquello que se concede a las naturalezas más fuertes y fecundas para hacer posible su existencia —ocio, aventuras, incredulidad y hasta extravagancias—, si se concediera a las naturalezas mediocres, las condenaría necesariamente a la ruina. Aquí está en su puesto la laboriosidad, la regla, la moderación, la firme «convicción»; en resumen: las virtudes del rebaño; con estas se perfecciona esta mediocre clase de hombres.

897

*Para los tipos dominadores.*—El «pastor» en contraste con el «patrono» (el primero es como el instrumento para la conservación del rebaño; el segundo, último objetivo del rebaño indiferenciado).

898

Se comprende como algo útil un predominio temporal de los sentimientos sociales de valor; se trata de construir un fundamento sobre el cual pueda por fin establecerse una raza superior. Medida de la fuerza: poder vivir entre las valoraciones opuestas y quererlas eternamente de nuevo. El Estado y la sociedad como base: punto de vista de la economía mundial; la educación considerada como domesticación.

### 898

Un juicio que les falta a los «espíritus libres»: la misma disciplina, que hace aún más fuerte a una naturaleza fuerte y la hace capaz de grandes empresas, destempla y entristece a las naturalezas mediocres: la duda, la grandeza de corazón, la experimentación, la independencia.

### 899

*El martillo.*—¿Cómo deberíamos estar constituidos los hombres que formásemos las valoraciones opuestas? ¿Deberían ser hombres que tuviesen todas las virtudes del alma moderna, pero lo bastante fuertes como para transformarlas en pura salud? Medios de cumplir su misión.

### 901

El hombre fuerte, afirmado en los condicionamientos de una fuerte salud, digiere sus acciones como digiere sus alimentos; se aligera pronto de las comidas pesadas; pero en lo esencial se guía por un instinto innato y severo, el cual le prohíbe realizar tanto lo que le perjudica como lo que no le place.

### 902

¿Pueden preverse las condiciones en que nacen criaturas de gran valor? Por tratarse de algo muy complicado, resulta fácil no tener éxito; por tanto, tender a esto no es cosa que alegre. Escepticismo. Contra el escepticismo: valor, juicio, dureza, independencia, sentido de la responsabilidad, pueden reforzarse por nuestra parte ; podemos hacer más sutil la finura de la balanza y esperar que vengan en nuestra ayuda los casos favorables.

903

Antes de pensarse en obrar es preciso haber realizado una labor infinita. Pero, esencialmente, la sabia utilización de la situación dada es nuestra mejor y más discreta actividad. La creación real de condiciones como las que crea el acaso, supone hombres de hierro, que todavía no hemos visto. ¡Ante todo, se debe promover y realizar el ideal personal!

El que ha comprendido la naturaleza del hombre, el modo de nacer lo que en el hombre es más importante, tiembla ante él y rehúye toda acción: ¡consecuencia de las valoraciones hereditarias!

Me consuela pensar en la maldad de la naturaleza humana, porque esto es lo que ¡garantiza su fuerza!

904

Las típicas configuraciones propias, o sea, las ocho cuestiones fundamentales:

1)   ¿Se quiere ser más complicado o más simple?

2)   ¿Se quiere ser más feliz, o se es indiferente a la felicidad y a la desgracia?

3)   ¿Se quiere estar contento de sí mismo o exigirse implacablemente a sí mismo?

4)   ¿Se quiere ser más blando, más condescendiente, más humano o más «inhumano»?

5)   ¿Se quiere ser más prudente o menos precavido?

6)  ¿Se quiere lograr un fin o descansar de todos los fines? (Tarea a la que se entrega el filósofo, que en todo fin olfatea un limite, un ángulo, una prisión, una estupidez.)

7)  ¿Se quiere ser más estimado, o más temido, o más despreciado?

8)  ¿Se quiere ser tirano, o seductor, o pastor, o animal de rebaño?

## 905

*Tipo de mi discípulo.*—Aquellos hombres que en definitiva me interesan, son a los que les deseo sufrimientos, abandono, enfermedad, malos tratos, desprecio; yo deseo, además, que no desconozcan el profundo desprecio de sí mismos, el martirio de la desconfianza de sí mismos, la miseria del vencido; y no tengo compasión de ellos, porque les deseo lo que revela el valor de un hombre: ¡que aguanten con firmeza!

## 906

La felicidad y el contento de sí mismo del «lazzaroni», o la bondad de las almas pías, o el tísico amor de los líricos moravos no demuestran nada sobre la jerarquía del hombre. Cualquier educador debía lanzar a latigazos a la miseria a esta clase de beatos. El peligro del empequeñecimiento, del reposo, sobreviene pronto: contra la felicidad espinosiana o epicúrea y contra todo reposo en estados de ánimo contemplativos. Pero si la virtud es el medio para llegar a semejante felicidad, hay que adueñarse de la virtud.

## 907

Nunca he comprendido cómo el hombre que desdeñó en su momento ir a una buena escuela puede hacer nada bien.

Tal hombre, en principio, no se conoce a sí mismo; a cada paso delata la poca importancia de su constitución. La vida algunas veces es tan misericordiosa, que hace recuperar más tarde esta dura escuela; enfermedades que duran años, desarrollan extraordinariamente la fuerza de voluntad y la facultad de bastarse a sí mismos; también, un estado de necesidad que surge impensadamente, una triste condición de la mujer y de los hijos, que nos fuerza a desplegar una actividad capaz de distribuir una actividad que devuelva su energía a las fibras adormecidas y comunique obstinación a la voluntad de vivir. En cualquier ocasión, lo más deseable es una dura disciplina a su debido tiempo, esto es, en aquella edad que tanto estimula advertir lo que se espera de nosotros. Porque esto es lo que distingue a la buena escuela de todas las demás: que se espera mucho; que se exige con severidad que se pretende como algo normal lo que es bueno, e incluso lo que es distinguido; que el elogio es raro y falta la indulgencia; que la aprobación se expresa de un modo áspero, objetivo, sin consideración al ingenio ni al origen. Desde cualquier punto de vista es necesaria semejante disciplina, cosa tan aplicable a lo material como a lo espiritual: ¡sería funesto querer hacer aquí una separación! Una misma disciplina sirve al militar y al doctor, y, apurando un poco las cosas, no hay erudito que no encarne los instintos del valiente militar. Poder mandar y obedecer con orgullo; estar en filas, pero ser también capaz en todo momento de obedecer; preferir el peligro al bienestar; no pesar en una balanza lo lícito y lo ilícito; ser más enemigo de lo mezquino, de lo astuto, del parasitismo que del mal. Qué es lo que, en definitiva, se aprende en una rígida escuela? A mandar y a obedecer.

## 908

Hay que «negar» el mérito; siempre que se hagan cosas por encima del elogio y aun sobre toda comprensión.

### 909

Nuevas formas de la moralidad: hacer voto de fidelidad a la unificación de que se puede descuidar y de lo que se quiere hacer, renunciar decididamente a lo excesivo. Reconocer si se está maduro para semejante renuncia.

### 910

Trato de naturalizar de nuevo el ascetismo: en lugar del propósito de negación, el propósito de robustecimiento; una gimnasia de la voluntad; una privación y una vigilia de todo género, aun en cosas del espíritu; una casuística de la acción en relación con el criterio que se tiene de las fuerzas personales; una tentativa de aventuras y de peligros voluntarios («Diners chez Magny»; glotones intelectuales con estómagos echados a perder). Sería necesario hacer experimentos además para ver la firmeza con que se sostiene una palabra.

### 911

El abuso de la Iglesia ha estropeado:

1) El ascetismo: apenas si se necesita poner en claro su evidente utilidad, su necesidad incuestionable al servicio de la educación de la voluntad. El absurdo modo de educar de nuestros educadores, que poponen el «útil servidor del Estado» como esquema regulador, cree que se puede contentar con la instrucción y el adiestramiento de los cerebros; les falta hasta la idea de que antes puede ser necesaria otra cosa: la educación de la fuerza de la voluntad; se plantean exámenes para todo, pero no para lo esencial: si se sabe querer, si se está en estado de prometer. El joven concluye sus estudios sin la elemental curiosidad, sin haberse preguntado por el supremo problema del valor de un carácter.

2) El ayuno en todos sus aspectos, aun como medio para conservar la delicada capacidad para disfrutar de todas las cosas buenas (por ejemplo, no leer durante algún tiempo, no oír música, no ser amables; deben existir días de ayuno aun para la propia virtud).

3) El enclaustramiento: la reclusión temporal, rechazando severamente la correspondencia epistolar; se trata de una meditación sobre los propios problemas y de un procedimiento de encontrarse, que no se propone obviar las «tentaciones», sino los «deberes»; un salir del baile circense del «milieu», un apartarse de la tiranía de los estímulos y de las influencias que nos obligan a gastar nuestras fuerzas solamente en reacciones y no permiten ya que aquella fuerza se acumule hasta adquirir una espontánea actividad (obsérvense de cerca nuestros doctos: piensan solamente de una manera reactiva, o sea que antes de pensar tienen que leer).

4) Las fiestas. Se necesita ser muy ciego para no considerar el presente de los cristianos y de los valores cristianos como una presión bajo la cual se envía al diablo toda verdadera disposición para las fiestas. En las fiestas se comprenden: orgullo, petulancia, relajación; un divino decir sí a sí mismo por plenitud y complementación animal; estados de ánimo en general que no puede suscribir honradamente el cristiano. La fiesta es esencialmente paganismo.

5) El valor del propio carácter: el acostumbrarse a lo «moral». El hecho de no tener necesidad de ninguna fórmula moral para aprobar una pasión propia da la medida de lo que un hombre puede afirmar en sí de su naturaleza, de lo poco o mucho que debe recurrir a la moral.

6) La muerte. Debemos transformar este desgraciado hecho fisiológico en una necesidad moral. Se debe vivir de manera que se sienta, en el momento necesario, la voluntad de morir.

## 912

Sentirse más fuerte, o en otros términos: el goce supone siempre una comparación (pero no necesariamente con otros, sino consigo mismo, en un estado de crecimiento, y sin que se sepa precisamente hasta qué punto se compara).

Robustecimiento artificial, mediante productos químicos excitantes, o por medio de errores excitantes («visiones delirantes»).

Por ejemplo, el sentimiento de la seguridad: tal como la tiene el cristiano; se siente fuerte en su «poder tener confianza», en su disposición de ser paciente y resignado; debe este robustecimiento artificial a la ilusión de ser un protegido de Dios.

Por ejemplo, el sentimiento de la superioridad: como cuando el sultán de Marruecos no quiere ver más que los mapamundis en que sus tres reinos reunidos ocupan las cuatro quintas partes de la superficie terrestre.

Por ejemplo, el sentimiento de la unicidad: como cuando el europeo se imagina que el camino de la civilización se desarrolla solamente en Europa, y cuando se considera a sí mismo una especie de proceso mundial resumido; o cuando el cristiano se empeña en que gire toda la existencia en general alrededor de la «salvación del hombre».

Interesa el lugar en que se siente la presión, la falta de libertad; según sea aquel, se produce otro sentimiento: el de ser más fuerte. Un filósofo, por ejemplo, en medio de la más helada y abstracta teoría de abstracciones se siente como pez en el agua, mientras que los colores y los sonidos le oprimen, para no hablar de los vagos deseos, de lo que los demás llaman el «ideal».

## 913

Un jovenzuelo valiente mirará con cierta ironía cuando le pregunten: «¿Quieres ser virtuoso?». Y abrirá desmesuradamente los ojos cuando se le pregunta: «¿Quieres ser más fuerte que tus compañeros?».

¿Cómo se puede, realmente, llegar a ser más fuerte? Decidiéndose lentamente y ateniéndose con tenacidad a lo decidido. El resto se nos dará por añadidura.

Las dos especies más conocidas de débiles son las de los bruscos y las de los variables. No nos confundamos con ellos y creemos la necesaria distancia.

¡Cuidado con los benévolos! ¡Su frecuencia adormece! Conviene el trato por el que se ejercitan las defensas y las armas que tenemos en los propios instintos. Toda capacidad de invención consiste en poner allí a prueba nuestra propia fuerza de voluntad... Es en este plano donde hay que advertir lo que distingue, y no en la sabiduría, en la agudeza o en el ingenio.

Hay que aprender a mandar, de la misma manera que necesitamos aprender también a obedecer a tiempo. Es preciso también aprender a ser modestos, a tener tacto en la modestia, a distinguir y a honrar oportunamente a los modestos; así también, debemos distinguir, honrar, cuando se muestra confianza.

o

¿Qué es lo que se expía más seriamente? La propia modestia: el no haber atendido a nuestras propias necesidades, el confundirnos, el estimarnos un poco, el perder la finura del oído para nuestros propios instintos; esta falta de diferencia hacia nosotros mismos se vindica con toda clase de pérdidas: salud, amistad, bienestar, fiereza, serenidad, libertad, firmeza, valor. Más tarde no se nos perdonará nunca esta falta de egoísmo neto; se la toma por una objeción, por una duda acerca de un «ego» real.

## 914

Yo creo que si nos considerásemos a nosotros mismos, lo demás se nos daría por añadidura. Ciertamente, precisamente con esto se deja de existir para los demás, porque esto es lo último que ellos perdonan. «¿Cómo? ¿Un hombre que se estima a sí mismo?»

Pero esto es cosa muy distinta al ciego amor a sí mismo: nada más común, en el amor de los sexos, como en aquella cosa doble que se llama «yo», que el desprecio de lo que se ama, el fatalismo en el amor.

## 915

«Yo quiero esto o lo otro», «yo querría que esto o aquello fuese así», «yo sé que esto o aquello es así»; estos son los grados de la fuerza: el hombre de voluntad, el hombre del «deseo», el hombre de la «fe».

## 916

Medios gracias a los cuales se conserva una especie más fuerte:

Concederse el derecho a realizar acciones excepcionales, como tentativa no solo de superarse a sí mismo, sino de libertad.

Colocarse en estados de ánimo en que no sea lícito no ser bárbaros.

Crearse, con toda clase de ascetismos, una preeminencia y una seguridad en relación con la propia fuerza de voluntad.

No comunicarse; callar; hacer uso de la prudencia frente a la gracia.

Cultivar la obediencia, como prueba de una capacidad para conservarse a sí mismo. Llevar a su extrema sutileza la casuística del punto de honor.

No pensar de esta forma: «lo que es justo para uno, resulta conveniente para otro»; sino de la manera contraria.

Estimar como privilegio la represalia, la capacidad de restituir; concedérsela como una distinción.

No ambicionar la virtud de los demás.

917

A base de experiencia se descubren los medios como se pueden tratar a los pueblos rudos y que la barbarie de los medios no es nada arbitrario ni caprichoso, si a pesar de nuestra delicadeza europea nos vemos obligados alguna vez a ser, en el Congo o en cualquier parte, señores de los bárbaros.

918

*Los belicosos y los pacíficos.*—¿Eres un hombre que tiene en el cuerpo los instintos de la guerra? En caso semejante, permíteme que te pregunte de nuevo: ¿eres por instinto un guerrero de asalto o un guerrero de resistencia? El resto de los hombres, todo lo que no es guerrero por instinto, quiere paz, tratados, «libertad», «igualdad de derechos»; palabras y grados para una misma cosa. Ir donde no hay necesidad de defenderse; los hombres que hacen esto se convierten en unos descontentos cuando se ven forzados a oponer resistencia: quieren crear situaciones en que no haya guerra general. En el peor de los casos, se someten, obedecen, se insertan: todo es siempre mejor que hacer la guerra; así, por ejemplo, le aconseja al cristiano su instinto. En los guerreros natos hay algo así como un armamento en el carácter, en la elección de las situaciones, en el perfeccionamiento de toda cualidad; en el primer tipo está mejor desarrollada el «arma»; en el segundo, la defensa.

Los enfermos, los inermes, ¡de qué expedientes y virtudes no tienen necesidad para resistir y hasta para triunfar!

### 919

¿En qué puede acabar un hombre sin razones para defenderse o atacar...? ¿Qué le queda de sus pasiones, si le faltan aquellas en las que tiene su defensa y sus armas?

### 920

*Nota marginal a una «niaisserie anglaise».*—«No hagas con los demás lo que no quieras que hagan contigo.» Tales palabras se consideran sabiduría, prudencia, base de la moral, «áurea sentencia». John Suart Mill (y ¿quién no? entre los ingleses) cree lo arriba dicho... Pero en esta sentencia no existe el más mínimo análisis. La afirmación «no hagas lo que no quieras que hagan contigo» prohíbe las acciones a causa de sus consecuencias nocivas: el pensamiento recóndito es que una acción es siempre «recompensada». Pues bien: si alguien, actualizando el *Príncipe* de Maquiavelo, dijese: se deben hacer precisamente aquellas acciones para que los demás no se nos adelanten, para poner a los demás fuera de la posibilidad de hacérnoslas a nosotros».

Por otra parte, supongamos que un corso, por su honor, hace uso de la «vendetta». No es que quiera alojar una bala en su cuerpo, pero la perspectiva de recibirla, la probabilidad de una bala, no lo detiene en la satisfacción de su honor... Y ¿no somos nosotros acaso, en todas las acciones del honor, indiferentes precisamente a sus consecuencias? Evitar una acción que pueda traer consecuencias dañosas para nosotros sería un precepto contrario al honor en general.

En cambio, aquella sentencia es preciosa porque revela un tipo de hombre, por medio de ella se formula el instinto del rebaño: hay que ser iguales, hay que apreciarse igualmente, como yo te trato a ti, así has de tratarme a mí. Aquí se cree, realmente, en una equivalencia de las acciones, que en todas las relaciones reales no se da efectivamente. No toda acción puede ser devuelta; entre verdaderos individuos no hay acciones iguales; por consiguiente, no hay posibilidad de «represalia»...; si yo hago una cosa, está muy lejos de mí el pensamiento de que, en general, otro hombre pueda hacer otra cosa igual; aquella me pertenece a mí. No admite cambio; siempre se realizaría conmigo una acción «diferente».

## 921

*Contra John Stuart Mill.*—Su vulgaridad me inspira horror cuando dice: «lo que es justo para un hombre es conveniente para otro», «no hacer a los demás lo que no queremos para nosotros mismos»; vulgaridad que quiere fundar todas las relaciones humanas en la reciprocidad de la prestación, de modo que toda acción aparece como una especie de pago de cosa que ha sido suministrada. En este caso, la premisa es innoble en el más bajo estilo; aquí se presupone en ti y en mí la equivalencia de los valores de las acciones; aquí se anula sencillamente el valor más personal de una acción (o mejor dicho, lo que no puede ser compensado o pagado con nada). La «reciprocidad» es una gran vulgaridad; precisamente el hecho de que lo que yo hago no puede, material ni moralmente, ser hecho por otro; el hecho de que no puede haber ninguna compensación (a no ser en la «elegantísima» esfera de mis iguales, *inter pares*); el hecho de que, en un sentido más profundo, no se restituye nunca, porque se es algo único y solo se realizan acciones únicas, este hecho, esta convicción fundamental, contiene la causa del aislamiento aristocrático de la multitud, porque la multitud cree en la «igualdad» y, por consiguiente, en la compensación y en la «reciprocidad».

## 922

La imbecilidad y la grosería de las valoraciones y de su concepto de lo «útil y dañoso» tiene un sentido bueno: es la perspectiva necesaria de la sociedad, que solo puede mirar las cosas cercanas en relación con sus consecuencias.

El Estado y el hombre político tienen necesidad de un criterio supermoral, porque necesitan tener en cuenta complejos de acciones bastante amplios.

Así también sería posible una economía mundial que tuviese perspectivas tan lejanas que todas sus singulares exigencias momentáneas pudieran parecer injustas y arbitrarias.

## 923

*¿Seguir sus propios sentimientos?*—El hecho de poner en peligro la propia vida, cediendo a un sentimiento generoso, bajo el impulso del momento, tiene poco valor y no basta para caracterizar a un hombre. Todos son iguales en la capacidad para hacer esto, y en el decidirse a esto un delincuente, un bandido y un corso superan ciertamente a un hombre honrado.

El grado más alto es este: vencer dentro de sí este mismo impulso y realizar la acción heroica sin obedecer a un impulso, sino fríamente, de un modo razonado, sin la intervención de accesos de placer... Igual cosa se puede decir de la compasión: primero debemos pensar la razón de las cosas; en caso contrario, la compasión es tan peligrosa como una pasión cualquiera.

Ceder ciegamente a una pasión —y es indiferente que esta sea una pasión generosa y compasiva o una pasión de hostilidad— causa de los mayores males.

La grandeza del carácter no consiste en no poseer estas pasiones; por el contrario, se poseen en grado terrible: consiste en tenerlas de la brida..., y también en hacerlo sin experimentar placer en frenarlas, sino solo porque...

924

*«Dar la vida por una causa».*—Palabras de gran efecto. Pero la vida se da por muchas cosas: las pasiones quieren, todas juntas y cada una de ellas, ser satisfechas. El que se dé la vida por compasión o por cólera, o por vergüenza, no altera el valor de la cosa. ¡Cuántos han sacrificado su vida y, lo que es peor, la salud, por una mujerzuela! Las cosas peligrosas se eligen cuando se posee un gran temperamento; por ejemplo, el camino de la especulación, si se es filosófico, o las de la inmoralidad, si se es virtuoso. Una especie de hombres no quiere arriesgar nada, otra lo quiere arriesgar todo. ¿Nos hemos convertido en despreciadores de la vida...? De ninguna manera; lo que buscamos instintivamente es una vida potencializada, una vida en peligro... Con esto, repito, no queremos ser más virtuosos que los demás. Pascal, por ejemplo, no quiso arriesgar nada, y permaneció cristiano; esto, quizá, fue virtud. Se sacrifica siempre.

925

¡Cuántas ventajas sacrifica el hombre! ¡En el fondo, qué poco «egoísta» es! Todos sus afectos y sus pasiones quieren tener sus derechos, y ¡cuán lejos de la hábil utilidad del egoísmo está una pasión!

No quiere la propia «felicidad»: hay que ser inglés para poder creer que el hombre busca siempre su propio provecho. Nuestros deseos quieren engañarse sobre las cosas con continuadas pasiones: su fuerza acumulada busca resistencias.

926

Todas las pasiones son útiles, directa o indirectamente. En relación con la utilidad, resulta absolutamente imposible una sucesión de valores: es muy cierto que, en sentido económico, las fuerzas de la Naturaleza son complejamente buenas, esto es, útiles, aunque cuando puedan tener efectos funestos, terribles e irrevocables. Se podría decir, todo lo más, que las pasiones más poderosas son las mas preciosas, en cuanto no existen mayores fuentes de fuerza.

927

Los sentimientos de benevolencia, de socorro, de bondad no han llegado a ser honrados en virtud de la utilidad que de ellos se desprende, sino porque han sido estados de alma ricos, que son capaces de dar y ostentan su valor como un sentimiento de plenitud de vida. ¡Obsérvense los ojos del bienhechor! Su mirada es lo contrario de la negación de sí mismo, del odio contra el «yo», del «pascalismo».

En suma: se debe preferir el dominio sobre las pasiones, no su debilidad, ni su extirpación. Cuanto mayor es la fuerza de dominio en la voluntad, tanta mayor libertad se puede conceder a las pasiones.

El «grande hombre» es grande por el campo de libertad de sus deseos y por el poder aún mayor que suelen tomar a su servicio estos magníficos monstruos.

El «hombre bueno» es, en todos los grados de la civilización, el menos peligroso y el hombre útil al mismo tiempo: es una especie de término medio, es la expresión, en la conciencia común, de las cosas que no se deben temer y que, sin embargo, no se pueden despreciar.

La educación es, esencialmente, el medio para arruinar la excepción en favor de la regla. La instrucción es, esencialmente también, el medio de enderezar el gusto contra la excepción a favor de la mediocridad.

Solo cuando una civilización dispone de un exceso de fuerzas puede también ser una estufa para el cultivo lujoso de la excepción, de la tentativa, del peligro, del matiz; a esto es a lo que tiende toda civilización aristocrática.

## 928

Simples cuestiones de fuerza: ¿cuánto se puede contra las condiciones de conservación de la sociedad y sus prejuicios? ¿En qué medida se pueden encadenar las propias cualidades terribles, por las cuales la mayoría de los hombres perecen? ¿En qué medida se puede afrontar el sufrimiento del desprecio de sí mismo, la compasión, la enfermedad, el vicio, preguntándose si se puede llegar a ser el amo? (lo que no nos mata nos hace más fuertes). Y finalmente, ¿en qué medida se puede dar razón a la regla, al vulgo, a lo mezquino, a lo bueno, al probo, a la naturaleza mediocre, sin hacernos en cierta medida vulgares? Esta es la mayor prueba del carácter: no dejarse arruinar por la seducción del bien. El bien debe de ser lujo, refinamiento, vicio.

### 3. El hombre noble

## 929

Tipo: la verdadera bondad, nobleza, grandeza del ánimo, que nace de la riqueza, la cual no da para adquirir, no quiere enaltecerse con el hecho de ser benévola; la disipación puede ser considerada como tipo de la verdadera bondad, y la riqueza de personalidad como premisa.

## 930

*Aristocratismo.*—Los ideales del animal del rebaño culminan, evidentemente, en cualidades de suprema fijación de valores de la «sociedad», se intenta darles un valor cósmico y aun metafísico. Contra semejantes valores, yo defiendo el aristocratismo.

Una sociedad que conserva en sí respeto y delicadeza para la libertad debe ser considerada como una excepción y tener frente a sí un poder contra el cual se levante, contra el cual tenga sentimientos hostiles y que mire desde arriba.

Cuantos más derechos concedo y más semejantes me creo, tanto más caigo bajo el reinado de los hombres mediocres y, finalmente, de los más numerosos. El esfuerzo que una sociedad aristocrática hace para conservar entre sus miembros un alto grado de libertad, es la extrema tensión que nace la presencia de los impulsos más opuestos en todos sus miembros: de la voluntad de dominar...

Si queréis evitar los fuertes contrastes y la libertad de rango, abolid también el amor, los pensamientos elevados, el sentimiento de existir por sí.

o

*Para la psicología real de la sociedad, de la libertad y de la igualdad.*—¿Qué es lo que en este caso decrece...?

Decrece la voluntad de responsabilidad personal, signo de la decadencia de la autonomía; la capacidad de defensa y de las armas, aun en el campo espiritual; la fuerza de mando; el sentido del respeto, de la subordinación, del saber callar; la gran pasión, el gran deber, la tragedia, la serenidad.

931

Augustin Thierry leía en 1814 lo que De Montlorier había dicho en su obra *De la monarchie française;* respondió con un grito de indignación y puso mano a su propia obra. Aquel emigrado había dicho: «Race d'affranchis, race d'esclaves arrachés de nos mains, peuple tributaire, peuple nouveau, licence vous fut octroyé d'étre libres, et non pas à nous d'étres nobles; pour nous tout est de droit, pour vous tout est de gracé, nous ne sommes point de votre communauté; nous sommes un tout par nous-memes».

## 932

¡Cómo se desangra y debilita poco a poco el mundo aristocrático! En virtud de sus nobles instintos, va prescindiendo
de sus privilegios, y en virtud de su cultura superior y refi-
nada, se interesa por el pueblo, por los débiles, por los pobres, por la poesía de todo lo que es pequeño, etc.

## 933

Hay una negligencia, noble y peligrosa, que proporciona
una decisión y una visión profunda: la negligencia del alma,
segura de sí misma y muy rica, que no trató nunca de encontrar amigos, y que solo conoce la hospitalidad, que solo
sabe ejercer siempre la hospitalidad; tiene el corazón y la
casa abiertos al que quiera entrar, ya se trate de mendigos o
lisiados o reyes. Esta es la verdadera afabilidad: el que se
distingue por ella, posee cien «amigos», pero probablemente
ningún amigo.

## 934

La doctrina, μηδεν αγαν se dirige al hombre con fuerza
avasalladora; pero no a los mediocres. La εγκρατεια y
ασκησις es solo un escalón de la grandeza; en lo alto está
la naturaleza áurea.

«Tú debes» obediencia incondicionada en los estoicos, en
las órdenes religiosas de los cristianos y de los árabes, en la
filosofía de Kant (es indiferente que se obedezca a un superior o a una idea).

Por encima del «tú debes» está el «yo quiero» (los héroes); por encima del «yo quiero» está el «yo soy» (los dioses de los griegos).

Los dioses bárbaros no expresan nada del gusto de la medida; no son ni simples ni ligeros, ni poseen la medida.

## 935

La idea de nuestros jardines y palacios (y en este aspecto también la idea de toda avidez y riqueza) es esta: quitarse de delante de los ojos el desorden y la vulgaridad y construir una mansión a la nobleza del alma.

En realidad, los hombres creen devenir naturalezas más escogidas si aquellas bellas cosas reposadas han ejercido efecto sobre ellos: a Italia, los viajes, las letras y el teatro. ¡Quieren educarse; este es el sentido de su labor cultural! ¡Pero los fuertes, los poderosos, quieren reeducar y no tener en sí nada de extraño!

Así los hombres van a la gran Naturaleza, no para encontrarse a sí mismos, sino para perderse y olvidarse en ella. El «salir fuera de sí mismos» es el deseo de todos los débiles y descontentos de sí.

## 936

Solo existe una nobleza de nacimiento, una nobleza de sangre. (Aquí —observación para los asnos— no se habla de la partícula «von» ni del almanaque Gotha.) Siempre que se habla de «aristocráticos del espíritu», por lo general, no faltan motivos para ocultar alguna cosa; como es sabido, esta es una palabra común entre los hebreos ambiciosos. El espíritu por sí solo no ennoblece; es preciso, sobre todo, algo que en principio ennoblezca el espíritu. ¿Qué hace falta para conseguir esto...? La sangre.

## 937

¿Qué es lo noble?

La asiduidad en las cosas exteriores, limita como tal asiduidad, nos tiene alejados, nos preserva de las confusiones.

La apariencia frívola en las palabras, en el vestir, en la actitud, con la cual una estoica dureza y dominio de sí mismo protege de toda curiosidad indiscreta.

Los gestos lentos y la mirada lenta. Hay pocas cosas preciosas, y estas vienen por sí mismas, y quieren llegar por sí mismas, y adquirir valor. Nosotros admiramos con gran dificultad.

Soportar la pobreza, la necesidad y también las enfermedades.

Evitar los corazones mezquinos y desconfiar en principio de quien elogia fácilmente, porque quien celebra cree comprender lo que celebra; pero comprender —según dijo Balzac, típico ambicioso—, comprender es igualar.

Nosotros dudamos muy seriamente de la comunicabilidad del corazón; la soledad para nosotros no es algo que se elige, sino que se nos da.

La convicción de que hay deberes solamente hacia los iguales; con los semejantes debemos comportarnos como mejor nos plazca; solo *inter pares* se puede pedir justicia (pero no hacerse muchas ilusiones en este punto).

La ironía para con los «dotados de bellas cualidades», la creencia en la nobleza de la sangre aun en el campo moral.

Considerarse siempre como un hombre a quien los demás deben atribuir honores, mientras que no se encuentra frecuentemente un hombre que pueda atribuirnos honores a nosotros.

Disfrazarse siempre; cuanto más alta es la estirpe de un hombre, mejor le va el incógnito. Si hubiese un Dios, debería, aunque no fuese por otra cosa que por motivos de decoro, mostrarse al mundo solamente como hombre.

La capacidad del *otium,* de la absoluta convicción de que un trabajo manual en cualquier sentido no deshonra, pero resta nobleza. No ser «diligente» en el sentido burgués, aunque sepamos honrar y estimar la diligencia; no debemos hacer como aquellos artistas, insaciablemente cacareadores, que hacen como las gallinas: cantan, ponen el huevo y vuelven a cantar.

Nosotros protegemos a los artistas y a los poetas y a cualquier maestro en cualquier disciplina; pero nosotros, como criaturas que somos de una especie superior, que solo podemos algo, como los únicos «hombres productivos», no nos confundimos con ellos.

El gusto de las formas; tomar bajo la propia protección todo lo que es formal; la convicción de que la cortesía es una de las mayores virtudes; la desconfianza contra todas las especies del dejarse llevar, comprendida toda libertad de prensa y de pensamiento, porque con estas el espíritu se hace cómodo y grosero y se cruza de brazos.

El encontrarse bien con las mujeres, como una especie de criatura acaso más mezquina, pero mas fina y ligera. ¡Qué fortuna encontrar criaturas que tienen siempre en la cabeza la danza, la locura y el atavío! Son ellas el encanto de muchas almas viriles, tiesas y profundas, cuya vida se siente agravada por la responsabilidad.

El encontrarse bien con los príncipes y con los sacerdotes, porque estos conservan la fe en una serie de valores humanos, hasta en la valoración del pasado, por lo menos simbólicamente y a lo grande.

Saber callar; sin decir nada de esto ante oyentes.

Soportar largas enemistades: la falta de facilidad para la conciliación.

La náusea de lo demagógico, de la «ilustración», de la «sensibilidad», de la familiaridad plebeya.

Convertir en cosecha de cosas preciosas la necesidad de un alma elevada y selecta; no querer poseer nada de vulgar. Los propios libros, los propios paisajes.

Nosotros nos rebelamos contra las buenas y las malas experiencias y no generalizamos fácilmente. El caso singular: cuán irónicos somos frente al caso singular, cuando éste tiene el mal gusto de convertirse en norma.

Nosotros amamos la ingenuidad y a los ingenuos; pero los amamos como espectadores y como criaturas superiores; encontramos que *Fausto* es tan ingenuo como su Margarita.

Nosotros apreciamos poco a los hombres buenos; los consideramos animales de rebaño. Nosotros sabemos cómo entre los hombres peores y más malignos, más duros, se oculta a veces una inapreciable gota de oro, que pesa más que todas las sencillas bondades de las almas lácteas.

Nosotros creemos que un hombre de nuestra especie no está refutado por sus vicios ni por sus locuras. Sabemos que somos difícilmente reconocibles, y que tenemos todas las razones para atribuirnos razones de primer orden.

### 938

¿Qué es la nobleza? El tener que representarse obligadamente a sí mismo. Buscar situaciones en que se tiene constantemente necesidad de posar. Descuidar la felicidad del mayor número, entendiendo por felicidad la paz del alma, la vida, la comodidad, la mezquindad angloinglesa, como la entiende Spencer. Buscar instintivamente por sí graves responsabilidades. Saber crearse enemigos, y en el peor de los casos, saber hacernos enemigos, enemigos de nosotros mismos. Contradecir constantemente el gran número, no con las palabras, sino con las acciones.

### 939

La virtud (como veracidad, por ejemplo) es nuestro más noble lujo, nuestro lujo más peligroso; no hay nunca que despreciar las ventajas que trae consigo.

### 940

Es preciso no admitir ningún elogio; hagamos lo que sea útil, lo que nos proporcione placer, lo que debamos hacer en definitiva.

## 941

¿A qué llamamos castidad en el hombre...? A la nobleza de su gesto sexual; a no soportar *in eroticis*, ni lo que es brutal, ni lo que es morboso, ni lo que es prudente.

## 942

El «concepto de honor» se funda en la aceptación de la «buena sociedad», en las altas cualidades caballerescas, en la obligación de representarse continuamente a sí mismo. Es esencial no apesadumbrar la propia vida, exigir absolutamente maneras respetuosas por parte de aquellos con los que se está en contacto (por lo menos en cuanto estos no son de los «nuestros»); no ser ni confidencial, ni bonachón, ni divertido, ni modesto, a no ser *inter pares;* representarse siempre a sí mismo.

## 943

Poner en juego la propia vida, la propia salud, el propio honor, es efecto de petulancia y de una voluntad dinámica y dilapidadora; en realidad, no se hace semejante cosa por amor a los hombres, sino porque todo gran peligro provoca nuestra curiosidad sobre la medida de nuestras fuerzas, de nuestro valor.

## 944

«Las águilas atacan en línea recta.» La nobleza del alma es fácil de reconocer por la absoluta y fiera estupidez con que ataca: «derecho».

## 945

¡Combatamos las cómodas concepciones de la «nobleza»!
No se debe prescindir de un poco de brutalidad, ni tampoco
de una cierta tendencia a la criminalidad. El «contento de sí
no se encuentra en la nobleza; se debe ser arriesgado hasta
contra uno mismo, tentador, corruptor; no se debe usar de
ninguna de las charlatanerías de las bellas almas. Yo quiero
crear la atmósfera para un ideal más pleno.

## 946

«El paraíso se encuentra a la sombra de las espadas»; símbolo y marca en la que se revelan y se adivinan almas de origen noble y guerrero.

## 947

*Las dos vidas.*—Hay momentos en que el ser humano
tiene a su disposición un exceso de fuerza; la ciencia tiende,
como es lógico, a solucionar en la medida de lo posible esta
esclavitud de la naturaleza.

El hombre, que dispone de ocio, debe perfeccionarse a
sí mismo, para crear cosas nuevas y más elevadas. Nueva
aristocracia. Entonces, una cantidad de virtudes son superadas; virtudes que antes eran condiciones de existencia.
No se tiene necesidad de ciertas cualidades; por consiguiente, se perderán. No tenemos ya necesidad de la virtud;
por consiguiente, la perderemos (así, también perderemos
la moral del principio; «una sola cosa es necesaria», la de
la salvación del alma y la de la inmortalidad; estas fueron
medios para hacer posible al hombre una enorme coacción
sobre sí mismo, mediante el sentimiento de un enorme
terror).

Las diversas formas de necesidad, en virtud de las cuales fue educado y formado el hombre; la necesidad enseña a trabajar, a pensar, a dominarse a sí mismo.


o


*La purificación y el robustecimiento fisiológico.*—La nueva aristocracia tiene necesidad de un contraste que combatir: debe tener una terrible necesidad de conservarse.

Los dos futuros de la humanidad son: 1) La consecuencia de la mediocridad; 2) La eliminación consciente, el forjarse a sí mismo.

Una doctrina que crea un abismo contiene la especie más alta y la más baja (destruye la especie intermedia).

Los aristocráticos hasta ahora, lo mismo laicos que eclesiásticos, no han sentido la necesidad de crear una nueva aristocracia.


### 4.  LOS SEÑORES DE LA TIERRA


### 948


Siempre se nos plantea una cuestión tentadora y mala, dicho en honor de los que tienen derecho a semejantes cuestiones enigmáticas, de las almas actuales más vigorosas, que mejor saben dominarse a sí mismas: ¿no sería conveniente, en vista de cómo se desarrolla en Europa el tipo «animal de rebaño», intentar una educación sistemática, artificial y consciente del tipo opuesto y de sus virtudes...? ¿Y no sería para el mismo movimiento democrático una especie de meta, de solución y de justificación el que hubiese alguien que se sirviese de él, para que finalmente, en su nueva y sublime configuración de la esclavitud (y esto es lo que acabará por ser la democracia europea), encontrase su camino aquella especie superior de espíritus dominadores y cesáreos que se colocase sobre la democracia, se atuviese a ella, se elevase por medio de ella? ¿Por nuevas miras lejanas o propias, hasta ahora imposibles...? ¿Por sus deberes...?

### 949

El espectáculo del europeo moderno me inspira gran esperanza; se está formando una audaz raza dominante, sobre una masa rebañiega absolutamente inteligente. Dentro de poco, además, los movimientos para la formación de esta masa no serán los únicos en primera línea.

### 950

Las mismas condiciones que fomentan el desarrollo del animal de rebaño fomentan, por otra parte, el desarrollo del animal dirigente.

### 951

Se acerca, de manera inevitable, vacilante y terrible como el destino, el gran deber, el gran problema de saber de qué modo ha de ser administrada la tierra como un todo. Y aquella otra de cómo debe ser educado el hombre también como un todo (sin olvidar un pueblo y una raza).

Las morales imperantes son el medio principal con que el hombre se puede forjar lo que place a una voluntad creadora y profunda; suponiendo que tal voluntad artística de primer orden tenga en sus manos el poder y consiga desarrollar durante largos espacios de tiempo su voluntad creadora, en forma de legislaciones de religiones y de costumbres. Hoy, probablemente aún por largo tiempo, se buscarán inútilmente semejantes hombres de gran poder creador, los verdaderos grandes hombres, como yo los entiendo; estos faltan; cuando vencidas muchas dificultades y desilusiones, se empiece a comprender por qué faltan, y que su surgir y su desarrollarse ya no tienen más obstáculos sino lo que hoy en Europa se llama «la moral», como si no hubiese o no pudiera haber otra distinta; y se trata de la ya descrita moral de animal de rebaño, que con todas sus fuerzas aspira a la muelle felicidad de tirar en la tierra; esto es, a la seguridad, a la falta de peligros, al bienestar, a la felicidad de la vida, y en fin, «si todo va bien», espera sustraerse también a todo género de pastores y de guías. Sus dos doctrinas más frecuentemente suplicadas suenan así: «igualdad de derechos» y «compasión para todos los que sufren»; y el mismo sufrir es considerado por estos como cosa que se debe abolir radicalmente. El hecho de que tales «ideas» puedan ser aún modernas, da una falsa idea de esta modernidad. Pero quien ha meditado profundamente sobre el dónde y el cómo la planta hombre ha crecido más poderosamente hasta ahora, debe creer que el crecimiento se ha producido en condiciones opuestas: que a tal fin la peligrosidad de su condición debe aumentar enormemente, su fuerza de invención debe desarrollarse combatiendo bajo una larga presión y constricción, su voluntad de vida debe elevarse hasta una incondicionada voluntad de poder y de predominio, y que peligro, dureza, violencia, peligro en la calle como en el corazón, desigualdad de derechos, el ocultarse, el estoicismo, el arte de seducir, las travesuras de todo género; en suma, lo opuesto de lo que desea el rebaño, es la condición necesaria para la elevación del tipo humano. Una moral que tenga estas intenciones contrarias, que quiera educar al hombre para elevarse y no permanecer en la comodidad y en lo mediocre; una moral que se proponga educar una casta gobernante, los futuros señores de la tierra, debe, para poder ser enseñada, introducirse en combinación con la ley moral existente y con las palabras y las apariencias de esta. Pero para tal fin hay que encontrar muchos medios de transición y de ilusión —ya que la duración de la vida de un hombre no significa nada ante la realización de deberes y propósitos tan amplios—, debiéndose, por encima de todo, educar a una nueva especie en que se le garanticen a aquella voluntad y a aquel instinto la duración a través de mucha generaciones, una nueva especie y casta de señores; esto se comprende como la vasta y difícilmente enunciable continuación de este pensamiento. Preparar una transmutación de los valores para una determinada especie de hombres fuertes de grandísima fuerza de voluntad y espiritualidad, y con este fin desencadenar en ellos, con lenta prudencia, una cantidad de instintos frenados y calumniados; el que piensa en esto pertenece a los nuestros, a los espíritus libres, a un nuevo género de «espíritus libres» mejor dicho, diferente del hasta ahora existente; como que estos desean casi lo contrario. Forman parte de estos, a mi juicio, ante todo, los pesimistas de Europa, los poetas y los pensadores de un idealismo exaltado, en cuanto su descontento de toda la existencia los fuerza, por lo menos lógicamente, a estar descontentos de los hombres actuales; y así también ciertos artistas insaciables ante ambiciosos que luchan audazmente e incondicionalmente por los privilegios de los hombres superiores y contra el «animal de rebaño», y mediante las seducciones propias del arte adormecen en los espíritus elegidos todos los instintos de rebaño y la prudencia del rebaño; y en tercer lugar, todos los críticos e historiadores, en los cuales se continúa valerosamente el descubrimiento, felizmente iniciado del viejo mundo —esta es la obra del nuevo Colón, del espíritu alemán—; porque por nuestra parte, nos encontramos todavía en los inicios de esta conquista. En el mundo antiguo, en efecto, dominaba en realidad otra moral, una moral más de señores que la moral moderna; y el hombre antiguo, bajo la coacción pedagógica de su moral, era un hombre más fuerte y más profundo que el hombre de hoy; hasta ahora fue exclusivamente «el hombre bien logrado».

Pero la seducción que fue ejercida por la Antigüedad y es ejercida sobre las almas bien logradas, esto es, fuertes y emprendedoras, es aún hoy la más fina y la más eficaz entre todas las seducciones antidemocráticas y anticristianas, como ocurrió concretamente en la época del Renacimiento.


### 952

Yo escribo para esa especie de hombres que no existen todavía, a los que podríamos llamar «señores de la tierra».

En el *Teages,* de Platón, se lee: «Cada uno de nosotros desearía ser señor de todos los hombres, y probablemente. Dios». Semejante mentalidad debería volver a producirse.

Ingleses, americanos y rusos...


### 953

La vegetación de selva virgen llamada «hombre», suele aparecer donde la lucha por el poder se hace más continuada. Los grandes hombres.

Los romanos fueron animales de selva virgen.


### 954

A partir de nosotros habrá condiciones preliminares favorables para más nobles criaturas de dominio, de las cuales aún no existen ejemplos. Y no es quizá esto lo más importante; se ha hecho viable el nacimiento de leyes internacionales en los sexos que se impongan el deber de educar una raza de dominadores, los futuros «señores de la tierra»; una nueva aristocracia, prodigiosa, edificada sobre la más dura legislación de sí mismo, en que a la voluntad de los hombres filosóficos violentos y de los tiranos artistas le sea concedida una duración milenaria: una especie superior de hombres, que, en virtud de la fuerza de su voluntad, de su sabiduría, riqueza e influencia, se sirvan de la Europa democrática como de su más adecuado y flexible instrumento para poner la mano en los destinos de la tierra, para derivar de los artistas al «hombre» mismo. Basta; ha llegado el tiempo en que imperc la doctrina sobre la política.

## 5. EL GRAN HOMBRE

### 955

Esbozaré mi razonamiento sobre el momento histórico en que surgen los grandes hombres. La importancia de una larga moral despótica; los grandes hombres tienen el arco, si no lo rompen.

### 956

¿Qué es un gran hombre, un hombre que la Naturaleza ha alumbrado y modelado con gran estilo...? En primer lugar, toda su obra tiene una larga lógica, difícil de ser comprendida a causa de su largueza; en consecuencia, engaña, tiene una capacidad de dispersar su voluntad por todos los campos de la vida, de despreciar toda materia mezquina y arrojarla lejos, aun cuando estas materias fueran las cosas más bellas y «más divinas» del mundo. Segundo: es más frío, más duro, menos escrupuloso y tiene menos miedo de la opinión; le faltan las virtudes anejas a la «estimación» y al ser estimado, y sobre todo, lo que forma parte de las «virtudes del rebaño». Si no puede dirigir, se queda solo; y entonces sucede que mira con malos ojos muchas cosas de las que se encuentra en su camino. Tercero: no quiere un corazón que «participe», sino criados, instrumentos; en las relaciones con los hombres tiende siempre a utilizarlos. Sabe que es incomunicable; y usualmente no lo es, aunque lo parezca. Cuando no se habla a sí mismo, tiene puesta una careta. Prefiere mentir a decir la verdad; para mentir hace falta más espíritu y más voluntad. Hay en él una soledad inaccesible al elogio y a la censura; una jurisdicción suya propia que no tiene instancia superior a ella.

957

El gran hombre resulta naturalmente escéptico (con esto no quiero insinuar que debe actuar como tal), aceptando que la grandeza consista en querer una cosa grande y los medios indispensables para conseguirla. La libertad de toda clase de convicciones forma parte de la fuerza de su voluntad. Así se conforma a todo «despotismo ilustrado», el que ejerce toda gran pasión. Una pasión de este género toma a la inteligencia a su servicio; tiene el valor de utilizar también medios siniestros, obra sin escrúpulos; se crea convicciones a las que tiene derecho pero a las que no se sujeta. La necesidad de fe, de algo absoluto en el sí y en el no, es una prueba de debilidad; y toda debilidad es una debilidad de la voluntad. El hombre de fe, el creyente, es forzosamente una especie de hombre pequeño. Por ello resulta que la «libertad de pensamiento», es decir, la incredulidad como instinto, resulta hasta cierto punto una condición preliminar de la grandeza.

El gran hombre siente poder sobre un pueblo; sus coincidencias temporales con un pueblo o con una época; este engrandecimiento del sentimiento de sí mismo como «causa» y «voluntad» suele ser mal entendido, como si fuese altruismo; el gran hombre se siente impulsado a buscar medios para comunicarse; todos los grandes hombres son creadores de semejantes medios. Quieren forjarse a sí mismos en el seno de grandes comunidades; quiere dar una sola forma a lo múltiple y discordante; les excita la vinculación con el caos.

El hombre mal entendido. Hay un amor de esclavos que se sujeta y cede, que idealiza y se engaña; hay un amor divino que desprecia y ama y transforma, que eleva a la criatura amada. Hay que admitir aquella enorme energía de la grandeza para formar, para forjar al hombre futuro, mediante la educación, y, por otra parte, mediante la destrucción de los débiles, y no se debe perecer por el dolor que se produce y porque nuestros semejantes no existan aún.

### 958

La revolución, las convulsiones de los pueblos y sus sufrimientos son, en mi criterio, menos importantes que los sufrimientos de los grandes individuos en su desarrollo. No hay que engañarse: la multitud de miserias de todos los pequeños no suponen nada, si no es por el sentido de los hombres poderosos. Pensar en sí en los momentos de gran peligro; sacar la propia utilidad de los males ajenos; esto, en un alto grado de aberración, puede ser digno de un gran carácter que quiere dominar sus sentimientos de compasión y de justicia.

### 959

El hombre, al contrario que los animales, incuba en sí una gran cantidad de instintos e impulsos contradictorios; en virtud de esta síntesis, es el dueño de la tierra. Las morales son la expresión de jerarquías, localmente limitadas, en este múltiple mundo de los instintos; así que el hombre no perece por sus contradicciones. Por consiguiente, un impulso que domina debilita y refina su impulso opuesto, el cual estimula la actividad del impulso principal.

El más grande hombre debe lograr la mayor multiplicidad de instintos, multiplicidad tan fuerte como él puede soportar.

En realidad, allí donde la planta del hombre resulta poderosa, se encuentran instintos que chocan fuertemente entre sí, aunque sean refrenados (por ejemplo, en Shakespeare).

## 960

¿Es posible que no tengamos el derecho de incluir a todos los grandes hombres entre los malos? En los casos especiales, resulta difícil demostrado. Con frecuencia les fue posible un perfecto juego del escondite, revistiendo los gestos y las exterioridades de las grandes virtudes. Con frecuencia honraron las virtudes con seriedad y con una apasionada dureza contra sí mismos, pero con crueldad; esto engaña, visto de lejos. Muchos fueron comprendidos falsamente; no es raro que el gran deber exigiera a los mismos grandes cualidades; por ejemplo, la justicia. Lo esencial es esto: los más grandes tienen acaso grandes virtudes, pero entonces no tienen las cualidades opuestas. Yo creo que de la presencia de los contrarios y del sentimiento de estos nacen precisamente los grandes hombres, esos arcos fuertemente tensos.

## 961

En el gran hombre, resultan más destacadas las cualidades específicas de la vida: injusticia, mentira, explotación. Pero en cuanto obran como dominadores, su esencia es mal entendida en sentido bueno y es interpretada como buena. Tipo: Carlyle como intérprete.

## 962

Por lo general, cualquier cosa vale lo que se paga por ella. Esta sentencia no vale cuando se toma al individuo aislado;

las grandes facultades humanas están fuera de toda relación con lo que este ha hecho por ellas o ha sacrificado o sufrido por ellas. Pero si se observa su prehistoria familiar, se descubre la historia de un enorme ahorro y acumulación de capital de fuerza, mediante toda especie de renuncias, luchas, trabajos, desarrollos. El gran hombre es grande porque ha costado tanto y no porque exista como un milagro, como un don del cielo y del azar; la «transmisión hereditaria» es una noción falsa. Los antepasados han pagado los gastos de lo que un hombre es.

### 963

*Peligro de la modestia.*—La adaptación obligada a deberes, a sociedades, a reglas de trabajo cotidianas en que el acaso nos pone, es una época en que no nuestra fuerza ni nuestro ideal han entrado en nuestra conciencia a dictarle la ley; la precoz seguridad, satisfacción y vulgaridad de conciencia que con tal adaptación se consigue, este prematuro contentarse que se insinúa en el espíritu como una liberación de la inquietud interna y eterna y nos vicia y nos tiene envilecidos del modo más absoluto; el aprender a valorar según la manera de los «iguales», como si no tuviéramos en nosotros mismos una medida y un derecho para fijar valores; el esfuerzo de hacer valoraciones iguales contra la voz interna del gusto, que es también una conciencia, todo esto llega a ser un terrible y sutil encadenamiento; si no termina por crear una explosión, que obliga a saltar de golpe todos los vínculos del amor y de la moral, un espíritu semejante se entristece, se empequeñece, se afemina, se materializa.

Lo contrario, aunque triste, resulta siempre mejor; sufrir del propio ambiente el elogio y la censura; llegar a sentirse como consecuencia ulcerado y herido; defenderse, con involuntaria desconfianza, del amor de quienes nos rodean; aprender a callar, disimulando el silencio con discursos; crearse ángulos y soledades no comprensibles para los momentos en que se quiere respirar, para los momentos de las lágrimas y de los consuelos sublimes, mientras se tenga la suficiente fuerza para decir: ¿Qué es lo que tengo yo que ver con vosotros?, y para trazarse su propio camino.

964

Los hombres que equivalen a destinos, que se llevan a sí mismos como destinos, toda la especie de los heroicos portadores de pesos, ¡con qué gana descansarían en alguna circunstancia de sí mismos! ¡Qué necesidad tendrían de corazones y de cerebros fuertes, para desembarazarse, por lo menos durante algún tiempo, de lo que fatalmente los oprime! Y ¡qué inútilmente tienen sed de todo esto!... Esperan; miran por su propia cuenta todo lo que pasa; ninguno sale a su encuentro con algo de compasión y de pasión; nadie adivina en qué medida esperan... Finalmente, finalmente aprenden la primera sabiduría de su vida: no esperar ya; y de repente, a continuación, la segunda: ser afables, ser modestos, soportar todo hora tras hora; soportar, en suma, un poco de lo que ya soportaron.

### 6. EL HOMBRE SUPERIOR COMO LEGISLADOR DEL PORVENIR

*Legislador del porvenir.*—Después de haber intentado inútilmente, durante mucho tiempo, atribuir a la palabra «filósofo» un sentido determinado —por haber encontrado muchos criterios contrarios—, concluí por señalar dos especies de filósofos:

1) Los que aceptan la realidad de una serie de valoraciones (lógica o moralmente).

2) Los que son legisladores de semejantes valoraciones.

Los primeros intentan apoderarse del mundo existente o pasado, resumiendo en signos múltiples acontecimientos; a estos les importa hacer visible, pensable, tangible, palpable, lo que hasta entonces ha pasado: ponen en práctica la misión del hombre que consiste en aprovechar las cosas pasadas para su propio porvenir.

Los segundos, sin embargo, son los que mandan: «¡Las cosas deben ser así!». En primera instancia, perfilan el «hacia dónde» y a «qué objeto», la utilidad, lo que es útil al hombre: disponen del trabajo preparatorio de los hombres de ciencia, y todo el saber es para ellos un medio de crear. Esta segunda clase de filósofos rara vez se da; y en realidad, su condición y sus peligros son terribles. ¡Cuántas veces se han vendado los ojos con el propósito de no ver el estrecho espacio que los separa del abismo y de la muerte! Por ejemplo, Platón, cuando se persuadió de que el «bien», como él lo quería, no era el bien de Platón, sino el «bien en sí», el tesoro eterno que un cierto hombre llamado Platón había encontrado en su propio camino. En forma bastante más grosera, esta voluntad de ceguera determina en los fundadores de religiones; su «tú debes» no suena en sus oídos como un «yo quiero»; se atreven a perseguir su deber como un mandamiento de un Dios; su legislación de los valores es para ellos una carga soportable solo como una «abnegación», como una carga con la cual no se despedaza su conciencia.

Ahora bien: cuando lo mismo el medio de consuelo de Platón que el de Mahoma se han desvanecido y ningún pensador puede permitir a su propia conciencia la hipótesis de un «Dios» o de «valores eternos», la exigencia del legislador de nuevos valores surge de un modo nuevo y con un terror nunca igualado. Desde entonces, aquellos elegidos, ante quienes comienza a bosquejarse el presentimiento de semejante deber, verán si pueden librarse de él con un salto lateral, como a su mayor peligro, «en un tiempo preciso»; por ejemplo, persuadiéndose de que el deber está ya cumplido, o es insoluble o que no tienen espaldas bastante fuertes para semejante peso, o que están sobrecargados con otros deberes más urgentes, o también que esta nueva forma de deber es una seducción, o una tentación, una desviación de todos los deberes, una enfermedad, una especie de locura. A muchos, en realidad, tal deber los descansa; a lo largo del camino de la historia se descubre la huella de semejantes descansadores y de su mala conciencia. Pero en ocasiones, estos hombres fatales fueron cogidos por una hora liberadora, por aquella hora otoñal de la madurez, en la que tuvieron que hacer lo que no querían hacer; y el hecho de que antes tuvieron tanto terror se desprendió en ellos como un fruto maduro de un árbol, fácilmente y sin que ellos lo pretendieran, como un hecho no arbitrario, casi como un don.

### 966

*El horizonte humano.*—Se puede considerar a los filósofos como personas que hacen extraordinarios esfuerzos para experimentar a qué altura puede elevarse el hombre, especialmente Platón: hasta dónde llega su fuerza. Pero lo hacen como individuos; acaso fue más grande el instinto de los césares, de los fundadores de Estados, etc., los cuales pensaban cuán lejos puede ser impulsado el hombre en la evolución «en circunstancias favorables». Pero no comprenden lo suficiente qué son las circunstancias favorables. Y de ahí la pregunta: ¿En qué lugares ha crecido más espléndidamente hasta ahora la planta «hombre»? Para responder se hace obligado el estudio comparativo de la historia.

### 967

Un hecho, una obra, tienen una elocuencia nueva para cada época y para cada nueva especie de hombres. La historia dice verdades siempre «nuevas».

## 968

Ser objetivos, duros, firmes, severos en la realización de un pensamiento, es cosa que los artistas hacen mejor; pero si para hacer esto alguno tiene necesidad de hombres (como el maestro, el artista, etc.), entonces la calma y la frialdad y la dureza desaparecen pronto. En caracteres como César o Napoleón se puede sospechar que trabajan «desinteresadamente» en su mármol, si bien sacrificaran a tal labor un número de hombres. En este camino se encuentra el porvenir de los hombres más elevados: soportar la más grande responsabilidad sin derrumbarse. Hasta ahora fueron casi siempre necesarias ilusiones de la inspiración para no perder por lo menos la creencia en su propio derecho y en su propia mano.

## 969

¿Por qué el filósofo se logra tan pocas veces? Porque entre sus condiciones de éxito hay cualidades que, por lo común, arruinan a un hombre:

1)  Una enorme multiplicidad de cualidades debe constituir un compendio del hombre, de todos sus deseos, altos y bajos; hay el peligro de la contradicción y del disgusto de sí mismo.

2)  El filósofo debe tener curiosidad de los diversos aspectos de las cosas: peligro de dispersarse.

3)  Debe ser equitativo y justo en el más alto sentido de estas palabras; pero también profundo en el amor, en el odio (y en la injusticia).

4)  Debe ser no solo espectador, sino legislador: juez y juzgado (por ser un compendio del mundo).

5)  Debe ser extraordinariamente vario y, sin embargo, firme y duro. Debe ser plegable.

## 970

La verdadera misión, la suprema misión del filósofo (según las palabras del anglosajón Alcuino) es: «prava corrigere, et recta corrobare, et sancta sublimare».

## 971

El filósofo nuevo puede surgir solamente aliado a una casta dominante, como la más alta espiritualización de la misma. Debe sentir cerca de sí una gran política: el gobierno de la tierra; debe haber para esto absoluta falta de principios.

## 972

Pensamiento fundamental: los nuevos valores deben ser antes que nada creados; este deber no se nos puede disculpar. El filósofo debe convertirse para nosotros en un legislador. Nuevas especies de hombres. (Cómo han sido educados hasta ahora las especies más elevadas —por ejemplo, los griegos—: desear conscientemente este género de «acaso».)

## 973

Admitiendo que se considere a un filósofo como un gran educador bastante poderoso para elevar hasta sí, desde una altura solitaria, una larga cadena de generaciones, también se le deben conceder los extraordinarios privilegios del gran educador. Un educador no dice nunca lo que piensa, sino solo lo que piensa de algo relacionado con la utilidad de aquel a quien educa. En esta disimulación no puede ser adivinado; de su maestría depende el que se crea en su sinceridad. Debe ser capaz de todos los medios de la disciplina y de la educación; a algunas naturalezas solo las hace avanzar con el látigo de la burla; a otras, acaso —caracteres perezosos, *indecisos, miedosos, vanos*—, con un elogio exagerado. Una educación semejante está por encima del bien y del mal, pero nadie debe saber esto.

## 974

No se debe «querer» mejorar a los hombres, hablarles con cualquier moral, como si existieran «moralistas en sí» o una especie ideal de hombres, sino que se deben crear situaciones en las que sean necesarios hombres más fuertes, los cuales, por su parte, tengan necesidad de una moral (o más claramente: de una disciplina corporal y espiritual) que los haga fuertes, y, por consiguiente, deban tenerla.

No nos debemos dejar seducir por ojos azules o por senos turgentes; la grandeza del alma en sí no tiene nada de romántico. Y lo que es peor: nada de amable.

## 975

De los guerreros se debe aprender: 1) A poner la muerte cerca de los intereses por que se combate; esto nos hace honorables; 2) Se debe aprender a sacrificar muchos hombres y a dar bastante peso a la propia causa para no ahorrar los hombres; 3) A conservar una firme disciplina, y en la guerra, a permitirse la violencia y la astucia.

## 976

La educación en aquellas virtudes de señores que saben dominar incluso la benevolencia y la compasión: las grandes virtudes del educador («perdonen a los propios enemigos» es ridículo), llevar a un alto grado de pasión del crear y no desbastar el mármol. La posición de excepción y de poder de aquellas criaturas (confrontada con la de los principios que hasta ahora han existido): el césar romano con el alma de Cristo.

## 977

Nunca se debe separar la grandeza del alma de la grandeza intelectual. Porque aquella implica independencia; pero esta no es permitida sin grandeza intelectual; provoca abusos hasta con la facultad de hacer el bien y con el ejercicio de la justicia. Los espíritus pequeños deben obedecer; por consiguiente, no pueden tener entre sus virtudes la de la grandeza.

## 978

Al hombre filósofo superior que tiene en torno suyo la soledad, no porque quiera estar solo, sino porque es algo inigualable, ¡qué peligros y sufrimientos nuevos le serán ahorrados en estos tiempos, que se ha perdido la fe en la jerarquía y, por consiguiente, no se sabe honrar ni comprender aquella soledad! En otro tiempo, el sabio se santificaba casi por la conciencia de la multitud con semejante apartamiento; hoy el solitario se ve como envuelto en una nube de turbias dudas y sospechas. Y no solo por parte de los envidiosos y de los miserables: tiene que sentir también el desconocimiento, la negligencia y la superficialidad en toda benevolencia que se le manifiesta, conoce la perfidia de la composición mezquina, que se cree santa y buena cuando trata de «salvar» al solidario de sí mismo, incluso ofreciéndole una posición más cómoda o una sociedad más ordinaria y más confiada; debe admirar el inconsciente instinto de destrucción con que todos los mediocres de espíritu se ocupan de él, creyendo que tienen absoluto derecho a hacerlo. Para los hombres de este incomprensible aislamiento es necesario embozarse valerosa y cordialmente en el manto de una soledad exterior y vasta; esto forma parte de su sabiduría. Hoy serán necesarios incluso la astucia y el disfraz para que se conserve un hombre de este género, para que sobrenade en las rápidas ondas del tiempo, que le arrastren al fondo. Toda tentativa de resistir en el presente y con el presente, toda esta aproximación a estos hombres y fines del hoy, deberá expiarlas el solitario como su propio pecado: y podrá admirar estupefacto la oculta sabiduría de su naturaleza, que en todas estas tentativas lo reclama para sí mediante la enfermedad y la desgracia.

979

«Maledetto coliu che contrista uno spirito inmortal.»

MANZONI (*Il conte di Carmagnola*, acto II)

980

La más extraña y elevada figura del hombre casi nunca se logra: así, la historia de la filosofía nos brinda una gran cantidad de mal logrados, de casos fallidos y de procesos extraordinariamente lentos; entre un progreso y otro transcurren milenios enteros que destruyen lo que ya se había logrado; la conexión se interrumpe con enorme frecuencia. Es una triste historia, la historia del hombre superior, del sabio. Más damnificada es precisamente la memoria de los grandes, porque los mal logrados y los logrados a medias la desconocen y la humillan con sus «éxitos». Siempre que el «efecto» se muestra, aparece en escena una masa plebeya; el coloquio

de los pequeños y los pobres de espíritu es un terrible martirio para los oídos de quien advierte con estupor que el destino
de la humanidad consiste en el éxito de su tipo más repre-
sentativo. Desde muy joven he meditado en las condiciones
de existencia del sabio, y no quiero ocultar en este momento
mi serena convicción de que el sabio vuelve a ser posible
ahora en Europa, quizá por poco tiempo.


## 981

Estos nuevos filósofos inician su tarea exponiendo la efectiva jerarquía y diversidad del valor de los hombres; quieren
precisamente, cosa curiosa, lo contrario de una asimilación
en todos los sentidos, abren abismos como jamás los hubo,
quieren que el hombre llegue a ser más malo de lo que ha
sido nunca. Mientras tanto, viven extrañados y desconocidos
el uno del otro. Por tantas razones les será obligado vivir solos y ponerse caretas; por consiguiente, serán poco capaces
de encontrar sus iguales. Vivirán aislados y probablemente
conocerán los martirios de las siete soledades. Y en el caso de
encontrarse, es casi seguro que, o se desconocerían, o se en-
gañarían mutuamente.


## 982

«Les philosophes ne sont pas faits pour s'aimer. Les aigles
ne volent point en compagnie. Il faut laisser cela aux per-
drix, aux étourneaux. Planer au-dessus et avoir des griffes,
violà le lot des grands génies.»

GALIANI

## 983

Olvidaba decir que semejantes filósofos son muy serenos y tienen su sede voluntaria en las profundidades de un cielo completamente claro: tienen necesidad de otros medios para soportar la vida que los hombres restantes, al sufrir de otro modo (o sea, tanto por la profundidad de su desprecio de los hombres como por su amor a ellos). El animal terreno que más sufre fue el inventor de la «risa».

## 984

El error de la «serenidad». Se trata de un alivio temporal de una larga tensión: la petulancia, las saturnales de un espíritu que se consagra y se prepara a largas y terribles decisiones. El «loco» en forma de «ciencia».

## 985

La nueva jerarquía de los espíritus excluye, como si dijéramos, de la primera fila a las naturalezas trágicas.

## 986

A mí me consuela saber que sobre los vapores y el cieno de la vileza humana hay una humanidad más elevada, más «clara», cuantitativamente pequeña (porque todo lo excelente es contado por naturaleza); se pertenece a ella, no porque se esté mejor dotado y se sea más virtuoso o más heroico o más amoroso que los hombres descalificados, sino porque se es más frío, más claro, más penetrante, más solitario; porque en el fondo se soporta la soledad, se quiere la soledad, se exige la misma como felicidad, privilegio y hasta condición de la existencia; porque se vive entre nubes y relámpagos como entre iguales, pero también entre rayos de sol, gotas de rocío, copos de nieve y todo lo que necesariamente cae de lo alto, y, si se mueve uno, se mueve eternamente en la dirección de arriba abajo. Aspirar a lo alto no es cosa nuestra. Los héroes, mártires, genios y entusiastas no son bastante calmosos, pacientes, finos, fríos y lentos para nosotros.

### 987

Condición absoluta: que los sentimientos de valor son distintos arriba que abajo; que a los inferiores les falta infinita experiencia; que de abajo arriba es tan inevitable como lógica la incomprensión.

### 988

¿Cómo llegan los hombres a conseguir una gran fuerza y a alcanzar una gran misión? Toda virtud y capacidad del cuerpo y del alma ha sido adquirida con fatiga y detalladamente, mediante entusiasmo, dominio personal, limitaciones; mediante muchas y fieles repeticiones de los mismos trabajos, de las mismas renuncias; pero hay hombres que son los herederos y los señores de esta riqueza de virtud y de capacidad lentamente adquirida y múltiple, porque, en virtud de matrimonios afortunados, y también como consecuencia de casos fortuitos, las fuerzas adquiridas y acumuladas por muchas generaciones no fueron disipadas y dispersadas, sino reunidas por un círculo y por una voluntad firmísima. Finalmente, aparece un hombre, prodigioso por su fuerza, que desea asumir una misión prodigiosa: porque nuestra fuerza es la que dispone de nosotros; y el miserable juego espiritual de fines e intenciones y motivos es solo una apariencia, aunque los ojos débiles vean en él lo que realmente es.

### 989

El hombre sublime tiene un valor supremo, aun cuando sea totalmente delicado y frágil, porque una cantidad de cosas bastante difíciles y raras fue cultivada y mantenida en unión por muchas generaciones.

### 990

Yo predico que hay hombres superiores e inferiores, y que en algunas circunstancias, un individuo justifica y resume la existencia de milenios enteros. Me refiero, claro está, a un hombre más completo, más rico, más entero con relación a innumerables hombres fragmentarios, incompletos.

### 991

Más allá de los dominadores, desligados de todo vínculo, viven los grandes hombres: y en los dominados tienen sus instrumentos.

### 992

Jerarquía: el que determina los valores y guía la voluntad de milenios, dirigiendo las naturalezas más elevadas, es el hombre más elevado.

### 993

Yo creo que he adivinado algo del alma del hombre superior; es posible que el que lo adivina, perezca; pero quien lo ha visto, debe poner todo lo que pueda de su parte porque sea «posible».

Pensamiento fundamental: hay que tomar el porvenir como criterio de toda nuestra valoración, y no buscar dentro de nosotros las leyes de nuestra acción.


### 994

El objetivo no es la «humanidad», sino el superhombre.


### 995

«Come l'uom s'eterna...»

«Inf.», XV, 85


## II

## DIONISO

### 996

Dediquemos este libro al hombre «bien logrado», porque hace bien a mi corazón y está tallado como en recia madera, en madera preciosa y perfumada, en el cual hasta mi nariz encuentra placer.

A él le gusta lo que es útil; su placer por algo concluye cuando la medida de la utilidad se supera; adivina los remedios contra los daños parciales; para él las enfermedades son grandes estimulantes de la vida; sabe utilizar sus adversidades; se hace más fuerte, en virtud de los casos adversos que amenazan destruirlo; de todo lo que ve, de todo lo que oye y vive, aprovecha instintivamente algo en favor de su causa principal, sigue un principio de selección, deja caer muchas cosas; reacciona con la lentitud que una larga prudencia y una fiereza voluntaria le han proporcionado, sabe de dónde viene el estímulo, lo que quiere, y no se sujeta; se encuentra siempre en su sociedad, ya se ocupe de libros, de hombres o de paisajes; honra al elegir, al permitir, al tener confianza.

## 997

Adquirir una elevación y una perspectiva de la observación para comprender que todo se desarrolla como debe desarrollarse; que toda especie de «imperfección» y los sufrimientos que esta produce forman parte de las cosas que más deben desearse.

## 998

Hacia el año 1876 padecí la angustia de ver comprometida toda la voluntad de que hasta entonces era dueño; fue entonces cuando comprendí adónde quería llegar Wagner, a quien me sentía sólidamente ligado, por todos los vínculos de la profunda unidad de necesidades, del reconocimiento, de la imposibilidad de sustituirlo y del vacío absoluto que advertía como horizonte.

Por esa época me sentí irremediablemente aprisionado por mi filología y mi actividad de profesor, lo que constituía un acaso y una necesidad de arbitrar recursos para la vida: no sabía cómo salir del atolladero, sintiéndome cansado, consumido, inutilizado.

En aquel tiempo comprendí que mi instinto quería llevar a cabo todo lo contrario de lo que había pretendido el instinto de Schopenhauer: llegar a una justificación de la vida, aun en lo que esta tiene de más terrible, dudoso y engañoso; con tal objeto yo había echado mano de la formula de lo «dionisíaco.

Contra la afirmación de que un «en sí de las cosas» es necesariamente bueno, feliz, verdadero, único, la interpretación schopenhaueriana del «en sí» como voluntad que constituye un progreso esencial. Pero Schopenhauer no supo divinizar esta voluntad; se atuvo al ideal cristianomoral. Schopenhauer se encontraba tan presionado por los valores cristianos, que cuando la cosa en sí no fuera para él «Dios», la consideró como algo abyecto, estúpido, absolutamente reprobable. No comprendió nunca que puede haber muchísimas maneras del ser diversamente y hasta muchas maneras de ser Dios.

### 999

¿Habrá alguien que ponga en duda que, hasta hoy, los valores morales han sido los valores supremos...? La prueba es que si desplazamos estos valores, alteramos todo el mundo de los valores; e invertimos el principio hasta ahora admitido de su jerarquía.

### 1000

*Invertir los valores.*—¿A qué nos conduciría? Deben existir todos los movimientos espontáneos, los nuevos, fuertes, del porvenir: pero hoy se encuentran todavía con nombres falsos y valoraciones falsas y no han adquirido aún conciencia de sí mismos.

Queremos obtener una valerosa conciencia y afirmación de lo que hemos conseguido; deseamos desembarazarnos del hábito de las valoraciones antiguas que nos desvaloran en las cosas mejores y más fuertes conseguidas hasta ahora por nosotros.

### 1001

Toda doctrina para la cual no se tiene ya acumulada toda la fuerza y la materia explosiva necesaria, es superflua. Se pueden invertir los valores cuando existe una tensión de nuevas necesidades, de gentes que tienen nuevas necesidades, que sufren el agobio de los viejos valores sin tener conciencia de ello.

## 1002

Punto de vista para mis valores. ¿Se obra por abundancia o por deseo? ¿Se mira solamente o se pone mano a la obra? ¿O se tuerce la mirada y se aparta? ¿Se obra por fuerza acumulada, «espontáneamente», o se siente uno estimulado o excitado de un modo simplemente reactivo? ¿Se es simple por pobreza de elementos o se obra por preponderante dominio sobre un gran número, hasta poner este gran número al propio servicio cuando se tiene necesidad de ello? ¿Se es problema o solución? ¿Se es perfecto por un pequeño deber o imperfecto por el carácter extraordinario de un fin? ¿Se es puro o comediante? Y ya como comediante, ¿se es un simulador, un representante, o se es la misma cosa representada? ¿Se es una «persona» o simplemente como un lugar de reunión de personas? ¿Se es enfermo por enfermedad o por exceso de salud? ¿Se actúa como un «pastor», como un «hombre de excepción», o como un «desertor» en tercera instancia? ¿Existe necesidad de «dignidad» o de payasos? ¿Se busca la resistencia o se evita? ¿Se es imperfecto por demasiado precoz o por demasiado tardío? ¿Se dice por carácter, sí, o se dice no, o se convierte cualquiera en pavo de plumas multicolores? ¿Se es lo suficientemente orgulloso para no avergonzarse ni de la propia vanidad? ¿Se es aún capaz de remordimientos? (Esta última especie resulta muy rara: en otro tiempo la conciencia tenía muchas cosas que roer: parece ser que ahora no tiene dientes suficientes para realizar su cometido.) ¿Somos capaces de afrontar un deber...? (Hay personas que perderían todo el resto de su alegría de vivir si se dejaran arrebatar el deber: particularmente los afeminados, los que nacieron para súbditos.)

## 1003

Suponiendo que nuestra concepción del mundo fuese errónea, ¿se podría concebir una perfección dentro de la cual los errores fueran sancionados?

Concepción de una nueva perfección: lo que no responde a nuestra lógica, a nuestro «bello», a nuestro «bueno», a nuestro «verdadero», podría, en un sentido superior al de nuestro mismo ideal, ser perfecto.

## 1004

Nuestra gran modestia: no divinizar lo desconocido: nosotros comenzamos precisamente a saber poco. Se trata de esfuerzos falsos y desperdigados.

Nuestro «nuevo mundo»: nosotros debemos darnos cuenta hasta qué punto somos los creadores de nuestros sentimientos de valor; por consiguiente, poder poner un sentido en la historia.

Esta creencia en la verdad llega en nosotros hasta su última consecuencia: vosotros sabéis cómo suena esta: si, en general, hay algo que adorar es la apariencia la que debe ser adorada; ¡la mentira, y no la verdad, es lo divino!

## 1005

Quien fomenta el racionalismo presta fuerzas nuevas al poder antagónico; es decir, a toda clase de misticismo y locura.

En todo movimiento debe distinguirse: 1) La parte de cansancio implícita de un movimiento anterior (saciedad de este, malignidad de los débiles contra el mismo, enfermedad); 2) En parte es una fuerza que se ha despertado, después de vivir aletargada durante mucho tiempo, gozosa, petulante, violenta: es salud.

## 1006

Ante la salud y la tendencia de las enfermedades, ¡ seamos prudente! No solo hay que tener en cuenta la floración corporal, la agilidad, el valor y la serenidad del espíritu, sino el grado de enfermedad que se es capaz de soportar y superar, pues todo ello puede sanarnos. Aquello por lo que pueden arruinarse los hombres más delicados forma parte de los medios estimulantes de la gran salud.

## 1007

Se trata solo de un problema de fuerza: tener todos los rasgos morbosos del siglo y regularlos dentro de una riquísima fuerza plástica reconstructiva. El hombre fuerte.

## 1008

*La fuerza del siglo XIX.*—Nosotros no somos curiosos, ni más preocupados por lo raro y extraño, sino más medievales que los hombres del siglo XVIII. Nosotros nos hemos rebelado contra la revolución... Hemos superado el miedo de la *raison* —espectro del siglo XVIII— y de nuevo nos atrevemos a ser absurdos, pueriles, líricos; quizá, en una palabra, «somos músicos». En consecuencia, tampoco tenemos miedo al ridículo y al absurdo. El diablo encuentra en su favor la tolerancia de Dios; aún más, tiene un interés en calidad de desconocido y calumniado desde la Antigüedad; nosotros somos como los salvadores del honor del diablo.

Nosotros no separamos ya la grandeza de lo terrible. Nosotros mezclamos las cosas en su complejidad con las peores; hemos superado lo que una vez fue absurdamente «deseable» (el deseo de que aumentase el bien sin que aumentase el mal). Se ha desvanecido la cobardía ante el ideal del Renacimiento;

incluso aspiramos a las costumbres del Renacimiento. Al mismo tiempo ha acabado la intolerancia para con el sacerdote y la Iglesia; «es inmoral creer en Dios»; pero precisamente la inmoralidad es para nosotros la mejor forma de justificación de esta creencia.

Con todo esto hemos dado un paso hacia nosotros mismos. No tenemos ya miedo del reverso de las cosas buenas (lo buscamos: somos bastante valerosos y curiosos para buscarlo); por ejemplo, buscamos el reverso del helenismo, de la moral, del buen gusto (hacemos el cálculo de las pérdidas que se hacen con tales preciosismos: nos volvemos casi pobres pagando tan altos precios). Y casi nunca se nos oculta el revés de las cosas «malas».

1009

*Lo que honra.*—Si hay alguna cosa que honra es esta: nosotros hemos puesto la seriedad en otra parte: hemos dado valor a las cosas bajas, despreciadas por todas las épocas y dejadas a un lado, y, por el contrario, hacemos poco caso de los «bellos sentimientos».

¿Hubo, acaso, un error más peligroso que el desprecio del cuerpo? Con semejante desprecio se condenó a la intelectualidad a enfermar, a los *vapeurs* del «idealismo».

Todo lo que ha sido pensado por los cristianos y por los idealistas no tiene pies ni cabeza; nosotros somos más radicales. Hemos descubierto que el «mundo pequeño» es el que decide en último término.

Al desear calles bien cuidadas, aire puro en las habitaciones, alimentación racional, hacemos recaer nuestra atención en todas las necesidades de la existencia, y despreciamos la mentalidad de las «bellas almas» como una especie de «ligereza y frivolidad».

Lo hasta hora despreciado se sitúa por nosotros en primera línea.

## 1010

En lugar del «hombre de la Naturaleza» de Rousseau, el siglo XIX ha descubierto una nueva figura de «hombre»; tuvo este valor. En conjunto, le ha cabido hasta cierto punto el mérito de resucitar el concepto cristiano de «hombre». Lo que nadie tuvo valor de hacer fue aprobar precisamente este hombre en sí y ver encarnado en él el porvenir de la humanidad. Por otra parte, nadie ha enfocado el aumento de la terribilidad del hombre como un fenómeno accesorio de todo aumento de civilización; en esto siempre nos hemos sentido vinculados al ideal cristiano y nos hemos pronunciado por él contra el paganismo, y también contra el concepto de virtud del Renacimiento. Sin embargo, por este procedimiento, no conseguimos la llave de la civilización; y, en la práctica, nos atenemos a la falsa moneda de la historia en favor del «hombre bueno» (como si este fuese solamente el progreso del hombre) y al ideal socialista (residuo del cristianismo y de Rousseau en un estilo cristianizado).

La lucha contra el siglo XVIII: los vencedores de este siglo fueron Goethe y Napoleón. También Schopenhauer combate contra aquel siglo; pero vuelve involuntariamente al siglo XVII; es un Pascal moderno, con valoraciones pascalinas y sin cristianismo. Schopenhauer no era lo suficientemente fuerte para dar un nuevo «sí».

Napoleón; en él está comprendida la necesaria conexión del hombre superior y del hombre terrible. El «hombre» es reconstruido; a la mujer se le concede el debido tributo de desprecio y de miedo. La «totalidad» es considerada como sanidad y actividad altísima; de nuevo es descubierta la línea recta, el grande estilo en la acción; el más poderoso instinto, el de la vida misma, la avidez de dominio, se afirma así.

### 1011

*(Revue des deux mondes,* 15 de febrero de 1887. *Taine sobre Napoleón.)* Bruscamente se desarrolla la «faculté maitresse»; el artista, encerrado en el hombre político, sale fuera de «sa gaine»; crea «dans l'ideal et l'impossible». Se le valora por lo que es: el hermano póstumo de Dante y de Miguel Ángel; y, en realidad, por los firmes contornos de su visión, por la intensidad, coherencia y lógica íntima de su sueño, por la profundidad de sus meditaciones y la sobrehumana grandeza de su concepción, es su pareja y «leur égal: son genie à la méme taille et la méme structure; il est un des troi esprits souverains de la renaissance italienne».

«Nota bene»; Dante, Miguel Ángel, Napoleón.

### 1012

*El pesimismo de la fuerza.*—La economía espiritual del hombre primitivo está presidida por el miedo del mal. ¿Qué es el mal? Tres clases de cosas: el acaso, la incertidumbre, lo imprevisto. ¿Cómo combate el mal el hombre primitivo? Lo concibe como una razón, un poder, hasta como una persona. Con ello adquiere la posibilidad de firmar con aquel poder, con aquella persona, una especie de contrato y, en general, de obrar con previsión, de prevenir el mal.

Otro criterio mantiene que sostener la perfidia y lo nocivo del mal solo es una apariencia. Se interpretan como benévolas y plenas de sentido las consecuencias del acaso, de la incertidumbre, de lo imprevisto.

Se interpreta por otra parte el mal como «merecido», justificándolo, considerándolo como un castigo.

En suma: como consecuencia de una interpretación moral religiosa, nos sujetamos al mal, por creer que en el mal hay algo como positivo que justifica la renuncia a combatirlo.

Ahora bien: toda la historia de la civilización nos muestra un decrecer del miedo al acaso, a lo incierto, a lo incierto, a lo imprevisto. La civilización consiste precisamente en aprender a calcular, a pensar las causas, a prevenir, a creer en la necesidad. Con el auge de la civilización, el hombre puede prescindir de aquella forma primitiva de sujeción al mal (conocida por religión o por moral), de aquella «justificación del mal».

En la actualidad el hombre hace la guerra al mal: lo suprime. Seguramente será posible una situación de sentimiento de seguridad, de creencia en la ley y en el cálculo, que desborde de la conciencia, en que el gusto por el azar, de lo incierto y de lo improvisto cree un prurito.

Ajustémonos por un momento a este síntoma de civilización superior; yo lo considero el pesimismo de la fuerza. En este caso, el hombre no tiene ya urgencia de una «justificación del mal», puesto que quizá tenga prevención a «justificar»; goza el mal puro y crudo; entiende que el mal sin sentido es doblemente interesante. Si antes tuvo necesidad de un Dios, ahora le fascina un desorden universal sin Dios, un mundo de acasos, de cuya esencia forma parte lo terrible, lo enigmático, lo que seduce...

En semejante situación, lo que hay que justificar precisamente es el bien; el bien debe tener un fundamento malo y peligroso o encerrar en sí una gran estupidez: en tal caso, gusta más. Actualmente, la animalidad no provoca terror; una petulancia rica de ingenio y feliz, que resulta partidaria de lo que hay de animal en el hombre, es la forma más distinguida de la intelectualidad. De ahora en adelante el hombre es bastante fuerte para poder avergonzarse de creer en Dios; hoy puede de nuevo sostener la parte del *advocatus diaboli*. Si en la práctica recomienda la conservación de la virtud, lo hace por razones que dan a conocer en la virtud una finura, una bribonería, una forma de avidez de ganancia y de poder.

Este mismo pesimismo de la fuerza termina en teodicea, o sea en una absoluta afirmación del mundo; pero por las mismas razones por que una vez se negara el mundo; y, por consiguiente, termina concibiendo este mundo como el más alto ideal posible, efectivamente realizado.

### 1013

Principales clases de pesimismo:

El pesimismo de la sensibilidad (la excesiva excitabilidad con preponderancia de los sentimientos de desplacer).

El pesmismo de las «voluntades no libres» (o, en otros términos, la falta de fuerza de inhibición contra los estímulos).

El pesimismo de la duda (el horror de todo lo que es fijo, sobre todo del tomar y del tocar).

Los estados de ánimo consiguientes se pueden observar todos ellos en los manicomios, aunque en un plano forzosamente exagerado. Así también se puede observar el «nihilismo» (el sentimiento roedor de la «nada»).

Pero ¿cual es el puesto del pesimismo moral de Pascal, del pesimismo metafísico de la filosofía de los Vedanta, del pesimismo social de los anarquistas (o de Shelley), del pesimismo de la compasión (como el de Tolstoi o el de Vigny)?

Todos estos, ¿no son fenómenos representativos de una decadencia, de una enfermedad? La excesiva importancia atribuida a los valores morales o a las ficciones del «mas allá» o a las miserias sociales o a los sufrimientos en general, toda posible exageración de cualquier respetable punto de vista es ya un síntoma de enfermedad. E igualmente el predominio del «no» sobre el «sí».

Una confusión de la que hay que huir: no hay que confundir con estas clases de pesimismo la alegría del decir «no» y hacer «no» derivada de una evidente fuerza y tensión de la afirmación, propia de todos los hombres y las épocas poderosas y ricas. Se trata, por así decirlo, de un lujo, y también de una forma de valor que se opone a lo que es terrible; una simpatía por lo espantoso y lo enigmático, que se siente porque nosotros mismos somos, entre otras cosas, enigmáticos y espantosos: lo dionisíaco en la voluntad, en el espíritu, *en el gusto.*

## MIS CINCO «NO»

### 1014

1) Mi lucha contra el sentimiento de culpa y la mezcla del concepto de castigo al mundo físico y metafísico, así como a la psicología y a la interpretación de la historia. Visión de la moralidad de todas las filosofías y valoraciones que hasta ahora han existido.

2) Mi nuevo examen y mi identificación del ideal tradicional, del cristianismo, aun allí donde se ha eliminado completamente la forma dogmática del cristianismo. Lo peligroso del ideal cristiano se encuentra en sus sentimientos de valor, en lo que puede echar de menos una expresión sensible: mi lucha contra el cristianismo latente (por ejemplo, en la música, en el socialismo).

3) Mi lucha contra el siglo XVIII de Rousseau, contra su «naturaleza», su «hombre bueno», su creencia en el dominio del sentimiento, contra el reblandecimiento, la debilitación, la moralización del hombre: un ideal que nació por el odio a la cultura aristocrática y prácticamente constituye el dominio de los sentimientos desmandados del rencor, inventado como estandarte para la lucha (la moralidad de los sentimientos de culpa entre los cristianos, la moralidad del rencor constituye un gesto plebeyo).

4) Mi lucha contra el romanticismo, en el que confluyen los ideales cristianos y los de Rousseau, con una cierta nostalgia del tiempo antiguo de la civilización seudoaristocrática, de la «virtud», del «hombre fuerte», algo extraordinariamente híbrido; una especie falsa e imitada de humanidad más vigorosa, que estima las situaciones extremas en gene-

ral y ve en ellas el síntoma de la fuerza (culto de la pasión; una imitación de las formas expresivas, un furor expresivo, no por abundancia, sino por defecto). Ciertas cosas nacieron en el siglo XIX de una relativa abundancia, con placer: la música serena, etc; entre poetas, por ejemplo, Slifter y Godofredo Keller son signos de mayor fuerza, de más íntimo bienestar, que... La gran técnica e inventiva, las ciencias naturales, la historia (?), son productos derivados de la fuerza, de la confianza en sí, propia del siglo décimonono.

5)  Mi lucha contra la preponderancia de los instintos del rebaño, desde que la ciencia ha hecho causa común con ellos; contra el íntimo odio con que se trata todo género de jerarquía y de distancia.

## 1015

De la presión de la plenitud, de la tensión de fuerzas que constantemente crecen en nosotros y no saben todavía sacrificarse, se deriva un estado de ánimo parecido al que precede a un huracán: aquella naturaleza, que es la nuestra, se oscurece. También esto es «pesimismo»... Una doctrina que pone fin a tal estado de ánimo mandando alguna cosa, una transmutación de los valores, en virtud de la cual se muestra un camino y una meta a las fuerzas acumuladas, así que estallan en fulgores y en acciones, no tiene de ningún modo necesidad de ser una doctrina de felicidad; extendiendo una fuerza que estaba comprimida y ahogada hasta producir tormento, aquella doctrina añade la felicidad.

## 1016

La alegría brota donde existe el sentimiento de poder.

La felicidad consiste en la conciencia del poder y de la victoria que ha llegado a imponerse.

El progreso es el fortalecimiento del tipo, la capacidad de gran voluntad: todo lo demás es error y peligro.

## 1017

Un periodo en que la vieja mascarada y el aspecto moral de las pasiones produce repugnancia, en que se busque la Naturaleza desnuda; en que la cantidad de poder es simplemente atribuida como decisiva (esto es, como determinadora del rango), en el que resurge el gran estilo, como consecuencia de la pasión.

## 1018

Tomar a su propio servicio cada cosa terrible, singularmente, gradualmente, en forma de tentativa; así lo quiere el deber de la cultura; pero mientras esta no sea lo suficientemente fuerte para hacer esto, debe combatir las cosas terribles, moderarlas, velarlas y hasta maldecirlas.

Dondequiera que una cultura pone el mal, expresa por este hecho una relación de miedo, o sea, una debilidad.

Tesis: todo bien es un mal auténtico hecho útil. Criterio: cuanto más terrible y grandes son las pasiones que una época, un pueblo o un individuo se permiten, tanto más alta es su civilización; cuanto más mediocre, débil, perezoso es un hombre, verá el mal en tanto mayor número de cosas. El hombre más vil ve en todas partes el reino del mal (esto es, de aquello que le es prohibido y le resulta hostil).

## 1019

No es que «la felicidad sea una consecuencia de la virtud», es que el más poderoso establece precisamente como virtud su estado de ánimo feliz.

Las malas acciones son propias de los poderosos y de los virtuosos; las viles, de los sometidos.

El hombre más poderoso, el creador, parece que debería ser el más malo, en cuanto realiza su ideal a expensas de todos los hombres y contra todos los ideales de estos y los transforma en su imagen. Aquí malo significa duro, doloroso, cohibido.

Hombres como Napoleón deben volver siempre a consolidar la creencia en la autosoberanía del individuo; pero muchas veces fue corrompido por los medios que debía emplear, y perdió la nobleza del carácter. Desarrollándose entre otra especie de hombres habría podido emplear otros medios, y así no sería necesario que un César tenga que ser malo.

## 1020

El hombre es un no-animal y superanimal; el hombre superior es un no-hombre y un superhombre. Estas son cosas conexas entre sí. Cuando el hombre crece en grandeza y estatura íntimas, crece también su terribilidad y profundidad; no se puede preferir una cosa a la otra; o mejor: cuanto más profundamente se quiere una cosa, tanto más profusamente se alcanza la otra.

## 1021

Conviene no engañarse: la terribilidad constituye parte de la grandeza.

## 1022

Yo sitúo el conocimiento frente a imágenes tan terribles que se hace imposible cualquier «placer epicúreo». Basta solamente con la alegría dionisíaca: yo he sido el descubridor de lo trágico. Lo trágico fue mal entendido entre los griegos, por culpa de su superficialidad moralística. La resignación, por ejemplo, no es una enseñanza de la tragedia, sino una incomprensión de la misma. ¡La aspiración a la nada es la negación de la sabiduría trágica, lo opuesto a la misma!

## 1023

Una alma plena y poderosa no solamente soporta pérdidas, privaciones, rapiñas, desprecios dolorosos y hasta terribles, sino que sale de tales infiernos con plenitud y poder mayores y, para decir lo esencial, con un nuevo aumento de la felicidad de amar. Yo creo que aquel que ha adivinado en el amor algunas de las más profundas condiciones de todo crecimiento comprenderá a Dante, cuando escribió sobre la puerta del Infierno: «También a mí me creó el eterno Amor».

## 1024

Recorrer todos los círculos del alma moderna, haber conocido todos sus rincones: esta es mi ambición, mi tortura y mi felicidad.

Superar realmente el pesimismo; el resultado será una mirada goethiana, llena de amor y de buena voluntad.

## 1025

La primera cuestión no es la de estar contentos con nosotros, sino la de estar contentos, entusiasmados por algo. Suponiendo que dijéramos que sí en un determinado momento, nos encontramos con que habremos dicho no solo sí a nosotros mismos, sino a toda la existencia. Porque nada existe por sí mismo, ni en nosotros ni en las cosas, y aunque solo una vez haya vibrado y resonado nuestra alma, como una cuerda en función de la felicidad, sería necesaria toda la eternidad para reconstruir las condiciones de este único acontecimiento, y toda la eternidad habría sido aprobada, justificada y afirmada en este único momento en que decimos «sí».

## 1026

Los sentimientos afirmativos: el orgullo, la alegría, el amor sexual, la enemistad y la guerra, el respeto, los bellos gestos, las bellas maneras, la firme voluntad, la disciplina de la gran inteligencia, la voluntad de poder, el reconocimiento que es rico y quiere ceder y hace donativos a la vida, y la dora, y la eterniza, y la diviniza: todo el poder de las virtudes transfiguradas, todo lo que aprueba, afirma, crea afirmando.

## 1027

Nosotros, los pocos o muchos que intentamos vivir en un mundo desmoralizado; nosotros, paganos confesos, somos probablemente también los primeros en comprender qué es una confesión pagana: es un deber figurar criaturas más importantes que el hombre, pero más allá del bien y del mal; un deber apreciar todo «ser más altos» como un «ser también inmorales». Nosotros creemos en el Olimpo, no en el Crucifijo.

## 1028

El hombre moderno ha ejercitado generalmente su fuerza idealizadora en relación con un Dios en una creciente moralización del mismo... ¿Qué significa esto...? Nada bueno.

Una disminución, en definitiva, de la propia fuerza del hombre.

A lo mejor sería posible todo lo contrario; y hay indicios de ello. Dios, pensando como un ser libre de la moral, encerrando en sí toda la plenitud de los contrarios vitales y resolviendo y justificando estos contrarios en un divino tormento: Dios como el «más allá», por encima de la miserable moral de mozos de cuerda, de la moral del «bien y del mal».

1029

En este mundo conocido, el Dios humanitario no puede demostrarse; hasta esta conclusión puede llegarse. Pero ¿qué consecuencias pueden sacarse? «Él es indemostrable para nosotros»: escepticismo del conocimiento. Todos vosotros teméis esta conclusión: «con el mundo conocido» se podría demostrar un Dios bien distinto, un Dios que, por lo menos, no es humanitario y, en resumidas cuentas, mantenéis vuestro Dios e inventáis para Él un mundo desconocido.

1030

Separemos la bondad suprema de la idea de Dios, por indigna de Él. Separemos igualmente la suprema sabiduría: es la vanidad de los filósofos la que tiene la culpa de tal extravagancia, de un Dios que es un monstruo de sabiduría. Dios tiene que parecerse a ellos lo más posible... Y no. ¡Dios es el poder supremo y esto basta! ¡Y de ello se deriva todo; de ello se deriva «el mundo»!

1031

¡Cuántos dioses no serán aún posibles! A mí mismo, por ejemplo, a quien el instinto religioso, el instinto creador de dioses, se le ha hecho atrozmente vivaz, ¡de qué diversas formas se le ha revelado cada vez lo divino...! ¡Qué de cosas extrañas han pasado ante mí, en aquellos momentos sin tiempo en que no se sabe absolutamente nada de lo viejo que se es y de lo joven que todavía se puede ser...! Yo no dudo que haya muchas especies de Dios, de las cuales no se puede disgregar con el pensamiento un cierto alcionismo, una evidente ligereza... Probablemente la ligereza de los pies forma parte también del concepto de «Dios»... ¿Se necesita decir que Dios sabe mantenerse con preferencia más allá de todo lo que es galantería y racionalismo? ¿Que Dios sabe mantenerse, dicho sea entre nosotros, del bien y del mal? Encarna una visión libre para hablar como Goethe. Y para invocar la autoridad de Zaratustra, que en este caso no puede ser bastante apreciada, aunque Zaratustra vaya tan lejos que afirme de sí mismo lo siguiente: «Yo solo podría creer en un Dios que supiese danzar...».

Insistamos: ¡cuántos nuevos dioses son todavía posibles! Zaratustra mismo, en realidad, no es sino un viejo ateo que no cree ni en los antiguos dioses ni en los nuevos. Zaratustra afirma que podría creer; pero Zaratustra no cree... ¡Entiéndase bien!

El tipo de dios debe incluirse en el de los espíritus creadores, en el de los «grandes hombres».


### 1032

¡Cuántos nuevos ideales son posibles en el fondo...! He aquí un pequeño ideal que yo cazo al vuelo una vez cada cinco semanas, durante un paseo salvaje y solitario, en el momento azul de una sacrílega felicidad. Pasar la vida en medio de cosas tiernas y absurdas; extrañas a la realidad; mitad artista, mitad pájaro y metafísico; sin «sí» ni «no» para la realidad, salvo reconocerla de cuando en cuando con las plantas de los pies, al estilo de un buen bailarín; siempre acariciado por cualquier rayo del sol de la felicidad; embriagado y alentado hasta por las turbaciones —porque las turbaciones conservan la felicidad—; poniendo un pequeño grano de frivolidad hasta en las cosas más santas; esto, como fácilmente se comprende, es el ideal de un espíritu pesante, de un espíritu que pesa medio quintal, de un espíritu de la pesantez.

## 1033

*De la escuela de guerra del alma* (dedicado a los valerosos, a los hombres de espíritu sereno, a los tenaces).

A mí no me interesa apreciar menos de lo debido las virtudes más amables; pero la grandeza del alma no se concilia con ellas. Generalmente, en las artes el gran estilo excluye lo agradable.

o

En época de tensión dolorosa y de vulnerabilidad, elegid la guerra: ella nos endurece y tonifica los músculos.

o

Los hombres profundamente heridos tienen la risa olímpica: porque se tiene siempre la risa que se necesita.

o

Hace diez años que no llega a mí ningún rumor: mi país carece de lluvia. Es preciso demasiada humanidad para no perecer en la aridez.

1034

*Nueva vía hacia el «sí».*—La filosofía, tal como yo la he entendido y vivido hasta este momento, es la investigación voluntaria de los aspectos, aun los más detestados e infames, de la existencia. Por la larga experiencia que semejante peregrinación a través de los desiertos y glaciares me ha otorgado, aprendí a mirar de otro modo todo lo que hasta ahora ha sido base de la filosofía; poniéndose muy en claro para mí la escondida historia de la filosofía, la psicología de sus grandes hombres. ¿Cuánta verdad soporta, cuánta verdad anhela un espíritu...?, fue para mí la pregunta clave para considerar los valores. El error es una «cobardía»... Toda conquista del conocimiento es consecuencia del valor, de la dureza consigo mismo, de la pureza para consigo mismo... Tal «filosofía experimental», como yo la vivo, sin querer decir con esto que se detenga en una negación, en el «no», en una voluntad de negar. Más que esto, lo que quiere es penetrar hasta lo contrario —hasta una afirmación dionisíaca del mundo, cual este es, sin detracción, ni excepción, ni elección—, quiere el círculo eterno: las mismas cosas, la misma lógica e idéntico ilogismo del encadenamiento: ser dionisíacos frente a la existencia; mi fórmula en este punto es «amor fati».

A tal fin, hay que entender no solo como necesarios, sino como deseables, los aspectos de la existencia humana negados hasta ahora: deseables no solo en relación con los aspectos hasta ahora afirmados (en cierto modo, como el complemento o la premisa de estos), sino por amor a ellos mismos, como si fueran los lados de la existencia más poderosos, más fecundos, más verdaderos, en los que se expresa más claramente la voluntad de la existencia.

Así también es necesario, a este fin, valorar los lazos de la existencia que hasta ahora han sido afirmados únicamente; comprender de dónde nace esta valoración y cuán poco obligatoria es para una valoración dionisíaca de la existencia; yo he extraído y he comprendido qué cosa es lo que afirma realmente aquí (por una parte, el instinto del que sufre; por otra, el instinto del rebaño, y en tercer lugar, el instinto de la mayoría contra las excepciones).

Con todo lo dicho descubría yo en cuán otra dirección debe proyectarse la elevación y el incremento del hombre: una raza más fuerte: esta debe figurarse hombres superiores, más allá del bien y del mal, más allá de aquellos valores que no pueden negar que nacen de la esfera del sufrimiento, del rebaño y de la mayoría; yo buscaba en la historia los datos de esta formación de un ideal invertido (descubrí de nuevo y, naturalmente, fijé los conceptos de «pagano, clásico y noble»).

## 1035

Demostrar en qué sentido y hasta dónde la religión griega fue más elevada que la judaicocristiana. Pues sabido es que la última venció y se impuso, porque la religión griega se encontraba degenerada y había retrocedido.

## 1036

No debe extrañar que pasen un par de milenios para volver a encontrar el vínculo (con el helenismo); ¡un par de milenios es un periodo muy corto de tiempo!

## 1037

Deben existir hombres que santifiquen todos los actos humanos, no solo el comer y el beber, y no solo en memoria de los griegos, o para unificarse con ellos, es para lo que debe ser transfigurado este mundo, sino siempre de nuevo y de un modo nuevo.

## 1038

Los hombres más intelectualizados sienten el estímulo y la fascinación de las cosas sensuales de una forma que los demás hombres (los del «corazón de carne») no pueden imaginar y no deben imaginar en modo alguno; son sensualistas con la mayor buena fe, porque conceden a los sentidos un valor más fundamental que a aquel tamiz fundamental, a aquel aparato para sutilizar y empequeñecer a lo que en la lengua del pueblo se llama «espíritu». La fuerza y el poder de los sentidos constituye un fundamento esencial en el hombre bien formado y completo; ante todo debe formarse el magnífico «animal»; ¡qué importa toda «humanización»!

## 1039

1) Nosotros queremos conservar nuestros sentidos y la fe en los mismos; ¡pensarlos de un modo completo! La antisensualidad de la filosofía hasta ahora existente es la mayor locura del hombre.

2) Queremos extender el mundo existente, a cuya construcción ha colaborado todo lo que vive sobre la tierra, para que aparezca cuál es (movido duradera y lentamente); ¡no queremos continuar admitiéndolo como falso!

3) Nuestras valoraciones construyen aquel mundo; acentúan y subrayan. ¿Qué importancia tiene el hecho de que las religiones digan: «todo es malo, y falso, y maligno»? ¡La condenación de todo el proceso solo puede ser un juicio de criaturas mal logradas!

4) ¿Es verdad que los mal logrados son los que más sufren, los más finos...? ¿Es verdad que tienen poco valor los satisfechos?

5) Hay que comprender el fenómeno artístico fundamental que se llama «vida», el espíritu constructor que edifica en las circunstancias más desfavorables, del todo más lento. La

demostración de todas sus combinaciones debe ser dada de una nueva forma: esto dura y se conserva.

## 1040

La sensualidad, la avidez de dominio, el gusto de la apariencia y del engaño, un gran sentimiento de gratitud a la vida y a sus estados típicos; todo esto es esencial para el culto pagano, y tiene de su parte la buena conciencia. La contranaturaleza (ya en la Antigüedad griega) combate lo pagano, en nombre de la moral y de la dialéctica.

## 1041

Queremos una concepción antimetafísica y artística del mundo.

## 1042

La eternidad de la bella forma fue la ilusión de Apolo: la norma aristocrática: «¡así debe ser siempre!».

Dionisos, sensualidad y crueldad. Lo transitorio podría explicarse como goce de la fuerza creadora y destructora, como creación constante.

## 1043

Con la palabra dionísaco se expresa un impulso hacia la unidad, un tratar de aprehender lo que se encuentra más allá de la persona, de lo que es cotidiano, de la sociedad, de la realidad sobre el abismo del crimen: un desbordamiento apasionado y doloroso en estados de ánimos hoscos, plenos, vagos; una extática afirmación del carácter complejo de la vida, como de un carácter igual en todos los cambios, igualmente poderoso y feliz; la gran comunidad panteísta del gozar y del sufrir, que aprueba y santifica hasta las más terribles y enigmáticas propiedades de la vida; la eterna voluntad de creación, de fecundidad, de retorno; el sentimiento de la única necesidad del crear y destruir.

Con la palabra «apolíneo» se expresa el impulso para existir completamente para sí, el impulso hacia el «individuo» a todo lo que simplifica, pone de relieve, da fortaleza, es claro, no equívoco, típico: la libertad bajo la ley.

Al claro antagonismo de estas dos fuerzas artísticas de la Naturaleza va también necesariamente unido al ulterior desarrollo del arte, como el ulterior desarrollo de la humanidad va unida al antagonismo de los sexos. La abundancia de fuerza y de medida, la más alta forma de la afirmación de sí en una belleza audaz, noble, fría, es el apolinismo de la voluntad griega.

Esta oposición entre lo dionisíaco y lo apolíneo en el alma griega es uno de los grandes enigmas por el que yo me siento atraído al estudiar la naturaleza de los griegos. En el fondo, yo no trataba más que adivinar por qué el apolinismo griego había madurado siempre en un subsuelo dionisíaco: el griego dionisíaco sintió la necesidad de devenir apolíneo, o sea, de emancipar su voluntad de lo enorme, de lo múltiple, de lo incierto, de lo terrible, haciendo de ello una voluntad de medida, de simplicidad, de inserción en la regla y en el concepto. En el fondo de lo griego está lo desmesurado, el desierto, lo asiático: la bravura del griego consiste en la lucha contra su asiatismo; la belleza no le fue entregada como dote, como no le fue dada la lógica ni la naturaleza de la costumbre; todo esto lo conquistó, lo deseó, lo trabajó, convirtiéndolo en su «victoria».

1044

A los más elevados e ilustres goces humanos, en los que la existencia celebra su propia transfiguración, llegan, como es justo, los hombres mas exquisitos y mejor logrados, y estos mismos solo llegan a ello después de haber vivido ellos mismos y sus antepasados una larga vida preparatoria para este fin, y sin siquiera conocer este fin. Entonces, una desbordante riqueza de fuerzas múltiples, y al mismo tiempo la más ágil potencia de una «libre voluntad» y de una disposición soberana habitan afectuosamente en un mismo hombre, la una junto a la otra; entonces el espíritu está en los sentidos como en su casa, como los sentidos están en el espíritu también familiarmente, y todo lo que se desarrolla en el espíritu debe también desencadenar en los sentidos una extraordinaria y delicada felicidad. ¡Y viceversa! Piénsese en esta inversión en la ópera de Hafis; Goethe mismo, aunque en forma más débil, da una idea de este fenómeno. Es verosímil que en tales hombres, perfectos y bien constituidos, los aspectos más sensuales terminen por transfigurarse en una embriaguez de imágenes propia de la más alta inteligencia; ellos sienten en sí una especie de divinización del cuerpo, y están alejadísimos de la filosofía ascética que dice «Dios es un espíritu»; de aquí resulta claramente que el asceta es el «hombre mal logrado», el cual aprueba solo una cosa de sí mismo, precisamente aquella que juzga y condena, y la llama «Dios».

Desde aquella elevación de gozo en que el hombre se siente a sí mismo, y se siente completamente como una forma divinizada y como una autojustificación de la Naturaleza, hasta la alegría de ciudadanos sanos y de sanas criaturas medio hombres y medio animales, toda esta larga enorme escala de luces y colores de la felicidad, el griego, no sin el grato estremecimiento del que ha sido iniciado en un secreto, no sin muchas precauciones y pío silencio, la llamaba con el nombre de un Dios: Dioniso. ¿Qué saben, pues, todos los hombres modernos, hijos de una época frágil, múltiple, enfermiza, extraña, qué saben de la dimensión de la felicidad griega, que podrían, mejor dicho, saber de ella? ¿De dónde los esclavos de las «ideas modernas» sacarían un derecho a las fiestas dionisíacas?

Cuando «florecían» el cuerpo y el alma griegos, y no precisamente en climas de exaltación morbosa y locura, nació aquel símbolo misterioso de la más alta afirmación del mundo y transfiguración de la existencia que jamás fue conseguida sobre la tierra. Se trataba de una medida, en comparación con la cual se encontraba demasiado corto, demasiado pobre, demasiado estrecho todo lo que después ha madurado, pronúnciese solamente el nombre de Dioniso entre los hombres y las cosas modernas de más alta calidad, por ejemplo, ante Goethe, Beethoven, Shakespeare o Rafael, y estarán de pronto juzgadas nuestras cosas y nuestros momentos mejores. ¡Dionisos es un juez! ¿Se me ha comprendido? No existen dudas sobre que los griegos trataban de interpretar con sus experiencias dionisíacas los últimos secretos del «destino del alma» y todo lo que sabían de la educación y la purificación del hombre, sobre todo de la inmutable jerarquía y de la desigualdad de valores entre hombre y hombre: aquí se encuentra para todo lo que es griego la gran profundidad, el gran silencio: no se conoce a los griegos hasta que se descubre este misterioso camino subterráneo. Los indiscretos ojos de los doctos no verán nunca claro estas cosas, por mucha erudición que puedan emplear para tales investigaciones; aun el noble celo de los amigos de la Antigüedad, como en el caso de Goethe y Winckelmann, tiene realmente aquí algo de ilícito y de inmodesto. Esperar y prepararse; esperar la irrupción de nuevos manantiales, prepararse en la soledad para visiones y voces extrañas; lavar la propia alma del polvo y del estrépito del mercado, de modo que se haga cada vez más pulida; superar todo lo que es cristiano con algo de supercristiano, y no solo eliminarlo de sí, porque la doctrina cristiana fue la opuesta a la dionisíaca; descubrir de nuevo en sí el sur y tender sobre la propia cabeza un cielo manantial, claro, brillante y misterioso; reconquistar la salud y la secreta potencia meridional del alma: ser cada vez más amplio, más internacional, más europeo, más supereuropeo, más oriental, en fin, más griego; porque el helenismo fue el primer gran vínculo y síntesis de todo lo que es oriental, y precisamente con esto comenzó la iniciación del alma europea, el descubrimiento de nuestro «nuevo mundo»: el que vive bajo tales imperativos, ¿quién sabe lo que descubrirá un día? ¡Acaso, precisamente, un nuevo día!

1045

*Los dos tipos: Dioniso y el Crucificado.*—Al dilucidar si el hombre religioso es una típica forma de la decadencia (los grandes innovadores son todos y cada uno de ellos enfermos y epilépticos), ¿no dejamos aparte el tipo pagano, uno de los tipos del hombre religioso? El culto pagano, ¿no es una forma del reconocimiento y de la afirmación de la vida?... Su más alto representante, ¿no debería ser una apología y una divinización de esta?... ¡Tipo de un espíritu bien logrado y desbordante de arrebato extático! ¡Tipo de un espíritu que en sí resume y resuelve los problemas y las contradicciones de la vida!

Es aquí donde yo coloco al Dioniso de los griegos: la afirmación religiosa de la vida, de la vida entera, no negada ni desintegrada (es típico que el acto sexual despierte sentimientos de profundidad, de misterio, de respeto).

Dioniso contra el «Crucificado»: aquí tenéis la oposición. No se trata de una diferencia de martirio, porque el martirio tiene otro sentido. La vida misma, su eterna fecundidad y su retorno determinan el tormento, la destrucción, la voluntad de destrucción a esta vida, como una fórmula de su condenación.

Se adivina: el problema es del significado del sufrimiento: un sentido cristiano o un sentido trágico. En el primer caso, el sufrimiento es el camino que conduce a una sana existencia; en el segundo, la existencia puede considerarse como algo lo suficientemente sagrado para justificar un enorme sufrimiento. El hombre trágico aprueba también el sufrimiento más áspero: para hacer esto es bastante fuerte, bastante completo, bastante divinizador; el cristiano dice que «no» aun a la más feliz suerte que haya sobre la tierra, y es débil, pobre, lo bastante desheredado para sufrir la vida en todas sus formas. El Dios en la cruz es una maldición lanzada sobre la vida, una indicación para librarse de ella. Dionisos despedazado es una promesa de vida; esta renacerá eternamente y retornará de la destrucción.

## III

## EL ETERNO RETORNO

### 1046

Mi filosofía aporta el pensamiento victorioso que logra arruinar cualquier otra clase de pensamiento: este es el gran pensamiento «educador»: las razas que no lo admitan están condenadas; las que lo estiman como un gran beneficio, se sienten llamadas a dominar.

### 1047

Para «la más grande de las luchas» es necesaria un «arma nueva».

El martillo: provocar una terrible decisión; poner a Europa frente a las consecuencias, si su voluntad «quiere» el ocaso.

¡Antes la muerte que la mediocridad!

## 1048

Una moralidad y una doctrina pesimistas, un nihilismo extático, pueden, en ciertas circunstancias, ser indispensables precisamente al filósofo: en calidad de una potente presión y de un martillo con que despedazar razas degeneradas y moribundas, y quitarlas de en medio para abrir el camino a un nuevo orden de vida, o inspirar el deseo del fin a lo que degenera y sucumbe.

## 1049

Yo deseo predicar el pensamiento que concederá a muchos el derecho a suicidarse: el gran pensamiento de la selección.

## 1050

El eterno retorno equivale a una profecía:

1) Exposición de la doctrina y de sus premisas y consecuencias teóricas.
2) Demostración de la doctrina.
3) Probables consecuencias del hecho de presentarle fe (hace que todo se venga abajo):

*a)* Medios de soportarla.
*b)* Medios de eliminarla.
*c)* Su puesto central en la historia.

Tiempos del máximo peligro.

Creación de una oligarquía sobre los pueblos y sus intereses; educación para una política común a todos los hombres.

Todo lo contrario del jesuitismo.

## 1051

Los dos mayores puntos de vista filosóficos, debidos a los alemanes, son:

*a)* del del devenir, el de la evolución;

*b)* el del valor de la existencia (antes debiera superarse la miserable forma del pensamiento alemán); ambos se unieron por mí en una forma definitiva.

¡Todo vuelve y retorna eternamente, cosa a la que nadie escapa! Suponiendo que nos fuera posible juzgar el valor, ¿qué conseguiríamos?... La idea del retorno como principio selector al servicio de la fuerza (¡y de la barbarie!).

La humanidad está suficientemente madura para dicho pensamiento.

## 1052

1) El pensamiento del eterno retorno: si él es verdadero, sus premisas también deben serlo. Consecuencias de este pensamiento.

2) El pensamiento es más arduo; sus efectos probables, a menos que no sean previstos, o sea, a menos que no se transmuten todos los valores

3) Medios para soportarlo: la transmutación de todos los valores. En vez del gusto por la seguridad, el amor por la incertidumbre; en vez de «causa y efecto», la creación continúa; en vez de la voluntad de conservación, la de potencia. Total: a la humilde expresión «todo es solamente subjetivo», la afirmación «¡también es obra nuestra! ¡Seamos altivos!».

## 1053

Para soportar el pensamiento del retorno resulta necesario: sentirse libres de la moral; encontrar nuevos remedios contra el hecho del dolor (entender el dolor como un instrumento, como padre de la alegría; no hay una conciencia que saque las sumas de los placeres); gozar de toda suerte de incertidumbre, de tentativas, como contrapeso a todo extremo fatalismo; eliminar el concepto de necesidad; eliminar la voluntad; eliminar el «conocimiento en sí».

La superlativa elevación de la conciencia de fuerza en el hombre es lo que crea el superhombre.

## 1054

Las dos mentalidades extremas, la mecanicista y la platónica, vienen a eternizarse como ideales en el eterno retorno.

## 1055

Si el mundo tuviese un fin, este fin se habría ya logrado. Si hubiese algún estado final no previsto, también debería de haberse realizado. Si el mundo fuese, en general, capaz de persistir y de cristalizar, de «ser»; si en todo su devenir tuviese solo por un momento esta capacidad de «ser», hace mucho tiempo que hubiera terminado todo devenir, y, por consiguiente, todo pensamiento, todo «espíritu». El hecho de que el espíritu sea devenir demuestra que el mundo carece de meta, de estado final, y que es incapaz de ser. Pero la tradicional costumbre de pensar en un fin, en todo lo que sucede y en un Dios creador que guía al mundo es tan fuerte, que al pensador le cuesta trabajo no imaginar que la misma falta de fin en el mundo sea una intención. A esta idea —que el mundo evite deliberadamente una meta y que sepa prevenirse artificialmente de caer en un movimiento circular— deben llegar todos los que quieran imponer por decreto al mundo la facultad de renovarse eternamente, o sea, de imponer a una fuerza finita, determinada, de cantidad invariablemente igual, cual es el mundo, la milagrosa capacidad de una nueva configuración infinita de sus formas y de sus situaciones. El mundo, aun no siendo Dios, debe ser capaz de la divina fuerza de creación, de la infinita fuerza de transformación; debe abstenerse voluntariamente de recaer en una de sus antiguas formas; debe tener no solo la intención, sino también los medios de guardarse de toda repetición; debe, por consiguiente, «controlar» en todo momento cada uno de sus movimientos, para evitar metas, estados finales, repeticiones y todas las demás posibles consecuencias de una opinión y de un deseo tan imperdonablemente locos. Todo esto sigue siendo siempre el antiguo modo de pensar y de desear, una especie de aspiración a creer que de cualquier forma el mundo es igual al viejo Dios amado, infinito, ilimitadamente creador; que en cualquier lugar «el viejo Dios vive aún: aquella aspiración de Spinoza que se expresa en las palabras «deus sive natura» (él se detuvo en «natura sive deus»). Pero ¿cuál es el principio y la creencia con que se formula más precisamente el cambio decisivo, la preponderancia ahora conseguida del espíritu científico sobre el espíritu religioso, fabricador de dioses? Es acaso esto: el mundo, como fuerza, no debe ser considerado como infinito, porque no puede ser imaginado así: nosotros rechazamos el concepto de una fuerza infinita como incompatible con el concepto de fuerza. Luego al mundo le falta la facultad de renovarse eternamente.

### 1056

El principio de la persistencia de la energía exige «el eterno retorno».

### 1057

El hecho de que una situación de equilibrio nunca se alcance demuestra que no es posible. Pero debería ser lograda en un espacio no determinado. Y así, también, en un espacio esférico. La forma del espacio debe ser la causa del movimiento eterno y, por ultimo, de toda «imperfección.

La fuerza, el reposo, el permanecer igual a sí mismo, son cosas contradictorias entre sí. La medida de la fuerza (como dimensión) es fija, pero su esencia es fluida.

Es necesario negar que hay cosas «sin tiempo». En un determinado momento de la fuerza se da la condición absoluta de un nuevo reparto de todas las fuerzas que la componen: nunca puede fijarse. El «cambio» forma parte de su esencia; por consiguiente, también su carácter temporal; pero con esto solo se fija de un modo abstracto la necesidad del cambio.

### 1058

Aquel emperador tuvo siempre presente el carácter transitorio de todas las cosas, no dándoles demasiada importancia y permaneciendo tranquilo en medio de ellas. A mí, por el contrario, me parece que todo ha tenido demasiado valor para poder ser tan fugaz; yo busco una eternidad para cada cosa: ¿pueden verterse en el mar los vinos y los bálsamos más preciosos? Me consuelo pensando que todo lo que ha sido es eterno y que el mar lo echa a la orilla.

### 1059

*La nueva concepción del mundo.*—El mundo existe. No es una cosa que deviene; una cosa que pasa. O mejor dicho: deviene, pasa; pero no comenzó nunca a devenir, ni a pasar. Y como sus excrementos son su alimento, vive de sí mismo.

La hipótesis de un mundo creado no debe preocuparnos por un solo momento. El concepto «creación» es hoy sencillamente indefinible, irrealizable: es simplemente una palabra, rudimentaria y derivada del tiempo de la superstición;

con una palabra no se explica nada. La última tentativa de concebir un mundo que comienza fue iniciada varias veces con ayuda de un procedimiento lógico; sobre todo, como fácilmente se adivina, por una recóndita intención teológica.

Recientemente se quiso encontrar repetidas veces una contradicción en el concepto de «infinidad de tiempo del mundo en el pasado» «regressus in infinitum»), pero, ciertamente, al precio de confundir la cabeza con la cola. Nada me impide calcular, mirando hacia atrás, para decir: «No llegaré nunca al fin»; así como, a partir del mismo momento, calcular hacia delante hasta el infinito. Pero si yo quisiera cometer el error —cosa que me guardaré mucho de cometer— de identificar este correcto concepto de un «regressus in infinitum» con el concepto irrealizable de un «progressus» final hasta ahora, solo tomaría —en este instante— la cabeza por la cola; esto es cosa, en realidad, del señor Dühring...

Yo he descubierto esta idea en pensadores más antiguos: siempre estaba determinada por otros pensamientos recónditos (la mayoría de ellos teológicos, a favor del «creator spiritus»). Si el mundo en general pudiera detenerse, secarse, perecer, convertirse en nada, o si pudiera alcanzar un estado de equilibrio, y si tuviese en general una meta que incluyese en sí la duración, la invariabilidad, la «una vez por todas» (si el devenir pudiese desembocar en el ser o en la nada, hablando metafísicamente), este estado debería ser alcanzado. Pero como no lo ha sido, se deduce que... esta es la única seguridad de que podemos servirnos como correctivo contra una gran cantidad de hipótesis cósmicas, posibles en sí. Si, por ejemplo, el mecanismo no puede escapar a las consecuencias de un estado final cual el que ha trazado Willian Thomson, entonces el mecanismo queda refutado.

Si el mundo puede ser considerado como una determinada dimensión de fuerza —y toda otra representación es indeterminada, y, por consiguiente, inutilizable—, síguese de aquí que deberá atravesar un número determinado de combinaciones en el gran juego de dados de su existencia. En un tiempo infinito, toda posible combinación debe ser también realizada una vez; aún más, debe ser realizada infinito número de veces. Y como entre todas las combinaciones y su próximo retorno deberían desarrollarse todas las combinaciones posibles, en general —y cada una de estas combinaciones condiciona toda la sucesión de combinaciones de la misma serie—, quedaría demostrado con ello un círculo de series absolutamente idénticas: se demostraría que el mundo es un círculo que ya se ha repetido una infinidad de veces y que seguirá repitiendo «in infinitum» su juego.

Esta concepción no es sin más una concepción mecánica, porque si fuese tal no tendría por condición un retorno infinito de casos idénticos, sino un estado final. Como quiera que este mundo no ha alcanzado este estado final, la concepción mecánica del mundo nos debe resultar, en consecuencia, una hipótesis tan imperfecta como provisional.

1060

¿Y sabéis, en definitiva, qué es para mí el mundo?... ¿Tendré aún que mostrároslo en mi espejo?... Este mundo es prodigio de fuerza, sin principio, sin fin; una dimensión, fija y fuerte como el bronce, que no se hace más grande ni más pequeña, que no se consume, sino que se transforma como un todo invariablemente grande; es una cosa sin gastos ni pérdidas, pero también sin incremento, encerrada dentro de la nada como en su límite; no es cosa que se concluya ni que se gaste, no es infinitamente extenso, sino que se encuentra inserto como fuerza, como juego de fuerzas y ondas de fuerza; que es, al mismo tiempo, uno y múltiple; que se acumula aquí y al mismo tiempo disminuye allí; un mar de fuerzas corrientes que se agitan en sí mismas, que se transforman eternamente, que discurren eternamente; un mundo que cuenta con innumerables años de retorno, un flujo perpetuo de sus formas, que se desarrollan desde la más simple a la más complicada; un mundo que desde lo más tranquilo, frío, rígido, pasa a lo que es más ardiente, salvaje, contradictorio, y que pasada la abundancia, torna a la sencillez, del juego de las contradicciones regresa al gusto de la armonía y se afirma a sí mismo aun en esta igualdad de sus caminos y de sus épocas, y se bendice a sí mismo como algo que debe tornar eternamente como un devenir que no conoce ni la saciedad, ni el disgusto, ni el cansancio. Este mundo mío dionisíaco que se crea siempre a sí mismo, que se destruye eternamente a sí mismo; este enigmático mundo de la doble voluptuosidad; este mi «más allá del bien y del mal», sin fin, a menos que no se descubra un fin en la felicidad del círculo; sin voluntad, a menos que un anillo no pruebe su buena voluntad, ¿queréis un nombre para ese mundo? ¿Queréis una solución para todos sus enigmas? ¿Queréis, en suma, una luz para vosotros, ¡oh desconocidos!, ¡oh fuertes!, ¡oh impávidos!, «hombres de medianoche?».

¡Este nombre es el de «voluntad de poder», y nada más!...

# ÚLTIMOS TÍTULOS PUBLICADOS